PERSPECTIVAS ECONÔMICAS
ANÁLISES E REFLEXÕES

Editora Appris Ltda.
1.ª Edição - Copyright© 2024 dos autores
Direitos de Edição Reservados à Editora Appris Ltda.

Nenhuma parte desta obra poderá ser utilizada indevidamente, sem estar de acordo com a Lei nº 9.610/98. Se incorreções forem encontradas, serão de exclusiva responsabilidade de seus organizadores. Foi realizado o Depósito Legal na Fundação Biblioteca Nacional, de acordo com as Leis nos 10.994, de 14/12/2004, e 12.192, de 14/01/2010.

Catalogação na Fonte
Elaborado por: Dayanne Leal Souza
Bibliotecária CRB 9/2162

P467p 2024	Perspectivas econômicas: análises e reflexões / Marcos Roberto Vasconcelos e Carlândia Brito Santos Fernandes (orgs.). – 1. ed. – Curitiba: Appris, 2024. 391 p. : il. color. ; 23 cm. – (Geral). Vários autores. Inclui referências. ISBN 978-65-250-6575-5 1. Teoria econômica. 2. Brasil. 3. Desenvolvimento econômico. 4. Políticas econômicas. I. Vasconcelos, Marcos Roberto. II. Fernandes, Carlândia Brito Santos. III. Título. IV. Série. CDD – 330.9

Livro de acordo com a normalização técnica da ABNT

Appris *editora*

Editora e Livraria Appris Ltda.
Av. Manoel Ribas, 2265 – Mercês
Curitiba/PR – CEP: 80810-002
Tel. (41) 3156 - 4731
www.editoraappris.com.br

Printed in Brazil
Impresso no Brasil

Marcos Roberto Vasconcelos
Carlândia Brito Santos Fernandes
(org.)

PERSPECTIVAS ECONÔMICAS

ANÁLISES E REFLEXÕES

Appris
editora

Curitiba, PR
2024

FICHA TÉCNICA

EDITORIAL — Augusto Coelho
Sara C. de Andrade Coelho

COMITÊ EDITORIAL —
Ana El Achkar (Universo/RJ)
Andréa Barbosa Gouveia (UFPR)
Antonio Evangelista de Souza Netto (PUC-SP)
Belinda Cunha (UFPB)
Délton Winter de Carvalho (FMP)
Edson da Silva (UFVJM)
Eliete Correia dos Santos (UEPB)
Erineu Foerste (Ufes)
Fabiano Santos (UERJ-IESP)
Francinete Fernandes de Sousa (UEPB)
Francisco Carlos Duarte (PUCPR)
Francisco de Assis (Fiam-Faam-SP-Brasil)
Gláucia Figueiredo (UNIPAMPA/ UDELAR)
Jacques de Lima Ferreira (UNOESC)
Jean Carlos Gonçalves (UFPR)
José Wálter Nunes (UnB)
Junia de Vilhena (PUC-RIO)

Lucas Mesquita (UNILA)
Márcia Gonçalves (Unitau)
Maria Aparecida Barbosa (USP)
Maria Margarida de Andrade (Umack)
Marilda A. Behrens (PUCPR)
Marília Andrade Torales Campos (UFPR)
Marli Caetano
Patrícia L. Torres (PUCPR)
Paula Costa Mosca Macedo (UNIFESP)
Ramon Blanco (UNILA)
Roberta Ecleide Kelly (NEPE)
Roque Ismael da Costa Güllich (UFFS)
Sergio Gomes (UFRJ)
Tiago Gagliano Pinto Alberto (PUCPR)
Toni Reis (UP)
Valdomiro de Oliveira (UFPR)

SUPERVISORA EDITORIAL — Renata C. Lopes

PRODUÇÃO EDITORIAL — Bruna Holmen

REVISÃO — Stephanie Ferreira Lima

DIAGRAMAÇÃO — Jhonny Alves dos Reis

CAPA — Eneo Lage

REVISÃO DE PROVA — Daniela Nazario

O PRESENTE TRABALHO FOI REALIZADO COM APOIO —
Coordenação de Aperfeiçoamento de Pessoal de Nível Superior – Brasil (CAPES) – Código de Financiamento 001.

This study was financed in part by the Coordenação de Aperfeiçoamento de Pessoal de Nível Superior – Brasil (CAPES) – Finance Code 001.

AGRADECIMENTOS

Como obra coletiva, este livro é o resultado da participação e generosidade de muitas pessoas, professores, alunos e técnicos da Universidade Estadual de Maringá. Muito obrigado a todos.

Um agradecimento especial à secretária do PCE Denise Becca, por todo apoio e suporte dado na execução desta obra e em todas as demais atividades do Programa.

Devemos também um agradecimento a muitos na Editora Appris: à Bruna Holmen por todo o seu apoio no processo de edição; à Stephanie Ferreira Lima pelo relevante trabalho de revisão; à Adriana Papa pelo atendimento inicial; a todos do Conselho Editorial.

Agradecimento também ao CNPQ e à Capes, Fundação Araucária e UEM pelo fundamental suporte ao longo dessas três décadas.

SUMÁRIO

INTRODUÇÃO 11

1

CREDIBILIDADE E DETERMINAÇÃO DA TAXA DE JUROS NO BRASIL: 2001-2019 15
Moisés Cardoso Martins, Maria Helena Ambrosio Dias

2

(SUB)DESENVOLVIMENTO ECONÔMICO HISTÓRICO DO BRASIL: AS TEORIAS MODERNAS E A TESE DE RAYMUNDO FAORO 49
Joilson Giorno

3

POBREZA E DESIGUALDADE NO BRASIL: UM RETRATO PARA O ANO DE 2022 73
Marina Silva da Cunha

4

ÍNDICES DE DESENVOLVIMENTO: UMA DISCUSSÃO SOBRE MÉTODOS DE PONDERAÇÃO MULTICRITÉRIO 95
Adriano Renzi, Matheus Vanzela, José Luiz Parré

5

QUALIDADE DA GESTÃO FISCAL E CRESCIMENTO ECONÔMICO ... 121
Rodrigo Monteiro da Silva, Alexandre Florindo Alves

6

AGRONEGÓCIO E CRESCIMENTO ECONÔMICO 135
Lorena Regina de Oliveira, Yogo Kubiak Canquerino, Umberto Antonio Sesso Filho, Ricardo Luís Lopes, Carlos Alberto Gonçalves Junior, Emerson Guzzi Zuan Esteves, Patrícia Pompermayer Sesso

7

AGRICULTURA EM MOÇAMBIQUE: LIMITAÇÕES E DESAFIOS.......163
Emílio Carlos Soverano Impissa, Ednaldo Michellon

8

FINANCIAMENTO E EXPORTAÇÕES NO BRASIL: EVIDÊNCIAS DA INDÚSTRIA DE TRANSFORMAÇÃO..183
Luiza Carolina de Morais, Gilberto Joaquim Fraga, Mauricio Vaz Lobo Bittencourt

9

ESTRUTURA ORGANIZACIONAL DO SISTEMA DE TRANSPLANTE RENAL NO BRASIL: UMA ANÁLISE A PARTIR DA NOVA ECONOMIA INSTITUCIONAL 209
Paloma Carpena de Assis, Cássia Kely Favoretto, Giácomo Balbinotto Neto, Valter Duro Garcia

10

ARMADILHA DE LUCRATIVIDADE E *BIG PUSH*: CONSIDERAÇÕES A PARTIR DE ROSENSTEIN-RODAN 243
Carlândia Brito Santos Fernandes, Vivian Garrido Moreira

11

MICROCRÉDITO NO BRASIL: UMA ANÁLISE DEA DA EFICIÊNCIA INSTITUCIONAL 261
Matheus Felipe Ziermann Vieira, Julyerme Matheus Tonin, Samuel Alex Coelho Campos

12

UMA BREVE DISCUSSÃO SOBRE A RELAÇÃO ENTRE CRESCIMENTO ECONÔMICO E CRÉDITO 291
Marcos Roberto Vasconcelos

13

DETERMINANTES DA INCLUSÃO FINANCEIRA NO BRASIL: UMA ANÁLISE PARA O PERÍODO 2011-2021 317
Murilo Florentino Andriato, Elisangela Araujo

14

ANÁLISE DOS DESAFIOS DA GESTÃO DO CONHECIMENTO PARA A ELABORAÇÃO DO PLANO MUNICIPAL DE SAÚDE 341

Thiago Zanoni Branco, Arthur Gualberto Bacelar da Cruz Urpia

15

UMA AVALIAÇÃO DA ECONOMIA BRASILEIRA NO GOVERNO BOLSONARO (2019-2022)..363

Ana Cristina Lima Couto, Joaquim Miguel Couto, Maria de Fátima Garcia

SOBRE OS AUTORES..383

INTRODUÇÃO

O livro *Perspectivas econômicas: análises e reflexões* reúne uma coletânea de textos que exploram diversos aspectos do panorama econômico, com foco especial na política monetária, desenvolvimento, desigualdade econômica, agronegócio, desenvolvimento regional, política fiscal, gestão de recursos financeiros e política macroeconômica, entre outros temas.

O capítulo de abertura traz o trabalho "Credibilidade e Determinação da Taxa de Juros no Brasil: 2001-2019" conduzido por Martins e Dias. Nele, apresenta-se uma abordagem sobre a relação entre a política fiscal e a política monetária, centrada na estimação de uma função de reação para o Banco Central do Brasil. Os autores evidenciam que a autoridade monetária responde às expectativas e à credibilidade do mercado em relação ao seu compromisso de atingir as metas estabelecidas. Esse estudo é relevante para compreender como as ações do Banco Central são influenciadas pelas percepções do mercado sobre a política fiscal.

Já o artigo "(Sub)desenvolvimento econômico histórico do brasil: as teorias modernas e a tese de Raymundo Faoro", de Giorno, no capítulo dois, destaca a importância das instituições no crescimento e desenvolvimento dos países, a partir dos estudos de Raymundo Faoro sobre as instituições no contexto histórico brasileiro. Giorno argumenta que a teoria do "estamento burocrático", de Faoro, explica a instabilidade dos poderes institucionais, sugerindo que a distribuição desigual dos ganhos econômicos e o controle sobre a educação são elementos que limitam o desenvolvimento econômico do Brasil.

No terceiro capítulo, o estudo "Pobreza e Desigualdade no Brasil: Um Retrato para o Ano de 2022", de Cunha, oferece uma análise abrangente da distribuição da renda e da pobreza no Brasil com base nos dados da Pesquisa Nacional por Amostra de Domicílios Contínua para o ano de 2022. Ao evidenciar que cerca de um quarto da população vive em situação de pobreza e que a distribuição de renda é extremamente desigual, Cunha ressalta a necessidade de mudanças estruturais para alcançar maior justiça social e desenvolvimento sustentável.

O capítulo "Índices de desenvolvimento: uma discussão sobre métodos de ponderação multicritério", de Renzi, Vanzela e Parré, traz uma contribuição para a pesquisa em economia regional, explorando métodos de construção de indicadores de desenvolvimento. Ao propor uma abordagem baseada em análise fatorial e componentes principais, os autores oferecem *insights* importantes para a elaboração de índices capazes de capturar fenômenos relacionados ao desenvolvimento regional, rural e humano.

Silva e Alves, no capítulo cinco, são os autores de "Qualidade da gestão fiscal e crescimento econômico", que traz uma revisão teórica das abordagens sobre a qualidade da gestão pública e seus efeitos sobre o crescimento econômico brasileiro. Os autores destacam a importância da gestão fiscal eficiente para atrair investimentos, garantir estabilidade política e econômica e fornecer serviços públicos de qualidade, contribuindo, assim, para o desenvolvimento socioeconômico do país.

No sexto capítulo, "Agronegócio e crescimento econômico", Oliveira, Canquerino, Sesso Filho, Lopes, Gonçalves Junior, Esteves e Sesso presentam uma análise detalhada da relação entre o agronegócio e o desenvolvimento econômico, destacando a importância desse setor em diferentes contextos nacionais e internacionais. Por meio de uma abordagem metodológica rigorosa, eles dimensionam o Produto Interno Bruto do agronegócio em diversos países e examinam a relação entre a participação desse setor na economia, a estrutura da geração de renda e a renda per capita ao longo de um extenso período de 25 anos.

Em seguida, no capítulo "Agricultura em Moçambique: limitações e desafios", Impissa e Michellon oferecem uma análise dos obstáculos enfrentados pelo setor agrícola em Moçambique, examinando a eficácia de políticas e programas implementados ao longo do tempo. Os autores identificam fatores como a marginalização dos agricultores familiares e a falta de infraestrutura de apoio como principais limitações para o desenvolvimento agrícola no país.

O capítulo, "Financiamento e exportações no brasil: evidências da indústria de transformação", elaborado por Morais, Fraga e Bittencourt, investiga os complexos mecanismos que influenciam o comércio internacional, com foco especial no papel do mercado de crédito e programas governamentais de apoio às exportações. Os autores examinam como esses programas afetam as exportações setoriais no Brasil, fornecendo *insights* valiosos sobre a dinâmica das relações comerciais do país.

Em seguida, no nono capítulo, Assis, Favoretto, Balbinotto Neto e Garcia são os autores de "Estrutura organizacional do sistema de transplante renal no Brasil: uma análise a partir da nova economia institucional", o qual aborda a estrutura de governança do sistema de transplantes renais no Brasil, utilizando a perspectiva da Nova Economia Institucional para analisar as interações entre Estado, sociedade e agentes econômicos. Os autores destacam as mudanças estruturais e institucionais que ocorreram ao longo do tempo, identificando os principais desafios e oportunidades para o aprimoramento desse sistema crucial de saúde pública.

O capítulo seguinte, "Armadilha de lucratividade e *Big Push*: considerações a partir de Rosenstein-Rodan", de Fernandes e Moreira, apresenta uma discussão teórica sobre os mecanismos que podem levar à estagnação econômica e propõe a noção de *Big Push* como uma estratégia para romper com esse ciclo vicioso. As autoras exploram as ideias de Rosenstein-Rodan e discutem como ganhos de aprendizagem e retornos crescentes sobre o trabalho podem impulsionar o desenvolvimento econômico.

Com o capítulo "Microcrédito no Brasil: uma análise DEA da eficiência institucional", Vieira, Tonin e Campos oferecem uma análise da eficiência financeira das Instituições de Microfinanças (IMFs) no Brasil, utilizando a metodologia da Análise Envoltória de Dados (DEA). Os autores identificam os principais determinantes da eficiência das IMFs e fornecem *insights* valiosos para o aprimoramento desse importante instrumento de inclusão financeira.

Vasconcelos, com o texto "Uma breve discussão sobre a relação entre crescimento econômico e crédito", destaca os momentos de harmonia e conflito entre o sistema bancário, o crédito e o crescimento econômico, desde o divórcio litigioso após a Crise de 1929 até a crise financeira de 2008. O capítulo destaca a complexidade da relação entre crédito e crescimento econômico e reflete sobre como moldar o futuro do sistema financeiro e promover um crescimento econômico sustentável e resiliente.

Andriato e Araujo, com o texto "Determinantes da inclusão financeira no Brasil: uma análise para o período 2011-2021", investigam os fatores que influenciam a inclusão financeira no Brasil, examinando a relação entre características individuais e a probabilidade de inclusão financeira. Os autores destacam a importância da educação, renda e gênero na determinação da inclusão financeira e fornecem insights valiosos para políticas de desenvolvimento financeiro.

A pesquisa "Análise dos desafios da gestão do conhecimento para a elaboração do Plano Municipal de Saúde", feita por Branco e Urpia, oferece uma análise aprofundada dos desafios enfrentados pelos gestores de saúde na elaboração e execução dos Planos Municipais de Saúde, utilizando a perspectiva da Gestão do Conhecimento. Os autores identificam a falta de compartilhamento de conhecimento e capacitação como principais obstáculos e oferecem recomendações para fortalecer a gestão do conhecimento nesse contexto.

O capítulo 15, "Uma avaliação da economia brasileira no governo Bolsonaro (2019-2022)", de Couto, Couto e Garcia, oferece uma análise do desempenho macroeconômico do Brasil durante o mandato do presidente Jair Bolsonaro, de 2019 a 2022. Ele analisa a economia brasileira durante o governo Bolsonaro (2019-2022) e mostra que, sob a liderança de Paulo Guedes, nele adotou-se uma abordagem ultraliberal. Os resultados macroeconômicos são examinados por meio de nove indicadores, comparando-se com administrações anteriores. A análise crítica considera o contexto nacional e internacional, oferecendo insights valiosos sobre o período em questão.

Em suma, *Perspectivas econômicas: análises e reflexões* oferece uma análise abrangente e multidisciplinar do panorama econômico contemporâneo, reunindo contribuições significativas de acadêmicos e pesquisadores de destaque na área de economia e desenvolvimento. Este livro é uma leitura indispensável para estudiosos, profissionais e formuladores de políticas interessados em compreender as complexidades e desafios do mundo econômico atual.

CREDIBILIDADE E DETERMINAÇÃO DA TAXA DE JUROS NO BRASIL: 2001-2019

Moisés Cardoso Martins
Maria Helena Ambrosio Dias

INTRODUÇÃO

Dentro do arcabouço teórico do Novo Consenso Macroeconômico, uma das prioridades da política monetária é manter os níveis dos preços estáveis, para evitar os efeitos indesejados que uma inflação fora de controle pode causar na economia. Em trabalhos como o de Barro (1972) e Freedman e Laxton (2009), pode-se identificar os vários problemas relacionados a não estabilidade dos preços, como a deterioração do poder de compra da moeda e um ambiente econômico mais instável, dentre outros.

Nesse contexto, uma estimação precisa das variáveis que compõem a função de reação do Banco Central é primordial para a autoridade monetária na medição da real necessidade de variação da taxa básica de juros no Brasil. Indicadores fidedignos podem trazer maior capacidade à autoridade monetária para monitorar e dirigir a economia de forma a evitar a instabilidade e melhorar a credibilidade no mercado interno e externo.

O Regime de Metas de Inflação (RMI) foi adotado no Brasil em junho de 1999, no qual uma meta central para a inflação é estabelecida, com intervalos de tolerância, em substituição à âncora cambial na condução da política econômica. Segundo Bogdanski, Tombini e Werlang (2000), a existência dos intervalos de tolerância é fundamentada em razão da rigidez do regime, visto que há uma meta clara a ser cumprida.

Por meio da utilização de modelos de Vetores Autorregressivos (VAR) e de Vetores Autorregressivos Estruturais (Svar), o objetivo principal é estimar uma função de reação para o Banco Central do Brasil (BCB), que demonstre uma relação entre a política fiscal e a política monetária, e, a partir desta, estabelecer uma variável que represente as expectativas e a confiança do mercado no compromisso previamente estabelecido pela autoridade monetária.

As variáveis investigadas neste estudo são: a taxa de juros Selic, a taxa de inflação, a expectativa de inflação, o hiato do produto real, a taxa de câmbio efetiva real e a expectativa do resultado primário do setor público consolidado, este último como um indicador que represente a confiança do mercado sobre o compromisso firmado pela autoridade monetária. A hipótese que norteia esta pesquisa é que, primeiro, existe uma relação entre a política fiscal e monetária; e, segundo, as expectativas do resultado fiscal (expectativas do resultado primário do setor público consolidado) afetam a confiança e a credibilidade a respeito do Banco Central do Brasil (BCB) por parte do mercado. Em face de variações nessas expectativas do mercado, haveria uma reação da autoridade monetária na determinação da taxa de juros, para manter as suas metas compromissadas.

Portanto, o capítulo está dividido da seguinte forma: uma fundamentação teórica sobre a credibilidade da política monetária e sua relação com os canais de transmissão e o regime de metas de inflação, com uma revisão dos trabalhos empíricos da área. Além disso, apresentamos a metodologia empírica dos modelos VAR e Svar, juntamente com o modelo empírico a ser testado e suas variáveis. Por último, são traçadas as considerações finais.

1 FUNDAMENTAÇÃO TEÓRICA

1.1 Conceitos e elementos sobre a credibilidade da política monetária

Na literatura econômica, considerando as políticas monetárias e fiscais, a credibilidade é apontada como essencial para o sucesso de uma estratégia de estabilização da economia e configura um fator-chave na implementação de políticas econômicas mais eficazes. A política fiscal deve ser conduzida de forma coordenada com a política monetária, visto que déficits fiscais podem vir a pressionar a taxa de juros e tornar mais custoso o alcance da estabilidade de preços. Assim como a credibilidade na política monetária do banco central é relevante na determinação do comportamento da taxa de juros, a credibilidade na autoridade fiscal na condução de suas políticas também é importante (Mishkin, 2007).

A credibilidade pode ser conceituada como o nível de confiança que os agentes econômicos depositam na efetividade de uma política econômica anunciada pela autoridade monetária. "Ou seja, uma política inspirará maior credibilidade se ela sinalizar aos agentes uma chance reduzida da ocorrência de inconsistência temporal" (Mendonça, 2002, p. 47).

Sobre as diversas formas de mensuração da credibilidade, Mendonça (2018, p. 1168) menciona que "It is well-accepted that credibility may be measured by the difference between public inflation expectations regarding the target." Para Cukierman e Meltzer (1986, p. 1180), a credibilidade deve ser medida como "the absolute value of the difference between the policymaker's plans and the public's beliefs about those plans."

Quanto aos trabalhos englobando a importância da credibilidade na condução de política monetária, o estudo de Sargent (1982) investigou quatro episódios de processos de desinflação e constatou que os custos advindos de uma política de inflação baixa vão depender, sobretudo, da credibilidade na condução da política monetária. Sobre a ausência de credibilidade do Banco Central, Cukierman e Meltzer (1986) enfatizam que um descontrole na taxa de crescimento da moeda pela autoridade monetária, extrapolando a oferta de moeda em relação à sua meta, conduz a um adicional de inflação não esperado, o que leva a uma perda de credibilidade da autoridade monetária.

No que tange à interação entre as metas de inflação e a credibilidade, Svensson (1993) testou a credibilidade das metas de inflação por meio da elaboração de um intervalo composto dos retornos reais de títulos nominais. Assim, se os retornos reais esperados (ou a taxa real de juros) constarem fora do intervalo, rejeita-se a hipótese de credibilidade. Além disso, o estudo concluiu que após o anúncio das metas de inflação, leva um tempo para a autoridade monetária ganhar a credibilidade do público.

Mendonça e Souza (2009) analisaram a relação entre credibilidade e controle das taxas de juros para a política monetária no Brasil após a implementação do RMI. O vínculo entre a credibilidade e a taxa de juros referencial foi observado sob duas perspectivas: a meta estabelecida pelo Copom e a taxa predominante no mercado financeiro. As evidências encontradas são que uma credibilidade mais alta requer menores alterações nas taxas de juros para manter a inflação dentro da meta e também combater a inflação.

Os bancos centrais sob um regime de metas de inflação precisam se preocupar com as fontes de dados e os horizontes, disponibilizando expectativas de diferentes perspectivas, tais como modelos de previsão e taxas de equilíbrio da inflação. Uma política que visa melhorar a qualidade das informações disponibilizadas proporciona uma melhor avaliação dos agentes quanto ao compromisso dos bancos centrais com as metas e, assim, aprimorar a capacidade de ancorar as expectativas de inflação (Mendonça, 2018).

1.2 Canais de transmissão da política monetária

De modo oposto à política fiscal, a política monetária abrange instrumentos que não causam impactos diretamente nas decisões do público. Segundo o BCB (2020), os mecanismos de transmissão da política monetária são os diferentes canais que, mediante mudanças na taxa de juros Selic, afetam o comportamento de variáveis econômicas, tais como o produto e os preços. A taxa Selic (meta operacional) influencia todas as taxas de juros do país, como as taxas das aplicações financeiras, dos empréstimos e dos financiamentos.

O BCB atua fixando a taxa de juro de curtíssimo prazo e, por meio de deslocamentos da curva de rendimentos[1], essa taxa de juros determina os valores das taxas de juros restantes, inclusive aquelas que influenciam as decisões de consumidores e investidores. Ao alterar a meta para a taxa Selic, a rentabilidade dos títulos indexados a ela é afetada e, consequentemente, ocorre uma variação do custo de captação das instituições financeiras. A título de exemplo, uma redução da taxa Selic diminui o custo de captação de recursos pelos bancos, que tendem a emprestar com juros menores (Carvalho *et al.*, 2015).

Os principais mecanismos de transmissão monetária apresentados na literatura são: o canal da taxa juros, do crédito, das expectativas, da taxa de câmbio, o canal de preços dos ativos (canal da riqueza) e, mais recentemente, tem-se estudado sobre o canal de tomada de risco (*risk-taking channel*). Omoto (2006) enfatiza que o entendimento desses mecanismos de transmissão é essencial para o planejamento e a execução de políticas públicas mais assertivas.

Os canais de transmissão da política monetária citados não ocorrem de forma direta na economia e existe um período de defasagem temporal para que a política seja transmitida. De acordo com BCB (2020) acerca do horizonte de

---

[1] A curva de rendimentos (CR) mostra a relação entre as taxas de juros que incidem sobre contratos de dívida semelhantes, porém com vencimentos diferentes. A CR associa as maturidades dos contratos às taxas de juros anualizadas pagas por contrato (Carvalho *et al.*, 2015).

transmissão dos efeitos do juro básico na inflação, o efeito da taxa Selic sobre a inflação (conforme tempo médio calculado segundo modelos econômicos recentes) acontece, em média, de 6 a 9 meses para se tornar significativo.

Estudos feitos para o Brasil, como os trabalhos de Bogdanski, Tombini e Werlang (2000) e de Freitas e Muinhos (2001), encontraram uma defasagem de 3 meses para que a alteração na taxa de juros atingisse o hiato do produto e mais 3 meses para atingir a inflação, totalizando 6 meses de defasagem temporal. É válido mencionar a resposta dada pela taxa de juros quando choques inflacionários acontecem (chamada de transmissão no sentido inverso), Minella (2003) constatou que há defasagem interna de resposta por parte dos *policymakers*.

Outro ponto relevante é o efeito calendário[2] no Brasil, que acorre devido à inconsistência dinâmica da política monetária. Segundo Kydland e Prescott (1977), o período de defasagem para que a política monetária seja efetiva é afetado por ajustes nas expectativas dos agentes econômicos, dada a variável de expectativa de inflação futura e às ações do tipo *forward-looking* do banco central.

1.3 Regras para a condução da política monetária

No artigo seminal de Friedman (1968), é debatida a evolução histórica da política econômica após a segunda guerra mundial e a importância da política monetária, cuja função principal é contribuir para a estabilidade da moeda e do nível de preços. Para impedir que flutuações significativas sobre a taxa de inflação aconteçam, Friedman (1968) recomendou a utilização de uma regra na qual a política monetária deve ser limitada por uma taxa de expansão monetária prefixada conforme a taxa de crescimento do produto. A preocupação com os excessos de políticas monetárias expansionistas adotadas pelos *policymakers* à época é debatida no artigo, visto que a não ocorrência de um *trade-off* entre inflação e desemprego no longo prazo deveria ser considerada pelas autoridades monetárias na tomada de decisão em direção aos afrouxamentos monetários, visando a expansão e a manutenção do pleno emprego.

No trabalho de Kydland e Prescott (1977), a preeminência na condução da política monetária por meio da adoção de regras passou a ser mais defendida

---

[2] O termo efeito calendário foi primeiramente citado por Minella *et al.* (2002) e Barcellos Neto (2007) e representa a defasagem da política monetária no Brasil.

e utilizada como um compromisso do *policymaker*. As políticas discricionárias apresentam um resultado subótimo, dado que são realizadas mediante a gestão de cada *policymaker* e levam em consideração períodos específicos dos ciclos econômicos. Há um viés inflacionário por parte do *policymaker*, que pode favorecer o crescimento do produto e do emprego ao custo de um aumento na inflação por meio da exploração do *trade-off* de curto prazo entre inflação e desemprego da curva de Phillips. Os agentes respondem e se planejam frente às políticas tomadas pelos condutores da política monetária.

O artigo de Taylor (1993) traz uma regra monetária de controle de juros nominais com o objetivo de estabilizar a inflação e a produção. As regras que focalizam no câmbio ou na oferta de moeda não são tão eficientes quanto às regras que têm foco no nível de preços ou no produto. Regras pautadas no nível de preços e no produto real devem ser preferíveis a regras que focam unicamente no nível de preços, visto que, anteriormente, as políticas discricionárias focavam seus esforços apenas na manutenção do pleno emprego e uma política intermediária parece ser mais conveniente e de fácil aceitação pelos *policymakers*.

Os conceitos teóricos do regime de metas de inflação (RMI) encontram-se sob as proposições teóricas da escola Novo-Clássica, sobretudo em relação aos artigos seminais de Kydland e Prescott (1977) e Barro e Gordon (1983), que discutem a inconsistência temporal da política monetária, pois políticas discricionárias levam a um viés (*bias*) inflacionário, e a importância da credibilidade da autoridade monetária na condução de políticas econômicas[3]. Autores como Cukierman (1995) Bernanke e Mishkin (1997) e Svensson (1999) citam o regime de metas como o mais eficiente frente a outros tipos de arranjos de política monetária.

O Banco Central do Brasil (BCB) adotou com a implantação do Plano Real em julho de 1994 uma Programação Monetária de Câmbio Fixo, chamada de âncora cambial, vindo posteriormente em julho de 1999 a adotar uma Programação Monetária com Regras para a Taxa de Juros e Metas de Inflação, vigentes até hoje. A adoção de uma regra de política monetária na segunda metade da década de 1990 pelo Banco Central do Brasil não ocorre de forma realmente tardia, quando avaliamos frente a outros Bancos Centrais[4].

---

[3] Atualmente, os modelos de decisão dos bancos centrais são modelados a partir das versões novo-keynesianas para a curva de Phillips e a curva IS, considerados modelos do tipo *forward-looking*.

[4] Os primeiros países a adotarem formalmente um Regime de Metas de Inflação foram: Nova Zelândia 1990, Reino Unido 1992, Suécia 1995, Austrália 1996, Brasil e Chile 1999, sendo que o Chile já estabelecia um intervalo

Conforme observado por Taylor (2007), Estados Unidos da América (EUA), Alemanha, Reino Unido e Japão já experimentavam a Grande Moderação[5] na segunda metade dos anos 1980, indicando que já utilizavam uma política com regra de taxa de juros não explicitamente. Dessa forma, houve a adoção de política de regras por Bancos Centrais mais maduros a partir de 1985 de forma implícita e de forma explícita a partir da década de 1990, o que demonstra que a economia brasileira estava acompanhando as políticas de outros bancos centrais frente a uma corrente de estabilização econômica que surge no final dos anos 1980 e no início dos anos 1990.

Assim, de forma sucinta, o Conselho Monetário Nacional (CMN) estabelece a meta para a inflação anual. Para manter o nível de preços sob controle, o Copom[6] determina a meta da taxa de juros Selic[7]. Então, o BCB realiza operações de mercado aberto[8] para influenciar a taxa Selic, que age por meio de diversos canais na economia para afetar a inflação. A meta para a inflação confere maior segurança sobre os rumos da política monetária ao mostrar para o público de maneira transparente o compromisso do BCB com a estabilidade de preços.

A regra original elaborada por Taylor para a economia americana é um indicativo do que pareceria ser o ideal para a economia americana dentro dos padrões médios de taxas reais de juros e inflação, sendo que os parâmetros que davam pesos às principais variáveis independentes não indicavam preferência de política, controle de preços ou produto. A formulação original da regra seminal pode ser descrita como:

$$r = p + 0.5y + 0.5(p-2) + 2 \qquad (1.3.1)$$

Na qual: r = taxa de juros dos Fundos Federais (taxa nominal de juros de curto prazo); p = taxa de inflação de quatro trimestres atrás (defasagem

---

para a inflação desde 1991, e México 2001 (Carvalho *et al.*, 2015).

[5] Período de estabilidade econômica caracterizado pela redução na variabilidade do produto e na variabilidade da inflação.

[6] Comitê de Política Monetária do Banco Central do Brasil (BCB).

[7] A taxa de juros básica na economia brasileira é a Selic, Sistema Especial de Liquidação e Custódia. A taxa Selic refere-se à taxa de juros apurada nas operações de empréstimos de um dia entre as instituições financeiras que utilizam títulos públicos federais como garantia. O BCB opera no mercado de títulos públicos para que a taxa Selic efetiva esteja em linha com a meta da Selic definida na reunião do Copom. A taxa média ajustada dos financiamentos diários apurados nesse sistema equivale à taxa Selic.

[8] Compra e venda de títulos públicos.

de 12 meses), *backward-looking*; y = percentual do desvio do PIB real em relação ao potencial (hiato do produto).

Sendo que:

$$y = 100\left(Y - Y^*\right) / Y^* \qquad (1.3.2)$$

Na qual: Y = PIB real (PIB efetivo); Y^* = Tendência real do PIB (PIB potencial).

A formulação original demonstra que a taxa de juros nominal está em função do hiato do produto e do desvio da inflação, ambos com um coeficiente positivo de 0,5, indicando que, no caso de uma inflação acima de 2% a.a. ou uma produção acima do potencial, haveria uma elevação da taxa de juros na proporção dos coeficientes e, caso o nível de preços estivesse abaixo de 2% a.a. e a produção abaixo do potencial, deveria ocorrer uma redução da taxa de juro pelo *policymaker*. É possível perceber também que, segundo a Regra de Taylor, a taxa de juros real é de 2% a.a., assim como a meta de inflação, levando a uma taxa de juros nominal no *steady state* de 4% a.a.

Apesar de Taylor apresentar uma regra bem específica para o caso americano, ele esclarece em seu artigo que cada situação é um caso, e que a implantação de um regime monetário de regras de juros é um processo, no qual a regra em si pode ser aprimorada conforme sua aplicação e gestão.

Abaixo temos uma representação da Regra de Taylor modelada conforme Romer (2019) e Galí (2015).

$$i_t = r^n + \phi_\pi\left(\pi_t - \pi^*\right) + \phi_y\left(lnY_t - lnY_t^n\right) + \phi_e e_t \qquad (1.3.3)$$

Na qual: i_t = taxa de juros nominal no período t; r^n = taxa de juros real; π_t = inflação no período t; π^* = meta de inflação; Y_t = produto efetivo no período t; Y_t^n = produto potencial no período t; e_t = taxa de câmbio real; $\left(\pi_t - \pi^*\right)$ = desvio da inflação no período t; $\left(lnY_t - lnY_t^n\right)$ = hiato do produto no período t.

Conforme equação (1.3.3), as relações acontecem da mesma forma que na equação (1.3.1). Apesar das variáveis de inflação e do produto não serem defasadas no tempo, aos moldes da equação de Taylor, isso não é uma obrigatoriedade, sendo essa equação do tipo *backward-looking*.

Ademais, movendo o termo da taxa de câmbio real para o lado esquerdo da expressão (1.3.3), temos:

$$i_t - \phi_e e_t = r^n + \phi_\pi \left(\pi_t - \pi^* \right) + \phi_y \left(lnY_t - lnY_t^n \right) \tag{1.3.4}$$

O lado esquerdo de (1.3.4) se refere ao conceito de índice de condições monetárias.

Além do foco dado às variáveis independentes, uma perspectiva *forward-looking* seria uma boa estratégia contra a tentativa de tornar a regra discricionária, já que a percepção racional dos agentes econômicos elevaria as expectativas de inflação no caso de um *policymaker* mais tentado a trapacear. Conforme exposto em Clarida, Galí e Gertler (2000) a equação a seguir representa essa ideia:

$$i_t = r_t^n + \phi_\pi \left(E_t \left[\pi_{t+k} \right] - \pi^* \right) + \phi_y E_t \left[lnY_{t+k} - lnY_{t+k}^n \right] ; k > 0 \tag{1.3.5}$$

Sendo: i_t = taxa nominal de juros no período t; r_t^n = taxa real de juros no período t; $E_t \left[\pi_{t+k} \right]$ = inflação esperada do período t+k; π^* = meta de inflação; $E_t \left[lnY_{t+k} \right]$ = produto efetivo esperado do período t+k; $E_t \left[lnY_{t+k}^n \right]$ = produto potencial esperado do período t+k; $\left(E_t \left[\pi_{t+k} \right] - \pi^* \right)$ = desvio da inflação esperada do período t+k; $E_t \left[lnY_{t+k} - lnY_{t+k}^n \right]$ = hiato do produto esperado do período t+k.

A equação demonstra uma relação diretamente proporcional entre o desvio da inflação e o hiato do produto em relação à taxa de juros nominal, sendo que o parâmetro deve ϕ_π ser maior que 1 e o parâmetro ϕ_y maior que zero, para se obter uma regra estabilizadora.

O modelo parte do pressuposto de que se o desvio da inflação for positivo, os acréscimos nos juros nominais devem ser superiores aos acréscimos da inflação, levando sempre a uma elevação nas taxas de juros reais. Da mesma forma, com a ocorrência de um hiato do produto positivo, as taxas de juros devem ser elevadas. Uma política que não respeite esta regra tende a ser desestabilizadora, caindo em um viés inflacionário no transcorrer do tempo. É importante salientar ainda que a equação (1.3.5) trabalha com valores esperados, ou seja, expectativas futuras dos agentes frente à inflação e hiato do produto.

Paul Volker[9] e Alan Greenspan[10] foram os presidentes do Banco Central Americano – Fed que introduziram, mesmo que de forma implícita, uma regra de metas de inflação na autoridade monetária. O próprio Greenspan acreditava que a política monetária deveria se pautar unicamente em dados *forward-looking*.

O desenvolvimento dos modelos novos keynesianos de equilíbrio[11] usualmente tem trabalhado com uma Regra de Taylor de viés dinâmico, em relação ao desvio da inflação e o hiato do produto, conforme indicado por Klima *et al.* (2015). A dinâmica nesses modelos busca considerar a aceleração da inflação e do hiato do produto como mais uma variável independente, servindo como um instrumento de sintonia fina no processo de decisão sobre a taxa de juros nominal.

Se o desvio da inflação estiver tendo uma aceleração positiva, quando de um desvio da inflação positivo, temos um processo de aceleração da inflação no tempo e os acréscimos na taxa de juros nominal devem ser mais contundentes com o objetivo de ancorar as expectativas. Já no caso de uma aceleração negativa acompanhada de um desvio da inflação positivo significa que apesar de a inflação estar acima da meta, ela já está convergindo, então a taxa de juros quando elevada não deve ocorrer tão intensamente quando do caso de uma aceleração positiva. Com relação à dinâmica do hiato do produto e da aceleração do hiato do produto, a lógica segue a mesma indicada acima para o caso da inflação.

Vários formatos da Regra de Taylor foram desenvolvidos conforme indicado por Romer (2019). As alterações decorriam da inclusão na equação fundamental de outras variáveis independentes, como taxa de câmbio, defasagens de taxa de juros e indicadores financeiros (preço de ações e *spread* bancário).

---

[9] Paul Adolph Volker Jr. é um economista americano que foi *Chairman* do Federal Reserve de 6 de agosto de 1979 a 11 de agosto de 1987.

[10] Alan Greenspan é um economista americano que foi *Chairman* do Federal Reserve de 11 de agosto de 1987 a 31 de janeiro de 2006.

[11] Modelos DSGE (*Dynamic Stochastic Gerenal Equilíbrium*).

1.4 Funções de reação para o Banco Central e credibilidade das políticas monetária e fiscal

Existem diversos fatores que são considerados pela autoridade monetária no momento de escolher a taxa básica de juro da economia. Algumas das variáveis presentes na função de reação do banco central vão além do escopo da regra original proposta por Taylor (1993) e podem influenciar o comportamento da taxa de juros de forma significativa.

O trabalho de Bogdanski, Tombini e Werlang (2000) analisou o início da implantação do regime de metas de inflação (RMI) no Brasil, contabilizando os seis primeiros meses de funcionamento desse sistema. O modelo estrutural proposto no estudo é composto por uma curva IS, uma curva de Phillips, uma regra para taxa de juros no estilo proposto por Taylor (1993), uma equação de paridade de juros descoberta e são utilizados dados trimestrais. Os autores adicionaram no estudo o mecanismo das expectativas, no sentido de dar o componente *forward-looking* ao modelo, que possui o componente *backward-looking* da inflação passada na sua forma original. A função de reação proposta pelo modelo é a seguinte:

$$i_t = (1-\lambda)i_{t-1} + \lambda\left(\alpha_1\left(\pi_t - \pi^*\right) + \alpha_2 h_t + \alpha_3\right) \qquad (1.4.1)$$

Na qual, i é o logaritmo da taxa de juros; h é o logaritmo do hiato do produto; π representa o logaritmo da inflação, π^* se refere ao logaritmo da meta de inflação e os valores dos coeficientes α podem ser fixados aleatoriamente ou por meio de ferramentas de otimização. Quando $\lambda = 1$, a equação equivale à regra padrão de Taylor; quando $0 < \lambda < 1$ se refere a uma regra com suavização da taxa de juros.

A análise mostrou que o componente *forward-looking* das expectativas é o de maior peso e representatividade no modelo, ao ser analisado de forma isolada. A taxa de juros afetou de imediato a taxa de câmbio nominal e o hiato do produto foi afetado com uma defasagem. Outro resultado é que a taxa de câmbio nominal atingiu a taxa de inflação no mesmo período e hiato do produto afetou a taxa de inflação com apenas uma defasagem.

Sobre regras de conduta e a inércia da taxa de juros no Brasil, Piper (2013) investigou a dinâmica da taxa básica de juros da economia com investigações empíricas sobre o comportamento inercial da taxa de juros e sobre a composição funcional da regra de conduta utilizada pelo BCB. Além disso, testou por meio de modelos VAR e Vetores Autorregressivos Estruturais (Svar), uma explicação para a persistência de altas taxas de juros no país baseada nos efeitos da produtividade da indústria brasileira sobre a taxa de juros Selic. Os dados utilizados são de periodicidade mensal para o período entre julho de 2001 e dezembro de 2011. O modelo estimado para a taxa de juros é apresentado em (1.5.3).

$$i_t = \alpha_1 i_{t-1} + (1-\alpha_1)\left[\alpha_0 + \alpha_2\left(\pi^E_{t+12} - \pi^*_{t+12}\right)_t + \alpha_3 h_{t-1} + \alpha_4 \epsilon_{t-1}\right] + u_t \qquad (1.4.2)$$

No qual: i_t =taxa de juros, π^E_{t+12} =expectativa de inflação para os próximos 12 meses, meta π^*_{t+12} =de inflação para os próximos 12 meses, h = hiato do produto e ϵ = taxa de câmbio efetiva real.

Os resultados mostram um elevado grau de inércia da taxa básica de juros brasileira. Além disso, a autora concluiu que as variáveis que afetam o processo de determinação da taxa de juros no Brasil em ordem de relevância são: a diferença entre a inflação esperada e a meta fixada para um determinado período de tempo, o hiato do produto e a taxa de câmbio real efetiva. Outro resultado relevante é a existência de uma relação inversa entre taxa básica de juros e a produtividade do trabalho na indústria brasileira em um contexto de longo prazo, conforme a produtividade, aumenta no longo prazo a taxa de juros básica da economia tende a diminuir.

O estudo de Amari (2016) examinou o regime de metas de inflação no Brasil entre setembro de 2002 e outubro de 2014 com a finalidade de explicar as variações realizadas na taxa de juros pelas decisões do Copom. Para tanto, estimou duas funções de reação para o Banco Central do Brasil por meio das metodologias VAR e Svar. As variáveis utilizadas foram: o desvio da inflação efetiva em relação à sua média de longo prazo ao invés da meta, as expectativas do mercado por meio do índice Bovespa, a dívida líquida do setor público em proporção do PIB, as expectativas de inflação, a taxa de câmbio real efetiva, os valores defasados da Selic, a variação do PIB e o desvio da taxa de desemprego de sua tendência de longo prazo.

Os resultados encontrados foram: a presença do forte componente inercial da taxa Selic, a significância da variável de expectativas de inflação e do índice

Bovespa (comportamento *forward-looking* do BC), a importância da variável de desvio da inflação efetiva em relação à sua média de longo prazo, esse efeito ocorreu no sexto mês o que evidencia o efeito calendário, a significância das séries de variação do PIB e o desvio do desemprego na determinação da taxa Selic.

Em relação à coordenação entre as políticas monetária e fiscal, Carvalho e Dias (2016) apresentam conceitos, formas e estruturas que podem ser utilizadas como ferramentas para conduzir essas políticas econômicas entre os anos de 2000 e 2012 no Brasil. Para atingir o objetivo de verificar se fatores institucionais referentes à atuação da política fiscal podem interferir no comportamento da taxa de juros básica ao longo do tempo, com bases em modelos Autorregressivos Estruturais (Svar).

Para capturar a eficiência das autoridades fiscais com relação ao cumprimento da meta fiscal, as autoras testaram uma variável nova denominada de Eficiência (Efic), que representa a diferença entre o valor do superávit anunciado conforme a Leis de Diretrizes Orçamentárias (LDO) e o realizado pelo governo central, essa variável mensura o compromisso da autoridade fiscal em honrar com o anunciado. Os resultados sugerem que, no período analisado, a política monetária no Brasil está subordinada à política fiscal, pois, quando o governo aumenta seus gastos relativos às suas receitas correntes, a queda da taxa de juros é mais lenta, ou seja, torna-se mais rígida.

Em contribuição, o presente trabalho agrega a utilização de uma variável fiscal para representar a credibilidade da política monetária na determinação da taxa de juros para a economia brasileira, enfatizando o caráter *forward-looking* da regra aplicada pelo BCB, a interação da política fiscal e monetária, o componente inercial da taxa de juros e o efeito calendário para o curto e longo prazo; em adição, apresenta a capacidade de projeção dos coeficientes obtidos das estimativas do VAR e do Svar.

2 METODOLOGIA EMPÍRICA

A análise econométrica empregada no artigo tem por base metodologias e procedimentos econométricos de séries temporais. Uma série de tempo pode ser definida como uma sequência de observações de uma variável ao longo de um período de tempo. Para serem utilizadas em modelos macroeconômicos, parte-se do fundamento de que as séries temporais precisam ser estacionárias, isto é, ter média, variância e covariância constantes (equilíbrio) ao longo do tempo estipulado.

Todavia, as variáveis comumente empregadas nesses modelos não apresentam em nível um comportamento estável de longo prazo, ou seja, são não estacionárias em nível, pois possuem tendência temporal estocástica. Caso a variável seja não estacionária, um problema recorrente é a autocorrelação residual, situação em que as observações estão correlacionadas com seus valores defasados. Nesse caso, uma regressão resultante dos procedimentos tradicionais é considerada espúria, isto é, leva a resultados equivocados, apresentando valores acima do esperado para as estatísticas R^2, t e F.

Realizado os testes pertinentes à estacionariedade e à cointegração de séries temporais, as estimações podem ser realizadas por meio do modelo de Vetores Autorregressivos (VAR) e do modelo de Vetores Autorregressivos Estruturais (Svar). Esses modelos são utilizados quando existe simultaneidade entre um conjunto de variáveis, ou seja, é pressuposto que as variáveis incluídas se afetam de forma recíproca, não havendo distinção entre as variáveis explicativas e as variáveis dependentes *a priori*. A estrutura do modelo VAR aqui aplicado segue a metodologia de Enders (1995).

2.1 Base de dados e apresentação das variáveis macroeconômicas

As variáveis selecionadas para a análise empírica estão na periodicidade mensal: 1) Taxa de juros - Selic acumulada no mês anualizada base 252 (% a.a.), Banco Central do Brasil. 2) Índice da taxa de câmbio efetiva real (IPCA) — jun./2006=100 — Banco Central do Brasil. 3) IPCA — var (% a.m.) — Banco Central do Brasil. 4) Desvio da inflação: obtido por meio da diferença entre a taxa de inflação observada e a meta de inflação estabelecida pelo Copom. 5) Expectativa de mercado IPCA para 12 meses. Elaboração Banco Central. 6) IPCA — var (% a.m.) — Ipeadata. 7) Produto Interno Bruto (PIB) acumulado dos últimos 12 meses — Valores correntes. Estimativa do Banco Central. PIB — 12 meses — R$ (milhões) — Deflacionado. 8) Hiato Real: obtido por meio da aplicação do filtro *Hodrick-Prescott* (HP) no PIB Real. 9) Expectativa do resultado primário do setor público consolidado em % PIB, média mensal — Banco Central do Brasil.

O período de análise dos dados corresponde ao período entre janeiro de 2001 e dezembro de 2019. O comportamento da variável de taxa de juros no Brasil é o principal foco da análise, sendo essa a variável endógena a ser estimada na função de reação para o BCB.

3 MODELO EMPÍRICO E ANÁLISE DOS RESULTADOS

Nesta seção, é apresentado o modelo econométrico adotado para se estimar uma função de reação para o BCB, como uma adaptação da regra de Taylor (1993) mencionada anteriormente.

O objetivo é representar uma função de reação que inclua, além das variáveis tradicionais da regra de Taylor, uma variável que relacione a política monetária e fiscal e que essa variável possa ser um indicador da confiança ou credibilidade do mercado sobre a capacidade das autoridades monetárias conseguirem honrar seus compromissos de metas previamente estabelecidas. A variável escolhida foi as expectativas do resultado primário do setor público consolidado (expectativas do resultado fiscal). De acordo com esse raciocínio, os agentes do mercado observam as metas anunciadas pelo BCB. Por conseguinte, a formação de suas expectativas sobre vários indicadores econômicos considera o resultado fiscal, tentando antecipar se as metas anunciadas pelo Banco Central têm probabilidade de acontecer ou não. Dessa forma, as expectativas de maiores déficits abalam a confiança que o mercado tem na capacidade do BCB cumprir seus compromissos e atingir suas metas. Pois um maior déficit fiscal representaria uma barreira adicional à queda da taxa de juros básica da economia ou, pelo menos, poderia diminuir sua variação, tornando-a mais rígida. Portanto, as expectativas do resultado fiscal seria um indicador de confiança ou credibilidade nos compromissos das autoridades monetárias.

Para tanto, são utilizados os modelos econométricos VAR e Svar, além da análise de choques sobre a taxa de juros Selic por meio de simulações de funções impulso-resposta, conforme exposto nos tópicos a seguir. Os dados das séries são mensais, totalizando 200 observações cada.

Note que os modelos VAR e Svar, amplamente divulgados a partir da década de 80, trouxeram a capacidade de estimar relações econométricas entre as variáveis endógenas do modelo sem exigir que fossem impostas hipóteses restritivas *a priori* sobre suas ordens de causalidades, apenas pautando o conjunto de variáveis escolhidas com base na teoria econômica. No entanto, o que pode ser uma vantagem do modelo, para outros se mostrou uma limitação, por não ter uma representação mais estreita com o modelo estrutural, do ponto de vista da construção dos parâmetros, e ser, assim, a estimação de uma forma reduzida do modelo teórico. Além disso, ao estabelecer as variáveis do modelo, deve haver um cuidado especial com o número de defasagens e parâmetros comparativamente ao número de observações da amostra, dentre todos outros testes de robustez exigidos.

3.1 O modelo VAR para o efeito da credibilidade na variação da taxa Selic

O modelo empírico a ser estimado se baseia na seguinte função de reação para o BCB modificada:

$$\Delta i_t = \alpha_0 + \alpha_1 \Delta i_{t-1} + \alpha_2 \pi^e_{t+12} + \alpha_3 \cdot (\pi_t - \pi^*) \cdot + \alpha_4 \qquad (3.1)$$

$$\left(lnY_t - lnY_t^n \right) \cdot + \alpha_5 \Delta e_t \cdot + \alpha_6 \Delta Expfiscal \cdot + u_t$$

No qual: Δi = Taxa de juros – Selic em sua primeira diferença; π^e = Expetativa de inflação para 12 meses à frente; $\pi_t - \pi^*$ = Desvio da inflação corrente em relação a sua meta; $lnY_t - lnY_t^n$ = Hiato do PIB real; Δe = A taxa de câmbio efetiva real em sua primeira diferença; $Expfiscal$ = Expectativa do resultado primário em sua primeira diferença; u_t = O erro estocástico.

Na Tabela 1, são apresentadas as siglas das variáveis utilizadas e suas respectivas definições.

Tabela 1 – Siglas das variáveis utilizadas

DLSELIC	Taxa de juros Selic
LEXPECINF	Expectativa de inflação
LDESINF	Desvio da inflação em relação a sua meta
LHIATO	Hiato do PIB real
DLCAMBIOREAL	Taxa de câmbio efetiva real
DLEXPRESFISCAL	Expectativa do resultado primário

Fonte: resultados do processo de estimativa

O prefixo D antes das siglas indica que a variável está na primeira diferença. Já o prefixo L antes das siglas indica que a variável foi logaritmizada com a finalidade de uniformizar a análise dos dados.

3.2 O modelo Svar para as variações de longo prazo na Selic na Economia Brasileira

Para observar as relações de longo prazo entre as variáveis estudadas, realizou-se o modelo Svar. A matriz exposta a seguir representa o modelo estimado. As variáveis estão listadas da mais endógena para a mais exógena, no sentido de Granger.

$$Y_t$$
$$= [C_{11}\, C_{12}\, C_{13}\, C_{14}\, C_{15}\, C_{16}\, 0\, C_{22}\, C_{23}\, C_{24}\, C_{25}\, C_{26}\, 0\, 0\, C_{33}\, C_{34}\, C_{35}\, C_{36}\, 0\, 0\, 0\, C_{44}\, C_{45}\, C_{46}\, 0\, 0\, 0\, 0\, C_{55}\, C_{56}\, 0\, 0\, 0\, 0\, 0\, C_{66}]$$
$$= [e_1\, e_2\, e_3\, e_4\, e_5\, e_6]$$

A primeira coluna indica que a taxa de juros Selic é a variável mais endógena do modelo podendo afetar apenas a si própria (C_{11}). A segunda coluna é a da expectativa de inflação, a qual afeta a si mesma (C_{22}) e a taxa de juros (C_{12}). Adiante, a terceira coluna indica que o desvio da inflação afeta a si mesmo (C_{33}), as expectativas (C_{23}) e a taxa de juros (C_{13}). No entanto, não afeta o hiato do produto, o câmbio e a expectativa fiscal. As três últimas colunas seguem o mesmo raciocínio teórico.

Dado que o importante para esta pesquisa são os efeitos das variáveis expectativas do resultado fiscal, taxa de câmbio efetiva real, hiato do produto, desvio da inflação da sua meta, expectativas da inflação sobre a taxa de juros Selic, somente os resultados referentes à primeira linha da matriz do sistema de equações do Svar serão relatados na seção sobre as regressões do modelo estrutural.

3.3 Resultados do modelo VAR

Para classificar as séries com a presença de raiz unitária ou não foram realizados os testes de raiz unitária Dickey-Fuller Aumentado (ADF), Phillips-Perron (PP), Dickey-Fuller GLS e Kwiatkowski-Phillips-Schmidt-Shin (KPSS). Os resultados dos testes estão resumidos na Tabela 2.

Conforme os resultados da Tabela 2, as variáveis LEXPECINF, LDESINF, LHIATO são estacionárias em nível, enquanto as variáveis LSELIC, LCAMBIOREAL e LEXPRESFISCAL são estacionárias na primeira diferença, sendo assim, incorporadas no modelo com o prefixo D na sigla, sendo apresentadas como DLSELIC, D(LCAMBIOREAL) e D(LEXPRESFISCAL).

Tabela 2 – Resultados dos testes de raiz unitária

	ADF	PP	ADF-GLS	KPSS
LSELIC	I(0)	I(1)	-	I(1)
LEXPECINF	I(0)	I(0)	I(1)	I(0)
LDESINF	I(0)	I(0)	I(1)	I(0)
LHIATO	I(0)	I(0)	I(0)	I(0)
LCAMBIOREAL	I(1)	I(1)	I(1)	I(0)
LEXPRESFISCAL	I(1)	I(1)	I(1)	I(1)

(-): resultado inconclusivo.

Fonte: resultados do processo de estimativa

Na busca pela correta especificação do modelo e obtenção das defasagens mais apropriadas, os testes para o número de *lags* do VAR foram realizados os testes indicam que o modelo deve possuir 2 e 5 defasagens.[12] Visto o número de *lags* indicado pelo modelo, optou-se por selecionar as defasagens 1, 2 e 5, que foram as que, em conjunto, deixaram o modelo melhor especificado.

No intuito de confirmar os *lags* selecionados, foi realizado o teste de Wald para a exclusão das defasagens do VAR, que mostrou que as defasagens selecionadas não deveriam ser excluídas do modelo, como também na análise conjunta das equações.

Os resultados do modelo VAR estimado são apresentados na Tabela 3, na qual ressalta a primeira coluna das estimações do VAR. Conforme as estimativas obtidas e expostas na Tabela 3, existe um forte componente inercial da taxa de juros Selic, dado que os coeficientes estimados da Selic em primeira diferença com uma (t-1) e duas (t-2) defasagens, no primeiro e no segundo mês, foram significativos ao nível de 1% de confiança pelo valor calculado da estatística *t*, e no quinto mês (t-5), ao nível de 5% de significância. O componente inercial da taxa de juros junto à função de reação do BCB foi apontado por diversos autores na literatura econômica, em especial, em Piper (2013). Note que aqui esse comportamento inercial é observado na taxa de variação da Selic (Δ log), representando sua taxa de crescimento, aceleração ou desaceleração.

---

[12] Os testes realizados são os que seguem. LR: teste estatístico LR sequencial modificado (cada teste ao nível de 5%); FPE: Previsão final do erro; AIC: Critério de informação Akaike; SC: Critério de informação Schwarz; HQ: Critério de informação Hannan-Quinn.

A variável das expectativas de inflação foi significativa para a equação da taxa de juros Selic apenas no quinto mês, ao nível de significância de 1%. Esse resultado mostra que as expectativas de inflação dos agentes são importantes para as decisões do BCB sobre a determinação da taxa de juros, demonstrando um comportamento *forward-looking*.

O desvio da inflação em relação à sua meta foi significativo ao nível de 1% no segundo e no quinto mês, que é um indicador da defasagem que há na política monetária brasileira, o chamado efeito calendário, apontado em Teixeira *et al.* (2010).

O hiato do PIB foi significativo em duas das defasagens analisadas. Tanto no segundo mês quanto no quinto mês a significância apresentada foi de 10%, o que sugere que, além de priorizar o controle inflacionário, o BCB também baliza suas decisões sobre taxa de juros observando a variação dos desvios do produto em relação à média de longo prazo na economia brasileira. Conforme discussões teóricas dos modelos de regras de taxa de juros, este comportamento seria eficiente. Romer (2019, p. 601) aponta que, "[...] if, for example, the central bank cares a great deal about inflation, it should respond aggressively to movements in both output and inflation to keep inflation under control; responding to one but not the other is inefficient".

Tabela 3 – Resultados das estimativas do modelo VAR

	D(LSELIC)		(Continuação)
D(LSELIC(-1))	0,492722	D(LCAMBIOREAL(-1))	0,058645
	(0,06888)		(0,04253)
	[7,15382]		[1,37889]
D(LSELIC(-2))	0,286982	**D(LCAMBIOREAL(-2))**	**-0,151401**
	(0,07578)		(0,04621)
	[3,78706]		[-3,27645]
D(LSELIC(-5))	**-0,117183**	D(LCAMBIOREAL(-5))	-0,026140
	(0,05725)		(0,04173)
	[-2,04677]		[-0,62639]

	D(LSELIC)		(Continuação)
LEXPECTATIVA12(-1)	0,039291 (0,02927) [1,34250]	D(LEXPRESFISCAL(-1))	-0,003799 (0,01227) [-0,30970] (Continuação)
LEXPECTATIVA12(-2)	0,024222 (0,03139) [0,77163]	D(LEXPRESFISCAL(-2))	-0,004995 (0,01223) [-0,40835]
LEXPECTATIVA12(-5)	**-0,055062** (0,01562) **[-3,52415]**	D(LEXPRESFISCAL(5))	**-0,026568** (0,01187) **[-2,23845]**
LDESINF(-1)	-0,001353 (0,00852) [-0,15887]	C	0,037459 (0,01810) **[2,06982]**
LDESINF(-2)	0,030689 (0,00906) **[3,38605]**	R^2 R^2 ajustado Estatística F	0,747778 0,722695 29,81228
LDESINF(-5)	0,020854 (0,00845) **[2,46704]**		
LHIATO(-1)	0,793758 (0,51184) [1,55080]		
LHIATO(-2)	**-1,070820** (0,62459) **[-1,71442]**		
LHIATO(-5)	0,365958 (0,21500) **[1,70214]**		

Fonte: resultados do processo de estimativa pelo Eviews

A taxa de câmbio efetiva real em sua primeira diferença foi significativa no segundo mês ao nível de 1% de confiança. Isso sinaliza que o

BCB mantém o monitoramento das variações do câmbio real nas decisões tomadas pelo Copom.

A variável expectativa do resultado primário na sua primeira diferença foi significativa a 1% no quinto mês, o que indica que o desempenho fiscal e as contas públicas são monitorados pela autoridade monetária ao decidir sobre a determinação da taxa de juros Selic, conforme se queria demonstrar.

De modo geral, os resultados coadunam com o comportamento encontrado na literatura a respeito do Efeito Calendário, confirmando a defasagem da política monetária em atingir seus objetivos de controlar a taxa de inflação dentro do intervalo previamente prescrito para a sua meta, tendo por base a administração da taxa de juros Selic, em concordância com outros trabalhos, em especial Teixeira, Dias e Dias (2013). A defasagem de cinco meses foi significativa para todas as variáveis exceto à variação da taxa de câmbio efetiva real. A inércia da taxa de juros foi confirmada, como em Piper (2013). Sobre a relevância de variáveis de política fiscal apontada na literatura, podemos citar Montes e Assumpção (2014), Carvalho e Dias (2016), Mendonça e Almeida (2019), entre outros, sendo aqui a expectativa do resultado fiscal o elemento inovador.

Além disso, destaque para a variável expectativa do resultado fiscal utilizada para representar a credibilidade dos compromissos assumidos pelas autoridades monetárias em atingir suas metas. Aqui, a variável fiscal é representada pela expectativa do mercado sobre o resultado primário do setor público consolidado brasileiro. Note que o coeficiente da variação das expectativas do resultado fiscal é significativo e negativo, indicando que um aumento na variação da expectativa do resultado fiscal traz uma redução na variação da taxa de juros Selic, mantendo certa rigidez, estreitando a margem de variação que o Banco Central tem para determinar a taxa de juros, afetando seu compromisso em atingir sua meta de inflação, piorando sua credibilidade. Portanto, as variações das expectativas referentes ao resultado primário são relevantes para as decisões do Copom sobre as variações da taxa de juros Selic na economia brasileira.

Esse resultado corrobora com a hipótese desta pesquisa de que existe uma relação entre a política fiscal e monetária e que as expectativas do resultado fiscal representam um indicador de credibilidade nos compromissos das autoridades monetárias no Brasil, fazendo com que haja uma reação do BCB na conduta da política monetária em face de mudanças nessas expectativas de mercado.

Para auxiliar a análise dos coeficientes estimados pelo sistema de equações do modelo VAR, foram realizadas as simulações de choques para todas as variáveis componentes, com base nas funções impulso-resposta. A simulação dos choques e seus resultados para o choque único estão exibidos na Figura 1. Os choques acumulados não estão apresentados em gráficos, apenas em análise descritiva.

Conforme as simulações realizadas a partir dos coeficientes obtidos no modelo VAR, um choque sobre a taxa de juros Selic, D(LSELIC), do tamanho de dois desvios-padrão da série Selic, advindo da própria taxa de juros (em primeira diferença) provocou um salto na variação da taxa de juros de 0,015 no primeiro mês (ou 1,5% na taxa de crescimento da Selic no momento imediato ao choque). Mostrando queda subsequente com 2 sobressaltos e valores positivos até o décimo segundo mês. No entanto, isso significa que valores de maior variação em resposta a choques para a taxa de juros inicialmente vão suavizando conforme o tempo passa, reduzindo seu comportamento de inércia, comprovando estabilidade da variável taxa Selic e da atuação da autoridade monetária no sentido de acomodação das flutuações da taxa de juros básica da economia brasileira.

Assim, dado um impulso único sobre a taxa de juros, o primeiro gráfico da Figura 1 mostra que, após o choque atingir 1,5% da taxa de variação da Selic, houve uma queda imediata, seguida de um aumento entre o segundo e o terceiro mês, e ainda uma queda no quinto mês e, por fim, o choque se estabilizou em torno de sua média de longo prazo.

Na análise das simulações de impulso-resposta com choques acumulados, ocorreu a resposta da taxa de juros ao longo do tempo para as variações da própria taxa de juros Selic, assim como observado na Figura 1 com choques únicos. Choques consecutivos na variação da taxa Selic produziram aumentos da variação da própria Selic persistentes ao longo do tempo. No entanto, a persistência de choques acumulados cria uma característica de instabilidade da variável, caso fossem implementados tais choques.

Figura 1 – Gráficos da Função Impulso-Resposta para D(LSELIC) – choque único

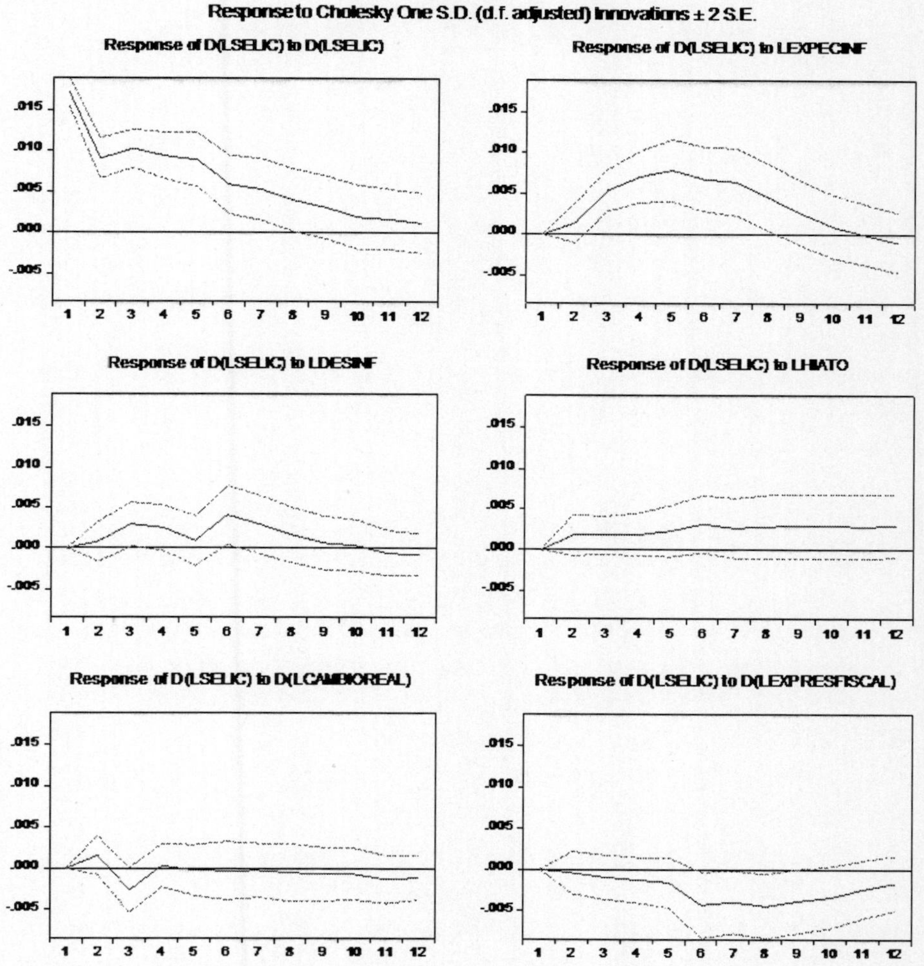

Fonte: resultados do processo de estimativa

Esse comportamento inercial no Brasil representado pelas respostas da Selic advindos da própria Selic foi detectado por parte dos autores mencionados na seção 1.5: Bogdanski, Tombini e Werlang (2000), Teixeira, Dias e Dias (2013), Santos (2013), Piper (2013) e Amari (2016), indicando que o resultado corresponde com o relatado na literatura.

Um choque único advindo da variável expectativa da inflação, LEXPECINF, causou aumento sobre as variações da taxa de juros, D(LSELIC), com queda após o quinto mês, segundo gráfico da Figura 1. O efeito positivo predominou tanto na análise com apenas um choque (Figura 1) quanto na análise das respostas acumuladas. Este resultado está de acordo com o esperado, visto que quando as expectativas de inflação futuras aumentam, o BCB tende a variar mais a taxa de juros, para evitar aumentos indesejados na taxa de inflação e manter a meta previamente anunciada.

Os desvios da inflação corrente em relação à sua meta, LDESINF, provocaram aumentos nas variações da taxa de juros, D(LSELIC), no segundo e no quinto mês, predominando o efeito positivo quando se aplica os choques acumulados. Ou seja, quanto mais a inflação se desvia de sua meta, mais a taxa de juros vai variar. Esse resultado está de acordo com o esperado, dada a existência do efeito calendário observado no Brasil (Teixeira; Dias; Dias, 2013) e ainda com relação ao efeito da inconsistência dinâmica da política monetária (Kydland; Prescott, 1977).

Os choques advindos do desvio do produto em relação à sua média, LHIATO, iniciam com um aumento sobre a D(LSELIC), mantêm-se no segundo mês em 0,0025 e a partir dos meses posteriores preponderou o efeito positivo, quando consideramos o Gráfico 4 da Figura 1. Conforme os resultados dos choques acumulados, os efeitos positivos dos choques advindos do hiato do produto se mantêm, no entanto, os efeitos cumulativos dos choques causam uma trajetória de aumentos nas variações da taxa de juros de forma a afastá-las cada vez mais de sua média. Esse resultado está em concordância com o esperado, certificando o fato de que desvios do produto são relevantes para as decisões de política monetária do BCB.

O efeito da D(LCAMBIOREAL) foi predominantemente negativo sobre a D(LSELIC) nas defasagens analisadas no modelo. No entanto, os três primeiros meses subsequentes aos choques demonstram oscilações, primeiro positivas e depois negativas das variações da Selic para variações da taxa de câmbio real efetiva. Nos gráficos da função impulso-resposta, tanto na abordagem com choque único quanto na análise de choques acumulados, observa-se o efeito negativo. No entanto, após o terceiro mês, os choques da variável câmbio real sobre as variações da Selic são próximas de zero, na Figura 1. De acordo com Amari (2016, p. 72), esse resultado sugere que "há certa rigidez na taxa de juros brasileira dados os choques na taxa de câmbio real, pois esta última reflete preços relativos de uma cesta de bens".

Os efeitos dos choques advindos da variação na expectativa do resultado primário, D(LEXPRESFISCAL), sobre a D(LSELIC) foram predominantemente negativos no modelo, sendo significativo a 1% no quinto mês. A análise gráfica da função impulso-resposta corroborou a esse resultado, com apenas um choque e com choques acumulados o comportamento sobre a variação na taxa de juros foi de queda. O resultado sugere que o BCB acompanha a situação fiscal da economia para tomar sua decisão sobre a política monetária. Choques advindos da variação das expectativas do resultado primário das contas públicas do tamanho de dois desvios-padrão causam respostas negativas sobre as variações da taxa Selic ao longo do tempo. O sinal negativo das variações da Selic indica que maiores expectativas para as variações do resultado primário impedem o BCB de ampliar ou flexibilizar a política monetária, fazendo com que as variações da Selic sejam restringidas. Dessa forma, as variações das expectativas do mercado sobre o resultado primário interferem na atuação do BCB e quaisquer movimentos na política fiscal que atinjam as expectativas de mercado sobre a necessidade de financiamento do setor público podem afetar a credibilidade do compromisso do BCB em atingir suas metas previamente anunciadas, conforme proposta do presente estudo.

O teste de estabilidade do VAR (círculo unitário) constatou que o modelo é estável, uma vez que todos os pontos do teste, que correspondem a cada β endógeno do modelo, encontram-se dentro do círculo unitário do polinômio.

Além disso, o teste de causalidade de Granger do VAR/teste de Wald de exogeneidade em bloco foi realizado para o sistema apresentado para verificar a correta ordenação das variáveis no modelo. Os resultados apontam que, para a equação de D(LSELIC), ou seja, quando esta é a variável dependente na equação do sistema, as outras variáveis são em conjunto classificadas exógenas a esta. Apesar da não significância de LHIATO no teste de exclusão, é notável na literatura a importância dessa variável na função de reação do BCB. Dado isso, juntamente com a significância em conjunto de todas as variáveis, optou-se pela utilização do hiato do produto real no modelo.

O teste de decomposição da variância indicou que a maior parte dos choques na taxa de juros resulta da própria Selic. No segundo período, o teste mostrou que a Selic é responsável por 97,84% das mudanças em D(LSELIC). Isso sugere um forte componente inercial da taxa Selic na economia brasileira, conforme constatado em Piper (2013) e Amari (2016).

As demais variáveis do modelo se mostraram relevantes para explicar o comportamento da taxa de juros no decorrer de 12 meses. Considerando as maiores variações atingidas, em primeiro lugar para explicar a variância da taxa de juros Selic, está a própria Selic, em segundo, as expectativas da inflação, em terceiro, as expectativas do resultado fiscal, em quarto, o hiato do produto, em quinto, o desvio da inflação em relação à meta e, por último, as variações da taxa de câmbio real.

3.4 Resultados do modelo Svar

O resultado alcançado para o longo prazo pelo modelo Svar é apresentado na Tabela 4 e na equação 3.4.1. Para dar suporte na análise dos coeficientes estimados pelo sistema de equações do modelo Svar, foram realizadas as simulações de choques sobre a taxa de juros Selic para todas as variáveis componentes, com base nas funções impulso-resposta com choque único, cujos gráficos estão exibidos na Figura 2.

Tabela 4 – Resultados da Estimativa do Modelo Svar

	Coeficiente	Desvio-padrão	Estatística z	P - Valor
C(11)	0,039792	0,001990	20,00000	0,0000
C(12)	0,025249	0,003084	8,187190	0,0000
C(14)	0,012739	0,003393	3,754838	0,0002
C(17)	0,035098	0,003872	9,063548	0,0000
C(15)	0,060709	0,005224	11,62144	0,0000
C(16)	-0,061972	0,006790	-9,126909	0,0000

Fonte: resultados do processo de estimativa

$$\Delta i_t = 0,039\Delta i_{t-1} + 0,025\pi^e_{t+12} + 0,012\left(\pi_t - \pi^*\right) + 0,035\left(lnY_t - lnY_t^n\right) + 0,060\Delta \quad (3.4.1)$$

$$e_t -0,061\Delta Expfiscal + u_t$$

Na análise do modelo e dos gráficos das funções impulso-resposta, pode-se inferir que todas as variáveis foram significativas, apresentando impactos de longo prazo em D(LSELIC). O sentido dos impactos mensurados pelos coeficientes calculados no modelo empírico foram praticamente os mesmos do VAR.

As variações da taxa de juros provocaram efeitos positivos sobre a Selic no longo prazo, enfatizando a persistência da inércia da taxa de juros. No entanto, no caso das séries temporais, as variações de curto prazo da taxa Selic sobre si própria estão sofrendo o efeito da autorregressividade carregadas pelos erros. No longo prazo, os efeitos desses choques vão se dissipando, diminuindo cada vez mais sua capacidade de atingir o comportamento da variável, conforme constatou Amari (2016).

Isso pode ser observado comparando os coeficientes do VAR sem Restrição (VAR) e o Svar para as variações da taxa de juros. No VAR, o maior valor do coeficiente da D(LSELIC) sobre a própria Selic foi de 0,49 enquanto no Svar; com a análise para o longo prazo ou estrutural, o valor caiu para 0,0397, aproximadamente 10 vezes menor. De qualquer forma, para cada nova variação da taxa de juros, esta tende a responder de forma a variar 4% do seu respectivo valor no longo prazo, mês a mês.

A expectativa de inflação apresenta efeitos positivos sobre a taxa Selic, o que atesta a importância dessa variável para o BCB no longo prazo, corroborando o comportamento *forward-looking*, conforme apontado no modelo VAR e em outros estudos.

O papel do hiato do produto na economia brasileira foi significante em um cenário mais longo, o que sugere que o desvio do produto em relação à sua média, bem como seu correspondente o desemprego, é relevante para as decisões da autoridade monetária na condução de suas políticas.

A variável desvio da inflação em relação à meta e à taxa de câmbio efetiva real apresentaram significância de longo prazo e, portanto, são consideradas relevantes na decisão do BCB acerta da taxa Selic. A variação da taxa de câmbio real efetiva apresentou coeficiente relativamente alto, 0,060, ou 6%.

Figura 2 – Gráficos da Função Impulso-Resposta para D(LSELIC) no Svar – choque único

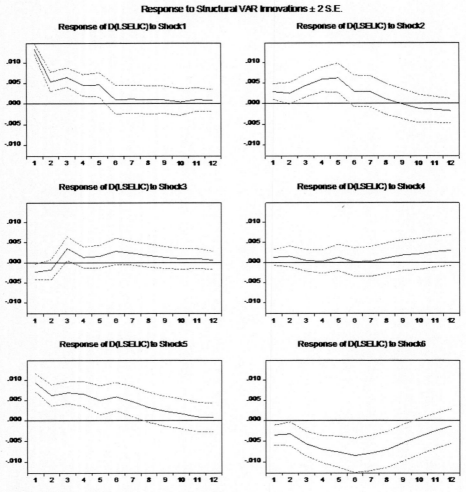

Fonte: resultados do processo de estimativa

As expectativas do resultado primário se mostraram relevantes no longo prazo, com efeito negativo sobre as variações da taxa de juros Selic. Os resultados advindos dos choques foram predominantemente negativos, corroborando com o efeito negativo estimado no modelo. Esse resultado sugere a atenção que o *policymaker* deve ter com o cenário fiscal do país e sua possível interferência na condução da política monetária e em sua credibilidade por parte do mercado, conforme proposta do presente estudo.

Por fim, analisados os resultados obtidos na estimação do modelo, é plausível que esses resultados caracterizem o comportamento da economia brasileira em cumprimento da atuação do BCB dentro do RMI. Além disso, Souza e Dias (2016) ressaltam que políticas que atuem na melhoria da gestão fiscal e aumentem a credibilidade são importantes para a eficiência da política monetária. Conforme relatado em Amari (2016), a perspectiva é que as variáveis macroeconômicas aplicadas em políticas econômicas de curto prazo caminhem para uma trajetória de longo prazo em conformidade com a estrutura da economia brasileira.

Contudo, os resultados econométricos confirmam as hipóteses desta proposta, quais sejam: que existe uma relação entre as políticas monetária e fiscal, aqui comprovada por meio das estimativas da função de regra da taxa de juros para a economia brasileira, e que as expectativas sobre o resultado fiscal podem ser utilizadas como uma medida de confiança e credibilidade nos compromissos firmados pelo BCB, dados os efeitos de causalidade comprovados no sistema matricial Svar, no sentido de Granger.

CONSIDERAÇÕES FINAIS

O presente trabalho propõe a estimação de uma função de reação para o Banco Central do Brasil com uma adaptação da regra de Taylor (1993), com ênfase para a versão *forward-looking* e da inclusão de uma variável fiscal. Para atingir tal proposta, foram aplicados os modelos econométricos VAR e Svar de séries temporais para obter as relações de curto e longo prazo entre as variáveis da pesquisa, respectivamente.

Os resultados apontam que as equações do modelo em conjunto explicam as variações da taxa de juros Selic no Brasil, tanto no curto prazo, considerando o modelo VAR, quanto no longo prazo, com o modelo estrutural Svar, visto que todos os coeficientes estimados foram significativos. Para o sistema de equações, foram incorporadas as variáveis tradicionais das funções de reação, tais como: a expectativa de inflação, o desvio da inflação em relação à meta, o hiato do produto real e ainda a variação da taxa de câmbio efetiva real, como representante de choques externos. Além disso, foi incluída a expectativa do resultado primário do setor público consolidado para a variável fiscal.

O comportamento inercial da taxa Selic foi notável no modelo, com coeficientes significantes, confirmado pela análise da decomposição da variância. As expectativas de inflação e os desvios da inflação em relação à meta foram significantes e com efeito positivo sobre a variação da taxa de juros, conforme esperado, confirmando o efeito calendário para a economia brasileira. A variação da taxa de câmbio efetiva real se mostrou significante na determinação da taxa de juros, logo a autoridade monetária reage às oscilações dessa variável, de acordo com o encontrado em outros trabalhos empíricos. A série do hiato do produto foi significante, indicando que o BCB tem reagido a movimentos na atividade econômica na condução da política monetária.

Além disso, como contribuição se buscava a inclusão de uma variável fiscal que pudesse representar o cenário fiscal do país e ao mesmo tempo representar as expectativas do mercado sobre as contas públicas. A proposta foi comprovada, haja vista que a variável foi significante na função de reação e, assim, confirmou a ligação entre a política monetária e fiscal. O fato de essa variável ser expectativa representa que, primeiro, ela se enquadre na exigência atual das equações com o comportamento do tipo *forward-looking* e, segundo, enquadre-se como um indicador de confiança e credibilidade, pois conforme a percepção do mercado sobre maior (menor) necessidade de financiamento do setor público, menor (maior) a credibilidade que o mercado enxerga sobre a capacidade do BCB em cumprir com seus compromissos e atingir seus objetivos, como a meta de inflação, a meta intermediária de juros, dentre outros.

Adiante, uma vez que a equação do modelo teve uma boa capacidade de aferição sobre as variações da taxa de juros Selic, os coeficientes do modelo Svar foram utilizados para realizar projeções das variáveis envolvidas no estudo.

Conforme os resultados obtidos, o modelo se mostrou robusto e pode ser utilizado para representar a atuação do BCB ante ao comportamento da economia brasileira.

Contudo, antes de enfatizar que o saldo das contas públicas e as expectativas sobre seu desempenho auxiliam na determinação da taxa de juros, ressaltamos que as autoridades monetárias devem estar atentas às interferências que tais indicadores possam exercer sobre o comportamento e confiança do mercado em relação às decisões do próprio BCB, afetando a credibilidade dos compromissos firmados pela autoridade monetária.

REFERÊNCIAS

AMARI, M. E. P. T. **A Dispersão da inflação no regime de metas no Brasil**: funções de reação para a determinação da taxa de juros. Dissertação (Mestrado em Economia) – Programa de Pós-Graduação em Economia, Universidade Estadual de Maringá, Maringá, 2016.

BANCO CENTRAL DO BRASIL. **Política monetária.** Brasília, 2020. Disponível em: http://www.bcb.gov.br controleinflacao. Acesso em: 24 abr. 2020.

BARRO, R. Inflationary Finance and the Welfare Cost of Inflation. **Journal of Political Economy**, [s. l.], Sept./Oct. 1972.

BARRO, R. J.; GORDON, D. Rules, Discretion and Reputation in a Model of Monetary Policy. **Journal of Monetary Economics**, North-Holland, [s. l.], n. 12, p. 101-121, 1983.

BERNANKE, B. S.; GERTLER, M. Inside the black box: the credit channel of monetary policy transmission. **Journal of Economic Perspectives**, [s. l.], v. 9, n. 4, p. 27-48, Fall 1995.

BERNANKE, B. S.; MISHKIN, F. S. Inflation Targeting: A New Framework for Monetary Policy? **Journal of Economic Perspectives**, [s. l.], v. 11, n. 2, p. 97-116, Fall 1997.

BOGDANSKI, J.; TOMBINI, A. A.; WERLANG, S. R. C. Implementing inflation targeting in Brazil. **Working Papers Series**, Brasília, Banco Central do Brasil, n. 1, jul. 2000.

CARVALHO, L. C.; DIAS, M. H. A. Coordenação de política fiscal e monetária no Brasil: 2000-2012. *In*: XIX ENCONTRO DE ECONOMIA DA REGIÃO SUL, 2016, Florianópolis. **Anais** [...]. Florianópolis: Universidade Federal de Santa Catarina, 2016.

CARVALHO, F. J. C.; SOUZA, F. E. P.; SICSÚ; J.; PAULA, L. F. R.; STUDART, R. **Moeda, bancos e mercado financeiro**. 5. ed. Columbia University: LTC Editora, 2015.

CLARIDA, R.; GALÍ, J.; GERTLER, M. Monetary Policy Rules and Macroeconomic Stability: Evidence and some Theory. **The Quartely Journal of Economics**, Cambridge, fev. 2000.

CUKIERMAN, A. **Central Bank Strategy**, *Credibility* **and Independence**: Theory and Evidence. The MIT Press, Cambridge, MA. 1995.

CUKIERMAN, A.; MELTZER, A. A theory of ambiguity, and inflation under discretion and asymmetric information. **Econometrica**, [S. l.], v. 54, p. 1099-1128, 1986.

DIAS, M. H. A.; TEIXEIRA, A. M.; DIAS, J. New Macroeconomic Consensus and Inflation Targeting: Monetary Policy Committee Directors' Turnover in Brazil. **Economia**, Brasília, v. 14, p. 158-170. 2013.

ENDERS, W. **Applied Econometric Time Series**. 3rd ed. Hoboken, NJ: Wiley, 2010. 517 p.

FREEDMAN, C.; LAXTON, D. **Why Inflation Targeting?** Washington, DC, IMF Publications, 2009.

FREITAS, P. S.; MUINHOS, M. K. A Simple Model for Inflation Targeting in Brazil. **Working Paper Series**, Brasília, Banco Central do Brasil, n. 18, abr. 2001.

FRIEDMAN, M. The Role of Monetary Policy. **The American Economic Review**, Washington, D.C., v. 58, n. 1, p. 1-17, mar. 1968.

INSTITUTO DE PESQUISA ECONÔMICA APLICADA. **Banco de dados IPEA-DATA**. Disponível em: www.ipeadata.gov.br. Acesso em: 20 nov. 2020.

KLIMA, G.; PODEMSKI, K.; WIJTIWIAK, K. R.; SOWINSKA, A. E. Smets--Wouters '03 Model Revisited – an Implementation in gEcon. **Munich Personal Repec Archive**, Munique, n. 64440, fev. 2015.

KUTTNER, K. N. Monetary Policy Surprises and Interest Rates: Evidence from The Fed Funds Futures Market. **Journal of Monetary Economics**, [s. l.], v. 2, n. 6, p. 523-544, 2001.

KYDLAND, F. E.; PRESCOTT, E. C. Rules Rather than Discretion: The Inconsistency of Optimal Plans. **The Journal of Political Economy**, Chicago, v. 85, n. 3, jun. 1977.

MCCALLUM, B. T. The Present and Future of Monetary Policy Rules. **Natural Bureau of Economic Research**, Cambridge, n. 7916, set. 2000.

MENDONÇA, H. F. A Teoria da Credibilidade da Política Monetária. **Revista de Economia Política**, São Paulo, v. 22, n. 3 (87), 2002.

MENDONÇA, H. F. Credibility and Inflation Expectations: What we can tell from seven emerging economies? **Journal of Policy Modeling**, [s. l.], v. 40, p. 1165-1181. 2018.

MENDONÇA, H. F.; ALMEIDA, A. F. G. Importance of credibility for business confidence: Evidence from an emerging economy. **Empirical Economics**, [s. l.], v. 57, n. 6, p. 1979-1996. 2019.

MINELLA, A. Monetary Policy and Inflation in Brazil (1975-2000): A VAR Estimation. **Revista Brasileira de Economia**, Rio de Janeiro, v. 57, n. 3, p. 605-635, jul./set. 2003.

MISHKIN, F. S. Symposium on the monetary transmission mechanism. **Journal of Economic Perspectives**, [s. l.], v. 9, n. 4, p. 3-10, Fall 1995.

MISHKIN, F. S. **Monetary Policy Strategy**. [s. l.], The MIT Press, 2007.

MISHKIN, F. S. **Moeda, bancos e mercado financeiro**. 5. ed. Columbia University: LTC Editora, 2000.

MONTES, G. C.; ASSUMPÇÃO, A. C. J. Uma Nota Sobre o Papel da Credibilidade da Política Monetária e Fiscal: Evidências para o Brasil. **Revista Brasileira de Economia**, Rio de Janeiro, EPGE, v. 68, n. 4, Oct. 2014.

OMOTO, K. H. **Os efeitos dos choques de política monetária sobre a atividade econômica e os preços no Brasil**. 2006. Dissertação (Mestrado em Economia) – Programa de Pós-Graduação em Economia, Universidade Estadual de Maringá, Maringá, 2006.

PERRY, G. What have we learned from disinflation? **Brookings Papers on Economic Activity**, [s. l.], n. 2, p. 587-602, 1983.

PIPER, D. **Taxa básica de juros da economia brasileira e o regime de metas de inflação**: comportamento e determinantes. 2013. Dissertação (Mestrado em Economia) – Programa de Pós-Graduação em Economia, Universidade Estadual de Maringá, Maringá, 2013.

ROMER, D. **Advanced Macroeconomics**. 5. ed. Berkeley: McGraw-Hill Education, 2019.

SANTOS, A. S. **Independência do Banco Central no Brasil**: A Rotatividade dos Diretores do COPOM e os Agregados Monetários na determinação das Taxas de Juros no Brasil (2001-2011). 2013. 115f. Dissertação (Mestrado em Ciências Econômicas) – Programa de Pós-graduação em Ciências Econômicas, Universidade Estadual de Maringá, Maringá-PR, 2013.

SARGENT, T. The ends of four big inflations. *In:* HALL, R. (ed.). **Inflation**: Causes and Effects. Chicago: University of Chicago Press, 1982.

SOUZA, J. B. L.; DIAS, M. H. A. Dominância fiscal e os seus impactos na política monetária: uma avaliação para a economia brasileira. *In*: XIX ENCONTRO DE ECONOMIA DA REGIÃO SUL, 19., 2016, Florianópolis. **Anais** [...]. Florianópolis: Universidade Federal de Santa Catarina, 2016.

SVENSSON, L. The simplest test of inflation target credibility. **NBER Working Paper Series**, [s. l.], n. 4604, 1993.

SVENSSON, L. E. O. Inflation targeting as a monetary policy rule. **Journal of Monetary Economics**, [s. l.], v. 43, p. 607-654, 1999.

TAYLOR, J. B. Discretion versus Policy Rules in practice. **Carnegie-Rochester Conference Series on Public Policy**, North-Holland, v. 39, p. 195-214, 1993.

TAYLOR, J. B. The Explanatory Power of Monetary Policy Rules. **Natural Bureau of Economic Research**, Cambridge, n. 7916, dez. 2007.

TAYLOR, J. B. The monetary transmission mechanism: an empirical framewok. **Journal of Economic Perspectives**, [s. l.], v. 9, n. 4, p. 11-26, Fall 1995.

TEIXEIRA, A. M. **O Novo Consenso Macroeconômico e Regras de Conduta**: formação de expectativas e rotatividade. 2009. Dissertação (Mestrado em Ciências Econômicas) – Programa de Pós-Graduação em Ciências Econômicas, Universidade Estadual de Maringá, Maringá, 2009.

(SUB)DESENVOLVIMENTO ECONÔMICO HISTÓRICO DO BRASIL: AS TEORIAS MODERNAS E A TESE DE RAYMUNDO FAORO

Joilson Giorno[1]

INTRODUÇÃO

O estudo do papel das instituições no crescimento e, em especial, no desenvolvimento econômico é destaque na fronteira do debate econômico atual. Para entender esse debate, faz-se necessário entender o porquê as teorias que preconizam a acumulação de insumos produtivos não explicam completamente os níveis de crescimento e desenvolvimento econômico dos países.

Os modelos de crescimento econômico que estabelecem a importância dos insumos produtivos propostos por Solow (1956), Lucas (1088) e Romer (1990) enfatizam o papel preponderante dos insumos produtivos na economia. No caso de Solow, o papel da acumulação do capital físico (K) é o destaque, enquanto Lucas demonstra o papel do capital humano (H) e Romer o da tecnologia (A). Esses três insumos determinariam o tamanho do produto da economia (Y), ou seja, $Y=AF(K,H)$. Portanto, políticas de acumulação deles trariam como resultados maiores níveis de crescimento econômico no longo prazo e, portanto, maior grau de desenvolvimento econômico. Sendo que maior nível de capital físico aumenta a produtividade do capital humano, enquanto maior nível de capital humano faz o mesmo com relação ao capital físico. O nível de tecnologia aumenta a produtividade de ambos os fatores. Em síntese, políticas de acumulação dos insumos produtivos são mais do que justificadas para se obter maior nível de crescimento e desenvolvimento econômico no tempo.

A pergunta em aberto é o porquê as políticas econômicas que enfatizam a acumulação desses insumos produtivos estão presentes em economias

---

[1] O autor agradece imensamente o apoio financeiro recebido do Ipea/Capes por meio do projeto Cátedras para o Desenvolvimento: Raymundo Faoro.

desenvolvidas, mas não fortemente em economias em desenvolvimento ou menos desenvolvidas. Esse paradoxo foi reportado recentemente por Horowitz (1999) e Psacharoupolos e Patrinos (2004). Segundo esses autores, as taxas de retorno para cada ano adicional de educação em países menos desenvolvidos são em muito superior às de países desenvolvidos.

É como olharmos para a história dessas economias e não observarmos a prática das políticas de acumulação destes insumos produtivos. Portanto, a busca para explicar o porquê do não investimento em insumos produtivos levou os cientistas a indagar a existência de um fator que sobrepõem os incentivos para acumulação presentes nos mercados.

O fator que sobreporia o papel da acumulação dos insumos produtivos seriam as instituições existentes nos países. Assim, as instituições tornaram-se o foco de várias pesquisas, ou seja, deixaram de ter um papel coadjuvante para assumir o papel causador. As instituições neste novo papel são determinantes do nível dos insumos produtivos na economia e, portanto, do grau de desenvolvimento da economia. Essa literatura usa basicamente duas metodologias para demonstrar esse papel preponderante das instituições:

i. fatos históricos e;

ii. técnicas econométricas.

É interessante notar que essas teses surgiram de certa forma vinculadas aos aspectos históricos dos países. Para entender esse vínculo, vamos resgatar a teoria proposta por Adam Smith para as colônias da América, cuja abordagem se assemelha à de Raymundo Faoro para o Brasil.

Em a Riqueza das Nações de 1776, Adam Smith expõe sua teoria para a diferença no papel da colonização das Américas:

> Os colonizadores levam consigo um conhecimento da agricultura e de outros ofícios *úteis,* superior *àquele* que pode desenvolver-se espontaneamente entre nações selvagens e bárbaras, no decurso de muitos séculos. Além disso, levam consigo o hábito da subordinação, alguma noção sobre o governo regular existente em seu país de origem, sobre o sistema de leis que lhe dá sustentação e sobre uma administração regular da justiça e, naturalmente, implantam algo do mesmo tipo na colônia. (Smith, 1983, p. 56).

Essa teoria possui dois aspectos importantes: i) o capital humano dos colonizadores era superior e, portanto, as colônias que receberam mais imigrantes

Europeus acabavam iniciando em um patamar mais elevado seu desenvolvimento econômico; ii) as instituições que eles trouxeram estabeleciam subordinação, noção de governo e um sistema de leis e justiça herdadas da pátria mãe.

Essa herança institucional e demais teses, que apresentaremos a seguir na revisão de literatura, parece explicar o desenvolvimento econômico histórico dos países. Essas teses serão utilizadas para interpretar a tese de "estamento burocrático"[2] proposta por Raymundo Faoro e, assim, podermos melhor compreender o desenvolvimento econômico do Brasil ao longo da sua história. Tese essa que veremos na seção que se segue à das teorias que preconizam o papel importante das instituições.

Portanto, este artigo se propõe a comparar essas teses sobre o desenvolvimento econômico dos países, comumente aceita na literatura econômica, com as de Raymundo Faoro para o Brasil.

1 REVISÃO DE LITERATURA: O PAPEL DAS INSTITUIÇÕES

É importante enfatizarmos que o papel das instituições sempre esteve presente de alguma forma na literatura econômica, ainda que não recebendo a mesma importância da atualidade. Por exemplo, Wolf Jr. (1955) deixou claro que em alguns países a baixa quantidade de capital físico, humano e de tecnologia estava associada à qualidade das instituições denominada pelo autor de *"right institutions"*. Na sua concepção, a qualidade das instituições em conjunto com os insumos produtivos determinariam o grau de desenvolvimento econômico. Assim, instituições e insumos produtivos possuíam papéis iguais no estabelecimento do desenvolvimento histórico dos países.

A demonstração da tese do papel preponderante das instituições em autores mais recentes está associada ao desenvolvimento das Américas. Assim, o continente foi dividido em dois grupos: i) América do Norte que exclui o México e ii) América Latina que inclui o México. A compreensão do desenvolvimento dessas colônias tornou-se crucial para se entender o desenvolvimento econômico dos países.

O primeiro fato a ser explicado seria a questão da reversão do grau de desenvolvimento econômico dos dois grupos de países anteriormente mencionados. Engerman e Sokoloff (1997, 2002) apresentam fatos históricos da época e uma teoria muito interessante para explicar o reverso da fortuna entre os dois grupos de países. Segundo os autores, entre 1500 e

---

[2] Derivado da palavra alemã *"stand"* que significa *social standing* ou *standing position* e *rank*.

1700, os países latino-americanos eram muito mais ricos que EUA e Canadá. Por exemplo, Cuba e Barbados tinham renda per capita superior em 50% e 67% dos EUA e Canadá. Mesmo em 1800 quando os EUA ultrapassaram a maioria das economias latinas, a sua renda per capita era inferior à dos países do Caribe e Haiti. Portanto, as explicações teóricas devem concentrar em explicar o que ocorreu para esse reverso no desenvolvimento econômico e, por extensão, na riqueza destas nações.

A primeira explicação proposta foi efetuada por Engerman e Sokoloff (1997). Essa explicação baseia-se na forma da apropriação do produto marginal dos trabalhadores nas Américas. O produto marginal do trabalho era elevado nas Américas comparado o da Europa, o que atraiu investidores europeus. Os imigrantes Europeus que investiram na América do Norte, excluindo México, eram imigrantes e o fizerem *in loco*, utilizando seu próprio trabalho como forma de produção. Já os europeus que investiram na América Latina utilizaram-se como forma de principal de produção escravos.[3] As implicações desses fatos, segundo Engerman e Sokoloff (1997), eram de duas naturezas:

1. o produto marginal dos trabalhadores escravos na América Latina era enviado à Europa, especialmente para Portugal e Espanha, fomentando o mercado daqueles países;

2. na América do Norte, EUA e Canadá, o produto marginal era apropriado pelos imigrantes Europeus, portanto, fomentando o mercado local.

Essa diferença entre mercado iniciais gerou mais tarde o reverso do desenvolvimento das economias, com o esgotamento das riquezas naturais locais. Essa explicação, conjuntamente com os fatos anteriores reforça a hipótese de que a imigração Europeia, seria importante para explicar o desempenho econômico histórico dos países, inclusive para o salto no desenvolvimento econômico do início do século da Argentina e do Chile em relação aos demais países Latinos.

Portanto, à tese inicial de maior capital humano e instituições se soma a de mercado local. Mas, devido aos fatos, a pergunta muda de direção e torna-se a seguinte: por que houve a imigração Europeia inicial mais forte para os países do Norte, EUA e Canadá e menos para os países Latinos?

---

[3] Segundo os autores até 1900, somente 20% da América Latina era descendente de europeus e, somente, no final do século que os Europeus, tornaram-se predominantes na Argentina e Chile. Enquanto nos EUA, o censo de 1790, segundo Cubberley (1920), apresenta que 91,8% da população nos EUA era inglesa e 5,6% de origem alemã.

Uma nova teoria emergiu associando as condições climáticas às condições de saúde dos imigrantes. Essa teoria foi colocada por Sachs (2000, 2001) e Acemoglu *et al.* (2001). A maior semelhança entre o clima Europeu e o prevalente nos EUA e Canadá o tornava mais apto para a sobrevivência dos imigrantes Europeus. Enquanto que, no clima tropical, as doenças associadas ao mesmo não eram inteiramente dominadas pelos imigrantes. Assim, o sistema de expropriação seria mais condizente para a América Latina. Dados de mortalidade dos imigrantes nas colônias corroboraram econometricamente com essa hipótese inicial. No entanto, essa teoria não explicava o reverso da fortuna ocorrido entre as economias, pelo contrário demonstraria que o estado inicial da América do Norte sempre ensejaria esta possuir maior grau de desenvolvimento econômico desde o início.

A busca por uma explicação mais consistente prevaleceu e Acemoglu *et al.* (2002) apresentou dados e aspectos que explicariam o reverso da fortuna. Segundo esses autores, os imigrantes escolheram imigrar para áreas menos densamente povoadas, ou seja, EUA e Canadá, ou seja, de menor risco. A interpretação da teoria do autor seria a seguinte: a ocupação ordenada trouxe instituições iniciais que ao longo do tempo fez com que insumos produtivos se tornassem mais importante que as riquezas naturais de expropriação. Assim, o reverso da fortuna estaria contemplado. Essa hipótese é desenvolvida posteriormente por Acemoglu *et al.* (2003, 2005) para explicar o chamado *"caminho do desenvolvimento histórico dos países"*.[4] Segundo os autores, a volatilidade econômica atual, instabilidade política, qualidade da política macroeconômica etc. estariam de alguma forma ligada às instituições iniciais. A pergunta é quais seriam essas instituições? Segundo os autores as instituições que garantiam *"o direito de propriedade"*. Ou seja, nas colônias da América Latina não existiam instituições capazes de valer o direito de propriedade e, portanto, não atraiu com a mesma intensidade inicial os imigrantes europeus.

A resposta proposta pelos autores assevera que as colônias receberam inicialmente instituições com diferentes qualidades. A pergunta torna-se a seguinte: por que essas instituições diferiam entre si inicialmente e continuam a diferir? As explicações são de duas naturezas:

i. Se as instituições das colônias refletiam as da pátria mãe, então o que aconteceu nas colônias estava associado exatamente à diferenciação no grau de desenvolvimento histórico das economias

---

4 Historical *growth development path.*

europeias entre si. Mais especificamente, a explicação para o desenvolvimento das colônias remetia ao desenvolvimento histórico das economias europeias.

ii. Se as instituições iniciais eram aproximadamente idênticas entre as colônias, então o desenvolvimento posterior dessas instituições levou ao reverso da fortuna.

As teorias que explicam o item (i) podem ser denominadas de teorias incidentais, nos quais as colônias são o que são devido ao desenvolvimento econômico em curso nas economias que as controlavam. Entre as teorias, vamos destacar as principais correntes teóricas:

i. Origem Legal. Essa teoria proposta por Moore (1966) tornou-se popular no trabalho de Glaeser e Shleifer (2002). Os países latinos têm como origem o sistema legal baseado no código Napoleônico e, portanto, diferente do código da Lei dos Comuns presente nas economias não latinas. Essa diferença teria emergido no período medieval para estabelecer o poder entre reis e lordes e, assim, teriam permanecidos até o presente nas colônias.

ii. A do conflito social. As instituições políticas não são sempre escolhas sociais, mas de um grupo dentro da sociedade que as controla. Essa teoria foi sistematizada por North (1981). Onde os agentes que controlam o estado possuem interesses próprios. Isso equivale a dizer que os objetivos das pessoas engajadas no setor público seriam a de maximizar seus próprios ganhos e não os da sociedade. Portanto, uma teoria muito parecida com a do "estamento burocrático". Por exemplo, de acordo com Brener (1976, 1982), o feudalismo seria um grupo de pessoas que controlava o poder do estado para extrair renda dos demais membros da sociedade.

iii. A do Teorema de Coase (1960). Uma interpretação histórica do Teorema de Coase feita por North e Thomas (1973) equivaleria a dizer que existe um sistema de trocas eficientes entre os grupos econômicos na história. Ou seja, o feudalismo era um sistema de troca justa, porque os senhores providenciavam aos demais em troca de seu trabalho o bem público que era a segurança.

As teorias as teorias que desconsideram a diferença das instituições iniciais e colocam a importância do desenvolvimento das instituições ao longo da história das economias têm como fundamento o seguinte: as instituições são reflexos da escolha das pessoas e, portanto, alteram-se no tempo, conforme alterações nos poderes estabelecidos pela sociedade. Essas teorias podem ser resumidas em três grandes grupos:

i. Mudanças democráticas. Engerman e Sokoloff (2005) encontraram evidência que explicam as diferenças nas regras do sufrágio para escolha de governo entre os países das Américas durante sua história. O sufrágio evoluiu ao longo do tempo nas Américas de forma diferenciada. Essas regras evoluíram de forma mais intensa e benéfica em termos econômicos nos EUA e Canadá, ou seja, o sistema democrático produziu instituições mais eficientes em termos de geração de crescimento e desenvolvimento econômico ao longo do tempo, quando comparadas aos demais países. O exemplo dessa maior eficiência institucional, segundo Khan e Sokoloff (2006), é a lei de propriedade intelectual. De acordo com os autores, entre 1790 e 1930, os EUA cresceram de forma contínua passando todas as economias Latinas das Américas em termos de produto per capita devido a essa lei. Em 1930, segundo os autores, 30% das inovações já eram feitas por pessoas com alta qualificação. Portanto, um forte indício de existência de instituições que fomentavam a acumulação de capital humano e desenvolvimento tecnológico.

ii. Eficiência e distribuição econômica. O sistema institucional puramente eficiente pressupõe que todos ganham ao adotar políticas que maximizam o ganho social. Nesse caso, a distribuição dos ganhos econômicos é perfeita. No outro extremo, está a eficiência em prol de uma única família, no caso de reinados. Nos demais sistemas, a distribuição dos ganhos econômicos oscila entre beneficiar um grupo ou vários grupos dentro da sociedade. Segundo a teoria proposta por Acemoglu *et al.* (2005, Seção 8), a sistema institucional somente é estável se combina as duas premissas de eficiência e a distribuição dos ganhos econômicos que são inseparáveis e, somente, a atuação de forma equilibrada consegue-se manter ao longo do tempo instituições estáveis. Em resumo, as alterações institucionais nas histórias dos países, em especial as mudanças de regimes, deve-se à falta de equilíbrio entre eficiência e distribuição dos ganhos econômicos. Acemoglu *et al.*

(2005, Seção 7) demonstram que o conflito sobre a atuação das instituições no aspecto econômico é crucial para o funcionamento da economia. Assim, os conflitos na história das economias não são devidos a ideologias, instituições incidentais, poder político etc., mas devido a problemas de distribuição econômica derivadas dos poderes das instituições. A teoria de Acemoglu *et al.* (2005, Seção 8) reconhece ainda a existência de dois poderes na economia: a) as instituições políticas que possuem o poder *de jure* — poder legal — e as que possuem o b) poder *de facto* detido por um grupo de pessoas capazes de influenciar as demais instituições. A combinação desses dois poderes é que determinam se as instituições são mais ou menos eficientes e estáveis ao longo do tempo. O importante é que o grupo de pessoas que possuem o *poder de facto* estão envolvidas em controlar as instituições econômicas e, por conseguinte, o processo distributivo na economia. O autor ilustra vários exemplos dessa teoria em prática e a sua capacidade de explicar dois importantes fatos que geraram alterações no padrão de desenvolvimento econômico da sociedade moderna: i) o surgimento da monarquia constitucional e o crescimento econômico na Europa moderna e ii) o surgimento da democracia eleitoral de massa na Inglaterra que é uma descrição representativa do surgimento da democracia em vários países da Europa, ou seja, divisão do poder e da distribuição econômica por meio da democracia.

Essas teorias, apesar de fundamentadas historicamente, não possuem fundamentos microeconômicos que relacionam o papel das instituições e a acumulação de insumos produtivos. Dias e Tebaldi (2011) propuseram uma nova teoria construída a partir de fundamentos microeconômicos que relaciona instituições e acumulação de insumos produtivos. O principal resultado é que as instituições estruturais que fomentam o desenvolvimento da economia estão intimamente ligadas à proporção de pessoas educadas e não educadas no tempo. Ou seja, as instituições criam as condições iniciais da economia, o sistema educacional e fomentam ou não o processo de acumulação de capital humano. Mas após as condições iniciais é o processo de acumulação ao longo do tempo, a proporção maior de pessoas educadas, que alteram as instituições e seu papel distributivo. Se não houver acumulação de capital humano, as instituições ruins tendem a prevalecer como determinantes do desenvolvimento econômico no tempo. Nesses casos, as instabilidades serão inerentes a elas. Em suma, as instituições estruturais estão intimamente ligadas à relação pessoas educadas não educadas no tempo.

No entanto, se a proporção educada não educados for pequena, o predomínio é das instituições e estas podem não executar o objetivo mor das sociedades que é a melhoria de seus ganhos econômicos coletivos no tempo. Assim, o efeito a posterior do capital humano sobre a estrutura das instituições não ocorreria. Nesse caso, a teoria de Dias e Tebaldi (2011) explicam a diferença entre instituições nas colônias e seu importante papel inicial e o reverso da fortuna. Mas, contrário às teorias do papel incidental, a história do desenvolvimento da economia não está associada à sua condição inicial e nem ao seu passado, mas, sim, à evolução *pari passu* entre instituições e o seu sistema educacional. Por que essa ligação? De acordo com essa teoria, a gerência das instituições e do mercado dependem de capital humano. As instituições e os mercados serão mais eficientes e com aspectos redistributivos com o aumento do capital humano no tempo. Os dados econométricos recentes confirmaram essa hipótese de associabilidade, bem como os dados históricos na descrição de Cubberley (1920, p. 308, tradução nossa) em duas passagens:

> A organização do sistema educacional nacional na Inglaterra não foi fácil ou simples como em outras terras (Europa) como descrevemos. Em parte devido à ideia estabelecida pela pequena classe dominante de que educação não era responsabilidade do estado; em parte devido ao profundo enraizamento de que educação era uma concepção religiosa e com propósitos religiosos; em parte devido ao fato de que a classe alta no governo controlava o sistema educacional de forma a produzir lideres para a igreja e para o estado; em parte – provavelmente em grande parte – devido ao fato de a evolução do crescimento econômico da Inglaterra, desde a guerra civil de 1642-49) era lenta mas pacífica, apesar desta evolução ser acompanhada por pensamentos e discussões parlamentares vigorosas.

Como vemos, as reformas educacionais e institucionais ocorreram de forma interligada na Inglaterra. Esta reforma foi acelerada nas colônias, conforme o mesmo autor (Cubberley, 1920, p. 247-248, tradução nossa):

> Em 1765, e novamente em 1774, a Declaração dos Direitos foi elaborada e adotada pelas pelos representantes das

colonias e enviada ao Rei. Em 1774 o primeiro Congresso Continental se reuniu e formou a união das colônias; Em 1776 as colônias declararam sua independência. Esta independência foi confirmada pelo Tratado de Paris; Em 1787, a constituição dos Estados Unidos foi escrita; E em 1789, o governo Americano se iniciou. No preâmbulo da declaração de independência feita ao Rei consta vinte e sete relatos de opressão e tirania realizadas pelo mesmo, nós encontramos também nesta declaração a afirmação de uma filosofia política que é uma combinação da luta dos Ingleses por liberdade e dos Franceses do século dezoito por reformas filosóficas e demandas revolucionárias. ... A estas demandas constava não somente o desejo pela liberdade religiosa, já conquistada, mas o estabelecimento de uma política comum (nacional), de sistema educacional público. O começo de um novo estado, que motivava educação e fez com que a educação deixasse de ter propósitos meramente religiosos [...] também foi o começo da emancipação da educação das igrejas e inserida na Constituição Nacional.

Em resumo, as teorias estabelecem vários aspectos importantes e condizentes com a história da formação econômica dos países, onde se sobressaem os seguintes elementos:

1. as instituições são determinantes do processo de crescimento e desenvolvimento econômico;

2. existe uma indissolubilidade entre instituições e o papel distributivo dos ganhos econômicos que é dada pela combinação dos poderes *de facto* e *de juri*;

3. os poderes *de facto* e *de juri* formam a instituição estrutural econômica dos países;

4. as alterações na instituição estrutural são determinadas posteriormente pela razão pessoas educadas não educadas.

Em suma, as mudanças e reformas ao longo da história dos países sempre tiveram como objetivo estabelecer instituições estáveis e que resultassem em crescimento e desenvolvimento de longo prazo. Essas mudanças ocorreram com o objetivo de tornar as instituições *de facto* e *de juri* e o processo distributivo econômico mais equitativo e eficiente. Mas tal estabilidade de longo prazo somente foi alcançada em algumas economias que fomentaram à acumulação de capital humano amplo, ou seja, deve existir um sistema educacional que permite produzir pessoas educadas para as instituições e para o mercado, amplo acesso. É essa acumulação de capital humano no longo prazo que vai melhorar no tempo a eficiência das instituições e o processo produtivo e distributivo nas economias e, assim, gerar estabilidade de crescimento econômico.

2 A TEORIA INSTITUCIONAL DE RAYMUNDO FAORO

É importante entender o Brasil do ponto de vista de estabilidade das suas instituições democráticas antes de apresentarmos a teoria de Raymundo Faoro. O Center for Systemic Peace[5] estabeleceu para os países um indicador denominado de Polity Index. Esse índice estabelece uma faixa de medida da qualidade das instituições democráticas para os países entre -10 (muito ruim) e 10 (excelente) desde 1800. A primeira medida do Brasil aparece como sendo a do ano de 1824, cujo índice foi de -6, portanto, indicando que naquele período as instituições democráticas eram de péssima qualidade. A evolução mais recente do Brasil está no gráfico a seguir.

Figura 1 – Índice da Qualidade das Instituições Democráticas

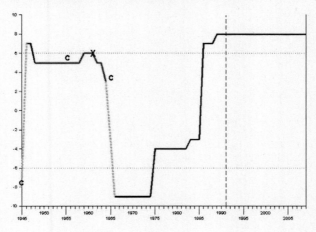

Fonte: Center for Systemic Peace

De acordo com o gráfico entre 1900 e 1965, o índice de qualidade das instituições democráticas brasileiras caiu de 6 para -9. A partir da década

---
[5] Veja em http://www.systemicpeace.org/polity/polity4.htm.

de 70 esse índice vem melhorando. Atualmente, encontra-se nivelado em um patamar considerado bom, com o índice equivalente a 8, portanto, próximo da máxima.

Essa alternância e baixa qualidade das instituições no tempo do Brasil é explicada por Faoro (1957) como advinda do "estamento burocrático". A tese, a ser abordada, de Raymundo Faoro estabelece a relação direta entre a qualidade das instituições nacionais com as herdadas de Portugal, portanto, uma tese incidental que causa os seguintes problemas:

I. desenvolvimento cultural: *"A principal consequência cultural do prolongado domínio do patronato do estamento burocrático é a frustração do aparecimento da genuína cultura brasileira"* (Faoro, 1957, p. 209);

II. desenvolvimento econômico: *"Nossa civilização, que nasceu franzina, talvez não esteja destinada à morte infantil. Não se trata de um caso de civilização frustra, senão de uma civilização tolhida no seu crescimento, como se estivesse atacada de paralisia infantil. Seguindo, ainda uma vez, a lição de Toynbee, pode dizer-se que a sociedade brasileira está impedida em sua expansão pela resistência das instituições anacrônicas"* (Faoro, 1957, p. 271).

A nossa preocupação é com o item (II) que estabelece claramente a influência das instituições no desenvolvimento econômico do Brasil. O objetivo desta seção é entender o porquê dessa influência e a relação desta com as teorias anteriormente descritas.

2.1 O Surgimento do Estamento Burocrático

Segundo Raymundo Faoro, a forma prevalente de instituições na história de Portugal e Brasil surgiu com a revolução Portuguesa de Avis em 1385. A revolução ocorre em função de eventos que contrariam exatamente as teorias preconizadas anteriormente. De acordo com Faoro (1957, p. 47-52), temos que:

a. em 1348, a peste leva a perecer 1/3 da população, causando escassez de mão de obra no campo, como resultado os salários estavam aumentando e as pessoas podiam escolher que função seria mais adequada às suas habilidades;

b. em 1349, o Rei Afonso IV expede circular aos concelhos que nomeie dois árbitros em consonância com a burguesia para arrolarem todas as pessoas capazes para o trabalho. As pessoas arroladas seriam obrigadas a trabalhar nas funções que sabiam ou que o concelho demandasse mediante salário imposto;

c. na política nacional, duas correntes opostas estavam presentes nos concelhos do rei. A primeira e predominante, na qual apoiava nos gastos extravagantes do rei em suas aventuras, ou seja, no sistema patrimonialista. A segunda, que introduzia leis que deveriam favorecer o comércio, a agricultura ou produzir outros benefícios e, principalmente, reprimir a insolência dos poderosos, mas que os desatinos do rei anulavam parte destes benefícios;

d. o último ato foi o Tratado de Salvaterra de Magos de 1383, interpretado pelos portugueses como entrega do reino à tutela ao reino de Castela. A morte em seguida do rei português uniu burgueses e clero em prol da rainha de Castela D. Beatriz.

Esse conjunto de eventos colocou em desiquilíbrio os poderes *de facto, de juri* e, acima de tudo, alterou o princípio distributivo econômico. Como resultado, ocorre o esperado, alterações nas instituições de Portugal. Desaparece o estado patrimonial com a revolução em que ascende ao trono dom João I, Mestre de Avis (1385-1580).[6] Esse novo tipo de governo surge da seguinte forma, de acordo com Faoro (1957, p. 56-57):

1. Álvaro Pais, ex-chanceler mor de dom Pedro e dom Fernando e que manobrava os vereadores em Lisboa, fomentou a falsa notícia de que o séquito da rainha de Castela procurava matar o Mestre de Avis;

2. foi deflagrado uma rebelião em Lisboa, onde predominava o tumulto o saque pelo povo miúde e que contou com o apoio do campo e dos trabalhadores que tinham seus salários fixados e eram forçados a atividades impostas. Foram poupados somente os comerciantes judeus, mas não a aristocracia, os maiores prejudicados;

3. em dois anos de guerra, emerge o Mestre de Avis como regedor e defensor do Reino. O reino expande seu poder econômico em três direções: i) doações de terras da aristocracia aos combatentes; ii) privilégios a burguesia comercial; iii) elevação dos letrados legistas.

---

6 Filho bastardo de dom Pedro.

Essas três categorias são projetadas no círculo ministerial e nos concelhos dirigentes, formando a nova aristocracia da revolta, o estamento que controlava o governo.

Portanto, o novo equilíbrio institucional ocorreu com o restabelecimento do equilíbrio dos poderes *de facto* e *de juri* por meio da redistribuição dos ganhos econômicos. Essa nova forma de governo institucionaliza o poder duplo a do rei e dos revolucionários, sendo que o poder dos últimos prevalecia a do rei em decisões econômicas, portanto, o estamento passou a comandar a economia.

No entanto, a duração da estabilidade requer novos conhecimentos, de acordo com as teorias anteriores. Assim, de acordo com Faoro (1957, p. 60), a crise da monarquia entre 1383-85 leva a burguesia a perder poder e um novo grupo dominante, a dos juristas, estes donos virtuais do comércio, da riqueza e de planos capazes de demonstrar por toda parte a sombra da sua força, emergem; esses levam o Estado a se aparelhar grau a grau em termos de organização político-administrativa, ou seja, um estado juridicamente pensado e escrito para sobrepor ao mercado. A nova forma de organização político-administrativo leva à formação de novos órgãos do estado que permite a nomeação a cargos e o estabelecimento de privilégios e, portanto, de aumento do poder *de facto*. Segundo Faoro (1957, p. 60), "Esta corporação de poder se estrutura numa comunidade: o estamento".

É interessante colocar a razão para o surgimento e concepção do estamento, segundo Faoro (1957, p. 62-63):

a. "Os estamentos florescem, de modo natural, nas sociedades em que o mercado não domina toda a economia, a sociedade feudal ou patrimonial";

b. "O estamento supõe distância social e se esforça pela conquista de vantagens materiais e espirituais exclusivas";

c. "As convenções, e não a ordem legal, determinam as sanções para a desqualificação estamental";

d. O estamento leva "[a]o fechamento da comunidade [que] leva a apropriação de oportunidades econômicas, que desembocam, no ponto extremo, nos monopólios de atividades lucrativas e de cargos públicos".

Assim, ao longo do tempo, uma nova aristocracia emerge a dos "juristas e burocratas" no comando da coroa e dos órgãos, segundo Faoro (1957, p.65). Os juristas e burocratas formavam uma nova casta, onde os cargos da magistratura superior e da burocracia eram geralmente desempenhados por famílias ligadas entre si por laços de parentescos. Como resultado temos que, Faoro (1957, p. 66):

> O conglomerado de direitos e privilégios, enquistados no estamento, obriga o rei, depois de suscitá-lo e de nele amparar, a lhe sofre influxo: a ação real se fará por meio de pactos, acordos, negociações. No seu seio haverá a luta permanente na caça do predomínio de uma facção sobre outra; a teia jurídica que envolve não tem o caráter moderno de impessoalidade e generosidade; a troca de benefícios *é* a base da atividade pública, dissociada em interesses reunidos numa *única* convergência: o poder e o tesouro do rei.

Essa forma de governo foi transferida para o Brasil, como veremos a seguir.

2.2 As instituições brasileiras: o estamento burocrático

O descobrimento do Brasil em 1500 leva a coroa a conceder inicialmente a exploração do pau-brasil mediante monopólio real. A vigilância pública dessa concessão obedecia aos interesses do estamento, assim entre 1521-57, dom João III inaugura uma nova forma de exploração mercantil, submetendo essas explorações aos tentáculos burocráticos e, por extensão, do estamento (Faoro, 1957, p. 125, 127). O sistema de capitanias hereditárias entre 1534-49 cria um novo sistema econômico de fixação da população no Brasil, como resultado os dados de 1550 registraram 15.500 habitantes.[7]

O objetivo principal das capitanias era a da exploração do açúcar, cujos preços em 1500 haviam mais que dobrados na Europa e, por volta, de 1545, havia 21 engenhos no Brasil e, em 1570, subiu para 61 engenhos, sendo 42 destes em Pernambuco e Bahia.[8] Esse objetivo estava claro na outorga ao donatário que somente ele podia fabricar e possuir moendas e engenhos de águas (Faoro, 1957, p. 131).

Esse sistema, no entanto, parece ter lançado o Brasil a um retrocesso em suas instituições, segundo alguns autores (Faoro, 1957, p. 153), pois

---

[7] Veja em: http://asnovidades.com.br/2007/populacao-brasileira/. Acesso em: 28 jul. 2011.

[8] Veja em: http://www.historianet.com.br/conteudo/default.aspx?codigo=325. Acesso em: 28 jul. 2011.

no século XVII o feudalismo do século XVI da península ibérica havia se projetado no Brasil segundo alguns historiadores. No entanto, a premissa essencial da política real era de que o estado se esquivava de colocar seu dinheiro e acenava a particulares, nobres e ricos, a opulência de lucros no Brasil por meio da exploração de exportáveis a Europa via Lisboa. Essa ação coordenada pelo estamento levou à expansão da propriedade rural brasileira. O rei subordinava as pessoas e o governo dirigia as ações. Portanto, onde aforava riqueza aí estaria o rei por meio do seu estamento burocrático, ouro, prata, açúcar tinham a mesma dignidade, pois atrairiam oficiais públicos que haveriam de transformar senhores em feitores (Faoro, 1957, p. 156-158). O mesmo ocorre com a exploração do ouro, ou seja, onde havia riqueza, para lá deslocava a autoridade estamental, em 1710, constitui-se a capitania de São Paulo, em 1713, ergue-se a capitania do Rio Grande do Sul, em 1720, Minas Gerais é desmembrada da de São Paulo. Segundo Faoro (1957, p. 191 e 197):

> *Em cada seção, o poder armado, fielmente obediente a Lisboa, fazia calar os rebeldes, velava pela parte do rei na exploração mineradora e regia o comércio, arrendando dele os funcionários.*
>
> *[...]*
>
> *Fazenda, guerra e justiça são as funções dos reis, no século XVI, funções que se expandem e se enleiam no controle e aproveitamento da vida econômica.*
>
> *[...]*
>
> *O patrimônio do soberano se converte, gradativamente, no Estado, gerido por um estamento, cada vez mais burocrático. No agente público – o agente com investidura e regimento e o agente por delegação – pulsa a centralização, só ela capaz de mobilizar recursos e executar política comercial.*

Assim, o sistema brasileiro parece ter seguido o mesmo sistema de governo implantado na revolução do Mestre Avis de Portugal. Esse estamento burocrático ganha novas diretrizes no século XVII com os aumentos contínuos de pessoal, das pensões e das despesas do governo com juros. Esses fatos levaram ao congelamento de salários dos agentes públicos (Faoro, 1957, p. 199). Isso faz surgir a corrupção. Assim, o cargo público, com fins privados, atrai todas as classes e as mergulha no estamento, os órgãos tornam-se instrumentos usados com fins de conquistas de apoio por parte do soberano. Assim,

> [...] dos séculos XVI a XIX tudo – a economia, as finanças, a administração, a liberdade – está regulado, material e miudamente, pelo poder público, do qual os conselhos serão um ramo, ramo seco ou vivo, conforme as circunstâncias. (Faoro, 1957, p. 203).

A migração da corte para o Brasil gerou novos impactos na economia brasileira em 1808. Os principais impactos econômicos foram: i) a fundação do Banco do Brasil; ii) a liberdade econômica industrial; iii) melhoramentos urbanos e de transporte; iv) o jardim botânico para experimento de plantas; v) a instituição de ensino superior militar e médico; v) a siderurgia nacional.

No entanto, uma crise econômica emergiu devido ao baixo consumo mantido pela escravidão, à falência do banco do brasil e da siderurgia e aos altos custos das cortes que assomadas ao custo do estamento existente. O maior impacto foi no comércio que era a principal atividade econômica da época. Além disso, a migração desencadeou onda de descontentamento entre a burocracia colonial e a da corte que era favorecida com promoções à fidalguia e aos postos principais (Faoro, 1957, p. 292). Somados a isso, temos que a renda per capita havia caído de 30 libras ouro em 1600 para 3 em 1800 (Faoro, 1957, p. 280).

Esse conjunto de fatores levaram novamente ao desequilíbrio entre os poderes *de facto* e *de júri*, devido aos efeitos sobre a distribuição dos ganhos econômicos. É a primeira vez que surge uma condicionante favorável para o desenvolvimento de longo prazo com estabelecimento mínimo de acumulação de capital humano. O resultado foi novamente mudanças na forma de governo. A independência em 1822 foi o reflexo desse desequilíbrio de poderes e da divisão de ganhos, em especial.

A implantação de mudança estrutural na economia havia se iniciado com a semente das escolas de níveis superiores. No entanto, os bacharéis formandos seriam pré-juiz, pré-promotor, senador e ministro não objetivavam a criação da ordem social e política, mas, sim, eram filhos legítimos do estado, pois o sistema das escolas superiores era a de gerar letrados necessários à burocracia, regulando a educação de acordo com as exigências sociais (Faoro, 1957, p. 446).

Como resultado, ocorre profunda transformação econômica no segundo reinado, pós-1822, o estado provê tudo às empresas industriais, mercantis, bancos, operações financeiras etc., da sua burocracia emanam favores para poucos privilegiados. Segundo Faoro (1957, p. 450): "O Estado, presente a tudo e que a tudo provê centraliza as molas do movimento econômico e político, criando um país a sua feição, o país oficial."

No entanto, a estabilidade é dependente da produtividade no campo. A queda da produtividade no campo, em especial no Vale do Paraíba, São Paulo, a abolição dos escravos em 1871 fez com que grande parte das fazendas de café se endividassem ainda mais com os pagamentos de salários. Em 1884, a oferta de crédito se torna escassa e a sustentação dos assalariados nas fazendas inviabilizava grande número delas. Em 1890, a execução hipotecária vai acabar de vez com o elo entre os fazendeiros e a monarquia e com a sustentação do regime em vigor (Faoro, 1957, p. 520). Novamente, o equilíbrio entre os poderes *de facto* e *de juri* estava rompido pela distribuição dos ganhos econômicos.

Entre os séculos XIX e XX, a valorização da livre concorrência toma forma de liberdade econômica. Descobre-se a política monetária, os liberais vencem e a emissão de moeda deixa de ser monopólio estatal; esta passa a ser vinculada inicialmente a quantidade de títulos públicos, mas não perdura no tempo. A alteração em seguida vinculava a emissão ao valor do capital dos emissores, que foi estendida para até o triplo do valor do capital (Faoro, 1957, p. 569). Os bancos podiam assim conceder créditos a qualquer empresário que buscassem o mesmo. Esses créditos, concedidos sem qualquer sustentação econômica de aumento de produção e/ou investimentos na maioria as vezes, ou seja, nem sempre usados em prol da empresa, levou a que inúmeras empresas falissem não sem antes serem vendidas e revendidas na bolsa de valores. Essa política entra na história como o período do encilhamento.[9]

A evolução econômica parecia atestar a qualidade da política monetária, segundo Faoro (1957, p. 575): "Dos 636 estabelecimentos, 398 foram fundados no período 1880 a 1899, com particular expressão a partir de 1885." Em 1899, mais da metade da atividade industrial estava concentrada na Capital Federal Fluminense e no estado do Rio. Essa preponderância persistiu até 1907. No entanto, a partir de 1910 São Paulo assumiu a liderança (Faoro, 1957).

Assim, a concepção das pessoas no poder era a de se acelerar o progresso econômico por meio da emissão desenfreada de moeda recuperaria o tempo perdido, segundo Faoro (1957, p. 581):

---

[9] Veja maiores detalhes em: http://www.historianet.com.br/conteudo/default.aspx?codigo=357. Acesso em: 28 jul. 2011.

PERSPECTIVAS ECONÔMICAS: ANÁLISES E REFLEXÕES

> *A república seria estável, progressista, atraente com aceleração do quadro industrial, abandonando o agrarismo exclusivo do Império, embora sobre a base, não percebida plenamente, do que de mais característica teve a monarquia, o vínculo entre o estado e o dinheiro.*

No entanto, os estadistas do processo liberal alteram o processo de distribuição econômica com a política monetária e criaram uma nova classe poderosa, a dos financistas. Mas as chefias do estamento burocrático não haviam perdido a capacidade de se apropriarem das benesses da política monetária. Uma nova figura emerge no mercado das concessões, a do especulador. Segundo Faoro (1957, p. 584):

> *O estadista atua, realiza seus planos pelas mãos do homem de negócios, do especulador – esta será a réplica visível da delegação das funções públicas, do controle, para fomentar e modernizar a economia. Ouro Preto ocupa o palco por meio do Visconde de Figueiredo, seu banqueiro e empresário de confiança. Rui Barbosa serve-se dos préstimos do conselheiro Francisco de Paulo Mayrink, espécie de presidente de um sindicato financeiro, que se apropria das concessões e privilégios públicos. Será ele o comandante da unidade emissora, resultante da fusão do Banco dos Estados Unidos do Brasil com o Banco Nacional do Brasil, da qual sairá o Banco da Republica dos Estados Unidos do Brasil, a qual em 1892, gerará, por outra amálgama o Banco da Republica do Brasil.*

O resultado econômico do encilhamento (política monetária desenfreada) foi a inflação que atinge 50% no ano e gera greves por salários, algo novo na economia. A resposta foi a alteração no poder com o chamado "Golpe da Bolsa" que dissolve o congresso em 1891, cujo objetivo era restabelecer a autoridade monetária única e eliminar a orgia na emissão de papel moeda (Faoro, 1957, p. 585).

Portanto, a qualidade das instituições econômicas eram ruins e sofriam mudanças sempre que alteravam o processo de distribuição na economia e que refletia nos poderes *de facto* e *de juri*. A disputa pelo poder e a crise da cafeicultura, que levou à redução drástica na renda de um grupo poderoso de famílias levou a ruptura definitiva no poder em 1930.[10] A revolução de 1930 encerra o período da república velha e emerge uma nova ordem institucional através da constituição de 1934.

Nessa nova ordem, emergem um poder novo, o militar. Segundo Faoro (1957, p. 789):

---

[10] Veja detalhes em: http://www.historianet.com.br/conteudo/default.aspx?codigo=872. Acesso em: 28 jul. 2011.

> *O orçamento militar expande-se na participação de 30,4% em 1938, contra 19,4% em 1931, denunciando a reorganização das Forças Armadas, quase esfaceladas após profundo dissídio de 1930.*
>
> *[...]*
>
> *O papel de predomínio da União atua, desta forma, como fator mais importante de integração nacional, no comando da economia controlada – e da burocracia em expansão, capaz de abrigar largas fontes de emprego às classe média.*

O período a partir de 1930 em nada se alterou a forma de governo, o estamento burocrático continuou sendo a forma de governar, mas com uma alteração a de que o *poder de facto* passou para os militares. No entanto, o estamento burocrático estava implantado e arraigado no comando da economia do Brasil. O aumento no orçamento militar facilitava o controle pelo estamento. A escritora Sabrina E. Medeiros (2007) coloca de forma precisa como se dava esta relação na visão do autor Faoro. Segundo a autora, haveria laços estreitos entre a esfera pública (a burocracia) e a privada. O estamento usava de seus poderes para em conjunto com a iniciativa privada comandar a economia. A visão de Faoro (1957, p. 253) é ainda mais direta:

> *O Intervencionismo não é abominado pelos empresários, senão que é desejado, pois, à sombra das tarifas alfandegárias, das dificuldades de importação, dos ágios e prêmios, crescem e proliferam indústrias alimentadas dos altos preços e lucros rápidos. Para sustentar essas indústrias sem horizontes e esse comércio especulativo, as emissões – de estímulo ao comércio e à indústria – favorecem o incremento de uma economia especuladora, comercial, ligada aos favores do governo. É a classe lucrativa que se reexpande, no consórcio clássico com o estamento burocrático, que se fortifica com o controle da economia (Faoro, 1958, p. 253).*

Segundo o autor Sérgio Buarque de Holanda, em seu livro *Raízes do Brasil*, os poderes *de facto* e *de juri* e o conflito distributivo não são exclusivos da história do Brasil:

> *As constituições feitas para não serem cumpridas, as leis existentes para serem violadas, tudo em proveito de indivíduos e oligarquias são fenômeno corrente em toda a história da América do Sul. É em vão que os políticos imaginam interessar-se mais pelos princípios do que pelos homens: seus próprios atos representam o desmentido flagrante dessa pretensão (Holanda, 1987, p. 137).*

A tese de Raymundo Faoro também foi comparada com a de Celso Furtado por Arend (2008, p. 678), o autor concluiu que:

> Ambos atestam que "são classes dirigentes" que ao promoverem processos de modernização *acarretam a estratificação social característica da trajetória capitalista do Brasil. Também para os dois autores, as* modernizações, *vindas de cima, acabam por adaptar técnicas, padrões de consumo e uma cultura estranha à verdadeira identidade nacional, fazendo com que o país não apresente uma estratégia local, particular, de desenvolvimento econômico.*

O que se depreende do livro de Raymundo Faoro é que esse "estamento burocrático" que dominou a economia portuguesa no período pré-descobrimento das Américas se tornou na principal instituição dominante no Brasil. Apesar de parecer ser uma instituição estável, esta não atende aos princípios que estabelecem estabilidade econômica e social por meio de melhor distribuição dos ganhos e equilíbrio entre os poderes *de facto* e *de juri*. Em suma, essa forma de administração não demonstrou ao longo da história ser capaz de gerar instituições econômicas, políticas e sociais estáveis.

CONSIDERAÇÕES FINAIS

Após a revolução de Avis, em 1385, uma nova forma de administração do estado passou a existir. O controle da economia por meio de normas, decretos, concessões exigiu a criação cada vez em número maior de órgãos e cargos para o controle da burocracia. Os cargos nesses órgãos foram usados amplamente como moeda de obtenção de apoio político para os poderes. Os encarregados desses cargos descobriram na burocracia a forma de privatizar bens públicos por meio de concessões especiais que burlassem as leis, ou as interpretasse de maneira especial em favor dos interessados, ou ainda leis especiais que concediam monopólios especiais a pessoas ou empresas. A mistura do interesse pessoal daqueles que estão no cargo com os dos agentes econômicos é transparente na história do Brasil, ou seja, a história demonstra um país governado pelo estamento burocrático.

A teoria do estamento burocrático é uma teoria de conflito social, equivalente à proposta mais recentemente por North (1981). Essa é também uma teoria de instituição incidental e tem como resultado principal o fato de os interesses estamentais formarem uma instituição com poderes *de facto*. A principal consequência desse tipo de instituição é o controle do processo de distribuição dos ganhos econômicos. Essa capacidade de controlar a distribuição dos ganhos econômicos acaba afetando os poderes *de juri*, gerando instabilidade nos poderes gerando instabilidades institucionais históricas. Além disso, o estamento burocrático controla o processo de acumulação de capital humano evitando um amplo acesso da comunidade à educação e/ou educação voltada para mais para o estamento do que para o mercado. Portanto, o aperfeiçoamento do aparelho estamental leva ao controle de poderes, processos distributivos e de formação de capital humano. Como resultado final, o domínio de instituições de baixa qualidade sobre a dos insumos produtivos na história da economia parece prevalecer ainda no Brasil.

A forma de governar a economia por meio do controle burocrático estamental nunca produziu instituições estáveis na história do Brasil. O que explica o Brasil nunca ter um mercado que funciona livremente, mas, sim, é determinado pelos interesses da burocracia do estamento público.

A razão é simples as instituições não são e não foram criadas com o propósito de tornar a economia e a administração pública mais eficiente, mas para exclusivamente acomodar apoio ao poder por meio do "estamento burocrático". As questões atuais são as seguintes: 1) Ainda governamos o Brasil com uso de cargos para atender interesses do governo no poder? 2) As pessoas em cargos o usam em proveito próprio, privatizam os interesses públicos, corrupção? O Brasil e suas instituições estamentais são ainda as grandes responsáveis pelo nosso subdesenvolvimento histórico de capital humano e econômico. Destruir esse estamento via democracia deveria o principal objetivo a ser perseguido.

REFERÊNCIAS

ACEMOGLU, D.; JOHNSON, S.; ROBINSON, J. A.; YARED, P. From Education to Democracy? **The American Economic Review**: Papers and Proceedings, [s. l.], v. 95, n. 2, 2005.

AREND, M. Atraso Via Modernização Cultural: Uma Leitura Evolucionista das Obras de Raymundo Faoro e3 de Celso Furtado. **Economia,** Brasília, n. 9, p. 651-681, 2008.

COASE, R. H. The problem of social cost. **Journal of Law and Economics,** [s. l.], n. 3, 1960.

COMPARATO, F. K. Raymundo Faoro Historiador. **Estudos Avançados**, São Paulo, v. 17, n. 48, 2003.

BRENNER, R. The Civil War politics of Londons merchant community. **Past and Present**, [s. l.], n. 58, 1973.

BRENNER, R. Agrarian class structure and economic development in Preindustrial Europe. **Past and Present**, [s. l.], n. 70, 1976.

BRENNER, R. Agrarian roots of European capitalism. **Past and Present**, [s. l.], n. 97, 1982.

DJANKOV, S.; LA PORTA, R.; LOPEZ-DE-SILANES, F.; SHLEIFER, A. The regulation of entry. **Quarterly Journal of Economics**, [s. l.], n. 117, p. 1-37, 2002.

DJANKOV, S.; LA PORTA, R.; LOPEZ-DE-SILANES, F.; SHLEIFER, A. Courts. **Quarterly Journal of Economics**, [s. l.], n. 118, p. 453-517, 2003.

FAORO, R. **Os donos do poder**: formação do patronato político brasileiro. São Paulo: Editora Globo, 1957.

FAORO, R. A Aventura Liberal numa Ordem Patrimonialista. **Revista USP**, São Paulo, n. 17, p. 14-29, 1993.

GLAESER, E. L.; SHLEIFER, A. Legal origins. **Quarterly Journal of Economics**, [s. l.], n. 117, p. 1193-1230, 2002.

GLAESER, E. L.; LA PORTA, R.; LOPEZ-DE-SILANES, F.; SHLEIFER, A. Do Institutions Cause Growth? **Journal of Economic Growth**, [s. l.], n. 9, 2004.

HOLANDA, S. B. **Raízes do Brasil**. 19. ed. Rio de Janeiro: Editora Olympio, 1987.

HOROWITZ, A. W. Ranking Rates of Return to Education: Legitimacy and an Explicit Diagnostic. **Journal of Policy Modeling**, v. 21, p. 781-797, 1999.

LA PORTA, R.; LOPEZ-DE-SILANES, F.; SHLEIFER, A.; VISHNY, R. Law and finance. **Journal of Political Economy**, [s. l.], n. 106, p. 1113-1155, 1998.

LA PORTA, R.; LOPEZ-DE-SILANES, F.; SHLEIFER, A.; VISHNY, R. The quality of government. **Journal of Law, Economics and Organization**, [s. l.], n. 15, p. 222-279, 1999.

MEDEIROS, S. E. Resenha do texto: Os Donos do Poder. **Revista Eletrônica Boletim do TEMPO**, Rio de Janeiro, ano 2, n. 24, 2007.

MOORE, B. Jr. **Social Origins of Dictatorship and Democracy**: Lord and Peasant in the Making of the Modem World. Boston: Beacon Press, 1966.

NORTH, D. C.; THOMAS, R. P. **The Rise of the Western World**: A New Economic History. Cambridge: Cambridge University Press, 1973.

PSACHAROPOULOS, G.; PATRINOS, H. Returns to investment in education: a further update. **Education Economics,** [s. l.], n. 12, p. 111-134, 2004.

SCHWARTZMAN, S. **Bases do Autoritarismo Brasileiro.** 3. ed. Rio de Janeiro: Editora Campus, 1987.

SCHWARTZMAN, S. Atualidade de Raymundo Faoro. **Dados,** [s. l.], v. 46, n. 02, 2003.

SMITH, A. [1776]. **A Riqueza das Nações.** Editora Victor Civita, Rio de Janeiro: 1983. Volumes I e II, Os Economistas.

TRANSPARENCY International. **Annual Report 2009**: Corruption Perceptions Index, Washington, DC: 2009.

3

POBREZA E DESIGUALDADE NO BRASIL: UM RETRATO PARA O ANO DE 2022

Marina Silva da Cunha

INTRODUÇÃO

As desigualdades sociais, como a pobreza, tanto em países mais ricos quanto nos mais pobres, não têm sido eliminadas, apesar do crescimento da produção e da riqueza. De fato, conforme World Bank (2023), a pobreza no mundo, no ano de 2019, está estimada em 8,5%, correspondendo a 659 milhões de pessoas em situação de vulnerabilidade, para uma linha de pobreza de US$ 2,15 diários. Na América Latina e Caribe, para o mesmo ano e linha de pobreza, a proporção de pessoas em situação de pobreza foi estimada em 4,32% e foi igual a 5,39% para o Brasil.

Destaca-se que a erradicação da pobreza extrema representa o primeiro objetivo para o desenvolvimento sustentável (ODS) estabelecido na Agenda 2030, em 2015, quando ocorreu a Cúpula de Desenvolvimento Sustentável da ONU, na sede em Nova York (Nações Unidas, 2020). De fato, a erradicação da pobreza está fortemente associada ao segundo objetivo, que busca acabar com a fome. Conforme Banerjee e Duflo (2021), para muitos, pobreza é sinônimo de fome. Nessa perspectiva, a fome seria uma causa da armadilha da pobreza, pois, se os pobres têm poucos recursos para se alimentar adequadamente, tornam-se menos produtivos, o que contribui significativamente para a sua manutenção na pobreza.

A desigualdade na distribuição da riqueza tem aumentado no mundo, desde meados do século XX. Para Pikety (2014), a difusão da tecnologia e do conhecimento é a principal força de convergência e redistribuição, enquanto o crescimento maior da taxa de lucro acima da taxa de crescimento, a principal força de divergência.

Neste contexto, o objetivo do presente trabalho é analisar a pobreza e a desigualdade no Brasil, considerando as informações da Pesquisa Nacional por

Amostra de Domicílios Contínua de 2022. Além de indicadores de pobreza, também se busca caracterizar a desigualdade na distribuição do rendimento domiciliar per capita. Por fim, o estudo ainda traça um perfil dessa população mais vulnerável, considerando características pessoais e geográficas.

Além desta introdução, este trabalho está dividido em mais quatro tópicos. O próximo traz alguns conceitos básicos sobre a temática e, em seguida, é descrita a metodologia da pesquisa. No tópico quatro, são apresentados e discutido os resultados da pesquisa. Nas considerações finais, são destacadas as principais evidências do trabalho.

1 REVISÃO DA LITERATURA TEÓRICA E EMPÍRICA

A pobreza é um fenômeno complexo, que trata da situação em que as necessidades básicas não são atendidas, tais como nutricionais e de habitação. Para Carney (1992), apesar da pobreza se constituir em um tema familiar para a humanidade e estar presente para algum segmento da sociedade em todos os países, sua definição pode ser de difícil compreensão. Porém, para o autor, as definições históricas da pobreza estão relacionadas à ausência de renda e à precária situação social, as quais são impactadas por diferentes fatores políticos, econômicos, sociais e culturais.

Assim, a pobreza pode ser definida objetivamente, considerando a privação relativa de indivíduos, famílias ou grupos da população. A situação de pobreza ocorre quando faltam recursos para adquirir alimentos e ter condições de vida habituais onde residem. Portanto, a situação de pobreza representa uma severa e excessiva exclusão das atividades e costumes considerados típicos na comunidade (Townsend, 1979).

A partir desse conceito mais amplo, a sua operacionalização passa pela identificação dessas necessidades e de qual nível é considerado adequado, a partir do padrão de vida em que o indivíduo vive. Inicialmente, a pobreza pode ser identificada de uma forma objetiva ou subjetiva. Enquanto a primeira envolve aspectos normativos, relacionados ao que é a pobreza e o que é requerido para deixar essa situação, a segunda representa a perspectiva do indivíduo do que sente sobre a ausência do suficiente para uma vida digna, em termos de bens e serviços. Devido à dificuldade de mensurar as múltiplas percepções da pobreza subjetiva da população, os trabalhos sobre a pobreza buscam sua mensuração a partir da perspectiva objetiva (Codes, 2004).

Nessa perspectiva, há diversas abordagens objetivas para mensurar a pobreza, como a unidimensional, de forma absoluta ou relativa, em que há um valor monetário ou linha de pobreza. De acordo com Salama e Destremau (2001), enquanto a linha de pobreza absoluta identifica a renda suficiente para o indivíduo ou a família viver, a linha de pobreza relativa situa o indivíduo ou família na sociedade. Segundo Hoffmann *et al.* (2019), quando a pobreza é mensurada de forma relativa, a linha de pobreza pode ser estabelecida considerando a renda média ou algum percentil da distribuição da renda.

Essa abordagem baseada na renda, apesar de ser uma medida imperfeita do bem-estar, isoladamente pode ser considerada a melhor medida da pobreza. A renda deve ser suficiente para adquirir a cesta de alimentos para a família, que atenda às suas necessidades nutricionais, bem como as despesas básicas com educação, saúde, moradia, vestuário, transporte, entre outras. Por sua vez, não há um critério para definir a linha de pobreza, o que pode ser contornado, pelo menos em parte, estabelecendo várias linhas de pobreza (Hoffmann *et al.*, 2019).

Por sua vez, há também a abordagem multidimensional que busca mensurar a pobreza considerando diversos indicadores, como a perspectiva das necessidades básicas (Rocha, 2006). Para Salama e Destremau (2001), há dois elementos nestes indicadores, um primeiro associado às necessidades biológicas — como comida, casa, roupas adequadas, e um segundo relacionado a bens e serviços públicos — como coleta de lixo e de esgoto, serviços sanitários, transporte público, saúde e educação públicas.

Ainda nessa perspectiva multidimensional, destaca-se a contribuição de Amartya Sen, que considera a pobreza a existência de privações das necessidades básicas e de liberdades substanciais, denominada de abordagem das capacitações. Essas privações impactam nos funcionamentos de como se vive, bem como nas capacitações de se escolher uma forma ou outra nesse conjunto de oportunidades, conforme Sen (2000).

Essa contribuição tem como base reflexões sobre justiça social, especialmente a teoria de justiça de Rawls. Desse modo, pode ser considerada uma abordagem qualitativa, mas considerando as realizações materiais, em que determinados indivíduos ou grupos têm a capacidade ou incapacidade de adquirir bens e serviços. De fato, a capacidade representa a liberdade substantiva de se realizar funcionamentos alternativos ou de escolha de um estilo de vida (Salama; Destremau, 2001; Crespo; Gurovitz, 2002; Marin, 2018).

Já a literatura empírica tem considerado as duas perspectivas, tanto unidimensional, baseada na renda (Cunha, 2008; Hoffmann; Jesus, 2023; Cunha *et al.* 2020; Marcelino; Cunha, 2024), como a multidimensional (Kageyama; Hoffmann, 2006; Oliveira; Ferrera de Lima, 2023; Cunha; Marcelino, 2023), incluindo diversos indicadores. Porém, a abordagem predominante se constitui na monetária, que é a adotada neste trabalho, uma vez que a renda é o meio para se obter os bens e serviços necessários para atender às necessidades básicas.

2 METODOLOGIA

Este trabalho tem como fonte as informações da Pesquisa Nacional por Amostra de Domicílios Contínua, para o ano de 2022, realizada pelo Instituto Brasileiro de Geografia e Estatística. São considerados os domicílios com renda domiciliar per capita disponível, que são estimados em 74.114.650, com uma população de 214.050.770. São calculadas medidas de pobreza e de desigualdade, seguindo Hoffmann *et al.* (2019). Entre as medidas de pobreza, está a proporção de pobres, a insuficiência de renda e a severidade da pobreza, que se constituem em casos especiais do Índice de Foster, Greer e Thorbecke (*FGT*). Por sua vez, entre as medidas de desigualdade, são obtidos o índice de Gini, o rendimento acumulado e per capita médio em alguns percentis e décimos da distribuição do rendimento domiciliar per capita. O rendimento domiciliar per capita foi deflacionado considerando o INPC para o último trimestre de 2022.

As medidas de pobreza são estimadas para quatro linhas de pobreza, para o valor de R$ 210,00, que correspondia ao valor para acessar o programa de transferência de renda Bolsa Família, também chamado à época de Auxílio Brasil, bem como sua metade, ou seja, R$ 105,00. Ademais, também foi considerado o valor de R$ 600,00, bem como sua metade igual a R$ 300,00, que correspondia ao valor do auxílio às famílias mais vulneráveis, no período da pandemia Covid-19. Apesar de considerar essas medidas para os domicílios, o estudo também busca traçar o perfil da população em situação de pobreza, considerando tanto características pessoais quanto regionais.

Quanto às características pessoais, são considerados o sexo, homem (H) e mulher (M); a raça ou cor da pele, em que entre os brancos (BR) estão os brancos e amarelos e entre os não brancos (NB) estão os pretos, pardos e indígenas; a idade foi segmentada em cinco faixas, crianças (CR), de 0 até 13 anos, adolescentes (AD), de 14 até 17 anos, jovens (JO) de 18 até 29 anos, adultos (DT) de 30 até 64 anos e idosos (ID), de 65 anos ou mais; para a escolaridade foram considerados sete níveis, sem instrução ou com menos de um anos de estudo (SI), fundamental incompleto ou equivalente (FI), fundamental completo ou equivalente (FC), ensino médio incompleto ou equivalente (MI), ensino médio completo ou equivalente (EM), superior incompleto ou equivalente (SI) e superior completo (SC).

Ademais, em relação às diferenças regionais e espaciais, foram consideradas também medidas de pobreza para as áreas rurais e urbana, as regiões metropolitanas e não metropolitanas, bem como para as unidades da federação. Assim, busca-se traçar um panorama da pobreza no país, identificando quem são e onde estão esses indivíduos.

3 A POBREZA E DA DESIGUALDADE NOS DOMICÍLIOS BRASILEIROS

Em 2022, o Brasil pode ser caracterizado como um país extremamente desigual e com uma significativa parcela da população em situação de vulnerabilidade social, conforme as estimativas apresentadas na Figura 1 e na Tabela 1. Considerando a linha de pobreza de R$ 600,00 per capita, havia cerca de 20% dos domicílios pobres no país, o que correspondia a cerca de 14 milhões de domicílios e 55 milhões de pessoas na pobreza, nesse ano. Assim, para uma linha de pobreza de R$ 600,00, cerca de ¼ da população não tinha renda suficiente para atender **às** suas necessidades básicas, considerando uma população brasileira estimada em mais de 214 milhões. Ademais, para uma linha de pobreza menor, esses percentuais se reduzem para cerca de 7,0%, 5,2% e 2,5% dos domicílios, respectivamente, para as linhas de pobreza de R$ 300,00, R$ 210,00 e R$ 105,00.

Figura 1 – Domicílios na pobreza, Brasil, 2022

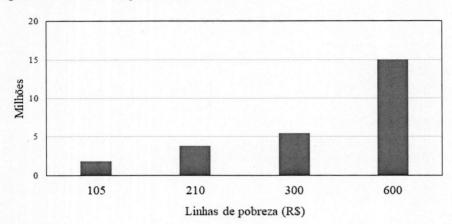

Fonte: dados básicos da PNADC

Por sua vez, a insuficiência de renda cresce com o aumento no valor da linha de pobreza. Essa medida corresponde à soma da diferença entre o valor da linha de pobreza e o rendimento domiciliar per capita de cada domicílio, abaixo ou na linha de pobreza, dividida pelo valor máximo dessa diferença, que corresponde ao número de domicílios pobres multiplicado pelo valor da linha de pobreza. Assim, para a linha de pobreza igual R$ 600,00, seria necessário aumentar a renda domiciliar 8,8% para que esses domicílios superassem a pobreza. Da mesma forma, o índice de severidade da pobreza, que é mais sensível à desigualdade existente entre os mais pobres, também está positivamente relacionado ao valor da linha de pobreza, indicando que as diferenças de rendimento ficam mais evidentes conforme o valor da linha de pobreza aumenta.

Tabela 1 – Medidas de pobreza e de desigualdade para o rendimento domiciliar per capita, Brasil, 2022

Medidas	Domicílios	Proporção (P)	Insuficiência (I)	Severidade (S)
Linhas de pobreza				
R$ 105,00	1.844.719	2,488	1,801	1,700
R$ 210,00	3.848.849	5,191	2,678	2,111
R$ 300,00	5.197.540	7,010	3,702	2,676

Medidas	Domicílios	Proporção (P)	Insuficiência (I)	Severidade (S)
R$ 600,00	14.710.299	19,840	8,802	5,453

Desigualdade			
Índice de Gini	0,521		
Rendimento acumulado (%)		Rendimento no percentil (R$)	
50⁻	17,05	10	366,58
40	40,93	50	1.216,03
10⁺	42,02	90	4.020,32
5⁺	29,52	95	6.211,00
1⁺	11,87	99	14.214,10

Fonte: dados básicos da PNADC

Já a desigualdade na distribuição do rendimento domiciliar per capita situa o Brasil como um país extremamente desigual, uma vez que o índice de Gini foi igual a 0,521, a renda apropriada pelos 50% domicílios mais pobres foi igual a apenas 17%, pelos 40% seguintes igual a 41% e, por fim, entre os 10% mais ricos igual a 42%. Esses critérios foram discutidos por Pikety (2014) e observados para o Paraná por Cunha *et al.* (2020). Os 5% mais ricos se apropriavam a renda mais do que os 50% mais pobres. Já o rendimento médio per capita domiciliar no percentil 10 foi igual a R$ 366,58 e no percentil 99 igual R$ 14.214,10.

Destaca-se que o valor do salário-mínimo nacional era igual a R$ 1.212,00, em 2022, similar ao valor do rendimento domiciliar per capita no percentil mediano, estimado em R$ 1.216,00. Portanto, em 50% dos domicílios havia menos do que o salário-mínimo nacional per capita disponível para suprir as necessidades básicas. Desse modo, deve-se destacar a importância do salário-mínimo como uma política pública ou instituição do mercado de trabalho nacional para a redução das desigualdades.

Na Tabela 2, pode ser observada a composição da renda domiciliar per capita para a média dos domicílios do Brasil, bem como para aqueles em situação de pobreza, considerando as quatro linhas estudadas. Destaca-se que os rendimentos do mercado de trabalho são os mais importantes na composição da renda domiciliar per capita, quando são analisados todos os domicílios. No entanto, para os domicílios mais pobres, essa contribuição se reduz, de acordo com a queda no nível de renda domiciliar.

Tabela 2 – Composição da renda domiciliar per capita, total e segundo a linha de pobreza, Brasil, 2022

FONTE	Brasil	Linha de pobreza (R$)			
		600	300	210	105
Rendimento do trabalho					
Rendimento de todos os trabalhos	64,72	56,70	36,85	26,19	22,68
Outros rendimentos					
Pensão e aposentadoria	26,50	10,48	3,19	1,31	0,00
Seguro-desemprego e seguro-defeso	0,35	0,59	0,10	0,02	0,00
Pensão alimentícia, doação e mesada	1,05	2,64	4,69	4,87	6,35
Aluguel e arrendamentos	2,81	0,48	0,52	0,42	0,35
Bolsa de estudos, poupança, aplicação financeira etc.	1,12	0,16	0,16	0,18	0,37
Programas sociais					
Benefício de Prestação Continuada	1,45	3,52	1,28	0,39	0,00
Programa Bolsa Família	1,85	24,61	51,75	65,01	68,96
Outros programas sociais do governo	0,16	0,82	1,45	1,61	1,29

Fonte: dados básicos da PNADC

Por outro lado, o Programa Bolsa Família representa o principal componente na renda domiciliar per capita para os domicílios mais pobres, quando a linha de pobreza é igual a R$ 105,00, R$ 210,00 e R$ 300,00. A renda do trabalho tem uma contribuição superior ao Programa Bolsa Família para os domicílios mais pobres apenas quando a linha de pobreza é igual a R$ 600,00. As pensões e aposentadorias também possuem uma contribuição expressiva para a média dos domicílios (26,50%) e para os mais pobres, com renda domiciliar per capita de até R$ 600,00 (10,45%). Esses resultados estão de acordo com o encontrado na literatura, como observado em Vasconcelos e Cunha (2021). Desse modo, fica evidente a importância dos programas sociais públicos e do mercado de trabalho para a renda domiciliar.

4 HETEROGENEIDADES PESSOAIS E REGIONAIS DA POBREZA NO BRASIL

As estatísticas apresentadas na Tabela 1 são para os domicílios, ou seja, descrevem a pobreza e a desigualdade considerando como unidade de análise o local onde a população reside, uma vez que se espera que os moradores compartilhem suas rendas. Ademais, quando se consideram os indivíduos que residem nesses domicílios, os indicadores de pobreza são ainda mais preocupantes. Considerando a linha de pobreza de R$ 600,00, a pobreza é estima em 25,22% da população, o que representa um total de 54,62 milhões de pessoas no país, em 2022. Para as linhas de pobreza de R$300,00, R$ 220,00 e R$ 110,00, a população estimada na pobreza foi igual a 18,9, 12,5 e 5,0 milhões.

No entanto, no Brasil há importantes diversidades demográficas e regionais que impactam de forma diferenciada na pobreza. Nesse sentido, na Figura 2 e na Tabela 2, podem ser observadas a composição e a proporção da pobreza de acordo com diferentes segmentos da população.

Com relação à composição da pobreza, na Figura 2a, verifica-se que as mulheres são maioria na pobreza, com cerca de 52%, e os homens se constituem nos restantes 48%. Já em relação à proporção de homens e mulheres em situação de pobreza, na Figura 2b, apesar do maior nível entre elas, nota-se certa similaridade nesse índice, em torno de 25%.

Por sua vez, a disparidade é mais acentuada quando os indivíduos são divididos de acordo com sua cor ou raça. Assim, com relação à raça ou à cor da pele, os não brancos, ou seja, os pretos, pardos e indígenas, representam a maior parcela em situação de pobreza, com 72,5%. Ademais, os não brancos também se sobressaem na proporção da pobreza, com 32,5%, enquanto entre os brancos a proporção de pobreza é igual a 15,8%, conforme a Figura 2b.

Os adultos (DT), seguidos pelas crianças (CR), são os segmentos com a maior parcela da população em situação de pobreza, com 37,8% e 31,9%, respectivamente. Por outro lado, adolescentes (AD), jovens (JV) e idosos (ID) representam grupos com menor parcela entre a população pobre. Não obstante, no que se refere à idade, o cenário é extremamente preocupante, uma vez que tanto crianças quanto adolescentes têm prevalência na pobreza, com 42,2% e 39,2%. Ademais, esses valores vão reduzindo, respectivamente, entre jovens (25,5%), adultos (20,5%) e idosos (6,9%). Portanto, as crianças se destacam na pobreza, tanto na sua composição quanto na proporção.

Figura 2 – Composição e proporção de pobres, segundo características pessoais, para o rendimento domiciliar per capita, Brasil, 2022

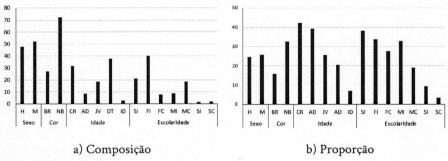

a) Composição   b) Proporção

Fonte: dados básicos da PNADC

A educação, aqui representada pela educação formal, possui uma relação negativa com o rendimento e, como o esperado, quanto mais anos de escolaridade, menor é a composição e a proporção na pobreza. Verifica-se que a proporção da população com ensino médio incompleto em situação de pobreza (32,9%) é maior do que aqueles com ensino médio completo (18,9%), ensino superior incompleto (9,4%) e ensino superior completo (3,5%). Entre os fatores que explicam a maior proporção na pobreza na população mais jovem está a menor experiência no mercado de trabalho, os menores rendimentos e a baixa acumulação de riqueza.

Na Tabela 3, também podem ser observadas as diferenças espaciais da pobreza, entre o meio rural e urbano e entre as áreas metropolitanas e não metropolitanas. No Brasil, verifica-se que a maior proporção da pobreza está no meio urbano, 75,7%, o que é explicado pelo fato de que a maior parcela da população brasileira reside no meio urbano. Conforme o Censo Demográfico de 2010, eram 85% da população nessas áreas. Por sua vez, em relação à proporção da população pobre, no meio urbano, esse índice é igual a 22%.

Por outro lado, no meio rural, verifica-se uma menor proporção da população em situação de pobreza do país. Porém quando se analisa o total da população rural, a proporção em situação de pobreza atinge 46%.

As regiões metropolitanas agregam 33% do total da população em situação de pobreza do país, enquanto as não metropolitanas ficam com o restante, 64%. Por sua vez, quando se analisa separadamente cada segmento, 21% dos residentes nas regiões metropolitanas estão em situação de pobreza e esse índice é um pouco mais elevado nas regiões não metropolitanas, atingindo 28%.

Portanto, verifica-se que a pobreza está distribuída de forma desigual no território nacional. Ademais, essa heterogeneidade também pode ser observada considerando as características pessoais da população, como sexo, raça/cor, idade e escolaridade. Para homens e mulheres, as diferenças entre as médias para o Brasil e as demais localidades não são muito acentuadas. Assim, a composição fica em torno de 50% para cada sexo, sendo maior para as mulheres no meio urbano, metropolitano e não metropolitano, em que é no meio metropolitano que elas atingem o maior patamar, com 54%, já os homens são a maioria na pobreza no meio rural (50,1%). Por sua vez, quando é analisada a proporção de homens e de mulheres em situação de pobreza isoladamente, seguindo a tendência do país, é no meio rural que a proporção é maior, em que as mulheres têm o maior nível em todas as localidades.

Tabela 3 – Composição (C) e Proporção (P) da população em situação de pobreza, segundo características pessoais, Brasil, zona rural ou urbana e região metropolitana ou não metropolitana, 2022

Variável	Localidade									
	Brasil		Rural		Urbano		Metropo-litano		Não Metropoli-tano	
	C	P	C	P	C	P	C	P	C	P
Brasil	100	25,22	24,30	46,10	75,70	22,00	33,10	20,60	66,90	28,32
Sexo										
H	47,78	24,66	50,86	44,88	46,79	21,30	46,28	19,98	48,52	27,74
M	52,22	25,76	49,14	47,47	53,21	22,67	53,72	21,29	51,48	28,89
Raça/cor										
BR	27,46	15,80	22,58	30,57	29,02	14,08	28,45	13,39	26,96	17,44
NB	72,54	32,51	77,42	54,12	70,98	28,51	71,55	26,31	73,04	36,70
Idade										
CR	31,88	42,24	30,94	67,73	32,18	37,82	31,68	36,55	31,98	45,72

	Localidade									
Variável	Brasil		Rural		Urbano		Metropolitano		Não Metropolitano	
	C	P	C	P	C	P	C	P	C	P
AD	8,73	39,24	9,25	63,17	8,57	34,68	8,13	33,26	9,03	42,66
JV	18,76	25,48	18,86	50,77	18,72	21,93	19,03	20,90	18,62	28,65
AT	37,76	20,54	38,91	40,38	37,39	17,63	37,69	16,37	37,79	23,51
ID	2,87	6,89	2,05	8,81	3,14	6,59	3,47	6,64	2,58	7,07
Escolaridade										
SI	21,48	38,15	23,04	51,96	20,98	34,88	20,33	34,98	22,05	39,80
FI	40,06	33,65	46,99	47,91	37,84	30,07	34,73	29,95	42,70	35,42
FC	7,69	27,63	7,77	47,33	7,67	24,31	8,12	25,02	7,48	29,27
MI	8,77	32,86	8,11	53,95	8,99	29,51	9,13	29,37	8,60	35,03
MC	18,63	18,93	12,97	37,75	20,44	17,18	22,82	17,10	16,55	20,42
SI	1,54	9,36	0,50	20,82	1,87	8,94	2,23	8,56	1,19	10,24
SC	1,83	3,50	0,62	10,07	2,22	3,30	2,64	3,01	1,43	4,10

Fonte: dados básicos da PNADC

Com relação à cor ou à raça, em todas as localidades, os não brancos representam a maior parcela da população na pobreza e, quando são analisados isoladamente, têm a maior proporção de pobres, atingindo 36% em áreas não metropolitanas.

Com relação à idade, também se observa um panorama similar ao da média do país, nas duas primeiras colunas da Tabela 2, em que as crianças, de 0 até 13 anos, têm a maior parcela na população pobre, em torno de 30%, enquanto os idosos ficam abaixo de 3%. Já a população adulta aparece como segundo grupo em que a pobreza é mais intensa. Crianças e adolescentes são os grupos mais vulneráveis em relação à pobreza, situando-se em torno de 65% no meio rural, de 35% no meio urbano e metropolitano e, ainda, em torno de 43% em áreas não metropolitanas. Esse fato merece atenção das políticas públicas, uma vez que a pobreza quase sempre representa menores oportunidades.

PERSPECTIVAS ECONÔMICAS: ANÁLISES E REFLEXÕES

Com relação aos anos de estudo, a população com até o fundamental incompleto representa a maior parcela da pobreza, ou seja, que vive em domicílios com até R$ 600,00 per capita, em torno de 60% do total da população pobre, em todas as localidades estudadas. Na sequência, aparecem aqueles com o ensino médio completo, ficando em torno de 20% no meio urbano e metropolitano e de 15% em áreas rurais e não metropolitanas. Nas áreas urbanas e metropolitanas, a proporção de pessoas pobres é menor entre aqueles com nível superior ou mais.

Uma outra perspectiva para se analisar a pobreza é a regional, considerando as unidades da federação (UF), conforme a Figura 3 e a Tabela 4. Verifica-se que a UF com a maior parcela da população em situação de pobreza é São Paulo, seguido da Bahia, em torno de 12% cada, o que em conjunto já representa cerca de ¼ da pobreza do país. Apesar de a proporção da população residente explicar a magnitude da pobreza, merece ser destacado que São Paulo se constitui na unidade mais rica da federação. Porém, apesar dessa performance econômica, ainda não obteve êxito na distribuição dessa riqueza, retirando os indivíduos da situação de vulnerabilidade.

Por sua vez, também apresentam um percentual significativo, acima de 5%, na composição da pobreza no Pará (6,8%), Maranhão (6,5%), Ceará (7,3%), Pernambuco (7,5%), Minas Gerais (7,8%) e Rio de Janeiro (6,5%).

Não obstante, quando se observa a Figura 3b, com a proporção da pobreza em cada UF, evidencia-se um maior nível nas Regiões Norte e Nordeste e, por outro lado, um menor nível nas UFs das Regiões Sudeste, Sul e Centro-Oeste. Ademais, as diferenças regionais também podem ser observadas considerando as áreas rurais e urbanas, além das metropolitanas e não metropolitanas, conforme a Tabela 4.

Figura 3 – Composição e proporção de pobres, segundo a unidade da federação, para o rendimento domiciliar per capita, Brasil, 2022

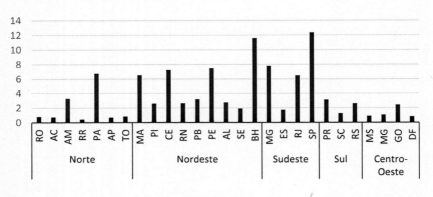

a) Composição

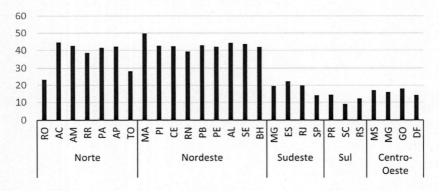

b) Proporção

Fonte: dados básicos da PNADC

Com relação à composição da pobreza, nas áreas rurais, destacam-se os estados do Pará (10,9%), na Região Norte, além dos estados de Maranhão (10,1%) e da Bahia (17,4%), na Região Nordeste. Nas áreas urbanas, o estado com a maior proporção da população na pobreza é São Paulo (15,5%), seguido da Bahia (9,8%) e do Rio de Janeiro (8,1%).

Nas regiões metropolitanas, São Paulo detém cerca de 1/5 da pobreza do país, seguido pelas áreas metropolitanas do Rio de Janeiro e de outros três estados nordestinos — Bahia, Ceará e Pernambuco. Já nas áreas não metropolitanas se sobressai a Bahia (13,9%), seguida de dois estados do sudeste — Minas Gerais e São Paulo.

PERSPECTIVAS ECONÔMICAS: ANÁLISES E REFLEXÕES

Tabela 4 – Composição (C) e Proporção (P) da população em situação de pobreza, segundo a unidade da federação, Brasil, zona rural ou urbana e região metropolitana ou não metropolitana, 2022

Região	Localidade									
	UF	Rural/Urbana				Metropolitana		Não metropolitana		
		Rural		Urbana		Metropolitana		Não Metropolitana		
	C	P	C	P	C	P	C	P	C	P
Brasil	100	25,22	24,3	46,1	75,7	22,0	33,1	20,6	66,9	28,32
Norte										
RO	0,79	23,32	0,89	28,39	0,76	21,86	0,97	30,93	0,70	19,97
AC	0,74	44,47	1,02	66,57	0,65	38,13	0,86	36,34	0,68	51,73
AM	3,28	42,66	3,45	72,87	3,22	37,30	4,90	32,72	2,47	60,51
RR	0,43	38,57	0,29	45,72	0,47	37,40	0,85	36,00	0,21	44,98
PA	6,76	41,48	10,86	61,42	5,44	34,36	3,74	28,20	8,25	46,33
AP	0,69	42,15	0,36	52,31	0,80	41,01	1,41	38,26	0,33	53,49
TO	0,84	28,23	0,63	37,18	0,91	26,80	0,22	12,66	1,15	32,09
Nordeste										
MA	6,53	49,66	10,07	67,46	5,39	42,87	2,76	33,44	8,40	53,90
PI	2,59	42,58	4,81	60,23	1,88	34,25	1,03	21,27	3,36	50,25
CE	7,25	42,29	8,60	58,87	6,81	37,95	7,70	34,12	7,02	48,62
RN	2,62	39,25	2,83	58,33	2,55	35,10	2,59	28,70	2,63	47,59
PB	3,20	42,83	4,50	59,80	2,79	37,32	2,19	29,38	3,71	49,54
PE	7,49	41,96	7,46	62,89	7,50	37,92	7,50	33,21	7,49	48,31
AL	2,74	44,20	3,60	63,80	2,47	38,65	2,32	32,52	2,95	51,41
SE	1,90	43,59	2,45	61,89	1,72	38,36	1,92	34,71	1,89	50,06
BH	11,61	41,91	17,42	54,72	9,75	36,95	7,03	31,67	13,88	45,63
Sudeste										
MG	7,81	19,59	7,45	32,85	7,92	17,47	4,93	16,12	9,24	20,78

Região	Localidade									
	UF	Rural/Urbana				Metropoli-tana		Não metropoli-tana		
		Rural		Urbana		Metropoli-tana		Não Metropolitana		
	C	P	C	P	C	P	C	P	C	P
ES	1,71	22,28	1,38	33,75	1,82	20,59	2,40	20,80	1,37	23,73
RJ	6,49	19,88	1,46	39,47	8,11	19,32	13,39	18,65	3,07	23,21
SP	12,37	14,11	2,55	20,16	15,51	13,89	19,30	15,50	8,93	12,86
Sul										
PR	3,13	14,40	2,64	25,41	3,28	12,93	2,42	11,47	3,48	15,77
SC	1,24	8,97	1,12	14,07	1,28	8,14	0,45	7,03	1,64	9,31
RG	2,61	12,16	1,86	15,15	2,86	11,67	2,97	12,03	2,44	12,24
Centro-Oeste										
MS	0,89	17,04	0,44	23,15	1,03	16,44	0,64	12,50	1,02	19,29
MT	1,04	15,93	0,75	21,75	1,14	15,08	1,03	19,14	1,05	14,75
GO	2,43	17,99	0,85	23,87	2,93	17,58	2,00	13,17	2,64	20,86
DF	0,82	14,18	0,26	24,49	1,00	13,71	2,47	14,18	-	-

Fonte: dados básicos da PNADC

Por sua vez, a proporção da pobreza em cada unidade da federação, considerando os segmentos rural/urbano e metropolitano/não metropolitano também é maior nas Regiões Norte e Nordeste. Na Região Sudeste, no meio rural, há maior proporção de pobres na área rural do Rio de Janeiro, do que nos demais estados. Porém, nas áreas urbanas e nas metropolitanas e não metropolitanas, é em Minas Gerais que há maior prevalência. Na Região Sul, o Paraná se destaca nos quatro segmentos, com maior nível de pobreza. Já no Centro-Oeste, Goiás tem maior pobreza rural, urbana e não metropolitana, mas 19,1% da população da região metropolitana de Mato Grosso vive em situação de pobreza.

Portanto, a pesquisa constata que a pobreza não incide de forma homogênea entre os indivíduos e entre as regiões do país. Tanto em termos relativos quanto absoluto, a pobreza é maior entre as mulheres, crianças e jovens e os não brancos. Por sua vez, apesar de a pobreza estar relativamente mais presente nas áreas rurais e nas Regiões Norte e Nordeste, há mais pessoas em situação de pobreza nas áreas urbanas e no estado de São Paulo. Portanto, a população pobre é maior no estado mais rico da federação, ou seja, 12,4% dos pobres vivem em São Paulo.

Merece destaque a preocupante prevalência de pobreza entre crianças e adolescentes, o que pode indicar menores oportunidades para as fases posteriores do ciclo de vida, ou seja, para a persistência na pobreza. De fato, a pobreza tem impactos imediatos e futuros para essa parcela da população, como aponta as informações da Figura 4. Considerando a linha de pobreza de R$600,00 per capita se pode observar a frequência na escola de crianças, de 5 até 14 anos, e adolescentes, de 15 até 17 anos, para o total, pobres e não pobres.

Verifica-se que, tanto para crianças como para adolescentes, a frequência na escola é menor para os pobres. No caso do sexo, as meninas em situação de pobreza, de 5 até 14 anos, frequentam mais a escola do que os meninos nessa faixa etária. No entanto, essa realidade se inverte, na fase seguinte, de 15 até 17 anos, quando elas atingem a menor proporção. Para os não pobres, as meninas frequentam mais a escola do que os meninos, nas duas faixas etárias.

Por sua vez, no caso da cor ou raça, a proporção na escola da população pobre é similar entre brancos e não brancos, embora os não brancos atinjam um patamar um pouco superior. Já para as crianças e adolescentes não pobres, os brancos têm uma frequência superior aos não brancos.

Em geral, essas informações evidenciam a necessidade de ampliação e manutenção na escola dos adolescentes, uma vez que no total dessa população a frequência escolar fica em torno de 90%. Além disso, essa advertência é ainda mais crítica para a população em situação de pobreza, notadamente para as mulheres.

Figura 4 – Frequência na escola para crianças e adolescentes, Brasil, pobres e não pobres, 2022

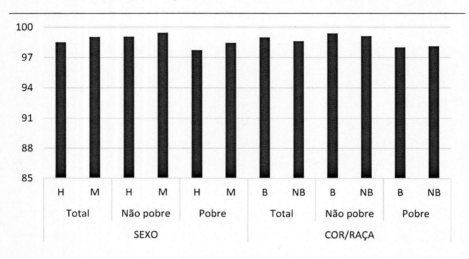

a) Crianças de 5 até 14 anos

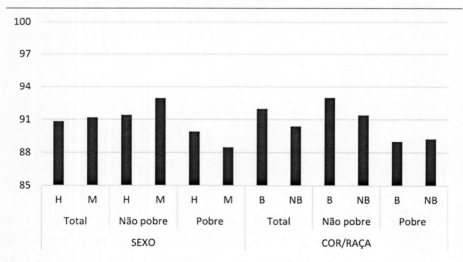

b) Adolescentes de 15 até 17 anos

Fonte: dados básicos da PNADC

    Evidências têm apontado que o Programa Bolsa Família tem contribuído para a redução da evasão escolar (Borchers; Cunha, 2023), por outro lado, o trabalho nessa etapa do ensino básico tem contribuído para aumentar essa evasão (Mattei; Cunha, 2023). A literatura aponta que a educação se constitui no principal determinante dos diferenciais de salários no mercado de trabalho (Cunha; Vasconcelos, 2012). Como ressalta Cunha (2023), a escola pode representar um espaço para realização de políticas públicas não só relacionadas ao aprendizado escolar, mas também de socialização, de acolhimento, de saúde, de segurança pública e de segurança alimentar.

Desse modo, creches e escolas, notadamente em período integral, podem contribuir para o trabalho de cuidado, notadamente de responsabilidade das mulheres. De fato, a maternidade tem sido um importante determinante para a participação das mulheres e para os diferenciais de salários entre homens e mulheres no mercado de trabalho (Cunha; Vasconcelos, 2016; Andrade; Cunha, 2021; Cunha *et al.*, 2022).

A educação de qualidade se constitui no principal determinante dos rendimentos e contribui significativamente para saída da situação de pobreza. Porém, os resultados indicam que a maior incidência de pobreza está entre crianças e adolescentes, em torno de 40%. Ademais, são eles, crianças e adolescentes pobres, que possuem menor acesso à escola. Assim, os resultados apontam para uma perpetuação da pobreza no longo prazo.

CONSIDERAÇÕES FINAIS

Neste trabalho, foram utilizadas as informações da PNADC para o ano de 2022, buscando mensurar a pobreza e a desigualdade no país, a partir de alguns indicadores. Enquanto a pobreza é estimada em cerca de ¼ da população, considerando uma linha de pobreza de R$ 600,00, as medidas de desigualdade situam o país como extremamente desigual.

Portanto, em um país com importantes carências nos serviços públicos, tais como de saúde, de educação e de segurança, a renda domiciliar presente em cada residência expõe a população a diversas privações. Foi possível evidenciar que a pobreza atinge de forma desigual os indivíduos e as regiões do país, o que evidencia vulnerabilidades estruturais.

Ademais, em termos absolutos, a pobreza está mais em áreas urbanas e especialmente na unidade da federação mais rica do país, como é o caso do estado de São Paulo. Dessa forma, os resultados sugerem que a erradicação da pobreza não se trata da ausência de riqueza, mas passa pela sua melhor distribuição, cuja desigualdade está entre as mais altas do mundo, um dado que se deve ressaltar sempre.

Tais evidências sugerem a ampliação de políticas públicas mais focalizadas, de curto prazo, como as relacionadas à fome, e de longo prazo, como na educação, notadamente da infância até o final do ensino médio. O Programa Bolsa Família tem contribuído tanto no curto prazo, com as transferências de renda, quanto no longo prazo, com as suas condicionalidades em saúde e educação. Por sua vez, as creches e escolas devem ser um ambiente tanto de formação acadêmica quanto de proteção social contra a fome, as violências e a criminalidade. Com isso, tem-se maior promoção da igualdade de oportunidade para crianças e jovens na inserção futura na universidade e no mercado de trabalho, gerando um ciclo virtuoso para além da pobreza. Afinal, para um desenvolvimento sustentável, devemos cuidar das gerações futuras!

REFERÊNCIAS

ANDRADE, J. L.; CUNHA, M. S. Impact of postponing motherhood on womens income in Brazil. **Revista de Economia Aplicada**, Ribeirão Preto, v. 25, p. 65-92, 2021.

BANERJEE, A. V.; DUFLO, E. **A economia dos pobres**: uma nova visão sobre a desigualdade. Rio de Janeiro: Zahar, 2021.

BORCHERS, J.; CUNHA, M. S. Impact of the Bolsa Familia Program on Children and Adolescents' Educational Level. **Global Journal of Human-social Science**, India, v. 21, p. 13-23, 2021.

CARNEY, P. The concept of poverty. **Public Health Nursing**, Boston, v. 9, n. 2, p. 74-80, 1992.

CRESPO, A. P. A.; GUROVITZ, E. A pobreza como um fenômeno multidimensional. **RAE-eletrônica**, Rio de janeiro, v. 1, n. 2, art. 3, p. 1-12, 2002.

CUNHA, M. S. Desigualdade e pobreza nos domicílios rurais e urbanos no Brasil, 1981 –2005. **Revista Econômica do Nordeste**, Fortaleza, v. 40, n. 1, p. 9-30, jan./mar. 2009.

CUNHA, M. S.; VASCONCELOS, M. R. Evolução da desigualdade na distribuição dos salários no Brasil. **Economia Aplicada**, Ribeirão Preto, v. 16, p. 105-136, 2012.

CUNHA, M. S.; VASCONCELOS, M. R. Fecundidade e participação no mercado de trabalho brasileiro. **Nova Economia**, Belo Horizonte, v. 26, p. 179-206, 2016.

CUNHA, M. S.; ROSA, A. M. P.; VASCONCELOS, M. R. Evidências e fatores associados ao fenômeno de adiamento da maternidade no Brasil. **Revista Brasileira de Estudos de população**, Rio de Janeiro, v. 31, p. 1-24, 2022.

CUNHA, M. S. Trajetórias da mulher no mercado de trabalho. **Revista economistas**, Brasília, v. 14, p. 24-29, 2023.

CUNHA, M. S.; VASCONCELOS, M. R.; BRAMBILLA, M. A. Pobreza e desigualdade na distribuição de renda no Paraná: uma análise para o período 1995-2015. **Revista de Economia**, Curitiba, v. 41, p. 345-371, 2020.

CUNHA, M. S.; MARCELINO, G. C. Pobreza multidimensional no território brasileiro: uma análise para domicílios rurais e urbanos. **Textos de economia**, Florianópolis, v. 26, p. 1-27, 2023.

HOFFMANN, R.; BOTASSIO, D. C.; JESUS, J. G. **Distribuição de renda**: medidas de desigualdade, pobreza, concentração, segregação e polarização. 2. ed. São Paulo: Editora da Universidade de São Paulo, 2019.

HOFFMANN, R.; JESUS, J. G. Pobreza no Brasil, 2012-2022. **RBEST Revista Brasileira De Economia Social e do Trabalho**, Campinas, v. 5, v. 00, e023010, 2023. DOI https://doi.org/10.20396/rbest.v5i00.18250.

KAGEYAMA, A.; HOFFMANN, R. Pobreza no Brasil: uma perspectiva multidimensional. **Economia e Sociedade**, Campinas, v. 15, n. 1 (26), p. 79-112, jan./jun. 2006.

LIMA, A. L. M. C. Mensuração da Pobreza: uma Reflexão sobre a Necessidade de Articulação de Diferentes Indicadores. **Cadernos do CRH**, Salvador, v. 17, n. 40, p. 129-141, 2004.

MARCELINO, G. C.; CUNHA, M. S. Pobreza multidimensional no Brasil: evidências para as áreas rurais e urbanas. **Revista de Economia e Sociologia Rural**, Brasília, v. 62, n. 1, e266430, 2024.

MARIN, S. R. Abordagem das capacitações: estrutura normativa e seus fundamentos éticos e filosóficos. *In*: GLASENAPP, S.; MARIN, S. R. **Ensaios sobre o pensamento de Amartya Kumar Sen**: Contribuições teóricas e aplicadas à economia. Santa Maria: Editora UFSM, 2018. p. 47-70.

MATTEI, T. F.; CUNHA, M. S. Impacto do trabalho infanto-juvenil no desempenho escolar para o brasil urbano revista estudos em avaliação educacional. **Estudos em Avaliação Educacional (Online)**, [*s. l.*], v. 32, p. e07159, 2021.

NAÇÕES UNIDAS. **Transformando o nosso mundo**: a agenda 2030 para o desenvolvimento sustentável. Brasil: Nações Unidas, 2020. 49p.

OLIVEIRA, N. S. M. N.; FERRERA DE LIMA, J. Pobreza das mulheres chefes de família da Região Nordeste do Brasil: análise multidimensional. **Revista brasileira de gestão e desenvolvimento regional**, Taubaté, v. 19, p. 4-38, 2023.

PIKETTY, T. **Capital in the twenty-firsty century**. Cambridge: The Belnap Press of Harvard University Press, 2014.

ROCHA, S. **Pobreza no Brasil**: afinal, de que se trata? 3. ed. Rio de Janeiro: Editora FGV, 2006. 244p.

SALAMA, P.; DESTREMAU, B. **O tamanho da pobreza**: economia política da distribuição de renda. Petrópolis: Editora Garamond, 2001.

SEN, A. **Desenvolvimento como Liberdade**. São Paulo: Editora Schwarcz, 2000.

TOWNSEND, P. **Poverty in United Kingdom**: A Survey of Household Resources and Standards of Living. Londres: Penguin Books, 1979.

VASCONCELOS, P.; CUNHA, M. S. O papel de programas sociais no combate à pobreza e à desigualdade na distribuição de renda no Brasil. **Revista Brasileira de Planejamento e Desenvolvimento**, Curitiba, v. 10, p. 365-397, 2021.

WORLD BANK. **Poverty and Inequality Platform (PIP)**. Washington. Disponível em: https://pip.worldbank.org. Acesso em: 14 ago. 2023.

4

ÍNDICES DE DESENVOLVIMENTO: UMA DISCUSSÃO SOBRE MÉTODOS DE PONDERAÇÃO MULTICRITÉRIO

Adriano Renzi
Matheus Vanzela
José Luiz Parré

INTRODUÇÃO

Este capítulo apresenta uma contribuição inédita para as pesquisas em economia regional, principalmente para os estudos que elaboram indicadores regionais. O método escolhido para se definir os elementos necessários para selecionar as variáveis e a forma como elas se combinam para construir indicadores ou índices capazes de melhor aferir fenômenos relacionados ao desenvolvimento rural, regional ou humano, têm sido propostos de diferentes formas pelos autores que se dedicam ao tema. Nesse contexto, observou-se um grupo de autores que empregou o método da análise fatorial, componentes principais, como forma de selecionar em um conjunto de variáveis aquelas com relevância para compor alguns fatores latentes capazes de dar consistência ao índice pretendido.

Até esse ponto, a contribuição acadêmica fornecida por tais autores por meio dos índices produzidos apresenta relevância, mas como esses autores utilizaram-se das variâncias explicadas, de cada um dos fatores produzidos, como elementos para ponderar os índices produzidos, induz a uma questão, qual seja: qual a forma mais apropriada para ponderar os fatores latentes na constituição dos índices para se estabelecer a representação e/ou classificação mais aderente ao fenômeno em análise?

A partir dessa questão identificada, o objetivo do presente capítulo é analisar e comparar diferentes métodos de ponderação por meio do emprego da análise de decisão multicritério (ADMC). Especificamente, serão analisados três diferentes métodos de ponderação: *Criteria Importance Through*

Intercriteria Correlation (*Critic*), coeficiente de GINI e *Method based on the Removal Effects of Criteria* (*Merec*). Essas diferentes formas de ponderação serão utilizadas nos fatores latentes oriundos do índice de desenvolvimento rural (IDR) produzidos com dados do Censo Agropecuário de 2017 para os 5572 municípios brasileiros[1].

Em síntese, a contribuição do presente capítulo está em discutir as diferentes formas de ponderação proposta e, por conseguinte, fornecer aos pesquisadores alternativas para enfatizar as características mais relevantes para constituir um determinado índice que, por sua vez, categorizará uma determinada região ou país e, dessa forma, respaldará futuras políticas públicas ou privadas.

Para tanto, além desta introdução, este capítulo está organizado em quatro seções subsequentes. A próxima seção versará sobre as referências teóricas e práticas que produziram algum tipo de índice e como as diferentes formas de ponderação dos fatores constitutivos podem gerar diferentes resultados. Na terceira seção, será feita a apresentação da composição do índice a ser analisado com base nos três métodos selecionados. Na seção subsequente, serão apresentados e discutidos os resultados e, por último, a conclusão.

1 REFERENCIAL TEÓRICO

A análise fatorial e os modelos multicritério são dois tópicos relacionados à área de análise de dados e tomada de decisão. Esses modelos são compostos por métodos que permitem comparar e avaliar diferentes alternativas com base em múltiplos critérios, os quais, em geral, podem apresentar conflitos ou características incomensuráveis (Ishizaka; Nemery, 2013; Şahin, 2020).

A análise fatorial é uma técnica que reduz a dimensionalidade de um conjunto de variáveis, identificando fatores latentes que explicam

---

[1] A análise a ser realizada objetiva discutir as diferentes formas de ponderação propostas. Dessa forma, para utilizar os 5.572 foi necessário calcular por média ponderada, empregando a população dos municípios adjacentes, os índices (IDR) dos 15 municípios desprovidos de dados. Esse subterfúgio não produzirá qualquer discrepância na discussão a ser realizada sobre as diferentes formas de ponderação, mas permitirá a elaboração de mapas para visualizar as diferentes ponderações em análise. Os municípios e seus respectivos códigos IBGE desprovidos de dados são: Tabocão (TO) (1708254); Ereré (CE) (2304277); Campo Grande (RN) (2401305); Madre de Deus (BA) (2919926); Dona Euzébia (MG) (3122900); Pingo-d'Água (MG) (3150539); São Tomé das Letras (MG) (3165206); Nilópolis (RJ) (3303203); Águas de São Pedro (SP) (3500600); Barueri (SP) (3505708); Carapicuíba (SP) (3510609); Jandira (SP) (3525003); Praia Grande (SP) (3541000); Lagoa Mirin (RS) (4300001) e Lagoa dos Patos (RS) (4300002).

a variância e a correlação entre elas. A abrangência no uso desse tipo de análise, em particular com o método dos componentes principais, contempla a área econômica e é uma técnica amplamente difundida na elaboração de índices imbuídos da finalidade de aferir fenômenos relacionados ao nível de desenvolvimento rural e humano de diversos tipos de áreas geográficas.

Neste capítulo, será utilizado o fenômeno do desenvolvimento rural como elemento empírico para apresentarmos e discutirmos os diferentes tipos de ponderação[2]. Desse modo, em relação aos índices de desenvolvimento rural, podem ser destacados os autores Renzi e Piacenti (2023), Stege e Parré (2011) e Melo e Parré (2007). E ao se referir aos índices de desenvolvimento locais ou imbuídos de aferir o desenvolvimento humano das regiões, podem-se destacar os autores Renzi e Piacenti (2022).

A contribuição dos autores mencionados na tarefa de aferir o nível de desenvolvimento rural ou local das áreas avaliadas, nos diferentes períodos avaliados, não está em questão. No entanto, a literatura apresenta diferentes métodos de ponderação dos fatores latentes com o potencial de alterar as ordens de categorização das áreas geográficas a serem avaliadas.

Durante o processo de elaboração de índices com análise fatorial, é preciso utilizar alguma técnica de ponderação da matriz de fatores. De maneira geral, os autores Renzi e Piacenti (2022, 2023), Stege e Parré (2011) e Melo e Parré (2007) atribuem o vetor correspondente à variância explicada das cargas fatoriais como pesos para os fatores correspondentes. Essa estratégia de ponderação, no entanto, carrega o viés de atribuir maior peso aos primeiros fatores latentes calculados na análise fatorial, isso porque os primeiros fatores possuem maior quantidade de variáveis.

As técnicas de ponderação dos modelos multicritérios apresentam-se como alternativa ao uso da variância explicada. Essas técnicas permitem atribuir diferentes abordagens no cálculo dos graus de importância (pesos) dos critérios, os quais são utilizados na tomada de decisão (Bączkiewicz; Wątróbski, 2022; Paradowski *et al.*, 2021; Ayan; Abacioğlu; Basilio, 2023; Diakoulaki, Danae; Mavrotas; Papayannakis, 1995).

A ponderação é um aspecto fundamental, uma vez que influencia o resultado final e, portanto, a decisão, pois afeta a forma como as alternativas são avaliadas e comparadas. Por isso, é essencial escolher um

---

[2] As diferentes ponderações serão apresentadas na próxima seção.

método adequado de ponderação que reflita os objetivos e as prioridades do problema (Choo; Schoner; Wedley, 1999). Nesse sentido, determinados problemas requerem ensaios com diferentes métodos de ponderação para avaliar a robustez dos resultados; gerar cenários distintos para análises de sensibilidade e, no caso de resultados oriundos da análise fatorial, evitar que informações armazenadas em variáveis cujos fatores têm variância explicada baixa sejam subdimensionadas na composição dos índices (Ribeiro *et al.*, 2023; Mooi; Sarstedt; Mooi-Reci, 2018).

Nesse contexto, considerando como referência a ponderação tradicional, os valores da variância explicada como um dos vetores de ponderação, trataremos neste capítulo dos seguintes métodos de ponderação alternativos: Critic, Gini e Merec, os quais serão apresentados e utilizados, nas seções posteriores, para avaliar como as diferentes ponderações podem afetar o nível de desenvolvimento rural dos municípios brasileiros e, por consequência, a ordem de classificação municipal.

O primeiro método de ponderação é o *Criteria Importance Through Intercriteria Correlation* (Critic) foi proposto por Diakoulaki, Mavrotas e Papayannakis (1995). Essa nova forma de ponderação atribui importância a diferentes critérios com base no grau de variação e na correlação entre eles. A ideia é que um critério que tenha uma grande variação e uma baixa correlação com outros critérios fornece mais informação e deve ter um peso mais elevado.

O mencionado método utiliza uma fórmula que combina o desvio padrão e a correlação intercritérios de cada critério para calcular o respectivo peso. O método não requer qualquer contributo subjetivo do decisor, mas apenas os dados dos critérios. O método pode ser utilizado para vários problemas de decisão que envolvem múltiplos critérios, tais como: energia, meio ambiente, sociais e econômicos (Alinezhad; Khalili, 2019).

Um exemplo de uso do método Critic pode ser encontrado em um estudo que analisou a evasão acadêmica nos cursos de Administração e Ciências Contábeis nas Instituições de Ensino Superior (IES) de Santa Catarina. Nesse estudo, o método Critic foi usado para analisar e classificar as instituições em termos de evasão acadêmica de 2010 a 2014. Os resultados mostraram que as IES privadas localizadas em regiões com menor Índice de Desenvolvimento Humano (IDH) e baixa renda per capita tinham taxas de evasão mais altas em comparação com as IES públicas e privadas localizadas em regiões mais desenvolvidas (Gambirage *et al.*, 2021).

O segundo método a ser apresentado e empregado neste trabalho é o coeficiente de Gini. A motivação para o uso desse método está relacionada à capacidade de medir a desigualdade entre um conjunto de valores. O coeficiente de Gini é uma medida estatística empregada para avaliar a desigualdade em diversas áreas do conhecimento. Na Economia, autores, tais como Hoffman (2009), empregaram esse indicador para aferir o grau de concentração de renda, de terra ou riqueza das regiões brasileiras.

A partir daí, em análises que envolvam multicritério, o método Gini apresenta-se como uma alternativa a ser usada para ponderar a importância relativa de diferentes critérios com base nas respectivas distribuições de cada critério. Em detalhe, se um dos critérios apresenta uma maior importância em comparação aos outros, o método Gini é capaz de captar e quantificar essa importância relativa. E, portanto, produzir uma ponderação dotada das desigualdades relativas presentes nas medidas ou variáveis conjuntas representadas pelos fatores latentes utilizados.

Por último, os autores Keshavarz-Ghorabaee *et al.* (2021) desenvolveram o *Method based on the Removal Effects of Criteria* (Merec). Esse método afere o quanto cada critério removido afeta o desempenho global das alternativas, logo, quanto maior a influência da remoção do critério sobre o desempenho global, maior a importância, o peso, do critério[3]. Nesse sentido, Ecer e Aycin (2022), dentre diversas formas de ponderação, empregaram em fatores objetivos o método Merec para construir os pesos relativos dos indicadores a serem empregados numa metodologia de avaliação do desempenho das inovações.

Por fim, após a apresentação das referências teóricas e empíricas realizadas nesta seção, na próxima será feita uma descrição dos dados utilizados, da constituição do índice de desenvolvimento rural (IDR) a ser utilizado como base comparativa entre as quatro formas de ponderação, quais sejam: variância explicada (tradicional, Critic, Gini e Merec) e, por fim, as etapas a serem realizadas para construir cada um dos métodos de ponderação propostos[4].

---

[3] Para compreender esse método, em primeiro, é avaliado o desempenho global das alternativas com base em todos os critérios, posteriormente, extrai o efeito de cada critério no desempenho global, em cada um dos critérios envolvidos e, por fim, os pesos dos critérios são formados com base nas mudanças no desempenho global gerado pela remoção de cada um critério. Na seção 2, metodologia, é feita uma descrição detalhada das etapas para construir esse método de ponderação.

[4] Vale mencionar que os termos critérios e alternativas são provenientes da literatura de modelagem multicritério e representam, respectivamente, os fatores e os municípios no contexto deste trabalho. Dado o caráter interdisciplinar do texto, é importante assegurar o uso de ambos os termos para harmonizar o rigor do texto

2 METODOLOGIA

Para elaboração do índice de desenvolvimento rural (IDR) com vistas a classificar os 5572 municípios brasileiros[5], a estratégia de pesquisa adotada empregará uma base de dados inicialmente composta por 105 variáveis rurais oriundas do Censo Agropecuário de 2017 (IBGE, 2017)[6].

Assim como diversos fenômenos sociais, o desenvolvimento rural e econômico das regiões é caracterizado por ser multidimensional. Dessa forma, a análise fatorial tem sido utilizada por ser capaz de captar as diversas dimensões presentes em tal fenômeno. Nesse sentido, será utilizada a análise dos componentes principais (ACP), a qual é bastante robusta com relação à violação da hipótese de normalidade (Parré; Melo, 2007; Fávero; Belfiore, 2017; Renzi; Piacenti; Santoyo, 2022).

A partir daí, neste capítulo a normalização min-max é empregada na matriz rotacionada, proveniente da análise fatorial, por meio do método Varimax. Isso foi feito em decorrência de alguns métodos de ponderação propostos terem certas restrições que são atendidas pela normalização min-max.

Por conseguinte, considerando uma matriz genérica , neste trabalho a matriz rotacionada proveniente da análise fatorial será considerada a matriz de decisão, em que os municípios são as alternativas e os fatores representam os critérios.

Em problemas multicritérios, uma matriz de decisão é frequentemente usada para representar os valores de diferentes critérios para diferentes alternativas. Uma matriz genérica com linhas e colunas pode ser construída da seguinte forma:

$$X = \begin{bmatrix} x_{11} & \cdots & x_{1m} \\ \vdots & \ddots & \vdots \\ x_{n1} & \cdots & x_{nm} \end{bmatrix}$$

---

ao longo da exposição textual da seção metodologia. Isso é importante para garantir a compreensão e, posteriormente, para facilitar a discussão dos resultados. As técnicas utilizadas neste trabalho serão de ponderação objetiva, orientadas por cada abordagem específica nos métodos selecionados.

[5] A análise fatorial foi realizada com 5.557 municípios, isso porque o Censo Agropecuário de 2017 não apresentou dados para 15 municípios, ver nota de rodapé 23.

[6] As variáveis utilizadas foram linearizadas por meio do logaritmo neperiano.

Nessa matriz:

- cada linha i (onde i = 1, 2, ..., n) representa uma alternativa;
- cada coluna j (onde j = 1, 2, ..., m) representa um critério;
- representa o valor do critério j para a alternativa i.

A matriz de decisão é uma ferramenta fundamental na tomada de decisões multicritério, pois permite uma análise sistemática e quantitativa das alternativas com base em múltiplos critérios. A partir dessa matriz, várias técnicas podem ser aplicadas para determinar a melhor alternativa, como a ponderação dos critérios, a normalização dos valores, a aplicação de uma função de utilidade, entre outras. A escolha da técnica depende do problema específico e dos objetivos do pesquisador.

O método de normalização min-max é uma técnica comumente usada em problemas de tomada de decisão multicritério. Essa técnica serve para transformar os valores dos critérios em uma escala comum, geralmente no intervalo [0, 1]. Isso é especialmente útil quando os critérios que apresentam diferentes unidades de medida ou intervalos de variação (Gorsuch, 2014).

Etapas do método de normalização min-max:

1. Para cada critério, identificar o valor mínimo x_{max} e o valor máximo entre todas as alternativas.

2. Aplicar a fórmula de normalização min-max para cada valor x_{ij} do critério j para a alternativa i, em outras palavras, aplicar a seguinte fórmula para obter o valor normalizado x'_{ij}:

$$x'_{ij} = \frac{x_{ij} - x_{min}}{x_{max} - x_{min}} \tag{1}$$

onde: x_{ij} é o valor original do critério j para a alternativa i; x_{max} é o valor original do critério j para a alternativa i e x'_{ij} é o valor normalizado do critério j para a alternativa .

Cabe destacar o fato de que a equação 1 é para critérios de benefício, onde valores maiores são melhores. Caso seja empregado critérios de custo, onde valores menores são melhores, a equação 2, a seguir, será utilizada:

$$= \frac{x_{max} - x_{ij}}{x_{max} - x_{min}} \tag{2}$$

3. Substituir cada valor x_{ij} na matriz de decisão pelo valor normalizado correspondente x_{ij}.

A matriz de decisão resultante, nessa nova versão com os valores normalizados, poderá ser usada para comparar as alternativas ou servir de entrada em métodos mais sofisticados de ponderação.

A partir desse ponto, o próximo passo é apresentar as ponderações a serem utilizadas. Neste capítulo, serão analisadas quatro diferentes ponderações, ou seja, além da ponderação tradicional já utilizada na análise fatorial, variância explicada, utilizada como referência para comparação com as outras três a serem avaliadas, ou seja, as ponderações, em ordem de similaridade obtida pela tau de Kendall, Critic, Merec e Gini.

i. *Critic – Criteria Importance Through Intercriteria Correlation*

A sigla Critic em tradução livre pode ser apresentada como: "Importância dos Critérios através da Correlação Intercritérios". Esse é um método de ponderação objetiva que atribui pesos aos critérios com base em seu grau de contraste e correlação. O método Critic é frequentemente usado em problemas de tomada de decisão multicritério para determinar a importância relativa de diferentes critérios (Diakoulaki; Mavrotas; Papayannakis, 1995; Mukhametzyanov, 2021).

O método Critic é uma técnica de atribuição de pesos a critérios com base no seu grau de contraste e correlação. As etapas e equações para calcular os pesos com base no método Critic são:

1. **Construir a matriz de decisão:** essa matriz mostra o desempenho de cada alternativa em cada critério. Os elementos dessa matriz devem ser positivos e, caso necessário, normalizados.

2. **Calcular o desvio padrão de cada critério**: o desvio padrão é uma medida de dispersão que indica o quanto os valores de um critério se desviam de sua média. A equação 3, a seguir, representa o desvio padrão:

$$s_j = \sqrt{\frac{1}{m} \sum_{i=1}^{m} \left(x_{ij} - \underline{x_j} \right)^2} \qquad (3)$$

onde s_j é o desvio padrão do j-ésimo critério, m é o número de alternativas, x_{ij} é o valor do j-ésimo critério para o i-ésimo alternativa, e é $\underline{x_j}$ a média do j-ésimo critério.

3. **Calcular o coeficiente de correlação de cada par de critérios**: o coeficiente de correlação é uma medida de associação que indica o quanto os valores de dois critérios variam juntos. A equação 4 representa o coeficiente de correlação:

$$r_{jk} = \frac{\sum_{i=1}^{m} \left(x_{ij} - \underline{x_j} \right)\left(x_{ik} - \underline{x_k} \right)}{\sqrt{\sum_{i=1}^{m} \left(x_{ij} - \underline{x_j} \right)^2 \sum_{i=1}^{m} \left(x_{ik} - \underline{x_k} \right)^2}} \qquad (4)$$

onde r_{jk} é o coeficiente de correlação dos j-ésimo e k-ésimo critério, m é o número de alternativas, x_{ij} e x_{ik} são os valores dos j-ésimo e k-ésimo critério para a i-ésima alternativa e x_j e $\underline{x_k}$ são as médias dos j-ésimo e k-ésimo critério.

4. **Calcular a intensidade de contraste de cada critério**: a intensidade de contraste é uma medida de importância que combina o desvio padrão e o coeficiente de correlação de um critério. A equação 5 representa a intensidade do contraste:

$$c_j = s_j \left(1 - \frac{1}{n-1} \sum_{k=1, k \neq j}^{n} \left| r_{jk} \right| \right) \qquad (5)$$

onde c_j é a intensidade de contraste do j-ésimo critério, s_j é o desvio padrão do j-ésimo critério, n é o número de critérios e r_{jk} é o coeficiente de correlação dos critérios j-ésimo e k-ésimo.

5. **Normalizar as intensidades de contraste**: as intensidades de contraste são normalizadas, dividindo-as pela sua somatória. As intensidades de contraste normalizadas são os pesos dos critérios. Essa normalização é representada pela equação 6:

$$w_j = \frac{c_j}{\sum_{k=1}^{n} c_k} \tag{6}$$

onde w_j é o peso do j-ésimo critério, c_j é a intensidade de contraste do j-ésimo critério e n é o número de critérios.

ii. Gini

A ponderação Gini é um método de atribuição de pesos aos critérios em um problema de otimização multicritério. Esse método se baseia no coeficiente Gini, que é uma medida da variabilidade ou desigualdade dos dados (Ayan; Abacioğlu; Basilio, 2023; Ji *et al.*, 2018). A equação 7 representa o coeficiente Gini:

$$G_j = \frac{\sum_{i=1}^{m} \sum_{k=1}^{m} \left| x_{ij} - x_{kj} \right|}{2m^2 x_j} \tag{7}$$

onde x_{ij} é o valor de desempenho da alternativa i no critério j, m é o número de alternativas e x_j é o valor médio de desempenho do critério j.

O coeficiente Gini é uma medida que varia entre 0 e 1, em que 0 significa igualdade perfeita, ou seja, todas as alternativas têm desempenho igual; e 1 significa desigualdade perfeita, em outras palavras, uma alternativa obtém um desempenho total.

O método de ponderação Gini atribui pesos maiores aos critérios com coeficientes Gini maiores, pois eles têm mais variabilidade e poder de discriminação entre as alternativas. O peso do critério j é calculado a partir da equação 8, a seguir:

$$w_j = \frac{G_j}{\sum_{j=1}^{n} G_j} \tag{8}$$

onde n é o número de critérios e os pesos são normalizados para somar 1.

iii. Merec – Method based on the Removal Effects of Criteria

O método de ponderação Merec é uma técnica objetiva para determinar os pesos dos critérios em problemas de tomada de decisão multicritério. O método baseia-se nos efeitos de remoção de cada critério no desempenho global das alternativas. O método calcula o desvio absoluto entre o desempenho de cada alternativa com e sem cada critério. O critério que causa o maior desvio tem o peso mais elevado. O método usa uma função logarítmica para medir o desempenho das alternativas, mas pode ser flexível para usar outras funções (Keshavarz-Ghorabaee *et al.*, 2021).

Nesse sentido, para se elaborar os pesos empregando o método Merec, são necessárias cumprir as seguintes etapas:

I. construir a matriz de decisão a qual apresenta as classificações ou valores de cada alternativa em cada critério. Os elementos constitutivos dessa matriz devem ser positivos;

II. normalizar a matriz de decisão usando uma técnica simples de normalização linear. Os valores normalizados devem estar entre 0 e 1.

As equações de normalização utilizadas no método Merec propostas são as seguintes:

Para os critérios benéficos, a equação 9 é apresentada a seguir:

$$x_{ij}^* = \frac{x_{ij}}{\underset{i \in B}{max}\left(x_{ij}\right)} \tag{9}$$

Para os critérios não benéficos, a equação 10 é descrita a seguir:

$$x_{ij}^* = \frac{x_{ij}}{x_{ij}} \qquad (10)$$

onde x_{ij} é o valor original do critério j para a alternativa i, x_{ij}^* é o valor normalizado, B é o conjunto de critérios benéficos e H é o conjunto de critérios não benéficos. A normalização transforma todos os critérios em critérios de minimização.

III. Calcular o desempenho global de cada alternativa utilizando uma medida logarítmica com pesos iguais para os critérios. Os valores do desempenho devem ser positivos e refletir a preferência das alternativas.

A equação 11 representa a performance das alternativas.

$$P_i = loglog\left(1 + \frac{1}{n}\sum_{j=1}^{n}\left|x_{ij}^*\right|\right) \qquad (11)$$

onde P_i é a performance da alternativa i, n é o número de critérios, e x_{ij}^* é o valor normalizado do critério j para a alternativa i. A função logarítmica é usada para medir a performance das alternativas com pesos iguais para os critérios.

IV. Calcular o desempenho de cada alternativa removendo cada critério separadamente, utilizando a mesma medida logarítmica. Os valores do desempenho da remoção devem ser positivos e mostrar o efeito de cada critério nas alternativas.

A equação 12, a seguir, representa o cálculo da performance considerando a remoção dos critérios.

$$P_{i,-j} = loglog\left(1 + \frac{1}{n-1}\sum_{k=1,k\neq j}^{n}\left|x_{ik}^*\right|\right) \qquad (12)$$

onde $P_{i,-j}$ é a performance da alternativa i sem o critério j, n é o número de critérios e x_{ik}^{*} é o valor normalizado do critério k para a alternativa i. A função logarítmica é usada para medir a performance das alternativas com pesos iguais para os critérios. A diferença é que o critério j é removido do cálculo.

V. Calcular a soma dos desvios absolutos entre o desempenho global e o desempenho de remoção de cada alternativa para cada critério. Os valores dos desvios devem ser positivos e indicam a importância de cada critério.

A equação 13 é apresentada em seguida. Ela representa a soma dos desvios absolutos.

$$D_j = \sum_{1}^{m} \left| P_{i,-j} - \right| \tag{13}$$

onde D_j é o efeito da remoção do critério j sobre o desempenho das alternativas, $P_{i,-j}$ é o desempenho da alternativa i sem o critério j, P_i é o desempenho da alternativa i com todos os critérios e m é o número de alternativas. A equação é baseada na ideia de que um critério tem maior efeito quando sua remoção causa maior diferença nas performances das alternativas.

VI. Determinar os pesos finais dos critérios dividindo os valores de desvio pela somatória total dos valores de desvio. Os pesos devem ser positivos e a soma deve ser igual a um.

A equação 14 determina os pesos finais de cada critério.

$$w_j = \frac{E_j}{\sum_{k=1}^{n} E_k} \tag{14}$$

onde w_j é o peso do critério j, E_j é o efeito da remoção do critério j sobre o desempenho das alternativas e n é o número de critérios. A equação é baseada na ideia de que um critério tem maior peso quando sua remoção causa maior impacto nas *performances* das alternativas.

i. *Composição do índice de Desenvolvimento Rural (IDR)*

Após a apresentação dos diferentes tipos de ponderação (Critic, Merec e Gini), o encaminhamento final é estimar o índice por meio da utilização de cada fator latente, ponderando-os pela sua respectiva variância explicada, método comumente utilizado por autores que se utilizam da análise fatorial, e ponderando-os pelos métodos propostos nesse trabalho (Critic, Merec e Gini). Logo, serão estimados quatro diferentes conjuntos de IDRs diferenciados pelas diferentes formas de ponderação. A equação 15 representa tal estimativa:

$$IDR_i = \frac{\sum_{j=1}^{\rho} \theta_i F_i}{\sum \theta_i} \qquad (15)$$

em que, $\textbf{IDR}_i$ faz referência ao índice de desenvolvimento rural do município i; θ_i representa as diferentes proporções obtidas pelas diferentes ponderações estimadas (*IDR17*, Critic, Merec e Gini) por cada fator latente (*Fi*) do IDR; p é o número de fatores utilizados na análise do i-ésimo município; e $\sum \theta_i$ representa o somatório das proporções obtidas por cada ponderação estimada referentes aos p fatores extraídos do conjunto de variáveis componentes do IDR.

Ao final da elaboração dos quatro índices, diferenciados pelas ponderações, cada índice conferirá um nível de desenvolvimento rural a cada um dos 5572 municípios e, portanto, será possível enquadrar cada município em uma das oito categorias de desenvolvimento rural, a qual é apresentada no Quadro 1, a seguir.

Quadro 1 – Método para categorizar os municípios brasileiros em relação ao índice de desenvolvimento rural (IDR), Brasil, 2023

Posição	Categoria	Relação com o IDR
1	Extremamente Alto	Maior que 2,5 desvios-padrão acima da média
2	Muito Alto	Entre 2 e 2,5 desvios-padrão acima da média
3	Alto	Entre 1 e 2 desvios-padrão acima da média

Posição	Categoria	Relação com o IDR
4	Regular Alto	Entre a média e 1 desvio-padrão acima da média
5	Regular Baixo	Entre a média e 1 desvio-padrão abaixo da média
6	Baixo	Entre menos 1 e menos 2 desvio-padrão abaixo da média
7	Muito Baixo	Entre menos 2 e 2,5 desvio-padrão abaixo da média
8	Extremamente Baixo	Menor que 2,5 desvio-padrão abaixo da média

Fonte: elaborado pelos autores com base em Stege e Parré (2011) e Renzi (2023)[7]

Por fim, categorizados os 5.572 municípios, o passo final será analisar como as diferentes formas de ponderação afetam a consistência dos resultados em termos do ordenamento classificatório dos municípios brasileiros.

Em síntese, as diferentes formas de ponderação propostas ao serem aplicadas aos fatores latentes obtidos pela análise fatorial podem gerar resultados diferentes em termos da classificação dos elementos avaliados. Tendo em vista tal fato, propõem-se as seguintes questões: 1) qual o grau de diferenciação que as diferentes formas de ponderação podem gerar na categorização dos municípios brasileiros? E, por último, como as mencionadas formas de ponderação podem ou dever ser preferidas para promover a mais adequada aderência ao fenômeno regional a ser explicado?

3 ANÁLISE DOS RESULTADOS

Na análise fatorial realizada, utilizou-se como critério as cargas fatoriais iguais ou superior ao valor absoluto 0,6. O resultado obtido apresentou 37 variáveis com cargas fatoriais positivas, as quais compõem o Quadro 1, a seguir, que correspondem aos quatro fatores selecionados, que serão utilizados, posteriormente, para análise das diferentes ponderações (Sarstedt; Mooi, 2019).

---

[7] A simetria realizada na divisão dos níveis de desenvolvimento rurais é proposital. Esse critério permite uma subdivisão equidistante do valor médio do IDR e, portanto, uma perspectiva das diferenças entre os municípios em termos das características presentes na composição dos fatores comuns integrantes na composição do IDR.

Quadro 1 – Apresentação das variáveis, comunalidades e cargas fatoriais na composição dos fatores latentes: uma representação das dimensões do desenvolvimento rural para os municípios brasileiros em 2017

CÓDIGO	COMUNA-LIDADE	CARGA FATORIAL	NOME DA VARIÁVEL
Fator 1: emprego, infraestrutura, atividade produtiva, propriedade e integração com a agroindústria (a = 0,976)			
X76	0,935	0,919	Pessoal ocupado em estabelecimentos agropecuários com laço de parentesco com o produtor (pessoas).
X85	0,935	0,939	Número de galinhas, galos, frangas, frangos e pintos por estabelecimento (unidades).
X97	0,935	0,939	Valor da venda de cabeças de galinhas, galos, frangas, frangos e pintos nos estabelecimentos agropecuários (mil reais).
X39	0,926	0,871	Energia Elétrica – número de estabelecimentos que possuem essa infraestrutura.
X73	0,904	0,880	Quantidade de estabelecimentos que possuem Lâmina d'água, tanques, lagos, açudes, área de águas públicas para aquicultura, de construções, benfeitorias ou caminhos, de terras degradadas e de terras inaproveitáveis (unidades).
X16	0,890	0,870	Direção dos trabalhos é feita pelos proprietários(as) – quantidade de estabelecimentos (unidades).
X33	0,876	0,861	Direção dos trabalhos é feita diretamente pelos produtores(as) – quantidade de estabelecimentos (unidades).
X84	0,850	0,854	Suínos – número de estabelecimentos com produção (unidades).
X102	0,847	0,895	Lavoura temporária – número de estabelecimentos (unidades).
X9	0,763	0,710	Homens pardos que sabe ler e escrever – número de estabelecimentos com pessoas (unidades).

PERSPECTIVAS ECONÔMICAS: ANÁLISES E REFLEXÕES

CÓDIGO	COMUNA-LIDADE	CARGA FATORIAL	NOME DA VARIÁVEL
X34	0,735	0,821	Atividade produtiva dirigida pelo casal (codireção) – número de estabelecimentos (unidades)
X45	0,698	0,721	Sistema de preparo do solo – número de estabelecimentos que utilizaram algum sistema (unidades)
X7	0,664	0,682	Homens pretos que sabe ler e escrever – número de estabelecimentos com pessoas (unidades).
X68	0,646	0,661	Pastagens plantadas em más condições – número de estabelecimentos que apresentaram essas áreas (unidades).
X82	0,643	0,719	Caprinos – número de estabelecimentos (unidades).
X87	0,631	0,783	Patos, gansos, marrecos, perdizes e faisões – número de estabelecimentos (unidades).
X105	0,553	0,719	Agroindústria rural – número de estabelecimentos (unidades).
Fator 2: capital físico, orientação técnica e manejo do solo (a = 0,955)			
X61	0,875	0,873	Semeadeiras/plantadeiras - Número de estabelecimentos que utilizaram esse implemento (Unidades).
X63	0,874	0,872	Adubadeiras e/ou distribuidoras de calcário - Número de estabelecimentos que utilizaram esse implemento (Unidades).
X60	0,841	0,837	Tratores – número de estabelecimentos que utilizaram esse implemento (unidades).
X62	0,826	0,877	Colheitadeiras – número de estabelecimentos que utilizaram esse implemento (unidades).
X44	0,764	0,768	Calcário – número de estabelecimentos que fizeram aplicação.

CÓDIGO	COMUNA-LIDADE	CARGA FATORIAL	NOME DA VARIÁVEL
X23	0,724	0,719	Orientação Técnica – número de estabelecimentos que receberam algum tipo (unidades).
X27	0,697	0,823	Orientação Técnica feita por empresas integradoras –número de estabelecimentos que receberam esse tipo de orientação técnica (unidades).
X40	0,687	0,727	Fez adubação – número de estabelecimentos que fizeram adubação química (unidades).
X71	0,666	0,808	Florestas plantadas – número de estabelecimentos com área onde foram plantadas matas ou florestas (unidades).
X26	0,664	0,807	Orientação Técnica feita por cooperativas – número de estabelecimentos que receberam esse tipo de orientação técnica (unidades).
X48	0,624	0,743	Plantio direto na palha – número de estabelecimentos agropecuários que se utilizaram desse tipo de manejo do solo (unidades).
Fator 3: pecuária (a = 0,912)			
X78	0,890	0,845	Bubalinos – número de estabelecimentos (unidades)
X80	0,771	0,771	Asininos – número de estabelecimentos (unidades)
X93	0,761	0,807	Valor da venda de cabeças de bovinos para abate nos estabelecimentos com mais de 50 cabeças (mil reais)
X92	0,681	0,783	Valor da venda de cabeças de matrizes e reprodutores de bovinos nos estabelecimentos com mais de 50 cabeças (mil reais)
X95	0,650	0,636	Vacas ordenhadas nos estabelecimentos (cabeças)

CÓDIGO	COMUNA-LIDADE	CARGA FATORIAL	NOME DA VARIÁVEL
	Fator 4: irrigação e horticultura (a= 0,842)
X50	0,751	0,833	Irrigação por microaspersão – número de estabelecimentos (unidades).
X49	0,690	0,762	Irrigação por gotejamento – número de estabelecimentos (unidades).
X57	0,625	0,757	Irrigação por aspersão convencional – número de estabelecimentos (unidades).
X104	0,590	0,664	Horticultura – número de estabelecimentos (unidades).

Fonte: elaborado pelos próprios autores com base no Censo Agropecuário (IBGE, 2017)

A análise fatorial, utilizando os componentes principais, realizada com os dados do Censo Agropecuário de 2017 e que, mediante critério de Kaiser, originaram os quatro fatores latentes, representados no Quadro 1, os quais por meio de suas respectivas variâncias explicadas foram utilizadas como critério de ponderação para, posteriormente, constituir o Índice de Desenvolvimento Rural (IDR). Os pesos constitutivos da variância explicada, assim como das demais ponderações, podem ser visualizados na Figura 1.

Figura 1 – Participação das diferentes ponderações nos fatores latentes

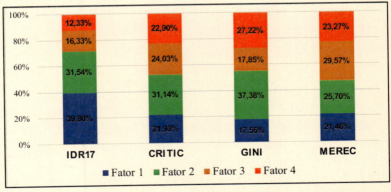

Fonte: elaborado pelos próprios autores com base nos dados do Censo Agropecuário (IBGE, 2017)

Esse primeiro resultado apresentado na primeira coluna da Figura 1 expõe o método convencional, ponderação pela variância explicada (IDR17), pela qual os trabalhos de diversos autores, tais como: Melo e Parré (2007), Stege e Parré (2011); Renzi, Piacenti, Santoyo (2022) e Renzi e Piacenti (2022; 2023), dentre outros, utilizaram-se de tal receita para constituir diferentes índices de desenvolvimento para avaliar distintas áreas geográficas.

Adicionalmente, os outros três métodos de ponderação também estão expostos na Figura 1 com as respectivas participações dos fatores em cada um dos diferentes métodos de ponderação (Critic, Gini e Merec). Esses métodos foram selecionados por apresentarem uma diferenciação significativa em relação à ordem de classificação dos municípios obtida por meio do tau de Kendall, o qual pode ser visualizado por meio da Tabela 1.

Tabela 1 – As diferentes ponderações empregadas nos fatores latentes

tau de Kendall	IDR17	CRITIC	GINI	MEREC
IDR17	1,0	0,769	0,724	0,717
CRITIC	0,769	1,0	0,886	0,9
GINI	0,724	0,886	1,0	0,794
MEREC	0,717	0,9	0,794	1,0

Fonte: elaborado pelos próprios autores com dados do Censo Agropecuário (IBGE, 2017)

Ao se verificar os resultados obtidos pelo tau de Kendall na Tabela 1, conclui-se que, apesar das correlações apresentarem valores superiores a 0,7, os quais demonstram altos níveis de correspondência em termos de ordem de classificação, pode-se deduzir, simultaneamente, que há uma divergência classificatória gradativa entre os diferentes tipos de ponderação, em ordem de divergência ordinal das ponderações apresentadas, Critic, Gini e Merec.

Após indicado o tau de Kendall como parâmetro para se selecionar os métodos Critic, Gini e Merec, em conjunção como os diferentes pesos gerados por cada um desses métodos, representados na Figura 1, produziram diferentes classificações dos níveis de desenvolvimento rural dos municípios brasileiros expondo as diferentes características presentes no conjunto de variáveis componentes dos quatro fatores latentes utilizados.

As diferentes formas de ponderação e, por conseguinte, as três classificações dos níveis de desenvolvimento rural dos municípios brasileiros podem ser visualizadas na Figura 2.

Figura 2 – Índice de Desenvolvimento Rural do Brasil com diferentes ponderações (Variância Explicada, Critic, Gini e Merec)

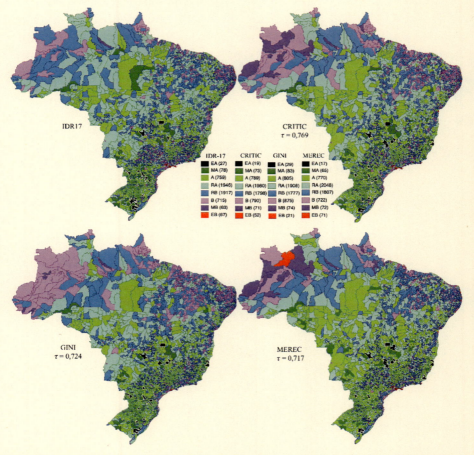

Fonte: elaborado pelos próprios autores com dados do Censo Agropecuário (IBGE, 2017)

A classificação obtida pelo método Critic na Figura 2, em conjunto com os pesos apresentados desse método na Figura 1, indicam que os fatores 2 (31,14%) e 3 (24,03%) correspondem aos elementos que possuem maiores pesos, devido ao grau de contraste e correlação relacionados aos outros fatores estimados. Esse resultado apresenta correspondência em termos teóricos, uma vez que os mencionados fatores possuem significativa participação nas atividades produtivas rurais e, portanto, essenciais para o desenvolvimento econômico e humano das localidades.

Em relação ao método de Gini, os resultados indicam que os fatores 2 e 4 apresentaram as maiores variabilidade e possuem os maiores níveis de desigualdade entre os municípios, em outras palavras, o fator 2 (37,38%) e o fator 4 (27,22%) representados na Figura 1 e constituídos, respectivamente, por variáveis relacionadas ao capital físico, à orientação técnica e ao manejo do solo, e por indicadores representativos da irrigação e horticultura (ver Quadro 1) compõem as características captadas por esse método de ponderação, os quais embasam os hiatos de desigualdade (ver Figura 2).

Por fim, os resultados obtidos pelo método Merec indicam que a remoção do fator 3 (29,57%) gera maiores efeitos nos outros fatores, seguido pelo fator 2 (25,7%) e, portanto, esses fatores possuem os maiores pesos. Esse resultado apresenta correspondência em termos teóricos, uma vez que os mencionados fatores são compostos por variáveis relacionadas à pecuária e à infraestrutura física, à orientação técnica e ao manejo do solo, elementos esses fundamentais para atividade produtiva e, portanto, essenciais para o desenvolvimento das atividades econômicas e rurais das localidades.

Em síntese, a escolha de uma das ponderações apresentadas produz uma correspondente classificação do nível de desenvolvimento rural dos municípios brasileiros e, por consequência, uma interpretação dos resultados mais aderente às características representadas nos fatores latentes que foram ponderados pelos maiores pesos (ver Figura 1). Em outras palavras, os métodos de ponderação Critic, Gini e Merec permitem aos pesquisadores escolher a forma de ponderação mais adequada para se enfatizar uma característica observada nos fatores latentes em análise. Isso, por sua vez, oferece uma possibilidade aos pesquisadores de orientar políticas públicas ou privadas com maior grau de eficácia.

CONSIDERAÇÕES FINAIS

Este capítulo apresenta uma contribuição para os estudos em economia regional que se propõem a elaborar indicadores regionais. São apresentados e comparados, utilizando a mesma base de dados, três alternativas de ponderação utilizando métodos que empregam a análise de decisão multicritério.

Os métodos permitem que os pesquisadores tenham mais opções de ponderação e, portanto, um maior controle sobre as características mais relevantes para constituir um determinado índice que respaldará futuras políticas públicas ou privadas.

REFERÊNCIAS

ALINEZHAD, A.; KHALILI, J. CRITIC Method. **International Series in Operations Research and Management Science**, [s. l.], v. 277, p. 199-203, 2019. Disponível em: https://link.springer.com/chapter/10.1007/978-3-030-15009-9_26. Acesso em: 29 nov. 2023.

AYAN, B.; ABACIOĞLU, S.; BASILIO, M. P. A Comprehensive Review of the Novel Weighting Methods for Multi-Criteria Decision-Making. **Information**, [s. l.], v. 14, n. 5, p. 285, 2023. Disponível em: https://doi.org/10.3390/info14050285. Acesso em: 1 dez. 2023.

BACZKIEWICZ, A.; WATRÓBSKI, J. C. A Python library for determining criteria significance with objective weighting methods. **SoftwareX**, [s. l.], v. 19, p. 101166, 2022. Disponível em: http://www.softxjournal.com/article/S2352711022001029/fulltext. Acesso em: 4 jun. 2023.

CHOO, E. U.; SCHONER, B.; WEDLEY, W. C. Interpretation of criteria weights in multicriteria decision making. **Computers & Industrial Engineering**, [s. l.], v. 37, n. 3, p. 527-541, 1999. Disponível em: Acesso em: 29 nov. 2023.

DIAKOULAKI, D.; MAVROTAS, G.; PAPAYANNAKIS, L. Determining objective weights in multiple criteria problems: The critic method. **Computers & Operations Research**, [s. l.], v. 22, n. 7, p. 763-770, 1995. Disponível em: https://www.sciencedirect.com/science/article/abs/pii/030505489400059H. Acesso em: 29 nov. 2023.

ECER, F.; AYCIN, E. Novel Comprehensive MEREC Weighting-Based Score Aggregation Model for Measuring Innovation Performance: The Case of G7 Countries. **Informatica**, Vilnius, v. 34, n. 1, p. 53-83, 2022. Disponível em: https://informatica.vu.lt/journal/INFORMATICA/article/1269/text. Acesso em: 29 nov. 2023.

GAMBIRAGE, C.; SILVA, J. C. da; HEIN, N.; DOMINGUES, M. J. C. de S.; KROENKE, A. Entre razões e emoções da evasão universitária, o contexto importa? Uma análise das instituições comunitárias catarinenses. **Interações**, Campo

Grande, v. 22, n. 3, p. 715-730, 2021. Disponível em: https://interacoes.ucdb.br/interacoes/article/view/2881. Acesso em: 1 dez. 2023.

GORSUCH, R. L. **Factor Analysis**: Classic Edition. New York: Routledge, 2014. Disponível em: https://www.taylorfrancis.com/books/mono/10.4324/9781315735740/factor-analysis-richard-gorsuch. Acesso em: 29 nov. 2023.

HOFFMAN, R. Desigualdade da distribuição da renda no Brasil: a contribuição de aposentadorias e pensões e de outras parcelas do rendimento domiciliar per capita. **Economia e Sociedade**, Campinas, v. 18, n. 1, p. 213-231, 2009.

ISHIZAKA, A; NEMERY, P. **Multi-criteria decision analysis**: methods and software. Chichester: John Wiley & Sons, 2013.

JI, R.; LEJEUNE, M. A.; PRASAD, S. Y. Interactive Portfolio Optimization Using Mean-Gini Criteria. *In*: MASRI, H.; PÉREZ-GLADISH, B.; ZOPOUNIDIS, C. (ed.). **Financial Decision Aid Using Multiple Criteria**. [*s. l.*], Multiple Criteria Decision Making. Springer, Cham, p. 49-91, 2018. Disponível em: https://doi.org/10.1007/978-3-319-68876-3_3. Acesso em: 1 dez. 2023.

KESHAVARZ-GHORABAEE, M.; AMIRI, M.; ZAVADSKAS, E. K.; TURSKIS, Z.; ANTUCHEVICIENE, J. Determination of Objective Weights Using a New Method Based on the Removal Effects of Criteria (MEREC). **Symmetry**, [*s. l.*], v. 13, n. 4, p. 525, 2021. Disponível em: https://doi.org/10.3390/sym13040525. Acesso em: 20 nov. 2023.

MELO, C. O; PARRÉ, J. L. Índice de desenvolvimento rural dos municípios paranaenses: determinantes e hierarquização. **Revista de Economia e Sociologia Rural**, Brasília, v. 45, n. 02, p. 329-365, abr./jun. 2007. Disponível em: http://www.scielo.br/pdf/resr/v45n2/05.pdf. Acesso em: 30 out. 2023.

MICHALEK, J.; ZARNEKOW, N. Application of the rural development index to analysis of rural regions in Poland and Slovakia. **Social Indicators Research**, Rome, v. 105, n. 1, p. 1-37, 2012. Disponível em: https://link.springer.com/article/10.1007/s11205-010-9765-6. Acesso em: 30 mar. 2023.

MOOI, E.; SARSTEDT, M.; MOOI-RECI, I. Principal Component and Factor Analysis. *In*: MOOI, E.; SARSTEDT, M.; MOOI-RECI, I (ed.). **Market Research**. Springer Texts in Business and Economics. Singapore: Springer, 2018. p. 265-311. Disponível em: https://link.springer.com/chapter/10.1007/978-981-10-5218-7_8. Acesso em: 29 nov. 2023.

MUKHAMETZYANOV, I. Specific character of objective methods for determining weights of criteria in MCDM problems: Entropy, CRITIC and SD. **Decision Making**: Applications in Management and Engineering, Belgrade, v. 4, n. 2, p. 76-105, 2021. DOI: 10.31181/dmame210402076i. Disponível em: https://dmame-journal.org/index.php/dmame/article/view/194. Acesso em: 1 dec. 2023.

PARADOWSKI, B.; SHEKHOVTSOV, A.; BĄCZKIEWICZ, A.; KIZIELEWICZ, B.; SAŁABUN, W. Similarity Analysis of Methods for Objective Determination of Weights in Multi-Criteria Decision Support Systems. **Symmetry**, [s. l.], v. 13, n. 10, p. 1874, 2021. Disponível em: https://doi.org/10.3390/sym13101874. Acesso em: 17 nov. 2023.

RENZI, A.; LIMA, J. F. de; PIACENTI, C. A. Apontamentos sobre o Desenvolvimento Humano Municipal no Estado de Mato Grosso do Sul. **Interações**, Campo Grande, v. 22, n. 2, p. 349-368, 2021. Disponível em: https://interacoes.ucdb.br/interacoes/article/view/2843. Acesso em: 13 nov. 2023.

RENZI, A.; PIACENTI, C. A. Índice de desenvolvimento da rural das municipalidades: um estudo a partir do Censo Agropecuário de 2006. **Redes**, Santa Cruz do Sul, v. 28, n. 1, p. 1-27, 2023. Disponível em: https://doi.org/10.17058/redes.v28i1.17153. Acesso em: 13 nov. 2023.

RENZI, A.; PIACENTI, C. A. Índice de desenvolvimento econômico local para municípios brasileiros. **Informe GEPEC**, Toledo, v. 26, n. 3, p. 207-233, 2022. Disponível em: https://e-revista.unioeste.br/index.php/gepec/article/view/29721. Acesso em: 13 nov. 2023.

RENZI, A.; PIACENTI, C. A.; SANTOYO, A. H. Índice de desenvolvimento rural regional dos municípios do Estado de Mato Grosso do Sul. **Interações**, Campo Grande, v. 23, n. 2, p. 517-538, 2022. Disponível em: https://interacoes.ucdb.br/interacoes/article/view/3003. Acesso em: 13 nov. 2023.

RIBEIRO, N. C.; OLIVEIRA, D. A.; DIAS, C. da C.; MIRANDA, A. C. D. Importância das práticas de Ciência Aberta e de comunicação científica na perspectiva de atores envolvidos. **RDBCI**: Revista Digital de Biblioteconomia e Ciência da Informação, Campinas, v. 20, p. e022019, 2023. Disponível em: https://doi.org/10.20396/rdbci.v20i00.8670366. Acesso em: 29 nov. 2023.

ȘAHIN, M. A comprehensive analysis of weighting and multicriteria methods in the context of sustainable energy. **International Journal of Environmental**

Science and Technology, [*s. l.*], v. 18, n. 6, p. 1591-1616, 2021. Disponível em: https://link.springer.com/article/10.1007/s13762-020-02922-7. Acesso em: 18 out. 2023.

SARSTEDT, M.; MOOI, E. **Concise Guide to Market Research**: the Process, Data, and Methods Using IBM SPSS Statistics. 3. ed. Berlin: Springer, 2019.

STEGE, A. L.; PARRÉ, J. L. Desenvolvimento rural nas microrregiões do Brasil: um estudo multidimensional. **Revista Teoria e Evidência Econômica**, Passo fundo, v. 17, n. 37, p. 160-193, 2011. Disponível em: http://seer.upf.br/index.php/rtee/article/view/4227. Acesso em: 16 ago. 2023.

QUALIDADE DA GESTÃO FISCAL E CRESCIMENTO ECONÔMICO

Rodrigo Monteiro da Silva
Alexandre Florindo Alves

INTRODUÇÃO

Na literatura econômica, o debate sobre crescimento econômico é extenso e, entre trabalhos empíricos, as políticas fiscais são consideradas como um elemento importante para o crescimento econômico de uma região. A perspectiva das políticas fiscais, principalmente ao se tratar sobre os gastos públicos como forma de gerar crescimento econômico, possui um conjunto extenso de trabalhos empíricos que analisaram se essa relação se verifica, como pode ser visto tanto no contexto internacional, a exemplo de Spilioti e Vamvoukas (2015), Oladele, Mah e Mongale (2017) e Lee, Won e Jei (2019), como no nacional, nas pesquisas de Divino e Junior (2012), Silva e Triches (2014), Garrine (2019) e Conceição (2020).

No entanto, esse debate não deve se limitar ao papel do governo enquanto agente que influencia a economia pela ótica dos gastos, visto que trabalhos também indicam que estes, a depender do contexto considerado, podem não possuir nenhum efeito ou afetar negativamente a economia, como exposto em D'agostino, Dunne e Pieroni (2016), Araújo, Monteiro e Cavalcante (2010), Andrade, Teixeira e Fortunato (2014), Ferreira (2014), Neduziak e Correia (2017) e Reis e Bueno (2019).

Por essa razão, a responsabilidade da gestão fiscal por parte do governo também é um elemento a ser considerado no debate sobre crescimento econômico, haja visto que uma boa gestão é capaz de influenciar uma região a possuir um ambiente de atração e fomento de atividades e investimentos do setor privado, além de propiciar maior estabilidade política e econômica e garantir que a população tenha acesso a serviços públicos de qualidade. Nesse contexto, discussões sobre tamanho do governo e estrutura tributária têm sido recorrentes nas análises entre desempenho econômico e gestão fiscal, normalmente mensurada ao se considerar o papel da transparência fiscal e dos mecanismos de controle dos recursos públicos. Vale a pena destacar que, assim como os recursos em uma economia são escassos, no setor público essa regra também é válida. Como no Brasil uma quantidade expressiva de municípios obtém suas fontes de receita por meio de transferências estaduais e federais, muitos acabam por ter a função de destiná-los para atender as demandas da população (Moutinho, 2016; Silva; Crisóstomo, 2020).

Um aspecto curioso que achamos interessante foi que, para o Brasil, as pesquisas que relacionam o governo com crescimento econômico comumente o fazem pela perspectiva dos gastos, de forma desagregadas (educação, segurança, saúde, pessoal) ou não, ou pelo viés da estrutura tributária, não enfatizando a influência da qualidade da gestão em si como um elemento importante para esse debate.

A partir desse contexto, adotamos como hipótese, da mesma forma que a Comissão Europeia (2017) e IFGF (2021), que a boa gestão pode ser um elemento fundamental para a melhoria do desempenho econômico nacional.

1 DISCUSSÃO TEÓRICA SOBRE A PRESENÇA DO ESTADO NA ECONOMIA

Na abordagem teórica econômica, a presença do governo como fator capaz de gerar crescimento econômico, seja pela perspectiva dos gastos públicos, principalmente em termos de investimentos, ou pela qualidade da gestão pública como responsável por criar um ambiente de confiança ao mercado é tema de profundo debate, tanto por pesquisadores como entre gestores públicos.

Essa temática abrange distintos aspectos, como a discussão a respeito da presença do Estado como um agente regulador, como um agente responsável de forma direta pelo desempenho econômico de uma região ou sendo uma forma de tornar mais eficiente a forma como os recursos são alocados na economia. Nesse aspecto, o debate em si se torna amplo, dado o grande período de debate acadêmico sobre esse assunto.

Na Ciência Econômica, principalmente no período clássico, o Estado não era considerado um agente indutor do crescimento econômico, não de forma direta, tendo em vista que era o mercado o responsável pela alocação eficiente dos recursos na economia. Essa forma de analisar a dinâmica econômica foi discutida ao longo das décadas por diferentes autores, mas foi em Keynes (1996) que houve expressiva mudança no pensamento econômico, ao lançar os pilares da macroeconomia e tendo como um dos seus fundamentos teóricos a ação do Estado como um agente de atuação direta para melhorar a alocação dos recursos. Em Keynes (1996), contudo, a atuação do Estado não era a de controle direto da economia, mas, sim, de atuar sempre que ela passar por momentos de crise, quando o mercado sozinho não fosse capaz de recuperá-la.

O que se verificou, após as contribuições de Keynes (1996), principalmente no período pós-Segunda Guerra Mundial, foi a presença cada vez mais marcante do Estado como agente interventor da economia em diversas áreas, não somente a econômica, mas também a social e tecnológica, atuando diretamente no desenvolvimento da infraestrutura e da indústria em uma região. Nessa perspectiva, Johnson (1982) e Wade (1990) também apontam que uma interação entre mercado e Estado é positiva para a economia, especificamente ao se pensar em termos de ações para incentivo e fomento a uma indústria forte no país.

Em linha com esses trabalhos, Ocampo (2002) e Rodrick (2006) defendem que uma relação estratégica entre esses dois agentes, mercado e Estado, é de fundamental importância para o crescimento econômico sustentável, dado que tal relação tem o potencial de influenciar positivamente a coordenação dos recursos na economia ao criar um ambiente de incentivo ao desenvolvimento produtivo e de estabilidade macroeconômica. Nesse sentido, Chang (2003) aponta que o Estado possui duas principais funções: o de empreendedor, sendo responsável pela construção de instituições benéficas para o crescimento e desenvolvimento, e o papel da gestão dos problemas socioeconômicos que podem surgir nesse processo de crescimento.

É nesse contexto que Evans (2004) defende que o debate sobre a ação do Estado em uma economia não deve ser restrito em termos de quando ou quanto, mas de como, de modo que sua presença deve estar alinhada às necessidades econômicas de toda a sociedade, considerando o interesse coletivo. Pelas razões anteriormente expostas, como indica Ferreira (2014), na contemporaneidade, a presença do Estado na economia já é algo comum na grande maioria dos países, com momentos e regiões onde ele possui uma atuação mais ou menos direta.

De acordo com Motta (2013), a atuação do Estado na economia tem efeitos diretos sobre a vida da sociedade em diversas esferas, como nas políticas públicas adotadas, na forma como os recursos públicos são geridos, no modelo tributário adotado e, principalmente, nas políticas econômicas. Por essa razão, a gestão pública é a representação dos interesses coletivos e está diretamente relacionada, como apontam Silva e Crisóstomo (2019), no debate sobre instituições, por ser esse um agente que influencia as regras formais e informais das relações entre os agentes econômicos.

Como aponta Umbelino (2011), no caso do Brasil, na Constituição Federal de 1988 já se encontram medidas para a gestão eficiente dos recursos públicos por meio do Princípio da Eficiência, contido no artigo 37. No entanto, foi a Lei Complementar n.° 101, de 4 de maio de 2000, que criou o principal instrumento para o controle das finanças públicas, a Lei de Responsabilidade Fiscal (LRF). Essa foi estabelecida para regulamentar aspectos relacionados ao orçamento e à tributação e estabelece normas para controle e gestão das finanças públicas tanto pela União, como pelos estados e municípios.

O principal objetivo da LRF, como apontam Umbelino (2011) e Marinho e Jorge (2015), é estabelecer normas sobre as finanças públicas para que haja responsabilidade na gestão, baseando-se nos pilares de ações planejadas e com transparência, correção e prevenção de desvios e, principalmente, equilíbrio nas contas mediante o cumprimento dos objetivos e metas das receitas e despesas. A LRF define como uma boa gestão fiscal possuir elementos como transparência, responsabilidade, planejamento e controle, entendendo a gestão fiscal e as ações direcionadas ao orçamento como uma forma de planejar e organizar os recursos públicos, desde a elaboração dessas ações, como também sua aprovação e execução.

Mendes (2009) e Umbelino (2011) defendem a ideia de que um elevado padrão de gestão fiscal normalmente se relaciona com melhores medidas de controle da sociedade sobre como os recursos estão sendo alocados na economia, de forma que a boa gestão fiscal acaba refletindo em uma melhor gestão pública e, por consequência, afeta positivamente o desempenho econômico de uma região. Por esse aspecto, a eficiência da gestão pública, compreendendo eficiência como a melhor combinação e alocação dos recursos escassos alinhada às demandas sociais, tem sido um tema presente nas discussões sobre os meios de se elevar o nível socioeconômico de uma região. Dessa forma, é possível afirmar, de acordo com Debnath e Shankar (2014) e Silva e Crisóstomo (2019), que indicadores de eficiência pública podem impactar o nível de crescimento de uma região.

Por essa razão, Oliveira (2002) e Leite Filho e Fialho (2015) defendem que em função das várias funções que o Estado possui e, como ele é responsável pela administração dos recursos públicos, especialmente os financeiros, é fundamental que haja boa gestão para garantir que a população de fato venha a ter acesso a serviços de qualidade e para que se crie um ambiente de confiança para novos investidores. No contexto do controle das finanças públicas, a já referida Lei de Responsabilidade Fiscal é importante, por servir como forma de analisar o quão eficiente o Estado é com suas finanças, razão pela qual Ferretti (2004) e Franceschina, Bezerra e Mello (2018) defendem a importância de regras para a gestão fiscal para que as atividades do Estado possuam as condições necessárias, do ponto de vista dos recursos, de uma realização sustentável no longo prazo.

A abordagem dos trabalhos empíricos que relacionam Estado e crescimento econômico, como já mencionado, normalmente vão para a análise do gasto público em áreas como educação, saúde, pessoal, infraestrutura, etc. Isso porque, de acordo com Menezes (2017), os gastos do governo têm o potencial de impactar o crescimento econômico de forma positiva. Esse efeito, porém, pode ser ou se tornar negativo. Cabe destacar aqui a contribuição de Adolph Wagner e sua lei dos Dispêndios Públicos Crescentes ou Lei de Wagner, segundo a qual o aumento da renda de um país leva a um aumento das despesas do governo em proporções cada vezes maiores em função das mudanças na estrutura econômica, expansão populacional, surgimento de indústrias, processo intensivo de urbanização, entre outros (Bird, 1971).

Esse princípio, em conjunto com outras teorias como a de Keynes (1996), tornou-se um fundamento pelo qual pesquisas empíricas relacionassem os efeitos dos gastos públicos sobre o crescimento econômico. No trabalho de Devarajan, Swaroop e Zou (1996), a abordagem foi semelhante, porém desagregando os tipos de gastos. Utilizando dados de 43 países em um painel de dados, verificaram que a despesa corrente exerce uma influência positiva sobre o crescimento, mas que os investimentos não.

Também pelas razões anteriormente expostas, pesquisadores fizeram análises semelhantes, mas com distintas abordagens sobre gastos e diversas perspectivas metodológicas. No entanto, tais pesquisas não chegaram a uma conclusão definitiva sobre a relação entre essas variáveis, haja visto que, a depender do país ou países considerados, os efeitos eram distintos. No contexto internacional, trabalhos como os de Owyang e Zubairy (2013), Spilioti e Vamvoukas (2015), Oladele, Mah e Mongale (2017) e Lee, Won Jei (2019), em análises que consideravam grupos de países ou países individualmente, puderam verificar uma relação positiva e significativa entre gastos do governo e crescimento econômico. Já Kormendi e Meguire (1985), Ghali (1997), Herrera e Blanco (2006), Butkiewicz e Yanikkaya (2011), Christie (2014) e D'agostino, Dunne e Pieroni (2016) obtiveram uma relação negativa ou não significativa entre essas duas variáveis.

Nas pesquisas brasileiras, Divino e Junior (2012), Da Silva e Scatolin (2012), Silva e Triches (2014), Garrine (2019) e Conceição (2020) chegaram a uma relação positiva e significativa entre gastos públicos e crescimento econômico. Porém, com mencionado, esse resultado não é unânime, pois há trabalhos em que essa relação ou foi negativa ou não significativa, como Andrade, Teixeira e Fortunato (2014), Ferreira (2014), Morais, Araújo e Monteiro (2014), Neduziak e Correia (2017), Reis e Bueno (2019) e Nogueira e Arraes (2019).

Por essa razão que uma gestão eficiente por parte do governo também tem importância, visto que ela possui um grande potencial de afetar positivamente a economia, pois tal gestão é capaz de construir: i) um ambiente institucional de fomento as atividades do setor privado, ii) financiamento público para melhoria da infraestrutura produtiva, ii) contas públicas sustentáveis, que garante maior estabilidade para economia e iv) sistema fiscal com estabilidade e eficiência (Umbelino, 2011; Debnath; Shankar, 2014; Silva; Crisóstomo, 2019).

De acordo com Grimmelikhuijsen e Welch (2012), a qualidade da gestão pública é tida como um componente essencial da democracia, visto que ela indica o quão confiável um governo pode ser. Uma forma de analisar tal qualidade é por meio do acesso as informações dessa gestão, ou seja, pela transparência, que, de acordo com Sol (2013), é uma relação direta com a noção de melhorias no contexto social e econômico.

Dada a importância desse tema, pesquisas no contexto nacional e internacional se propuseram a analisar quais seriam os fatores, de ordem econômica, social, política, cultural ou institucional que afetam a qualidade da gestão pública. No Brasil, Reis, Ferreira e Ferreira (2015) apontam que esse debate, quando levado para os estudos empíricos, volta-se para a questão da transparência fiscal tanto dos entes federativos como órgãos públicos, tal qual apresentado por Marques (2014), Nevez, Diniz e Martins (2015), Sousa *et al.* (2015), Melo, Martins e Martins (2016), Silva *et al.* (2020) e Oliveira e Magalhães (2022), enquanto que no contexto internacional a transparência é relacionada tanto ao controle das contas públicas como também um indicador do nível de acesso à informação de controle da corrupção, como pode ser visto em Lopez, Martines e Oliva (2011), Park e Blenkinsopp (2011), Grimmelikhuijsen e Welch, (2012), Cassell e Mullaly (2013) e Romero e Araujo (2015).

No entanto, como apontam Baldissera e Asta (2020), os trabalhos que objetivaram fazer tal análise mostram que não existe consenso sobre o resultado, visto que ele não é conclusivo por apresentar efeitos distintos a depender da forma como o estudo é realizado, seja pela abordagem metodológica empregada, variáveis utilizadas, região e período. Jarmuzek *et al.* (2006) e Michener e Bersch (2011) também enfatizam que trabalhos empíricos sobre gestão fiscal contribuem mais para o debate sobre a dificuldade de medi-los do que quais são seus determinantes. Tal dificuldade contanto não limitou as tentativas de analisar e entender os fatores que influenciam a qualidade da gestão dos recursos públicos.

Estudos como os de Sacramento e Pinho (2007) mostram que de forma geral e regionalizada o país apresenta (à época) um baixo nível de transparência em termos de gestão pública e isso pode ser explicado em parte pela pouca participação da sociedade. Cruz *et al.* (2010), Cruz *et al.* (2012) e Ribeiro e Zuccolotto (2014), analisando os municípios brasileiros, verificam que a transparência era positivamente impactada pelo tamanho da população, receita orçamentária, municípios com melhores indicadores sociais e econômicos. Novamente, o nível de desenvolvimento socioeconômico se mostrou um componente importante para explicar a transparência do governo com suas contas. Em trabalho de Marques (2014) realizado para o estado do Rio Grande do Sul e Melo, Martins e Martins (2016), em Minas Gerais, constatou-se que o tamanho da população e o nível de desenvolvimento socioeconômico influenciavam uma melhor gestão fiscal.

Dessa forma, pode se inferir que existe uma discussão relevante sobre a qualidade da gestão fiscal com o nível econômico de uma região e temática que pode ser abordada não somente pelo ótica dos gastos do governo, mas também pelo próprio comportamento dos gestores em termos de responsabilidade e transparência com os gastos, pois, como visto essa responsabilidade, pode influenciar no ambiente econômico e produtivo, na estabilidade política e econômica, e garantir um atendimento adequado para a população em termos de serviços públicos.

CONSIDERAÇÕES FINAIS

Como pode ser visto ao longo do capítulo, o debate sobre a presença do Estado para o crescimento econômico de uma região é antigo, seja pela perspectiva da ação reguladora como também mediadora. Por esse segundo aspecto, existem evidências que o gasto público tem um efeito positivo sobre o crescimento. No entanto, em função da forma como eles são realizados, há indícios de que esses mesmos gastos podem ter um efeito negativo ou não significativo, sobre o crescimento econômico.

Por essa razão, a preocupação com a qualidade da gestão fiscal também é um fator importante para essa temática do papel do Estado na economia, especialmente porque é ela que vai determinar o quão eficiente os recursos públicos são alocados, o que permite a verificação e o acompanhamento por parte da população se o representante eleito está sendo responsável e transparente em sua gestão, razão pela qual pesquisas têm sido dedicadas a mostrar que a qualidade da gestão garante um ambiente econômico atrativo para geração de novos investimentos privados e, assim, geração de emprego e renda, além de garantir a população serviços públicos de qualidade.

O escopo desse debate também se estende para a análise das diferentes abordagens teóricas que sustentam as políticas públicas, influenciando diretamente a eficácia das intervenções estatais. Teorias como o liberalismo clássico e a escola keynesiana proporcionam perspectivas contrastantes sobre o papel do Estado na economia, pois, enquanto o liberalismo clássico advoga por uma mínima interferência estatal, enfatizando a autonomia do mercado, a escola keynesiana destaca a necessidade de intervenções estatais, especialmente em momentos de crise, para estabilizar a economia. Essas teorias contribuem para moldar a percepção pública e influenciar a elaboração de políticas que, por sua vez, afetam diretamente o crescimento econômico.

Para além disso, a globalização e as interconexões econômicas emergem como elementos fundamentais na contemporaneidade, impactando de maneira expressiva a importância e a dinâmica do papel do Estado. A capacidade de um Estado em equilibrar sua participação na economia nacional, considerando as demandas globais, torna-se uma peça-chave na determinação do sucesso econômico, de modo que a eficácia das políticas públicas e da gestão fiscal não apenas ressoa dentro das fronteiras nacionais, mas também na competitividade internacional. Dessa forma, a discussão sobre o papel do Estado na economia transcende as fronteiras nacionais e adquire uma dimensão global, exigindo abordagens estratégicas e adaptáveis para garantir o desenvolvimento econômico sustentável.

REFERÊNCIAS

ANDRADE, S. Â.; TEIXEIRA, A. C. C.; FORTUNATO, G. Influência dos gastos públicos sociais sobre o PIB dos municípios do Estado de Minas Gerais. **E&G - Revista Economia e Gestão**, [S. l.], v. 14, p. 112-130, 2014.

ARAÚJO, J. A; MONTEIRO, V. B; CAVALCANTE, C. A. Influência dos gastos públicos no crescimento econômico dos municípios do Ceará. *In*: CARVALHO, E. B. S, *et al.* (org.). **Economia do Ceará em Debate**. Fortaleza, 2010. p. 176-200.

ARQUES, S. B. S. DA S. **Transparência nos pequenos municípios do Rio Grande do Sul**: um estudo sobre a divulgação de indicadores da LRF e da LAI. Dissertação (Mestrado em economia) — Universidade do Vale do Rio dos Sinos - UNISINOS, São Leopoldo, RS, Brasil, 2014.

BALDISSERA, J. F; ASTA, D. D. Panorama Teórico e Empírico dos Determinantes da Transparência Pública. **Sociedade, Contabilidade e Gestão**, [s. l.] v. 15, n. 4, p. 88-111. 2021.

BIRD, R. M. Wagner's Law of expanding state activity. **Toronto Public Finance**, [s. l.] v. 26, n. 1, p. 1-26, 1971.

BRASIL. **Lei Complementar n. 101/2000**. Estabelece normas de finanças públicas voltadas para a responsabilidade na gestão fiscal e dá outras providências. Brasil. 2000. Disponível em: https://www.planalto.gov.br/ccivil_03/leis/lcp/lcp101. htm. Acesso em: 20 abr. 2022.

BUTKIEWICZ, J. L.; YANIKKAYA, H. Institutions and the impact of government spending on growth. **Journal of Applied Economics**, [s. l.] v. 14, n. 2, p. 319-341, 2011.

CASSELL, M. K.; MULLALY, S. When Smaller Governmentes Open the Window: A Study of Web Site Creation, Adoption, and Presence among Smaller Local Governments in Northeast Ohio. **State and Local Government Review**, Georgia, v. 44, n. 2, p. 91-100, 21 may, 2012.

CHANG, H. J. **Globalisation, economic development and the role of the state**. London, New York: Zed Books, 2003.

CHRISTIE, T. The effect of government spending on economic growth: Testing the non-linear hypothesis. **Bulletin of Economic Research**, [s. l.] v. 66, n. 2, p. 183-204, 2014.

CONCEIÇÃO, K. G. P. **Como é que as despesas públicas afetam o crescimento económico**: o caso de Cabo Verde. 2020. Dissertação (Mestrado em Economia Monetária e Financeira) — Iscte - Instituto Universitário de Lisboa, Lisboa, 2020.

CRUZ, C. F.; FERREIRA, A. C. S.; SILVA, L. M.; MACEDO, M. A. S. Transparência da Gestão Pública Municipal: Um Estudo a partir dos Portais Eletrônicos dos Maiores Municípios Brasileiros. Anais do Encontro Nacional da Associação Nacional de Pós-Graduação e Pesquisa em Administração, São Paulo, SP, Brasil, 34. In: ENCONTRO NACIONAL DA ASSOCIAÇÃO NACIONAL DE PÓS-GRADUAÇÃO E PESQUISA EM ADMINISTRAÇÃO, 34., 2010, São Paulo. **Anais** [...]. São Paulo, 2010.

D'AGOSTINO, G.; DUNNE, J. P.; PIERONI, L. Government spending, corruption and economic growth. **World Development**, [s. l.] v. 84, p. 190-205, 2016.

DA SILVA, G. J. C.; SCATOLIN, R.S. Gastos públicos e crescimento econômico recente dos estados brasileiros. **Revista Economia & Tecnologia**, [s. l.] v. 8, n. 3, 2012.

DEVARAJAN, S.; SWAROOP, V.; ZOU, H. F. The composition of public expenditure and economic growth. **Journal of Monetary Economics**, [s. l.] v. 37, n. 2, p. 313-344, 1996.

DEBNATH, R. M.; SHANKAR, R. Does good governance enhance happiness: a cross nation study. **Social Indicators Research**, [s. l.] v. 116, n. 1, p. 235-253, 2014.

DIVINO, J. A.; JUNIOR, R. L. S. Composição dos gastos públicos e crescimento econômico dos municípios brasileiros. **Revista Economia**, [s. l.] v. 13, n. 3, p. 507-528, 2012.

EVANS, P. Além da monocultura institucional: instituições, capacidades e o desenvolvimento deliberativo. **Sociologias**, n. 9 (janeiro-junho), p. 20-63, 2003.

FEDERAÇÃO DAS INDÚSTRIAS DO ESTADO DO RIO DE JANEIRO – FIRJAN. **IFGF 2023 Índice Firjan de Gestão Fiscal**. Rio de Janeiro: Firjan, 2013. (Estudos e Pesquisas). 2023.

FERREIRA, B. D. P. N. **Estrutura funcional da despesa pública e crescimento económico.** Dissertação (Mestrado em Economia) — Faculdade de Economia, 2014.

FERRETTI, G. M. Good, bad or ugly? On the effects of fiscal rules with creative accounting. **Journal of Public Economics**, [s. l.] v. 88, n. 1, p. 377-394, 2004. Disponível em: https://www.imf.org/external/pubs/ft/wp/2000/wp00172.pdf. Acesso em: 8 maio 2022.

FRANCESCHINA, S; BEZERRA, F. M; DE MELLO. A relação entre os índices de responsabilidade fiscal, social e gestão e o desenvolvimento nos municípios do estado do Paraná. **Estudos do CEPE**, [s. l.] p. 49-63, 2018.

GARRINE, E. Z. O. **análise dos efeitos dos gastos públicos no crescimento económico de Moçambique:** um estudo econométrico (2002-2016). Dissertação (Mestrado em Economia de Desenvolvimento) — Universidade Eduardo Mondlane, Maputo, 2019.

GHALI, K. H. Government spending and economic growth in Saudi Arabia. **Journal of Economic Development**, [s. l.] v. 22, n. 2, p. 165-172, 1997.

GRIMMELIKHUIJSEN, S. G.; WELCH, E. W. Developing and testing a theoretical framework for computer-mediated transparency of local governments. **Public administration review**, [s. l.] v. 72, n. 4, p. 562-571, 2012.

HERRERA, S.; BLANCO, F. The quality of fiscal adjustment and the long-run growth impact of fiscal policy in Brazil. *In*: **ENCONTRO NACIONAL DE ECONOMIA**, Salvador, Bahia, 2006.

JARMUZEK, M.; POLGAR, E. K.; MOTOUSEK, R.; HÖLSHER, J. Fiscal Transparency in Trasition Economies. **Studies & Analises**, CASE 328, Warsaw, 2006.

JOHNSON, C. **MITI and the japanese miracle: the growth of industrial policy** 1925- 1975. Stanford: Stanford University Press, 1982.

KEYNES, J. M. **Teoria geral do emprego, do juro e da moeda.** São Paulo: Nova Cultura, 1996.

KORMENDI, R. C.; MEGUIRE, P. G. Macroeconomic determinants of growth: cross-country evidence. **Journal of Monetary economics**, [s. l.] v. 16, n. 2, p. 141-163, 1985.

LEE, J.; C.; WON, Y. J.; JEI, S. Y. Study of the relationship between government expenditures and economic growth for China and Korea. **Sustainability**, [S. l.], v. 11, n. 22, p. 6344, 2019.

LEITE FILHO, G. A.; FIALHO, T. M. M. Relação entre indicadores de gestão pública e de desenvolvimento dos municípios brasileiros. **Cadernos Gestão Pública e Cidadania**, [s. l.] v. 20, n. 67, p. 227-295, 2015.

LOPEZ, M. D. G.; MARTINEZ, A. M. R.; OLIVA, C. V. Transparencia financiera de los municipios españoles: Utilidad y factores relacionados. **Auditoría Pública**, [s. l.], n. 55, p. 109-116, 2011.

LOUZANO, J. P. O.; ABRANTES, L. A.; FERREIRA, M. A. M.; ZUCCOLOTTO, R. Causalidade de Granger do índice de desenvolvimento socioeconômico na gestão fiscal dos municípios brasileiros. **Revista de Administração Pública**, [s. l.], v. 53, p. 610-627, 2019.

MARINHO, A. P. S., JORGE, M. A. O planejamento local é mais eficiente? Uma análise de 14 municípios sergipanos de pequeno porte. **Nova Economia**, [s. l.], v. 25, p. 123-142, 2015.

MELO, K. B.; MARTINS, G. A.; MARTINS, V. F. Análise do nível de transparência dos websites dos municípios mineiros. **RAGC**, [s. l.], v. 4, n. 9, p. 93-111, 2017.

MENDES, R. F. **Gestão fiscal e crescimento econômico: o caso dos Governos Estaduais do Nordeste a partir da Vigência da Lei de Responsabilidade Fiscal.** Dissertação (Mestrado em Economia) — Universidade Federal do Ceará, Fortaleza, Ceará, 2009.

MENEZES, I. P. F. **Responsabilidade fiscal e desenvolvimento municipal**: estudo com dados em painel dos municípios brasileiros de 2006 a 2013. Dissertação (Mestrado em Economia do Setor Público) — Universidade Federal da Paraíba, João Pessoa, 2017.

MICHENER, G.; BERSCH, K. Conceptualizing the quality of transparency. Political Concepts. Committee on Concepts and Methods. **Working Papers Series**, [s. l.] n. 49, 2011.

MOTTA, P. R. M. O estado da arte da gestão pública. **Revista de Administração de Empresas**, [s. l.] v. 51, n. 1, p. 82-9, 2013.

MORAIS, G. A. S.; ARAUJO, J. A.; MONTEIRO, V. B. **Gastos públicos e crescimento econômico**: evidências da economia cearense. [S. l.], 2012.

MOUTINHO, J. A. Transferências voluntárias da União para municípios brasileiros: mapeamento do cenário nacional. **Revista de Administração Pública**, [s. l.], v. 5. n. 1, p. 151-166, 2016.

NEDUZIAK, L. C. R; CORREIA, F. M. Alocação dos gastos públicos e crescimento econômico: um estudo em painel para os estados brasileiros. **Revista de Administração Pública**, [s. l.], v. 51, n. 4, p. 616-632, 2017.

NEVES, A. C. D.; DINIZ, J. A.; MARTINS, V. G. Determinantes socioeconômicos da transparência fiscal. *In*: **XV CONGRESSO USP CONTROLADORIA E CONTABILIDADE**. São Paulo, USP, 2015.

NOGUEIRA, L. V.; ARRAES, R. A. Qualidade das Finanças Públicas e Crescimento Econômico Brasileiro em uma Modelagem Multidimensional. *In*: **47º ENCONTRO NACIONAL DE ECONOMIA,** São Paulo, 2019.

OCAMPO, J. A. Globalização e desenvolvimento. Desenvolvimento e Globalização: Perspectivas para as Nações. *In:* **SEMINÁRIO NOVOS RUMOS DO DESENVOLVIMENTO NO MUNDO DO BNDES,** Rio de Janeiro, RJ, Brasil. BNDES, 2002.

OLADELE, M. F.; MAH, G.; MONGALE, I. The role of government spending on economic growth in a developing country. **Risk governance & control**: financial markets & institutions, [s. l.], v. 7, Issue 2, Spring 2017.

OLIVEIRA, D. A.; MAGALHÃES, E. A. Uma análise dos fatores explicativos da situação fiscal nos municípios de minas gerais. **Contabilidade Vista & Revista**, [s. l.], v. 33, n. 1, p. 218-243, 2022.

OWYANG, M. T.; ZUBAIRY, S. Who benefits from increased government spending? A state-level analysis. **Regional Science and Urban Economics**, [s. l.], v. 43, n. 3, p. 445-464, 2013.

PARK, H.; BLENKINSOPP, J. The roles of transparency and trust in the relationship between corruption and citizen satisfaction. **International Review of Administrative Sciences**, [s. l.], v. 77, n. 2, p. 254-274, 2011.

REIS, A. G. B.; BUENO, N. P. O efeito dos gastos públicos sociais no crescimento econômico: uma análise comparativa entre os países membros da CEPAL e OCDE. **Revista Gestão & Tecnologia**, [s. l.] v. 19, n. 1, p. 73-89, 2019.

REIS, A. O.; FERREIRA, M. A. M.; FERREIRA, M. A. S. Análise dos fatores determinantes da transparência orçamentária pública em nível nacional. *In*: **XV CONGRESSO USP DE CONTROLADORIA E CONTABILIDADE**, São Paulo. USP, 2015.

RIBEIRO, C. P.; ZUCCOLOTTO, R. Fatores determinantes da transparência na gestão pública dos municípios brasileiros. *In*: **ENCONTRO DE ADMINISTRAÇÃO PÚBLICA E GOVERNO,** Bahia, ANPAD, 2012.

RODRICK, D. What's so special about China's exports. **The National Bureau of Economic Research**, Cambridge, United States, 2006.

ROMERO, F. T.; ARAUJO, J. F. F. E. Determinants of Local Governments'Transparency in Times of Crisis: Evidence From Municipality-Level Panel Data. **Administration & Society**, [s. l.], 2015.

SACRAMENTO, A. R. S.; PINHO, J. A. G. Transparência na administração pública: o que mudou depois da lei de responsabilidade fiscal? Um estudo exploratório em seis municípios da região metropolitana de salvador. **Revista de Contabilidade da UFBA**, Ceará, v. 1, n. 1, p. 48-61, 2007.

SILVA, S. S.; TRICHES, D. Uma nota sobre efeitos dos gastos públicos federais sobre o crescimento da economia brasileira. **Revista Brasileira de Economia**, Rio de Janeiro, v. 68, p. 547-559, 2014.

SILVA, M. C.; MARTINS, J. D. M.; SOUZA, F. J. V.; CÂMARA, R. P. B. Fatores explicativos da gestão fiscal em municípios brasileiros. **Revista Contemporânea de Contabilidade**, São Paulo, v. 17, n. 42, p. 26-37, 2020.

SILVA, C. R. M.; CRISÓSTOMO, V. L. Gestão fiscal, eficiência da gestão pública e desenvolvimento socioeconômico dos municípios cearenses. Rio de Janeiro. **Revista de Administração Pública**, [S. l.], v. 53, n. 4, p. 791-801, 2019.

SOL, D. A. The institutional, economic and social determinants of local government transparency. Chicago. **Journal of Economic Policy Reform**, [S. l.], v. 16, n. 1, p. 90-107, 2013.

SPILIOTI, S.; VAMVOUKAS, G. The impact of government debt on economic growth: An empirical investigation of the Greek market. Chicago. **The Journal of Economic Asymmetries**, [S. l.], v. 12, n. 1, p. 34-40, 2015.

SOUSA, R. G.; WRIGHT, G. A.; PAULO, E.; MONTE, P. A. do. A janela que se abre: Um estudo empírico dos determinantes da transparência ativa nos governos dos estados brasileiros. Rio Grande do Norte. **Revista Ambiente Contábil**, [S. l.], v. 7, n. 1, p. 176-195, 2015.

UMBELINO, D. C. F. **Gestão fiscal e crescimento econômico**: evolução da gestão orçamentária e fiscal dos estados do brasil a partir da vigência da lei de responsabilidade fiscal – período 2001 – 2008. Dissertação (Mestrado em Economia) — Universidade Federal do Ceará, Fortaleza, Ceará, 2011.

WADE, R. **Governing the market**: economic theory and the role of government in east asian industrialization. Princeton: Princeton University Press, 1990.

6

AGRONEGÓCIO E CRESCIMENTO ECONÔMICO

Lorena Regina de Oliveira
Yogo Kubiak Canquerino
Umberto Antonio Sesso Filho
Ricardo Luís Lopes
Carlos Alberto Gonçalves Junior
Emerson Guzzi Zuan Esteves
Patrícia Pompermayer Sesso

INTRODUÇÃO

O agronegócio pode ser definido como o conjunto de atividades econômicas que envolvem os fornecedores de insumos, produtores rurais, industrialização, comercialização e serviços e pode-se dividi-las em quatro elos ou agregados: insumos, agropecuária, indústria e serviços (Davis; Goldberg, 1957). Nesse contexto sistêmico, o agronegócio pode ser analisado como um processo de agregação de valor ao longo dos elos da cadeia produtiva com resultados econômicos, sociais e ambientais importantes. A composição ou participação dos agregados do agronegócio na renda gerada está relacionada ao desenvolvimento da economia, que conduz a um processo de maior nível tecnológico na produção, processamento e distribuição de alimentos e fibras com novos participantes, maior processamento, serviços adicionados e novos produtos (Pingali, 2007; Amanor, 2009).

A modificação das participações dos elos da cadeia produtiva na renda ao longo do tempo ocorre por conta da cadeia produtiva do agronegócio e seus principais objetivos para a sociedade alteram-se dado o desenvolvimento econômico e social dos países. Em países menos desenvolvidos, o principal objetivo do agronegócio é fornecer produtos básicos em quantidades suficientes a preços baixos. Nesses países, a agroindústria e serviços estão em processo de desenvolvimento inicial por motivo da baixa demanda de produtos industrializados e de maior valor agregado. Os países em desenvolvimento buscam o equilíbrio entre a renda dos produtores rurais e os preços dos produtos agropecuários, pois a baixa renda no campo pode promover um êxodo indesejado e o aumento de preços de matérias-primas não é interessante para a industrialização. Já a população de países desenvolvidos é mais exigente em qualidade e diferenciação de produtos. Portanto, a agregação de valor pela agroindústria e os serviços é importante. Além disso, naqueles países, o agronegócio deve atender a objetivos sociais e ambientais (De Janvry, 2010; Amanor, 2009).

Considerando a importância do agronegócio nas diferentes fases de desenvolvimento econômico e social dos países, os objetivos do presente estudo são (a) dimensionar o Produto Interno Bruto do agronegócio para 189 países e (b) analisar a relação entre a participação do agronegócio na economia, a estrutura da geração de renda dos agregados e a renda per capita no período 1990-2015. A metodologia de dimensionamento do agronegócio é baseada na matriz de insumo-produto. São analisados 189 países, além de uma região denominada restante do mundo. No entanto, maior enfoque é dado para as 20 maiores economias mundiais em termos de Produto Interno Bruto.

O presente estudo avança em relação a trabalhos anteriores com relação ao número de países analisados (189 nações e restante do mundo) e amplitude do período (25 anos), o que implica em resultados mais detalhados e a possibilidade de utilizar técnicas estatísticas (coeficiente de correlação) entre as variáveis estimadas e a renda per capita dos países, quais sejam: participação do agronegócio na economia e a participação de cada agregado na geração de renda. Os resultados do estudo tornam possível identificar como os diferentes níveis de desenvolvimento econômico dos países estão correlacionados com a estrutura do agronegócio nesses países, o que contribui para a compreensão do comportamento estrutural do agronegócio no mundo e, de forma mais detalhada, nas maiores economias mundiais. Os resultados e conclusões podem ser utilizados para elaboração de políticas públicas e direcionamento de investimentos privados.

O texto está dividido em cinco seções incluindo a introdução. A segunda seção discorre sobre os recentes estudos realizados sobre a relação entre crescimento econômico e agronegócio em diversos países utilizando diferentes bases de dados internacionais. A terceira seção é a metodologia, com a descrição detalhada da estimativa do Produto Interno Bruto do agronegócio para 189 países e a base de dados utilizada. Os resultados são apresentados e discutidos na quarta seção e, finalmente, as principais conclusões da pesquisa são apresentadas na quinta seção.

1 ESTUDOS RECENTES SOBRE AGRONEGÓCIO E CRESCIMENTO ECONÔMICO

O objetivo da seção é apresentar de forma sucinta alguns estudos recentes relacionando agronegócio e crescimento econômico. As bases de dados internacionais de matrizes insumo-produto utilizadas foram da Organização para a Cooperação e Desenvolvimento Econômico (OECD), World Input-output database (WIOD) e Eora global supply chain database (Eora). As metodologias utilizadas nos referidos artigos são similares e têm como base a matriz insumo-produto, porém os períodos de análise são diferentes para cada estudo. As variáveis utilizadas para relacionar o agronegócio e seus agregados com o crescimento e desenvolvimento econômico foram a renda per capita e Índice de desenvolvimento humano (IDH).

O Quadro 1 apresenta alguns artigos que remetem à evolução recente dos estudos que relacionam agronegócio ao crescimento econômico. Yan, Fan e Zhou (2011) utilizaram dados da Organização para a Cooperação e Desenvolvimento Econômico (OECD) para países e províncias chinesas para analisar a modificação da estrutura da geração de renda no agronegócio influenciada pela variação da renda per capita. O estudo de Sesso Filho *et al.* (2019) utilizou variáveis econômicas (renda e emprego) e ambientais (emissões atmosféricas) para o dimensionamento do agronegócio, sendo que o foco da pesquisa foi o impacto ambiental do agronegócio em países selecionados a partir dos dados do World Input-output database (WIOD). Amarante e Sesso Filho (2020) utilizaram a base de dados Eora global supply chain database (EORA), para analisar o impacto da renda per capita sobre a participação do agronegócio na economia e estrutura da geração da renda.

Sesso Filho *et al.* (2022) estudaram o mesmo tema com dados disponibilizados pela OECD dos anos de 1995 e 2015, os quais obtiveram resultados detalhados sobre as principais economias mundiais, utilizando como indicador de desenvolvimento o Índice de Desenvolvimento Humano (IDH). Sesso *et al.* (2023) compararam a cadeia produtiva do agronegócio para 64 países (base OECD) em relação ao restante do mundo, tendo como variáveis o PIB (renda) e a emissão de dióxido de carbono derivada da queima de combustíveis fósseis para os anos de 2005 e 2015.

Apesar de diferenças em termos metodológicos, número de países e período de análise entre os estudos apresentados, suas conclusões convergem, no que diz respeito ao fato de que países com maiores níveis de crescimento/desenvolvimento econômico apresentam menor participação do agronegócio na economia. Além disso, nesses países a maior renda gerada no agronegócio está vinculada à agroindústria a aos serviços.

Os estudos contribuem para a compreensão do desenvolvimento do agronegócio no mundo e individualmente nos países em análise. Além disso, corroboram para a elaboração de estratégias de crescimento econômico baseadas no agronegócio para países em diferentes estágios de desenvolvimento da economia.

Quadro 1 – Estudos recentes sobre agronegócio e crescimento-desenvolvimento econômico

Autor	Base de dados	Período	Conclusões
Yan, Fan e Zhou (2011)	OECD e National Bureau of Statistic of China	1995	A participação do PIB do agronegócio diminui com o crescimento da renda *per capita*. A indústria e serviços são agregados beneficiados pela mudança estrutural.
Sesso Filho *et al.* (2019)	WIOD	2009	O Agronegócio participava com 15% do total da renda mundial e gerava 926 milhões de empregos nos quarenta países analisados (45% do total) e os setores de serviços possuíam maior participação no PIB do Agronegócio (40%). Os países com maior participação do agronegócio no Produto Interno Bruto e empregos, respectivamente, foram Indonésia (36% e 57%), Turquia (33% e 45%), Índia (33% e 68%), Romênia (27% e 44%) e China (26% e 52%).
Amarante e Sesso Filho (2020)	EORA	2015	O Agronegócio participava com 17% do PIB mundial e os maiores valores absolutos pertenciam a China, Estados Unidos, Índia, Japão e Brasil. O aumento da renda per capita dos países leva à diminuição da participação do agronegócio na economia e a modificação da estrutura de distribuição de valor dos agregados com o aumento da participação da indústria e serviços.

Autor	Base de dados	Período	Conclusões
Sesso Filho *et al.* (2022)	OECD	1995 e 2015	A participação do agronegócio no PIB mundial diminuiu de 18,4% para 15,2% e a maior parte dos países (59 em 63) apresentou a mesma tendência no período simultaneamente com aumento do Índice de Desenvolvimento Humano. Os maiores valores absolutos do PIB do agronegócio em 2015 correspondem a China (2496 Bilhões US$), Estados Unidos (1395 Bilhões US$), Índia (637 Bilhões US$), Japão (414 Bilhões US$) e Brasil (316 Bilhões US$). O Brasil passou da oitava para a quinta posição do PIB do agronegócio no período e a participação na economia diminuiu de 24,4% para 19%. Países com maiores valores de IDH apresentaram maior participação da indústria e serviços na composição do PIB do agronegócio.
Sesso *et al.* (2023)	OECD	2020	O PIB do agronegócio em 2005 foi de cerca de 6 trilhões de dólares em valores correntes e representou 13,6% do PIB mundial e atingiu US$ 11 trilhões em 2015 (15,3%). O agronegócio produziu aproximadamente dois bilhões de toneladas de dióxido de carbono em 2005 com uma participação de 8,5% nas emissões totais e as emissões aumentaram aproximadamente 166 milhões de toneladas entre 2005 e 2015, mas a participação no total caiu para 7,6%. O maior dos emissores globais (setor manufatureiro e agronegócio) em 2015 foram China, Estados Unidos da América, Índia e Rússia, respectivamente.

Fonte: elaborado pelos autores

2 METODOLOGIA

Para estimar o PIB do Agronegócio, utilizou-se a metodologia proposta no trabalho de Furtoso *et al.* (1998) e Furtuoso e Guilhoto (2003), estes são fundamentados nas relações entre setores de compra e venda da agropecuária, considerada a produção rural propriamente dita, utilizando o método para dimensionar o PIB do agronegócio brasileiro.

O método estabelecido nas pesquisas de Furtuoso *et al.* (1998) e Furtuoso e Guilhoto (2003) foi utilizado em estudos para o Brasil pelos referidos autores. Em seguida, Yan *et al.* (2011) e Sesso Filho *et al.* (2019) aplicaram a metodologia para diferentes países utilizando as bases de dados da OECD. No presente estudo, a proposta é dimensionar o Produto Interno Bruto do agronegócio para 189 países com dados do ano de 1990 e 2015. Adaptando a metodologia de cálculo para os dados disponibilizados pelo EORA (2023) e baseando-se no fato de que o PIB do agronegócio irá resultar da soma de quatro agregados: (I) insumos, (II) agropecuária, (III) indústria e (IV) distribuição. O método considera, além da agropecuária e pesca, as atividades que alimentam e são alimentadas pela produção agropecuária considerando a interdependência existente entre as atividades de produção.

A mensuração do agregado I leva em conta os valores dos insumos adquiridos para a produção agropecuária e pesca. Os dados estão disponíveis nas matrizes de insumo-produto dos países e os valores estão em milhões de dólares do ano de 2015. Inicia-se multiplicando os valores das colunas dos insumos adquiridos pelo setor Agropecuário pelos respectivos coeficientes de valor adicionado (CVA_i), onde tem-se i=26 setores, e para calcular os Coeficientes do Valor Adicionado de cada setor ($CVAi$) divide-se o Valor Adicionado a Preços de Mercado (VA_{PM_i}) pela Produção do Setor (Xi), de acordo com a Equação (1):

$$CVA_i = \frac{VA_{PM_i}}{X_i} \tag{1}$$

O Valor Adicionado a preços de mercado (VAPM) é calculado pela soma do valor adicionado a preços básicos (VAPB) aos impostos indiretos líquidos (IIL) sobre produtos (VAPM = VAPB + IIL).

O PIB do agregado I é calculado pelos valores de valor adicionado dos insumos dos dois setores que pertencem ao agronegócio, agropecuária e pesca, assim:

$$PIB_{Ik} = \sum_{i=1}^{n} z_{ik} \times CVA_i \tag{2}$$

Onde: k = 1, 2 setores Agropecuária e Pesca; i = 1, 2, ..., 26 setores; PIB_I é o PIB do agregado I (insumos) para Agropecuária (k=1) e Pesca (k=2); z_{ik} = valor total do insumo do setor i para a Agropecuária ou Pesca e CVA_i é o coeficiente de valor adicionado do setor i.

É essencial considerar que os setores agropecuária e pesca fornecem adubos, sementes, mudas, rações e outros insumos para eles próprios. Portanto, na Equação (2) eles são considerados fornecedores para a produção rural (i = 26).

Para o cálculo do agregado I temos:

$$PIB_I = PIB_{I_1} + PIB_{I_2} \tag{3}$$

Onde: PIB_{I1} = PIB do agregado I, insumos da agropecuária (k=1); PIB_{I2} = PIB do agregado I, insumos da pesca (k=2); PIB_I = PIB do agregado I (insumos da produção rural).

A mensuração do PIB do agregado II é o próprio setor Agropecuário que engloba as atividades de produção animal e vegetal, extrativismo e pesca, considera no cálculo o Valor Adicionado do setor (1) Agropecuária, silvicultura e pesca e subtrai o valor adicionado do agregado I (Insumos). Tem-se então que:

$$PIB_{IIk} = VA_{PMk} - \sum_{i=1}^{n} z_{ik} \times CVA_i \tag{4}$$

Onde: k = 1,2; PIB_{IIk} é o PIB do agregado II, Agropecuária k=1, Pesca k=2, e VA_{PMk} é o Valor Adicionado da Agropecuária as outras variáveis são como as definidas anteriormente.

Para o total do Agregado II, observa-se:

$$PIB_{II} = PIB_{II_1} + PIB_{II_2} \tag{5}$$

Onde: PIB_{II1} = PIB do agregado II, agropecuária; PIB_{II2} = PIB do agregado II, pesca; PIB_{II} = PIB do agregado II, produção rural propriamente dita (agropecuária e pesca).

Para o agregado III (Indústria), considera-se os setores das agroindústrias de alimentos, bebidas e tabaco, têxtil, vestuário, couro e produtos relacionados, madeira e produtos de madeira e cortiça e produtos de papel e impressão. Assim, a definição de agroindústria leva em conta a participação dos insumos agrícolas no consumo intermediário dos setores e nível da cadeia produtiva (primeira, segunda e terceira transformações da matéria prima). No cálculo do PIB do agregado III, é considerada a soma dos valores adicionados pelos setores agroindustriais subtraídos dos valores adicionados destes setores que foram usados como insumos do agregado II. Temos que:

$$PIB_{IIIk} = \sum_{qek} (VA_{PM_i} - Z_{iqk} \times CVA_{iq}) \tag{6}$$

Onde: é o PIB do agregado (III) para Agropecuária ($k = 1$) e Pesca ($k = 2$) e as outras variáveis são como definidas anteriormente; q = setores pertencentes à agroindústria (Alimentos e bebidas, Têxtil e vestuário e Madeira e papel).

O valor total do agregado III é calculado como:

$$PIB_{III} = PIB_{III_1} + PIB_{III_2} \tag{7}$$

Onde: $PIB_{III\,1}$ = PIB do agregado III da agroindústria que utiliza matéria-prima da agropecuária; $PIB_{III\,2}$ = PIB do agregado III da agroindústria que utiliza matéria-prima da pesca; PIB_{III} = PIB do agregado III da agroindústria.

Para estimar o agregado (IV), refere-se aos setores relacionados ao comércio e serviços do agronegócio. A parcela que compete ao agronegócio será o valor que equivale a participação dos produtos agropecuários e agroindustriais comércio e serviços é calculada pela participação dos produtos agropecuários e agroindustriais na demanda final. O processo de cálculo do Valor inicia-se com a definição da Demanda Final Doméstica (DFD):

$$DFD = DFG - IIL_{DF} - PI_{DF} \tag{8}$$

Onde: *DFD* é a demanda final doméstica; *DFG* é a demanda final global; IIL_{DF} são os impostos indiretos líquidos pagos pela demanda final; PI_{DF} são as importações para demanda final.

O cálculo do valor agregado total dos setores de comércio e serviços é dado por:

$$VAT_{PM} + VAC_{PM} + VAS_{PM} = MC \qquad (9)$$

Onde: VAT_{PM} = valor adicionado do setor transporte a preços de mercado; VAC_{PM} = valor adicionado do setor comércio a preços de mercado; VAS_{PM} = valor adicionado do setor serviços a preços de mercado; MC = margem de comercialização.

O valor agregado dos setores de comércio e serviços referente ao agronegócio é calculado como:

$$PIB_{IV_k} = MC * \frac{DF_k + \sum_{q \in k} DF_q}{DFD} \qquad (10)$$
$$k = 1,2$$

Onde: PIB_{IV_k} = PIB do agregado IV para Agropecuária (k=1) e Pesca (k=2); DF_k= demanda final da Agropecuária (k=1) e Pesca (k=2); DF_q= demanda final dos setores agroindustriais (Alimentos e bebidas, Têxtil e vestuário e Madeira e papel).

Considerando os dois setores agropecuária e pesca, o PIB total do agregado IV será:

$$PIB_{IV} = PIB_{IV_1} + PIB_{IV_2} \qquad (11)$$

Onde: PIB_{IV1}= PIB do agregado IV de comércio e serviços relacionados aos produtos agropecuários e seus derivados; PIB_{IV2}= PIB do agregado IV de comércio e serviços relacionados aos produtos da pesca e seus derivados; PIB_{IV} = PIB do agregado IV.

O PIB total do Agronegócio é a pela soma dos seus agregados, ou seja:

$$PIB_{Agr_k} = PIB_{I_k} + PIB_{I_k} + PIB_{III_k} + PIB_{V_k} \qquad (12)$$
$$k = 1,2$$

Onde: PIB_{Agr_k} = PIB do agronegócio para Agropecuária ($k=1$) e Pesca ($k=2$).

O PIB total do Agronegócio é calculado por:

$$PIB_{Agr} = PIB_{Agr_1} + PIB_{Agr_2} \qquad (13)$$

Onde: PIB_{Agr} = PIB do agronegócio.

Coeficiente de correlação

O coeficiente de correlação de Pearson foi utilizado para avaliar a relação entre a participação do PIB do agronegócio no Produto Interno Bruto dos países e a estrutura (%) da renda gerada nos quatro agregados: Insumo (I), Agropecuária (II), Indústria (III) e Comércio e Serviços (IV) com a renda per capita, para os anos de 1990 e 2015. Para os cálculos da matriz de correlações, foram utilizadas 138 observações (países) para 1990 e 167 para 2015, pois faltam dados de renda per capita para parte dos países nos dois anos do estudo disponibilizados pelo The World Bank Group (2019).

O coeficiente de correlação de Pearson () é caracterizado por Lira e Chaves (2006) como um indicador que mensura a interdependência entre duas variáveis. Moore (2010) afirma que o coeficiente de correlação de Pearson é uma estimativa a relação linear entre variáveis. Figueiredo e Silva (2009) afirmam que o coeficiente de Pearson varia de -1 a 1, o sinal indica a direção da relação e o valor dimensiona a força da relação entre as variáveis. Portanto, uma correlação perfeita (-1 ou 1) mostra que o valor de uma variável pode ser determinado exatamente ao se saber o valor da outra. Sendo assim, uma correlação de valor zero indica que não existe relação linear entre as variáveis.

Hoffmann (2006) apresenta o cálculo do coeficiente de correlação de Pearson na forma da Equação (14):

$$\rho = \frac{\sum_{i=1}^{n} (x_1 - \overline{x})(y_i - \overline{y})}{\sqrt{\sum_{i=1}^{n} (x_i - \overline{x})^2} \sqrt{\sum_{i=1}^{n} (y_i - \overline{y})^2}} \tag{14}$$

A escala de Callegari Jacques (2003, p. 90) auxilia na análise e classificação dos resultados, onde: se $0,0 < | \rho | < 0,3$, indica fraca correlação linear; se $0,3 \leq | \rho | < 0,6$, observa-se moderada correlação linear; se $0,6 \leq | \rho | < 0,9$, observa-se forte correlação linear; se $0,9 \leq || \rho | < 1,0$, aponta correlação linear muito forte. Dessa forma, quanto mais próximo de 1, independentemente do sinal, maior é o grau de correlação entre as variáveis e quanto mais próximo de zero, menor é a força da variável.

Base de dados

Para a presente pesquisa, utilizou-se como base de dados as matrizes de insumo-produto nacionais do EORA Global Supply Chain Database (EORA, 2023) para os anos de 1990 e 2015. O EORA disponibiliza as matrizes de insumo-produto de 190 regiões (189 países e restante do mundo) com 26 setores. Para entender a construção da base de dados, consultar os trabalhos de Lenzen *et al.* (2012) e Lenzen *et al.* (2013). Os dados relacionados a renda per capita para os países estudados foram encontradas no The World Bank Group (2019).

Os setores que compreendem a matriz insumo-produto mundial disponibilizada pela EORA são: (1) Agropecuária, (2) Pesca, (3) Extrativismo mineral, (4) Alimentos e Bebidas, (5) Têxteis e vestuário, (6) Madeira e Papel, (7) Petróleo, química e produtos de minerais não metálicos, (8) Produtos de metal, (9) Máquinas e equipamentos, (10) Equipamentos de transporte, (11) Outras manufaturas, (12) Reciclagem, (13) Eletricidade, Gás e Água, (14) Construção, (15) Manutenção e reparo de Máquinas e equipamentos, (16) Comércio Atacadista, (17) Comércio varejista, (18) Alojamento e alimentação, (19) Transporte, (20) Correios e Telecomunicações, (21) Intermediação Financeira, (22) Administração pública, (23) Educação, Saúde e Outros Serviços, (24) Serviços domésticos, (25) Outros serviços e (26) Reexportação e reimportações. Desses 26 setores produtivos, os pertencentes ao agronegócio são Agropecuária, Pesca, Indústria de alimentos, têxtil e vestuário e Madeira e papel.

3 RESULTADOS E DISCUSSÃO

Dimensionamento do agronegócio nos países

As Figuras 1 e 2 ilustram, respectivamente, os valores totais mensurados para o Produto Interno Bruto (PIB) do Agronegócio e sua participação no PIB total dos países (sistema produtivo) no ano base de 1990. Os mapas elaborados com os valores do dimensionamento do agronegócio com metodologia baseada na matriz insumo-produto tornam possível a análise visual de um grande volume de resultados obtidos para 189 países. Na Figura 1, os valores absolutos variam entre próximo de 0 e 434 bilhões de dólares, sendo os Estados Unidos o maior valor obtido com US$ 434 bilhões, seguido de Japão com US$ 355 bilhões, Alemanha com US$ 190 bilhões e Itália com US$ 175 bilhões.

A Figura 2 apresenta os valores percentuais da participação do agronegócio no PIB total do sistema produtivo. Nota-se que não necessariamente os países com maiores valores absolutos para o PIB do agronegócio apresentaram os maiores valores de participações percentuais no PIB total dos países. Os maiores valores para a participação do agronegócio no PIB nacional são o Quirguistão, onde o agronegócio possuía 65% de participação no PIB nacional em 1990, seguido do Paraguai com 58%, Moldova com 56%, Vietnam e Uzbequistão, ambos com 53%. Nesta análise, o Brasil se encontrava na 41ª colocação com 26% de participação do agronegócio no PIB.

Os resultados mostram que existe grande variação da importância econômica do agronegócio em cada país. No entanto, é possível notar que os países em desenvolvimento como os países da América do Sul, África e Ásia apresentaram maior participação do agronegócio no PIB nacional comparativamente aos países mais desenvolvidos como Estados Unidos, Canadá e países da Europa. Porém, a análise visual apresenta limitações e essas conclusões serão analisadas em detalhes com a estimativa dos índices de correlação entre a participação do agronegócio na economia e renda per capita.

Figura 1 – Produto Interno Bruto do Agronegócio dos países, 1990

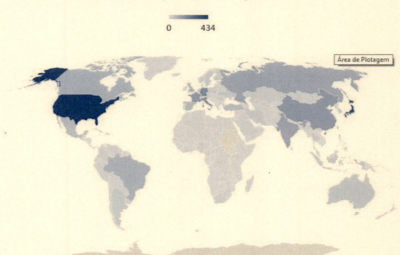

Fonte: elaborado pelos autores baseados nos resultados da pesquisa

Figura 2 – Participação do agronegócio na economia dos países (PIB do setor produtivo), 1990. Valores em bilhões de dólares correntes de 1990

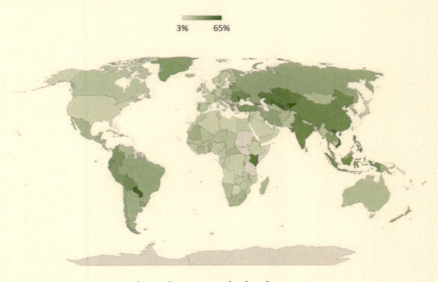

Fonte: elaborado pelos autores baseados nos resultados da pesquisa

A Tabela 1 possui os resultados do dimensionamento do agronegócio das 20 maiores economias mundiais em termos de PIB. É possível observar que em 1990 o PIB do agronegócio dos Estados Unidos foi de 434 bilhões de dólares, em segundo lugar o Japão produziu 355 bilhões de dólares, a Alemanha alcançou 190 bilhões de dólares, posteriormente a Itália com 175 bilhões e a China com 149 bilhões. O Brasil constava em décimo lugar, com 81 bilhões de dólares produzidos em 1990.

A participação do agronegócio na economia, mensurada como a participação do agronegócio no PIB total, mostrou-se relativamente variável para as maiores economias mundiais, entre 9% e 42%, comumente abaixo de 20% para os países desenvolvidos e maior que esse valor para as economias em desenvolvimento.

No caso dos Estados Unidos, maior PIB do agronegócio em 1990, mais de 30% da geração de renda estava na agroindústria e próximo de 50% no agregado serviços. Além dos Estados Unidos, outros países desenvolvidos como Japão, Alemanha, Itália, França, Reino Unido e Canadá apresentaram como característica comum mais de 75% da geração de renda do agronegócio proveniente dos agregados III e IV (indústria e serviços).

Por outro lado, a China apresentou US$ 149 bilhões de PIB referente ao agronegócio, o que representava cerca de 41% do PIB total do país. As maiores participações foram do agregado III (indústria) próximo de 27% e do agregado IV (serviços) de 21% do total do agronegócio. Alguns países em desenvolvimento apresentavam uma estrutura do agronegócio parecida com a da China, em que um valor igual ou menor a 75% da geração de renda do agronegócio estava nos agregados indústria e serviços, como Brasil, Turquia, México, Coréia do Sul e Indonésia.

Tabela 1 – Países com maiores valores do Produto Interno Bruto do agronegócio em 1990, valores em bilhões de dólares correntes

País	ISO-3	Agregados do agronegócio				Total agronegó-cio	PIB Setor produtivo do país	Participa-ção (%)
		I	II	III	IV			
Estados Unidos	USA	37	33	154	209	434	4.966	9
Japão	JPN	26	48	157	125	355	2.908	12

País	ISO-3	Agregados do agronegócio				Total agronegócio	PIB Setor produtivo do país	Participação (%)
		I	II	III	IV			
Alemanha	DEU	8	19	72	90	190	1.540	12
Itália	ITA	7	25	64	80	175	996	18
China	CHN	17	61	40	31	149	364	41
França	FRA	11	21	44	69	146	1.022	14
Índia	IND	11	67	12	33	123	291	42
Rússia	RUS	26	19	30	36	111	413	27
Reino Unido	GBR	4	7	37	34	82	793	10
Brasil	BRA	7	21	21	33	81	316	26
Canadá	CAN	8	9	35	28	80	549	15
Espanha	ESP	6	16	20	27	69	418	16
Turquia	TUR	2	18	20	25	64	174	37
México	MEX	3	11	22	27	62	285	22
Coréia do Sul	KOR	4	14	16	19	52	215	24
Austrália	AUS	3	9	15	21	48	255	19
Holanda	NLD	3	8	17	20	48	287	17
Indonésia	IDN	2	17	15	12	47	113	41
Taiwan	TWN	3	5	10	16	34	264	13
Suécia	SWE	1	4	15	14	34	241	14

Fonte: elaborado pelos autores com base nos resultados

As Figuras 3 e 4 apresentam o dimensionamento do PIB do agronegócio dos países em bilhões de dólares correntes e a participação desse no total do Produto Interno Bruto dos países para o ano de 2015, respectivamente. Os resultados obtidos em valor monetário dos anos de 1990 e 2015 não podem ser comparados, porque não foram deflacionados. Portanto, a análise comparativa pode ser realizada em termos de rankings e valores relativos (percentuais de participação na economia). Pode-se observar na

Figura 3 que os maiores valores do agronegócio em 2015 correspondem a diferentes países, comparando-se com o período 1990, pois a China apresentou o valor aproximado de US$ 2,5 trilhões de Produto Interno Bruto do Agronegócio, seguida por Estados Unidos com US$ 1,4 trilhão, Índia (US$ 667 bilhões), Japão (US$ 514 bilhões) e Brasil (US$ 429 bilhões). Portanto, a classificação de 1990 foi modificada com a China assumindo a liderança na geração de renda dentro do agronegócio mundial.

A participação do agronegócio na economia dos países no ano de 2015 é ilustrada na Figura 4. Após 25 anos, alguns países se mantiveram nas primeiras colocações, como o Quirguistão com 61%, posteriormente o Paraguai, onde o agronegócio aumentou sua participação para 60%, seguido do Uzbequistão com 52% e Quênia com 50%. No período de análise, o Brasil reduziu sua colocação no ranking dos países com maior participação do agronegócio na economia, passando para a 45ª na classificação com 23%.

Figura 3 – Produto Interno Bruto do Agronegócio dos países, 2015. Valores em bilhões de dólares correntes de 2015

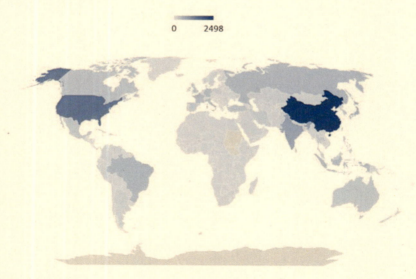

Fonte: elaborado pelos autores baseados nos resultados da pesquisa

Figura 4 – Participação do agronegócio na economia dos países (PIB dos setores), 2015

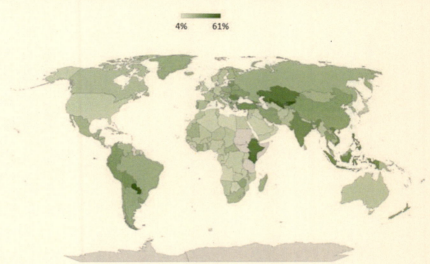

Fonte: elaborado pelos autores baseados nos resultados da pesquisa

A Figura 5 ilustra a participação dos agregados que compõe o do agronegócio no PIB total do agronegócio para o ano de 1990. Nota-se que os países desenvolvidos, como Estados Unidos, Japão, Alemanha, Itália, Canadá, Reino Unido e Suécia, apresentam mais de 75% do total do PIB do agronegócio nos agregados indústria e serviços. Por outro lado, países em desenvolvimento tais como China, Índia, Brasil, Coréia do Sul, Austrália, Turquia e Indonésia possuem no máximo 75% do total da renda produzida pelo agronegócio em indústria e serviços. Também houve algumas exceções, alguns países em desenvolvimento possuem maior níveis de industrialização, tais como México ou países desenvolvidos apresentaram menos de 70% da renda em indústria e serviços, como a Espanha.

Figura 5 – Participação dos agregados na estrutura da renda do agronegócio dos principais países, 1990

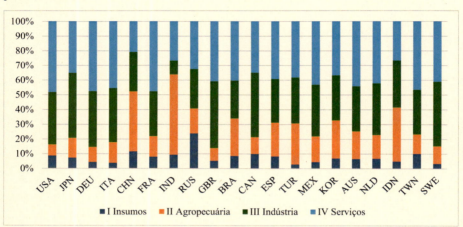

Fonte: elaborado pelos autores com base nos resultados

Os resultados detalhados do dimensionamento do agronegócio para as 20 maiores economias mundiais para o ano 2015 são apresentados na Tabela 2. Os resultados mostram que os destaques foram para os agregados III Indústria e IV Serviços nos países mais desenvolvidos. A China alcançou o primeiro lugar no ranking com 2.498 trilhões de dólares de Produto Interno Bruto do agronegócio, com aumento da importância da indústria, que apresentou o maior valor absoluto na geração de renda.

O trabalho de Sesso Filho *et al.* (2022) encontrou resultados próximos dos encontrados na presente pesquisa. Os autores identificaram que países como Estados Unidos e Alemanha possuem baixa participação do agronegócio em suas economias, no máximo 13,8%, porém esses países possuíam um IDH maior que 0,8. Por outro lado, países que possuíam alta participação do agronegócio em suas economias como Vietnam e China, com participações acima de 40%, apresentaram valores do IDH mais baixos, próximos de 0,5. Além disso, os autores identificaram que em países com maiores valores de IDH os agregados III (indústria) e IV (serviços) apresentavam maiores participações na renda total do agronegócio, resultados convergentes com aqueles obtidos na presente pesquisa.

Tabela 2 – Países com maiores valores do Produto Interno Bruto do agronegócio em 2015, valores em bilhões de dólares correntes

País	ISO-3	Agregados do agronegócio				Total agronegó-cio	PIB Setor produtivo do país	Participa-ção (%)
		I	II	III	IV			
China	CHN	226	821	833	618	2.498	8.821	28
Estados Unidos	USA	105	133	628	535	1.401	14.108	10
Índia	IND	60	355	78	174	667	1.738	38
Japão	JPN	29	60	246	179	514	5.092	10
Brasil	BRA	28	98	134	169	429	1.860	23
Alemanha	DEU	20	34	161	186	400	3.679	11
França	FRA	26	56	134	182	398	2.594	15
Itália	ITA	12	50	152	183	397	2.081	19
Rússia	RUS	46	101	116	133	396	1.777	22
Indonésia	IDN	22	123	134	92	372	928	40
Canadá	CAN	25	38	142	103	308	1.914	16
Reino Unido	GBR	10	30	148	114	301	2.538	12
México	MEX	11	43	103	107	264	1.277	21
Turquia	TUR	7	70	75	95	247	687	36
Espanha	ESP	13	43	82	92	230	1.364	17
Coréia do Sul	KOR	8	51	66	74	199	1.030	19
Austrália	AUS	12	33	61	73	178	1.252	14
Tailândia	THA	10	37	57	52	156	499	31
Holanda	NLD	8	29	59	58	154	831	19
Filipinas	PHL	5	38	49	40	133	311	43

Fonte: elaborado pelos autores com base nos resultados

Comparando-se os resultados das Tabelas 1 e 2, é possível notar que os Estados Unidos perderam o primeiro lugar entre os países com maior PIBs do agronegócio no mundo para a China, mas mantiveram sua importância para o agronegócio internacional. No entanto nos EUA, o agronegócio tem baixa participação na economia nacional, em torno de 10% do PIB total do país. Além disso, maior parte da renda gerada no agronegócio vem da agroindústria (agregado III) e serviços (agregado IV). A China obteve o primeiro lugar no ranking em valor absoluto do PIB do agronegócio, a participação na economia passou de 41% para 28% e o agregado III (indústria) se tornou o mais importante com 833 bilhões. Os resultados mostram que o país apresentou desenvolvimento da agroindústria para atender a maior demanda por qualidade e diversificação de produtos, assim como analisado na revisão de literatura.

A Índia que em 1990 estava na sétima colocação entre os países com maior PIB do agronegócio no mundo, em 2015, obteve o terceiro lugar com o PIB do agronegócio de 667 bilhões de dólares. O país apresentou participação do agronegócio na economia relativamente alta (mais de 40%), sendo a agropecuária o setor que com maior valor absoluto. O Japão caiu no ranking dos países, em 2015, concentrando a renda produzida pelo agronegócio no agregado III (Indústria). O Brasil subiu no ranking no período 1990-2015, com valor de 429 bilhões de dólares do PIB do agronegócio em 2015, tendo como agregado IV (comércio e serviços).

A estrutura da renda gerada no agronegócio dos principais países no ano de 2015 está ilustrada na Figura 4. Os países desenvolvidos mudaram pouco a estrutura da renda do agronegócio comparativamente ao ano de 1990. A maior parte dos países em desenvolvimento modificou a composição da renda gerada pelo agronegócio em benefício da indústria e serviços. A China apresentou a maior evolução no ranking em valores absolutos, como já apresentado na Tabela 2, também apresentou maior modificação da estrutura da renda produzida pelo agronegócio, com aumento da participação da indústria.

Figura 6 – Participação dos agregados na estrutura da renda do agronegócio dos principais países, 2015

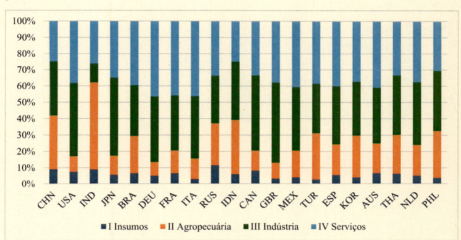

Fonte: elaborado pelos autores com base nos resultados

No caso do Brasil, a partir da década de 1990, o país apresentou uma marcha de crescimento da sua produção agropecuária, em decorrência do avanço tecnológico que proporcionou o aumento na produtividade. Esse processo foi desencadeado principalmente pelo crescimento econômico, identificado no mesmo período como sinônimo de modernização, além da profissionalização na gestão dos negócios rurais, que promoveram mudanças no mercado e aumento da valorização dos ativos ligado ao setor agropecuário (Bacha, 2012; Zylbersztajn; Neves; Caleman, 2015).

Conforme apresentado nesta seção, o agronegócio pode apresentar uma estrutura diferente, no que diz respeito à importância de seus agregados em sua renda total, bem como uma participação maior ou menor na economia nacional a depender do nível de crescimento/desenvolvimento econômico dos países analisados. Nesse contexto, a próxima seção tem como objetivo apresentar a relação entre o crescimento econômico dos países e a estrutura e/ou importância do agronegócio na economia.

Agronegócio e crescimento econômico

A matriz de correlações obtida com a estimativa do coeficiente de correlação de Pearson foi calculada a partir: (i) dos valores percentuais das participações do agronegócio no PIB dos países (%Agro), (ii) as participações dos quatro agregados Insumos (I), Agropecuária (II), Indústria (III) e Comércio e Serviços (IV) no Produto Interno Bruto do agronegócio, respectivamente denominados %I, %II, %III e %IV e a (iii) renda per capita (RPC) em milhares de dólares correntes anuais. A matriz de correlações foi calculada para os anos de 1990 e 2015 com objetivo de verificar a existência de correlação linear entre as seis variáveis. O número de observações para cada matriz de correlação foi de 138 para 1990 e 167 para 2015 por motivo da disponibilidade dos dados da renda per capita. O valor crítico a 1% é de 0,256 (valor absoluto) em teste bilateral para 100 observações.

A Figura 7 ilustra as matrizes de correlações de Pearson para os anos de 1990 e 2015, a diagonal principal relaciona cada variável com ela mesma, consequentemente possui valores iguais a um. Portanto, foi utilizada para a legenda com os nomes das variáveis. A diagonal principal divide a matriz em duas partes simétricas, uma com círculos e outra com valores. Observando os resultados entre a renda per capita (RPC) com as outras variáveis, pode-se notar que essa variável está positivamente correlacionada à participação da indústria na renda do agronegócio (p = 0,49, moderada) denominada %III e participação dos serviços na renda do agronegócio %IV (p = 0,31, moderada), as quais indicam correlação positiva e significativa. Por outro lado, a renda per capita está negativamente correlacionada às participações dos insumos e da agropecuária no PIB do agronegócio (denominadas de %I e %II), respectivamente com valores de - 0,17 (fraca) e - 0,42 (moderada) e com a participação do agronegócio no PIB total da economia com - 0,31 (moderada, chamado de %Agro). Esses resultados indicam correlação fraca.

Os valores de correlação ainda indicam que, quanto maior a participação do agronegócio na economia nacional (%Agro), maior será a participação do agregado II (agropecuária) com p = 0,49, correlação moderada. Além disso, menores serão as participações da indústria (p = - 0,45) e serviços (p = - 0,49) no total do PIB do agronegócio, ambos com correlação moderada. Os demais resultados da matriz de correlações de 1990 mostram que a composição ou estrutura da renda gerada do agronegócio é modificada pela variação da renda per capita, dos países analisados.

A análise dos valores da matriz de correlação para 2015, ilustrados na Figura 7, indica que o comportamento observado nos resultados para 1990 em relação aos agregados, participação no agronegócio na economia nacional e renda per capital se manteve inalterado. O número de observações foi maior para o ano de 2015, o que mostra maior consistência nos resultados obtidos.

No ano de 2015, os resultados mostraram que o aumento da renda per capita estava negativamente correlacionado à participação do agronegócio na economia (p = - 0,25), o que demonstra correlação fraca, e participações dos agregados Insumos e Agropecuária na composição da renda gerada pelo agronegócio, com valores de -0,5 (moderada) e -0,27 (fraca) respectivamente, mas positivamente correlacionado com as participações da indústria (0,5, moderada) e serviços (0,25, fraca). Os outros valores da matriz mostram que o aumento da participação do agronegócio na economia modifica a estrutura da renda gerada pelo agronegócio, beneficiando indústria e serviços com queda das participações da agropecuária e insumos.

Figura 7 – Matriz de Coeficiente de Correlação de Pearson entre a participação do agronegócio no Produto Interno Bruto nacional (% AGRO), participações dos agregados na renda gerada pelo agronegócio, Insumos (%I), Agropecuária (%II), Indústria (%III) e Comércio e Serviços (%IV) e renda per capita em dólares anuais

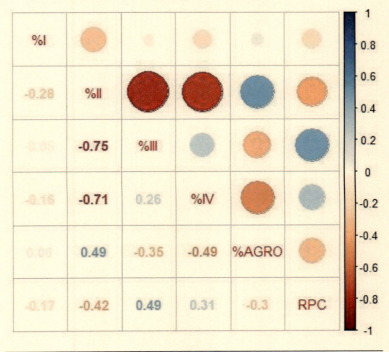

1990

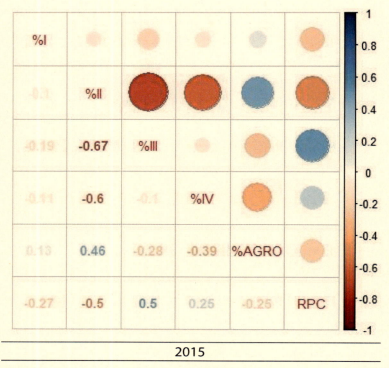

Fonte: elaborado pelos autores com base nos resultados

Os resultados da presente pesquisa corroboram com os resultados de trabalhos similares, como os de Amarante e Sesso Filho (2020), Luz e Fochezatto (2023), Sesso Filho *et al.* (2022) que apontaram que as diferenças na participação do agronegócio no PIB dos diferentes países são explicadas pelos diferentes níveis de desenvolvimento. Além disso, países em desenvolvimento possuem maior participação do agronegócio no PIB nacional e do agregado II (Agropecuária) no PIB do agronegócio, o que indica baixo processamento e agregação de valor pelos setores de serviços e no complexo agroindustrial. Já os países desenvolvidos apresentaram percentuais menores do PIB do agronegócio na economia nacional e maiores participações da indústria (agregado III) e do comércio e serviços (agregado IV) nos PIBs do agronegócio, assim comércio, transporte e propaganda ligados à indústria atendem uma demanda mais exigente em qualidade e prestação de serviços.

CONSIDERAÇÕES FINAIS

O objetivo do presente estudo foi dimensionar o Produto Interno Bruto (PIB) do agronegócio de países selecionados e analisar a relação entre a participação do agronegócio no PIB nacional, a estrutura da geração de renda dos agregados (Insumos, Agropecuária, Indústria e Serviços) e a renda per capita.

Os principais resultados indicaram que os países com maiores valores do Produto Interno Bruto do Agronegócio no ano de 2015 foram China (2,5 trilhões de dólares), Estados Unidos (1,4 trilhões de dólares), Índia (0,67 trilhão de dólares), Japão (0,5 trilhão de dólares) e Brasil (0,43 trilhão de dólares). A participação do agronegócio no PIB dos países variou entre 4% e 61%, o que mostrou a importância desta cadeia produtiva para a economia, principalmente para os países em desenvolvimento.

Além disso, compreende-se que o aumento da renda per capita está correlacionado à diminuição da participação do agronegócio no Produto Interno Bruto dos países e a modificação da composição da renda gerada pelo agronegócio, pois os valores de participação (%) dos agregados da cadeia produtiva alteram-se com o aumento da participação de indústria e serviços e queda nos valores percentuais para insumos e agropecuária.

Novos estudos podem dimensionar o agronegócio em termos de variáveis como postos de trabalho, impostos, pegada de carbono e de água para estimar a importância em relação à economia como um todo e analisar comparativamente o agronegócio dos países.

REFERÊNCIAS

AMARANTE, R. L.; SESSO FILHO, U. A. Estimativa do Produto Interno Bruto do Agronegócio e sua Relação com Renda Per Capita em 190 Países. **Revista Unicesumar**, Maringá, v. 22, n. 1, p. 79-91, 2020.

BACHA, C. J. C. **Economia e política agrícola no Brasil**. 2. ed. São Paulo: Atlas, 2012.

CALLEGARI JACQUES, S. M. **Bioestatística**: princípios e aplicações. Porto Alegre: Artmed, 2003.

EORA. **Eora global supply chain database**. Sydney - Austrália, 2023. Disponível em: https://worldmrio.com/. Acesso em: 10 jan. 2023.

FIGUEIREDO, A. M.; SANTOS, M. L.; FERRERA DE LIMA, J. Importância do agronegócio para o crescimento econômico de Brasil e Estados Unidos. **Gestão e Regionalidade**, [s. l.], v. 28, n. 82, p. 5-17, jan./abr. 2012.

FURTUOSO, M. **O produto interno bruto do complexo agroindustrial brasileiro**. 1998. Tese (Doutorado Economia Aplicada) — Escola Superior de Agricultura "Luiz de Queiroz", Universidade de São Paulo, Esalq/USP, São Paulo, 1998.

FURTUOSO, M. C. O.; GUILHOTO, J. J. M. Estimativa e mensuração do produto interno bruto do agronegócio da economia brasileira 1994 a 2000. **Revista Brasileira de Economia e Sociologia Rural**, Brasília – DF, v. 43, n. 4, p. 9-31, 2003.

HOFFMANN, R. **Estatística para economistas**. São Paulo: Cengage Learning, 2006.

LIRA, S. A.; CHAVES, A. N. Coeficientes de correlação para variáveis ordinais e dicotômicas derivados do coeficiente de Pearson. **RECIE**, Uberlândia, v. 15, n.1/2, p. 45-53, jan./dez. 2006.

LUZ, A.; FOCHEZATTO, A. O transbordamento do PIB do agronegócio do Brasil: uma análise da importância setorial via matriz insumo-produto. **Revista de Economia e Sociologia Rural**, Brasília – DF, v. 61, n. 1, e253226, 2023. DOI https://doi.org/10.1590/1806-9479.2021.253226.

MOORE, D. S. **The basic practice of statistics**. New York: Macmillan, 2010.

SESSO, P. P.; MENDES, F. H.; SESSO FILHO, U. A.; ZAPPAROLI, I. D. Agronegócio de países selecionados: análise de sustentabilidade entre o PIB e emissões de CO2. **Revista de Economia e Sociologia Rural**, Brasília – DF, v. 61, n. 2, e258543, 2023. DOI https://doi.org/10.1590/1806-9479.2022.258543.

SESSO FILHO, U. A.; BORGES, L. T.; POMPERMAYER SESSO, P.; BRENE, P. R. A.; ESTEVES, E. G. Z. Mensuração do complexo agroindustrial no mundo: comparativo entre países. **Revista de Economia e Sociologia Rural**, Brasília - DF, v. 60, n. 1, e235345, 2022. DOI https://doi.org/10.1590/1806-9479.2021.235345

SESSO FILHO, U. A.; TRINDADE BORGES, L.; POMPERMAYER SESSO, P.; ALVES BRENE, P. R.; DOMENES ZAPPAROLI, I. Geração de renda, emprego e emissões atmosféricas no agronegócio: um estudo para quarenta países. **Revista De Economia E Agronegócio**, Viçosa - MG, v. 17, n. 1, p. 30-55, 2019. DOI https://doi.org/10.25070/rea.v17i1.7902.

UNITED NATIONS DEVELOPMENT PROGRAMME – UNDP. New York – USA, 2019. Disponível em: http://hdr.undp.org/en/data. Acesso em: 12 dez. 2019.

YAN, B., FAN, J.; ZHOU, Y. **Study on the relationship between economic growth and structural change of agribusiness**: evidences from national and provincial levels. Alexandria – USA, 2011. Disponível em: https://www.iioa.org/conferences/19th/papers/files/442_20110407041_StudyontheRelationshipbetweenEconomicGrowthandStructuralChangeofAgribusiness.doc. Acesso em: 9 jan. 2023.

ZYLBERSZTAJN, D.; NEVES M. F.; CALEMAN, S. M. Q. O futuro do agro. *In*: ZYLBERSZTAJN, D.; NEVES, M. F.; CALEMAN, S. M. Q. **Gestão de sistemas de agronegócios**. São Paulo: Atlas, 2015. p. 297-301.

7

AGRICULTURA EM MOÇAMBIQUE: LIMITAÇÕES E DESAFIOS

Emílio Carlos Soverano Impissa
Ednaldo Michellon

1 INTRODUÇÃO

A literatura em torno das relações do setor agrário com o desenvolvimento econômico tem uma longa trajetória e os estudos mostram que a agricultura impulsiona o processo de desenvolvimento socioeconômico, na medida em que fornece um excedente disponível para a provisão de alimentos e de capital para outros setores.

Aliás, em 1964, Kuznets decompôs a contribuição da agricultura no crescimento econômico em três tipos: contribuição em produto, em fatores e em mercados. A contribuição em produto refere-se ao desempenho da agricultura no crescimento do produto nacional. A contribuição em fatores refere-se à transferência ou ao empréstimo de recursos (capital e trabalho) a outros setores e a contribuição em mercados representa o fato de a agricultura poder contribuir para o crescimento de outros setores e alargamento ou criação de novos mercados; contribuindo, assim, para o fortalecimento da economia como um todo (Alves, 2000).

Localizado no sudoeste do continente africano, Moçambique é um país dotado de ricos e extensos recursos naturais e o seu desenvolvimento está intensamente ligado ao setor agrícola. Apoiados nos altos índices de pobreza multidimensional e justificando-se em teorias de polos de desenvolvimento e melhorias de cadeias de valor produtivo e redução a fome, Moçambique vem registrando a implementação de diversos instrumentos que visam a dinamização do setor agrário.

Não obstante, os múltiplos instrumentos de desenvolvimento agrário não resultam em aumentos significativos da produção e rendimentos agrícolas. Aliás, a pobreza, o índice de desenvolvimento humano, a insegurança alimentar e a desnutrição crônica tendem a manter-se constante ao longo do tempo ou a verificar uma redução insignificante e ainda por vez a agravar-se.

Subsidiando-se o anterior parágrafo, Pnud (2021) realça que em Moçambique mais de 70% da população, aproximadamente a 22 milhões de habitantes, são multidimensionalmente pobres. Desses, 63% vivem abaixo da linha de pobreza.

Analisando a dinâmica dos programas, planos, estratégias e projetos de financiamentos para o aumento da produção e produtividade do setor agrário em Moçambique, no período de 1975 a 2021, o presente artigo procura responder à seguinte questão: quais as razões do fracasso dos instrumentos de desenvolvimento do setor agrário em Moçambique?

2 FUNDAMENTAÇÃO TEÓRICA

Johnston e Mellor (1961), ao analisarem a relação entre a agricultura e o crescimento econômico, ressaltaram que, por meio do aumento da produção e da produtividade, a agricultura e, por extensão, o setor rural pode oferecer cinco contribuições ao processo de crescimento econômico:

i. Fornecimento de alimento às famílias e matérias-primas às indústrias – o crescimento demográfico cria pressão aos setores produtivos, a agricultura contribui para as indústrias responderem as exigências da crescente urbanização, caracterizada pela demanda de bens industriais.

ii. Acumulação de divisas – dado que nenhuma economia é autossuficiente na produção de bens e serviços necessários ao seu desenvolvimento, através do mercado internacional, a economia que exporta esses bens e serviços a outra economia, acaba ampliando o estoque de divisas.

iii. Aumento da procura de trabalho na economia – o emprego do setor industrial tende a aumentar com o aumento da produção e da produtividade agrícolas.

iv. Provimento de recursos para outros setores – é quase impossível separar a sustentabilidade agrícola da indústria, a interdependência desses setores intensifica-se com a implementação das agroindústrias, isto é, ambas fomentam o desenvolvimento a outra. No entanto, de forma indireta e invisível, dá-se a transferência de recursos agrícolas à indústria, sendo esta realizada por via consumidores, que se verifica quando há uma redução dos preços agrícolas, as indústrias aumentam a sua produção e como as famílias passam a gastar menos em produtos alimentares agrícolas diretos. Propicia-se, assim, maior renda disponível para os consumidores gastarem com produtos industriais ou serviços, há um estímulo para o crescimento do setor urbano.

v. Expansão do mercado interno – o setor rural pode contribuir para a expansão do mercado interno de formas alternativas e não mutuamente excluídas: consumir bens e serviços finais produzidos por setores urbano-industriais, empregar fertilizantes, defensivos, tratores e outros fatores de produção gerados por esses setores ou produzir alimentos e matérias-primas a preços baixos para atender à demanda dos consumidores urbanos.

A agricultura familiar começou a ser elogiada a partir de filósofos na antiguidade clássica e no renascimento. Esses pensadores viam essa atividade como essencial à sociedade e como fonte de virtudes. Contudo, passou a suscitar mais atenção dos pensadores econômicos e sociais, a partir de meados do século XIX (Cristina; Alencar, 2015). Aliás,

> Os economistas clássicos não convergiam no entendimento de existirem vantagens de escala na agricultura. David Ricardo não distinguia a agricultura familiar da capitalista no que tange à eficiência, desde que ambas fossem bem administradas e receptivas ao conhecimento científico. No célebre debate entre Ricardo e Thomas Malthus – no qual apresentam argumentos quanto a poder ou não haver fome no mundo, caso o crescimento da produção de alimentos não acompanhasse o crescimento da população –, embora divergissem com relação a quem caberia a apropriação da renda da terra, não manifestavam falta de confiança na agricultura familiar. (Cristina; Alencar, 2015, p. 4).

Em 2014, o diretor-geral da Organização para a Alimentação e Agricultura (FAO), José Graziano da Silva, fez menção à importância da agricultura, argumentando que, para que os agricultores familiares sejam os principais agentes da transformação dos sistemas agroalimentares, é fundamental garantir direitos de posse e acesso equitativo a recursos e bens produtivos. Estruturas jurídicas, políticas e organizacionais coerentes para a boa governança da posse que facilitem, promovam e protejam os direitos de posse, ao mesmo tempo em que reconhecem direitos de posse legítimos, incluindo direitos de posse consuetudinários legítimos que podem não ser atualmente protegidos por lei, conduzem ao desenvolvimento sustentável, investimento responsável e a erradicação da pobreza e da insegurança alimentar dos agricultores familiares (Graziano, 2014).

Segundo Simon (2014), a FAO reforçou o papel vital da agricultura familiar, afirmando que essa atividade transcende os aspectos individuais que normalmente são usados para descrevê-la. É mais que um modelo de economia agrária; consiste em um meio de organização das produções agrícola, florestal, pesqueira, pastoril e aquícola gerenciadas e operadas por uma família e predominantemente dependente de mão de obra familiar, tanto de mulheres quanto de homens.

Segundo a Organização das Nações Unidas (ONU, 2014), mais de 80% de todos os alimentos produzidos no mundo têm como origem propriedades familiares e FAO (2014) acrescentou que existem no mundo 1,5 bilhão de pessoas em 380 milhões de estabelecimentos rurais, 800 milhões com hortas urbanas, 410 milhões em florestas e savanas e mais de 100 milhões de pastores camponeses. Em reconhecimento a essa importância, em 2014, a agricultura familiar foi escolhida pela ONU como temática central. A declaração inédita para o setor é resultado do papel fundamental que esse desempenha para o alcance da segurança alimentar no planeta.

Aliás, no discurso de José Graziano da Silva, sublinha-se a importância vital da agricultura familiar, quando referiu que ela, considerada por muitos um passivo, na verdade é um ativo estratégico dessa travessia. Subsidiando o seu argumento, ele afirmou que a agricultura familiar aglutina a carência e o potencial de milhares de comunidades em que se concentram os segmentos mais frágeis da população. Qualquer ganho na brecha de produtividade aí ampliará substancialmente a disponibilidade de comida na mesa dos mais pobres e de toda a sociedade, reduzindo a dependência em relação a alimentos importados e protegendo a economia da volatilidade das cotações internacionais (Quedi *et al.*, 2016).

Para que os objetivos com a agricultura familiar sejam alcançados, a ONU definiu sete pilares, que estão na linha da Agenda 2030 (Mundo, 2017), nomeadamente:

1. desenvolver um ambiente político favorável para fortalecer a agricultura familiar;

2. apoiar os jovens e garantir a sucessão rural na agricultura familiar;

3. promover a equidade de gênero na agricultura familiar e o papel de liderança das mulheres rurais;

4. fortalecer as organizações da agricultura familiar e suas capacidades para gerar conhecimento, representar demandas dos/as agricultores/as e fornecer serviços inclusivos nas áreas rurais;

5. melhorar a inclusão socioeconômica, a resiliência e o bem-estar dos/as agricultores/as familiares e comunidades rurais;

6. promover a sustentabilidade da agricultura familiar para sistemas alimentares resilientes ao clima;

7. fortalecer a multidimensionalidade da agricultura familiar para inovações sociais que contribuam para o desenvolvimento territorial e sistemas alimentares que protegem a biodiversidade, o meio ambiente e a cultura.

Sorj (2008) destaca que o desenvolvimento da economia como um todo é resultado de incentivos à agricultura familiar, visto que a expansão desta possibilita o desenvolvimento das indústrias que, por sua vez, as indústrias impulsionam a agricultura, verificando-se, assim, o processo de acumulação do conjunto da economia, impulsionada pelo desenvolvimento dos complexos agroindustriais. A este contexto, cabe ao Estado regular essa dinâmica, ao mesmo tempo que orienta e impulsiona certos setores com créditos e subsídios.

3 PROCEDIMENTOS METODOLÓGICOS

A pesquisa, para Gil (1989, p. 42), tem um caráter pragmático, é um "processo formal e sistemático de desenvolvimento do método científico. O objetivo fundamental da pesquisa é descobrir respostas para problemas mediante o emprego de procedimentos científicos".

Gil (2008), afirmando que os estudos que verificam hipóteses causais são também designados de estudos explicativos, resumiu assim a classificação dos níveis de pesquisa descritos por Duverger (1962) e Selltiz *et al.* (1967), em apenas três níveis: descritiva, explicativa e exploratória. Ainda,

Gil (2008) sublinhou que as pesquisas se dividem quanto à natureza em dois tipos, pesquisa quantitativa e pesquisa qualitativa.

Desse modo, importa salientar-se que o presente artigo se enquadra quanto à natureza, como pesquisa básica, porque a pesquisa objetiva gerar conhecimentos novos úteis para o avanço da ciência sem aplicação prática prevista.

Quanto aos objetivos, a pesquisa classifica-se como descritiva explicativa. Descritiva porque visa descrever as relações entre variáveis. Explicativa porque visa identificar os fatores que determinam ou contribuem para a ocorrência dos fenômenos e aprofunda o conhecimento da realidade, porque explica a razão, o "porquê" das coisas.

Quanto aos procedimentos técnicos, classifica-se como bibliográfica, porque foi elaborado a partir de material já publicado, constituído principalmente de livros, artigos de periódicos e atualmente com material disponibilizado na Internet.

4 RESULTADOS E DISCUSSÃO

4.1 Instrumentos agrários pós independência (1975-1993)

É quase que impossível falar da agricultura pós-independência em Moçambique, sem falar da Frente de Libertação de Moçambique (Frelimo), que é o partido que em 25 de junho de 1975, proclamou a Independência Nacional de Moçambique, como resultado de Acordos de Lusaka assinados no dia 7 de setembro de 1974, entre a Frelimo e a Autoridade Colonial Portuguesa na capital (Lusaka) da Zâmbia.

A agricultura sempre foi levada aos congressos da Frelimo, sendo no seu III° congresso em Fevereiro de 1977, foi adaptada a estratégia de coletivização do campo e foi elaborado o Plano Prospectivo Indicativo (PPI), com objetivo de acabar com o subdesenvolvimento, num período de 10 anos (1980-1990) e, no IV° congresso, em 1983, em vista ao aumento da produção foi discutida a necessidade de alargar o centro de acumulação; em 1987, foi implementado o Programa de Reabilitação Econômica (PRE) e depois Social (Pres).

Segundo Castel-Branco (1995), o PPI se caracterizava por dois eixos: o setor estatal e o setor cooperativo. Sendo o primeiro como forma de produção dominante. E tinha como objetivo acabar com a pobreza num período de 10 anos. O PPI era o instrumento na base pelo qual seriam organizados os recursos para o desenvolvimento do potencial agrário e industrial de Moçambique e se assentava em três pilares fundamentais: (i) a socialização do campo e o desenvolvimento acelerado do setor agrário por meio da mecanização, (ii) a industrialização, em particular o desenvolvimento da indústria pesada e (iii) a formação da força de trabalho.

Chichava (2022, p. 17) realça que

> A socialização do campo implicaria a transformação de milhões de camponeses e trabalhadores rurais num forte campesinato socialista, organizado sobre novas relações de produção, e capaz de fortalecer a aliança com os operários, através da intensificação das relações entre o campo e a cidade.

Ainda, Chichava (2022, p. 18) afirmou que Samora Machel apostava e acreditava que

> O aumento da produção e da produtividade no campo, era a solução para os problemas do almejado desenvolvimento do País. [...], a criação de um operariado agrícola e de um campesinato cooperativista reforçaria a aliança operário--camponesa, condição indispensável para o triunfo da luta contra a exploração do homem pelo homem, e para edificação de uma sociedade mais justa em Moçambique.

No período inicial, a implementação do PPI verificou-se um crescimento da economia em cerca de 5%, caracterizado pelo comportamento positivo das maiorias dos indicadores econômicos, a taxa de inflação do mercado oficial esteve controlada entre 1 e 2 por cento, as contas públicas mantiveram-se equilibradas, contrariamente ao consumo público, o consumo privado aumentou; as exportações cresceram, embora mais lenta que as importações e a produção aumentou em quase todos os setores (Wuyts, 1989, 1991 *apud* Baloi, 2018, p. 207).

Apesar de que, no período entre 1977 a 1984, mais de 90% do investimento e dos técnicos alocados a agricultura destinavam-se ao setor estatal e 70% do investimento na economia nacional foi destinado à agricultura e construção de obras de apoio à expansão das explorações agrarias, sobretudo aos projetos de irrigação, e terem sido importadas mais de três mil tratores e cerca de 500 máquinas e equipamentos para sementeira e colheita e insumos agrícolas de melhor qualidade, especialmente químicos importados, do tipo fertilizantes e pesticidas, o setor Estatal não conseguiu responder aos objetivos, justificando-se da crise econômica de 1979 e os efeitos da guerra de agressão contra Moçambique, conforme Castel-Branco (1995).

Os resultados insatisfatórios do padrão centrado no setor estatal levaram com que, em 1983, a Frelimo decidisse dar prioridade aos pequenos agricultores. Segundo Mosca (2017, p. 7):

> Assim, se deu início a importante reforma no meio rural, com a distribuição de terras aos camponeses, como foi o caso do regadio no vale do rio Limpopo e em outras zonas onde mais se fazia sentir o conflito armado. Estas reformas estão claramente associadas à necessidade de responder à insatisfação de pequenos agricultores (ex-colonos moçambicanos dos regadios).

O PRE tinha como principal objetivo a reposição do equilíbrio macroeconômico e dar mais flexibilidade e eficiência à economia nacional, em forma de correção dos erros gerados pelo PPI. Contudo, o PRE foi também caracterizado por uma série de problemas (Casltel-Branco, 1995; Mosca, 2017), que associam o fraco desempenho do PPI e PRE à sua incapacidade de equacionar e responder aos problemas estruturais da economia moçambicana e à concentração de produção pelas empresas estatais, tendo contrapartida a marginalização dos pequenos produtores.

4.2 Instrumentos agrários pós-primeiras eleições multipartidárias (1994-2021)

Moçambique possui boas potencialidades agroecológicas e tem cerca de 36 milhões de hectares de terra arável, extensas áreas com terras férteis e 15 grandes bacias hidrográficas (GBMD, 2018).

Aproximadamente 67% da população Moçambicana reside nas zonas rurais. Desta, cerca de 98% praticam a agricultura familiar, essencialmente de subsistência, que representa 97,8% das explorações agrícolas do país. Cerca de 3,9 milhões das famílias praticam agricultura de sequeiro em parcelas de cerca de 1,4 hectares (Mucavel; Luís, 2021).

Desde 1994, período pós-primeiras eleições multipartidárias, Moçambique vem registando a implementação de diversos instrumentos para dinamização da agricultura em Moçambique, entre as quais, políticas, programas, planos e estratégias e os resultados falhados são esperados antes da sua implementação, por estas não estarem alinhadas à realidade agrícola das regiões, províncias ou distritos e nem às necessidades dos agricultores.

Em 1995, com a aprovação da resolução 11/95, de 31 de outubro, surgiu a primeira política agrária e as respectivas estratégias de implementação (Paei), a qual tinha os seguintes objetivos: (I) transformação da agricultura de subsistência em uma agricultura cada vez mais integrada nas funções de produção, distribuição e processamento; (II) o desenvolvimento de um setor agrário de subsistência que contribua com excedentes para o mercado; (III) o desenvolvimento de um setor empresarial eficiente e participativo no desenvolvimento agrário (Beula, 2020).

Dirigido pelo Paei, o governo aprovou e implementou em 1998 o primeiro projeto nacional de investimento no setor agrário, denominado Programa Nacional de Desenvolvimento da Agricultura (ProAgri I, 1998-2004), com um orçamento de mais de 202 milhões de dólares e cerca de 20 doadores (Lundin; Levene; Germano, 2004).

Segundo Beula (2020), o ProAgri I não assegurou que Moçambique registasse dados significativos de produção e produtividade, visto que, para além da exclusão da sociedade civil e do setor privado na implementação do programa, também maior parte do valor foi investido na capacitação institucional e dos produtores, sendo ignorados as linhas de ação que assegurem ao alcance dos objetivos preconizados. Não obstante, foi investido mais 200 milhões de dólares para implementação do ProAgri II (2006-2010) e foi revisto o Plano Diretor da Extensão Agrária (Pdea) para garantir o seu alinhamento com os objetivos do ProAgri II e Pdea estendia-se de 2007 a 2016.

Ainda em 2007, foi aprovado o Programa Nacional de Extensão Agrária (Pronea, 2007-2014) e que incorporava as orientações do Paei e Pdea, realçando as orientações para o mercado, priorizando as *commodities*, as cadeias de valor agregado, bem como os seus componentes, especialmente a orientação para a formação dos produtores rurais em negócios agrícolas, o fortalecimento das associações e das cooperativas e os suportes aos produtores rurais.

Em 1998 e 2007, foram aprovados e implementados dois planos voltados para a redução da fome em 50% até 2015, denominados de Estratégia de Segurança Alimentar e Nutricional (Esan) I e II, respectivamente. Destacam-se como razão a aprovação da segunda fase da Esan, as limitações do

Esan I, como a falta de indicadores claros de monitoria e avaliação de curto e médio prazos, falta de plano operacional para coordenação, multisetorial e falta de definição de grupos-alvo.

De modo a responder à carência e ao agravamento mundial dos preços de alimentos, foi aprovada em 2007 a Estratégia de Revolução Verde, definida como um instrumento para transformar a agricultura em um sistema altamente produtivo, eficiente, competitivo e sustentável, de forma a garantir a segurança alimentar e a retirar milhões de pessoas da pobreza. Para garantir a operacionalização da estratégia de revolução verde, foi aprovado também o Plano de Acção para Produção de Alimentos (Papa, 2008-2011).

Ainda em 2010, foi aprovado o Plano Estratégico de Desenvolvimento do Setor Agrário (Pedsa, 2011-2020), assente em quatro em linhas de operacionalização a saber, (i) geração, transferência de tecnologia e provisão de insumos agrários; (ii) produção agrária; (iii) desenvolvimento de cadeias globais de valor; (iv) gestão sustentável dos recursos naturais. Em 2013, o governo aprovou o Plano Nacional de Investimento do Setor Agrário (Pnisa, 2013-2017), com objetivo deste operacionalizar o Pedsa.

Com a aprovação do Programa Quinquenal do Governo (PQG, 2015-2019), tornou-se necessário harmonizar e alinhar o PQG com o Pedsa/Pnisa e nisso se aprovou o Plano Operacional para o Desenvolvimento Agrário (Poda, 2015-2019).

Com o objetivo de materialização do PQG (2015-2019), por meio da implementação de ações que concorrem para a redução da pobreza e da vulnerabilidade, assegurando que os resultados do crescimento da economia moçambicana beneficiem a todos os cidadãos, sobretudo os que vivem em situação de pobreza e de vulnerabilidade, foi aprovado e implementado a Estratégia Nacional de Segurança Social Básica (ENSSB, 2016-2024). A ENSSB estrutura-se em quatro eixos de intervenção, nomeadamente, Reforço do consumo, da autonomia e da resiliência; Melhoria da nutrição e do acesso aos serviços de saúde e de educação, Prevenção e resposta aos riscos sociais e Desenvolvimento institucional.

Importa salientar que os instrumentos de dinamização do setor agrário anteriormente mencionados não foram capazes de promover aumentos significativos de produção e produtividade. Não obstante, em 2017, foi aprovado e implementado o projeto Sustenta (2017-2024). Sustenta é um programa integrado de gestão agrícola e recursos naturais, com objetivo de melhorar a qualidade de vida dos agregados familiares rurais, por meio da promoção da agricultura sustentável. Segundo Beula (2020), com um orçamento indicativo de 145,5 mil milhões de meticais, o Sustenta prevê um financiamento integral para toda cadeia de valor, com créditos que variam de 60 mil a 60 milhões de meticais, com taxas de juros no intervalo de 0 e 12%.

Nessa linha de concessão de créditos para aumento da produção e produtividade, criação de empregos e geração de renda, importa realçar que foram introduzidos dois grandes fundos de redução da pobreza e desenvolvimento econômico, nomeadamente o Fundo de Desenvolvimento Distrital (FDD), em 2006, e, em 2010, o Programa Estratégico de Redução da Pobreza Urbana (Perpu, 2011-2014), o FDD distribuía 7 milhões de meticais anuais a cada distrito e o Perpu alocava no mínimo 10 milhões de meticais para cada município. O valor alocado aos municípios variava de acordo as características econômicas, demográficas e territoriais do município.

Como se pode imaginar, o FDD e o Perpu podiam constituir grandes alavancas para o desenvolvimento nacional econômico e social de Moçambique, mas esses apenas aumentaram o número de programas de desenvolvimento fracassados. Mas os resultados falhados do FDD e Perpu sempre foram esperados, porque esses dois projetos definiram de forma errada o seu grupo-alvo, não estava claro a questão de quem é pobre, e ainda porque os projetos direta ou indiretamente forçavam os indivíduos a serem empreendedores. Pode-se afirmar que o governo definia empreendedorismo em seus projetos FDD e Perpu, como algo que depende apenas de financiamento.

Um dos problemas verificados no FDD e Perpu e que é importante rever-se nos próximos projetos levados a cabo a nível local é a existência de uma base de dados nacionais, para o cruzamento da informação dos beneficiados por distrito. Algo que os projetos FDD e Perpu não tinham, o que possibilitava um indivíduo beneficiar-se de quantos financiamentos quisesse, sendo um por cada distrito de Moçambique.

4.3 Visão crítica dos instrumentos de desenvolvimento do setor agrário em Moçambique

Estudos anteriores em torno da agricultura em Moçambique, sobretudo os que analisam a eficácia das políticas agrícolas, apontam resultados falhados e efeitos drásticos para a sociedade e para a economia como um todo pela implementação de políticas de produção em grande escala. Por exemplo, Libombo e Eliziário (2017, p. 1) argumentaram que

> A agricultura adotada pelo governo de Moçambique, centrada nas políticas socialistas, de produção em grandes propriedades com a gerência do Estado, no período pós – independência, destruindo a estrutura tradicional de produção em pequenas escalas dos agricultores, proporcionou uma crise econômica, social e cultural dos cidadãos.

Ainda, Mubai (2014, p. 2) argumenta que

> A atividade agrícola proposta pelo mundo desenvolvido tem se constituído complexa, tornando se cada vez mais improdutiva para o agricultor que se encontra distante das políticas modernas de agricultura, o que envolve combinar os diferentes recursos materiais e financeiros à sua disposição com um conjunto de práticas agrícolas extensivos ao preparo adequado do solo, do plantio, da colheita, da comercialização dentre outras actividades desenvolvidas na agricultura. É esta diferenciação e complexidade da realidade agrícola, resultados de uma política agrícola que prejudica a agricultura familiar e a economia como um todo.

Diante do exposto, surge a questão, por que a persistência em políticas agrícolas viradas a exportação?

Pode-se entender em Mosca (2017) que a persistência em políticas desajustadas à realidade agraria em Moçambique se deve ao medo dos capitalistas Moçambicanos verem-se competindo com camponeses. O autor realçando, que os motivos da marginalização dos camponeses em Moçambique se associam ao argumento de Negrão (2001), que se pode ler em Mosca (2011, p. 81), sublinhou

> As críticas fundamentam-se, principalmente, afirmando que o apoio à produção agrária de pequena escala, fomentava o desenvolvimento da produção individual, cujos camponeses se poderiam transformar em capitalistas, tal como acontecera com os *kulaks* em alguns países africanos.

Se o desenvolvimento nacional de Moçambique tem a agricultura como base e essa atividade pelas suas características é de estreita relação com o meio ambiente, para que a agricultura responda ao plasmado no artigo 103 da CRM, deve levar em conta os princípios básicos do desenvolvimento sustentável, que, segundo Barbosa (2008), são:

✓ Social: refere-se à responsabilidade com a sociedade, preocupação com suas condições de vida, educação, saúde, violência, lazer, dentre outros aspectos.

✓ Ambiental: refere-se à preservação dos recursos naturais do planeta e a forma como são utilizados pela sociedade, comunidades ou empresas.

✓ Econômico: relacionado à produção, distribuição e consumo de bens e serviços, sobretudo a redução dos seus custos de operação.

Dado que a sustentabilidade consiste em encontrar meios de produção, distribuição e consumo dos recursos existentes de forma mais coesiva, economicamente eficaz e ecologicamente viável, é indispensável a integração desses três fatores, para que a sustentabilidade de fato aconteça. Sem eles, a sustentabilidade não se sustenta.

Pelos princípios do desenvolvimento sustentável anteriormente descritos, enfatiza-se o papel da agricultura familiar. Ainda, considerando que Moçambique é um país pobre, com aproximadamente 80% da sua população vivendo na zona rural e praticando a agricultura como meio de subsistência, as políticas de desenvolvimento agrário não podem estar viradas para as exportações. Isto é, o governo deve estimular a produção autônoma e sustentável dos agricultores familiares. Sobre isso (Castro, 1969), realça que somente quando a população trabalhando na agricultura consegue produzir além de suas necessidades, torna-se possível o início de um processo de desenvolvimento caracterizado pela diferenciação de atividades, dando capacidade o país de conseguir atender outras necessidades econômicas.

Analisando as descontinuidades e rupturas das políticas agrarias, bem como dos programas do governo no geral, pode-se concordar com Mosca (2017, p. 4) que "as iniciativas agrárias [...], constituem apenas expectativas de entradas de capitais e da criação do capitalismo agrário, em muitos casos beneficiando as elites de que fazem parte".

As causas do relativo insucesso do PPI e PRE, são problemas de cumprimento e coordenação das ações definidas em cada plano ou programa. A execução do PPI não estava alinhado às metodologias para o alcance das metas pretendidas, uma vez que, segundo Chichava (2022), Thay (2020) e Zonjo (2018), Samora Machel insistia muito na necessidade de transformação socioeconômica do setor familiar, por meio da mobilização e enquadramento dos camponeses, pois o sucesso da cooperativização contribuiria para a organização de um modo de vida rural e urbana sustentável e o aumento da produção e da produtividade no campo era a solução para os problemas do almejado desenvolvimento econômico do país. Mas foram preparados e implementados dois programas integrados, designadamente, o programa de cooperativização e o programa de desenvolvimento do setor estatal agrário, sendo este último levando em todo período aproximadamente 90% do investimento em setor agrário.

A fraca capacidade ou quase impossível de alinhar e responder aos problemas de Moçambique e às exigências do Banco Mundial constituiu uma das principais causas do relativo insucesso do PRE. Desde as primeiras eleições em 1994, Moçambique vem registado a implementação de diversos programas, sendo todos eles caracterizados por valores avultados, nacional ou estrangeiro, que se os planos tivessem objetivos de aumento da produção e produtividade, melhoria das condições de vida nas zonas rurais e urbanas, desenvolvimento das cadeias produtivas e crescimento da economia como um todo, esses planos estariam a ser implementados de acordo ao as características de cada região ou província.

A ignorância dos incentivos ao setor produtivo na incorporação das estratégias de dinamização agrária, leva a crer que os objetivos dos fazedores das iniciativas para dinamizar a produção e a produtividade agrícola, não é o desenvolvimento nacional. Dado que os investimentos a este setor são distribuídos de forma desigual e não atendem as potencialidades agrícolas das regiões ou províncias.

No geral, constituem razões do insucesso dos planos de desenvolvimento de Moçambique após as primeiras eleições multipartidárias as seguintes:

✓ a visão oportuna de acumulação de capital;

✓ a centralização das equipes de estudo e das decisões sobre implementação dos planos;

✓ subposição de programas nacionais e caracterizados com objetivos e estratégias comuns;

✓ fraca robustez das instituições;

✓ barramento da descentralização;

✓ fraca ligação campo-cidade.

Não obstante, para um país que, nos incisos 1 e 2 do artigo 103 da sua Constituição da República (CRM), ressalta o papel da agricultura, sublinhando-se no n.º 1 que "a agricultura é a base de desenvolvimento nacional" e o estado reconhecendo o seu papel, frisou no n.º 2, que "[...] garante e promove o desenvolvimento rural para a satisfação crescente e multiforme das necessidades do povo e o progresso económico e social do País (CRM, 2004). Não se justifica o crédito percentual alocado a esse setor, do total do crédito a economia, conforme mostra a Tabela 1.

Tabela 1 – Percentual de crédito alocado aos setores da economia de Moçambique

Designação	2016	2017	2018	2019	2020	2021
Agricultura	4,05	3,73	4,02	3,71	3,49	2,73
Industria	14,35	12,39	1,45	16,41	18,40	17,26
Construção	13,26	13,58	12,08	9,16	6,75	5,78
Indústria e Turismo	1,41	1,62	2,07	1,52	1,54	1,39
Comércio Doméstico	13,36	14,14	13,87	10,94	11,26	11,76
Transp. e Comunicação	10,51	10,41	12,00	9,98	9,88	10,47
Outros Créditos	43,06	44,13	54,51	48,29	48,69	50,61

Fonte: os autores com base nos dados do INE (2021:92)

Como se pode perceber da Tabela 1, tirando a indústria e turismo, o setor-chave da economia, que é a agricultura, segundo a Constituição da República de Moçambique, é o que menos recebe créditos para a sua dinamização, sendo 4% o teto mais alto concedido a esse setor no período entre 2016 e 2021.

CONSIDERAÇÕES FINAIS

A agricultura desempenha um papel fundamental no processo de desenvolvimento econômico e social, local, regional e nacional dinamizando a indústria, o comércio e os serviços, por meio de importantes efeitos de encadeamento no resto da economia.

A importância da agricultura familiar se dá porque o excedente da produção se destina basicamente às populações urbanas, locais, o que é essencial para a segurança alimentar e nutricional. A produção de alimentos em larga escala pela agricultura familiar permite poupar capital que em outras circunstâncias deveria ser orientado para a produção agrícola ou de divisas que deveriam ser gastas na importação de alimentos. Nisso, pode-se afirmar que o agricultor familiar tem uma importância relativa, auxiliando indiretamente a política monetária no controle da inflação dos alimentos, na medida que esses com os incentivos à produção, sobretudo melhorias das infraestruturas de transporte (estradas e pontes), abastecem o mercado interno.

Assim, este trabalho se propôs a analisar as limitações e desafios da agricultura como fator dinâmico para o desenvolvimento nacional de Moçambique e, primeiramente, pode-se concluir que, entre os fatores que levam a baixa produção e produtividade do setor agrário em Moçambique, está a incapacidade de exploração das suas áreas de cultivo. Mas a agricultura em Moçambique não desempenha a mesma função como nas outras regiões do mundo, devido à marginalização do pequeno agricultor e deficitárias infraestruturas de apoio ao setor produtivo rural.

Dado os números elevados da desnutrição crônica e insegurança alimentar e os dados resultantes de reformas agrárias voltadas à exportação, para que a agricultura em Moçambique se constitua alicerce de desenvolvimento da nação, é necessário que o governo diferencie as linhas de operação dos seus instrumentos voltados ao setor agrário. Assim, é necessário alinhar estes de acordo com as vantagens competitivas de cada região ou província, como forma de acelerar o desenvolvimento regional e territorial, com vistas à edificação de uma economia planejada, forte e prospera.

Ainda, é necessário que o governo, guiado pela maximização do bem-estar socioeconômico, cumpra a função de assegurar a ligação campo-cidade, que pelo comércio dos excedentes de produção agrícola familiar, verificar-se-á a injeção de moeda no meio rural e consequentemente o desenvolvimento dele. Ainda, pelo escoamento dos excedentes, assegurar-se-á a distribuição dos produtos pelas populações e regiões, evitando-se, assim, uma inflação dos alimentos e perda de produtos pós-colheita por dificuldade de escoamento e armazenamento dos mesmos.

Em Moçambique, por mais que maior parte dos créditos fossem ao setor agrícola, os créditos por si só não constituirão incentivo sustentável a esse setor. Isto é, o principal incentivo de aumento da produção e produtividade não é o crédito, mas, sim, a existência de infraestruturas sustentáveis de apoio a produção, a ligação campo-cidade possibilitará, assim, a agricultura desempenhar o seu papel, em produto, mercado e fatores, garantindo-se, desse modo, a sua contribuição aos processos de desenvolvimento de todos os setores da economia.

Por último, sugere-se a continuidade destes estudos na linha de agricultura e desenvolvimento, para a superação dos graves entraves colocados para a população de Moçambique melhorar a sua precária condição de vida.

REFERÊNCIAS

ACSELRAD, H.; LEROY, J. P. **Novas premissas da sustentabilidade democrática.** Rio de Janeiro: Projeto Brasil Sustentável e Democrático: Fase, 1999. (Série Cadernos de Debate Brasil Sustentável e Democrático, n. 1).

ALVES, A. F. **Contribuição da agricultura ao crescimento econômico**: O excedente financeiro de 1980 a 1998. Tese (Doutorado em Ciências) — Economia Aplicada. Escola Superior de Agricultura Luiz de Queiroz, Piracicaba, 2000.

BAIARDI, A.; ALENCAR, C. M. M. de. Agricultura familiar, seu interesse acadêmico, sua lógica constitutiva e sua resiliência no Brasil. **RESR**, Piracicaba, v. 52, Supl. 1, p. S045-S062, 2014.

BALOI, J. A. Políticas e estratégias de combate à pobreza e de promoção do desenvolvimento em Moçambique: Elementos de continuidade e descontinuidade. **Rev. Est. de Políticas Públicas**, Universidad de Chile, Santiago (Chile), v. 4, n. 2, p. 204-215, 2018.

BARBOSA, G. S. **O desafio do desenvolvimento sustentável**. 4. ed. Rio de Janeiro: Revista Visões, 2008. n. 4.

BEULA, E. **O país vai ficar insustentável**. Centro da Democracia para o Desenvolvimento – CDC, n. 36, 2020. Disponível em: https://cddmoz.org/wp-content/uploads/2020/08/O-Pa%C3%ADs-vai-ficar-insustent%C3%A1vel.pdf. Acesso em: 13 nov. 2023

CASTRO, A. B. de. **Sete ensaios sobre a economia brasileira**. Rio de Janeiro: Forense, 1969. v. 2.

CHICHAVA, J. A. da C. O pensamento econômico de Samora Machel no plano prospectivo e indicativo (1980-1990). **Brazilian Journal of Development**, Curitiba, v. 8, n. 1, p. 3178-3201, 2022.

COSTA, J. I. M. da; CASTIGO, P. Análise dos progressos, constrangimentos e desafios do programa agrário "sustenta" em Moçambique. **Research, Society and Development**, [s. l.], v. 10, n. 14, p. e244101421682-e244101421682, 2021.

GRAZIANO DA SILVA, J. **Global dialogue on family farming**. Roma: FAO, 2014. Disponível em: chrome-extension://efaidnbmnnnibpcajpcglclefindmkaj/https://www.fao.org/3/i4403e/i4403e.pdf. Acesso em: 14 nov. 2023.

GIL, A. C. **Métodos e técnicas de pesquisa social**. São Paulo: Editora Atlas SA, 1989.

GIL, A. C. **Métodos e técnicas de pesquisa social**. São Paulo: Editora Atlas SA, 2008.

JOHNSTON, B. F.; MELLOR, J. W. The role of agriculture in economic development. **The American Economic Review**, Nashville, v. 51, n. 4, p. 566-593, 1961.

INSTITUTO NACIONAL DE ESTATÍSTICA (INE). **Anuário Estatístico 2021**. Moçambique, 2021. Disponível em: http://www.ine.gov.mz/estatisticas/publicacoes/anuario/nacionais/anuario-estatistico-2021.pdf/view. Acesso em: 3 nov. 2023.

LIBOMBO, S. E.; FERRANTES, V. L. S. B.; DUVAL, H. C.; LORENZO, H. C. D. Associações agrícolas e desenvolvimento local em Moçambique: Perspectivas e desafios da associação livre de mahubo. **Revista Nera**, Presidente Prudente, São Paulo, Brasil, n. 38, p. 132-150, 2017.

LUNDIN, I. B.; LEVENE, C.; GERMANO, M. **Uma visão sobre o proagri: Uma análise do grupo moçambicano da dívida (gmd)**. Maputo, 2004. Disponível em: https://silo.tips/queue/grupo-moambicano-da-divida-uma-visao-sobre-o-proagri-uma-analise-do-grupo-moambi?&queue_id=-1&v=1715040614&u=MjgwNDo3M-jA6NDAxODoxZDAwOjJjOGE6NjliZTo5ZjYzOjlkYjY=. Acesso em: 13 nov. 2023.

MCKAY, B.; RODRIGUEZ, F. B.; FAJARDO, D. The voluntary guidelines on the responsible governance of tenure of land, fisheries and forests in the context of national food security in Colombia: Towards democratic land-based resource control. **Colloquium Paper No**, International Institute of Social Studies (ISS), Kortenaerkade, The Hague, The Netherlands, v. 19, 2016.

MOSCA, J. Agricultura familiar em Moçambique: ideologias e políticas. **Revista Nera**, Presidente Prudente, São Paulo, n. 38, p. 68-105, 2017.

MOSCA, J. Produção alimentar: Um problema central por resolver. **Destaque Rural**, OMR, Maputo, n. 3, p. 1-5, 2014.

MUBAI, B. A. **Os serviços de extensão agrária pública ao pequeno agricultor familiar do distrito de Boane-Moçambique.** 2014. Dissertação (Mestrado em Geografia) — Universidade Estadual de Maringá, Maringá, 2014. Disponível em: http://repositorio.uem.br:8080/jspui/handle/1/2840. Acesso em: 13 nov. 2023.

MUCAVELE, C.; LUIS, A. As metamorfoses dos serviços de extensão rural em Moçambique: um contributo ao debate sobre o modelo de extensão a praticar no país. **Destaque Rural**, Maputo, n. 136, 2021. Disponível em: https://scholar. google.com.br/scholar?hl=pt-BR&as_sdt=0%2C5&q=As+metamorfoses+dos+servi%C3%A7os+de+extens%C3%A3o+rural+em+Mo%C3%A7ambique+&btnG=. Acesso em: 14 nov. 2023.

PROGRAMA DAS NAÇÕES UNIDAS PARA O DESENVOLVIMENTO (PNUD). **Perspectiva Global Reportagens Humanas**: 1,3 bilhão de pessoas vivem na pobreza; grupos étnicos e mulheres são os mais afetados. [s. l], 2021. Disponível em: https://news.un.org/pt/story/2021/10/1765812. Acesso em: 5 jan. 2023.

QUEDI, R. P.; MORAES S. C.; BOFF, D. S.; BENVEGNU, M. Projetos de pesquisa: articulação de problemas cotidianos a partir de temáticas emergentes. **Cataventos**, Rio Grande do Sul, v. 8, n. 1 p. 103-114, 2016.

SIMON, Álvaro. 2014: Ano Internacional da Agricultura Familiar. **Revista Agropecuária Catarinense,** Florianópolis, v. 27, n. 2, jul. 2014.

SORJ, B. **Estado e classes sociais na agricultura brasileira.** Rio de Janeiro: Centro Edelstein de Pesquisas Sociais, 2008.

THAY, A. H. Processos de liderança e tomada de decisão em Moçambique: Governança de Samora Machel. **Revista Brasileira de Estudos Africanos**, Porto Alegre, v. 5, n. 10, p. 151-171, 2020.

ZONJO, J. F. C. **Discurso como política pública**: a construção do discurso de combate à pobreza em Moçambique–mudanças e continuidades. Disertação (Mestrado em Governação e Administração Pública) — Universidade Eduardo Mondlane, Maputo, 2018.

8

FINANCIAMENTO E EXPORTAÇÕES NO BRASIL: EVIDÊNCIAS DA INDÚSTRIA DE TRANSFORMAÇÃO

Luiza Carolina de Morais
Gilberto Joaquim Fraga
Mauricio Vaz Lobo Bittencourt

INTRODUÇÃO

Existem diversas complexidades intrínsecas à atividade exportadora que podem afetar a atuação de firmas no comércio internacional. O nível de abertura comercial do país, a estrutura produtiva da empresa, seu relacionamento com distribuidores, a capacidade de customização do produto para atender à demanda internacional e os custos específicos associados à exportação são apenas alguns dos fatores que podem afetar fluxos comerciais. A literatura vem destacando o papel de um canal de transmissão em específico: o mercado de crédito.

Há crescente evidência de que o mercado de crédito nos países pode ser fonte de vantagem comparativa, afetar o padrão do comércio internacional e impactar fluxos comerciais (Svaleryd; Vlachos, 2005; Hur; Raj; Riyanto, 2006; Manova, 2013; Manova; Wei; Zhang, 2015). Ainda, apesar de serem as firmas que enfrentam restrições de crédito, a natureza do produto produzido, seu processo de produção e comercialização são aspectos relevantes para a concessão de crédito, o que faz com que alguns setores dependam em maior ou menor medida desse mercado. É justamente essa vulnerabilidade financeira, imersa em um ambiente de diferenças entre o desenvolvimento financeiro dos países, que pode influenciar a especialização setorial de um país (Svaleryd; Vlachos, 2005; Manova, 2013).

A literatura tipifica duas principais fontes de vulnerabilidade financeira: a necessidade de financiamento externo à firma, que pode ser tanto de longo prazo (Rajan; Zingales, 1998), como de curto prazo (Raddatz,

2006) e facilidade com que as firmas do setor conseguem financiamentos no mercado de crédito, ao oferecerem ativos tangíveis como garantia (Braun, 2003).

Uma forma de tentar igualar as condições de crédito domésticas às internacionais e de suavizar a vulnerabilidade financeira específica de alguns setores é por meio de programas oficiais de apoio as exportações. Assim, a política de promoção às exportações pode funcionar como instrumento atenuador das restrições de crédito enfrentadas pelas empresas, especialmente para aquelas inseridas em setores financeiramente mais vulneráveis, incentivando as exportações, pois empresas com menor restrição de financiamento tendem a exportar mais (Chaney, 2016).

Na literatura internacional, encontram-se estudos que exploraram os efeitos dos programas de apoio às exportações nas margens do comércio. Martincus e Carballo (2008), por exemplo, encontraram efeitos positivos sobre a margem extensiva, enquanto Girma *et al.* (2009) e Agarwal e Wang (2017) encontraram efeitos sobre a margem intensiva. Em particular, Agarwal e Wang (2017) estimaram que a cada US$100 dessas autorizações, US$109 de exportações adicionais são geradas para setores além do setor aeroespacial. Badinger e Url (2013) e Janda, Michalikova e Skuhrovec (2013) avaliaram especificamente esse apoio na modalidade de garantias e encontraram efeitos positivos e economicamente significativos sobre as exportações. Nessa linha, Felbermayr e Yalcin (2013) encontram evidências de que em setores financeiramente mais vulneráveis, esse efeito é intensificado.

A literatura brasileira também indica um efeito positivo desses programas sobre as margens do comércio. Galetti e Hiratuka (2013) analisaram dados de 2000 a 2007 e concluem que a presença de recursos liberados pelo BNDES Exim aumentou as exportações das firmas, em especial para micro e pequenas empresas. No entanto, existe uma lacuna na literatura brasileira no que se refere à avaliação dos efeitos de outros programas, como o Seguro de Crédito à Exportação.

Nesse contexto, a presente pesquisa avalia empiricamente os efeitos dois programas públicos brasileiros de apoio às exportações (BNDES Exim e Seguro de Crédito à Exportação) sobre as exportações setoriais, nos anos 2000. Investigar esses efeitos é, além de verificar o uso adequado do recurso público, uma maneira de avaliar a estratégia de apoio às exportações. A especificação empírica tem como base o modelo teórico de firmas heterogêneas desenvolvido por Chaney (2016), que mostra formalmente que as restrições de liquidez das firmas afetam as exportações. Para as estimativas, utiliza-se o procedimento de variáveis instrumentais com dados organizados em painel.

Neste estudo, busca-se contribuir de duas maneiras: a primeira é a incorporação de indicadores de vulnerabilidade financeira, que capturam especificidades setoriais no acesso ao crédito, em uma análise econométrica com foco nos programas públicos brasileiros de apoio às exportações; a segunda inovação consiste na construção de indicadores de vulnerabilidade financeira para os setores utilizando uma amostra de firmas brasileiras a partir da base de dados Economática, o que irá permitir uma interação inédita entre esses indicadores e as variáveis dos respectivos programas de apoio às exportações. Os resultados encontrados para os diferentes os programas indicam que o BNDES Exim estimula as exportações setoriais e suaviza restrições de crédito específicas de setores com maior necessidade de liquidez corrente. O Seguro de Crédito à Exportação atua de modo indireto, promovendo as exportações de setores mais financeiramente vulneráveis.

1 DOIS PROGRAMAS DE APOIO À EXPORTAÇÃO NO BRASIL: EXIM E SCE

O Banco Nacional do Desenvolvimento Econômico e Social (BNDES) foi criado por meio da Lei 1.628, de 20 de junho de 1952. Contudo, segundo Catermol (2005), foi somente em novembro de 1990 que foi feita a primeira solicitação ao banco por uma linha de financiamento às exportações.

Existem diferentes linhas do BNDES Exim, que visam atender desde demandas específicas de setores como o aeronáutico, até uma linha mais geral que atende diversos setores da indústria da transformação. Essas linhas podem ser do tipo pré-embarque, isto é, os recursos liberados são destinados ao financiamento da produção doméstica de bens e serviços que são direcionados ao mercado externo, onde as empresas brasileiras exportadoras são responsáveis por amortizar e liquidar a dívida. Nesse caso, o banco comercial assume o risco da operação, que pode ser eventualmente mitigado com garantias do Seguro de Crédito à Exportação (SCE) ou de seguradoras privadas (CNI, 2017). Isso permite, portanto, que haja sobreposição entre os programas, de forma que o Exim e o SCE atuem de forma complementar para um mesmo contrato de exportação.

Já nas linhas pós-embarque, o recurso financia a comercialização de produtos brasileiros no exterior, e o apoio assume a forma de antecipação de pagamento para a empresa exportadora. Nesse caso, o próprio BNDES assume o risco da operação, exigindo como contrapartida algum tipo de garantia (CNI, 2017).

Ambas as linhas oferecem financiamento de longo prazo e taxas de juros compatíveis com a taxa de juros internacional (CNI, 2017), o que está em acordo com o objetivo do programa, que é o de oferecer aos exportadores brasileiros condições de igualdade de competição no mercado externo (BNDES, 2018). Algumas contrapartidas, como a necessidade de conteúdo local, podem ser exigidas pelo banco de fomento para a liberação do recurso. Em geral, os programas do BNDES Exim são financiados com recursos do Fundo de Amparo ao Trabalhador (FAT), do Tesouro Nacional e de captações externas (CNI, 2017).

Já o seguro de crédito à exportação é um instrumento cuja finalidade é mitigar riscos comerciais, políticos e extraordinários da atividade exportadora. No Brasil, esse seguro pode ser oferecido por meio de seguradoras privadas, como também pela União. Nesse último caso, o Seguro de Crédito à Exportação (SCE) foi criado pela Lei n.º 6.704, de 26 de outubro de 1979, e assume forma de instrumento de política pública, possuindo, atualmente, lastro no Fundo de Garantias à Exportação (FGE), um fundo de natureza contábil e vinculado ao Ministério da Fazenda.

Conforme a ABGF (2015), o SCE pode ser contratado em operações de curto, médio e longo prazo. No primeiro caso, são assegurados, em geral, produtos como tecidos, mármores, granitos, automóveis, celulose, metais e commodities, com prazo de financiamento de até 180 dias. Já nas operações de médio e longo prazo, os prazos de financiamento são acima de 2 e podendo chegar até 18 anos. Os bens segurados nessas operações são geralmente bens de capital, como aeronaves, ônibus, caminhões, máquinas e equipamentos. Também podem ser segurados por essa linha serviços relacionados a obras de infraestrutura e elaboração de projetos. No Gráfico 1, apresenta-se a evolução dos dois programas a partir dos anos 2000.

Gráfico 1 – Evolução dos desembolsos do BNDES Exim para a indústria de transformação: 2000 a 2015, em percentual das exportações da indústria de transformação

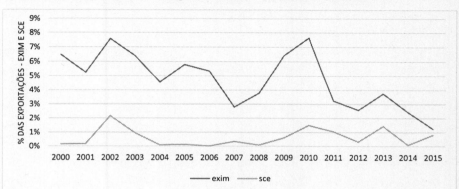

Fonte: elaboração própria com base nos dados da pesquisa

2 LIQUIDEZ E EXPORTAÇÕES

Esta análise tem como base teórica a estrutura desenvolvida por Chaney (2016), no estilo desenvolvido por Melitz (2003), o arcabouço incorpora uma restrição de liquidez[1] às firmas exportadoras, mostrando formalmente que essa condição tem efeitos negativos sobre o comércio.

Para isso, Chaney (2016) parte da noção de que as firmas enfrentam maiores dificuldades para financiar suas exportações do que sua produção doméstica, devido a altos custos de se obter informações de mercados estrangeiros e maior dificuldade de *enforcement* contratual em acordos internacionais, e assume a hipótese extrema de que a firma sempre pode encontrar financiamento para a produção doméstica, mas isso não ocorre com a produção destinada à exportação. Assim, a firma exportadora depende necessariamente de sua própria liquidez[2] para cobrir os custos de entrada em mercados estrangeiros.

Chaney (2016) assume que as firmas são dotadas de um montante exógeno de ativos penhoráveis, denominado de A, que podem ser utilizados

---

[1] Apenas uma ressalva sobre a nomenclatura utilizada na descrição do modelo: Chaney (2016) emprega o termo liquidez (ou restrições de liquidez) em sentido amplo. A posterior escolha do autor em utilizar o montante de ativos penhoráveis como medida de restrição de crédito simplifica a interpretação do modelo.

[2] "Therefore, a firm must rely on its own existing liquidity to cover entry costs into foreign markets" (Chaney, 2016, p. 145). Nesse caso, apesar de Chaney (2016) utilizar a palavra liquidez, ele se refere mais especificamente aos recursos gerados internamente pelas firmas.

para dar liquidez à firma Outra fonte de liquidez para cobrir os custos fixos da atividade exportadora é o lucro gerado pelas vendas domésticas. Por esse motivo, firmas maiores e mais produtivas[3] tendem a sofrer menores restrições de liquidez, pois geram mais caixa e são, portanto, mais líquidas. Contudo, o nível dessas restrições não é perfeitamente correlacionado com o tamanho ou produtividade da firma, à medida que firmas domésticas com o mesmo fluxo de caixa podem possuir ativos com valores penhoráveis diferentes.

Assim, mesmo sendo potenciais exportadoras, firmas com produtividade abaixo de um certo liminar, $\overline{x}(A)$, não exportam devido a restrições de liquidez. Seja $\overline{A}$ o nível de ativos penhoráveis que o exportador menos produtivo necessita para exportar, de modo que $\overline{x}(\overline{A}) = \overline{x}_f$, todas as firmas com $A > \overline{A}$ possuem liquidez excedente, isto é, não sofrem restrições para exportar por essa condição.

Ainda, é possível que uma firma dotada de uma quantidade pequena de ativos penhoráveis, com $A < \overline{A}$, possa engajar no comércio internacional ao possuir uma alta produtividade, de modo que ela possa gerar, através de suas próprias vendas, liquidez suficiente para exportar. Assim, existe um grupo de firmas que poderiam exportar, mas não o fazem devido a essas restrições.

2.1 RESTRIÇÕES DE LIQUIDEZ E PERDA NA EXPORTAÇÃO POTENCIAL

Considere $r_f(x)$ como sendo o valor das exportações de uma firma com produtividade x, o volume das exportações que é perdido devido às restrições de liquidez $(T_{missing})$ e o volume total das exportações (T_{total}) são dados, respectivamente, por:

$$T_{missing} = L \iint_{(A,x)\in\Omega} \overline{r}_f(x) dF(A,x) \tag{1}$$

$$T_{total} = L \int_{x\geq\overline{x}_f} \overline{r}_f(x) dF_x(x) - T_{missing} \tag{2}$$

---

[3] Considere x a produtividade unitária do trabalho das firmas do setor de bens diferenciados, distribuída aleatoriamente, e necessariamente $x \geq 0$.

Ou seja, o impacto das restrições de liquidez no volume das exportações depende da distribuição da produtividade e de choques de liquidez, tanto em sua distribuição como no estoque disponível.

Assume-se que: *i)* os choques na distribuição da produtividade e liquidez são independentes; *ii)* $\overline{A}$ é a liquidez mínima para que não haja restrição de liquidez, de modo que, quando satisfeita, a única restrição é dada por $\overline{x}\left(\overline{A}\right)=\overline{x}_f$; *iii)* há uma fração θ de firmas que sofrem restrições de liquidez $(A < \overline{A})$ e, portanto, uma fração $(1-\theta)$ sem esse tipo de restrição $(A > \overline{A})$. Nesse cenário, as equações (1) e (2) podem ser reescritas como:

$$T_{missing} = \theta L \int_{\overline{x}(A)}^{\overline{x}_f} r_f\left(x\right)dF_x\left(x\right)(3) \tag{3}$$

$$T_{total} = L \int_{x \geq \overline{x}_f} r_f\left(x\right)dF_x\left(x\right) - T_{missing}\left(4\right) \tag{4}$$

Nesse cenário simplificado, Chaney (2016) define choques de liquidez como podendo ser do tipo aprofundamento (*deepening*) ou alargamento (*widening*) do mercado de crédito. No primeiro caso, há um aumento generalizado em A, isto é, um aumento de ativos penhoráveis disponíveis para firmas que sofrem restrições de liquidez. Já o segundo caso representaria uma redução na fração de firmas que sofrem restrições de crédito (redução em θ). O autor prova formalmente que ambos os choques têm um impacto positivo nas exportações totais de bens diferenciados Chaney (2016, p. 152).

2.2 O PAPEL DOS PROGRAMAS PÚBLICOS DE APOIO ÀS EXPORTAÇÕES

Apesar de Chaney (2016) não fazer referência aos programas de apoio às exportações, ao reduzir as restrições de liquidez, esses programas podem ter impacto tanto do tipo aprofundamento quanto alargamento do mercado de crédito, afetando positivamente as exportações. Isto é, ao disponibilizar crédito mais barato ou com contrapartidas mais favoráveis aos exportadores domésticos, esses programas têm o potencial de: *i)* liberar parte dos lucros das firmas domésticas (ao reduzir custos de financiamento), o que, *ceteris paribus*, significa maior disponibilidade de liquidez interna da firma; *ii)* ampliar o acesso ao crédito à exportação, permitindo que algumas firmas que antes eram impossibilitadas de exportar exclusivamente devido ao limiar de liquidez, engajem no comércio internacional (redução em θ).

Ambos os efeitos causariam uma redução da perda de exportação potencial, aumentando a exportação total, conforme as equações (3) e (4). Ou seja, esses programas potencialmente têm efeitos tanto sobre a margem extensiva quanto intensiva do comércio internacional. Ainda, como alguns setores apresentam maior vulnerabilidade financeira que outros, o efeito desses programas pode ser intensificado em setores que, devido a características intrínsecas à própria indústria, enfrentam maiores restrições de crédito.

Alguns trabalhos, como o de Girma *et al.* (2009), Janda, Michalikova e Skuhrovec (2013), Badinger e Url (2013), Felbermayr e Yalcin (2013) e Agarwal e Wang (2017) já encontraram evidências de que os programas de apoio à exportação aumentam as exportações. Especificamente, o trabalho de Felbermayr e Yalcin (2013) mostra que esse efeito é maior para setores financeiramente mais vulneráveis. Por sua vez, Martincus e Carballo (2008) encontraram evidências de que os programas de apoio às exportações têm efeitos positivos sobre a probabilidade de a firma exportar.

Portanto, este artigo objetiva avaliar empiricamente o efeito dos programas brasileiros de apoio às exportações sobre o comércio a nível setorial e, especialmente para os programas Proex, o efeito sobre a margem extensiva do comércio, levando em consideração as condicionalidades da vulnerabilidade financeira setorial.

3 ESTRATÉGIA EMPÍRICA

3.1 DADOS

Para alcançar aos objetivos, são usadas diferentes bases de dados. Os dados utilizados são do BNDES (2018), da Funcex (2018), da Pesquisa Industrial Anual (IBGE, 2018), da ABGF (2018), do Ministério da Fazenda (2018) e da Economática (2018). A partir dessas fontes, foram construídas duas bases de dados. A primeira delas abrange os dados do BNDES Exim e do SCE para indústria de transformação a nível setorial, seguindo a Classificação Nacional de Atividades Econômicas (Cnae) 2.0 de dois dígitos.

Essa base está organizada em um painel balanceado bidimensional com 17 setores da indústria de transformação, contemplando informações anuais do período de 2000 a 2015[4,5]. Na Tabela 1 apresenta-se a descrição conceitual das variáveis utilizadas e as respectivas origens dos dados.

Tabela 1 – Variáveis da pesquisa

Variável	Descrição	Fonte
bndes_total	Desembolso total do sistema BNDES, em dólares[1]	BNDES
cambio_setorial	Câmbio setorial	BNDES e FUNCEX
contratos_sce	Número de contratos das operações do SCE	ABGF
exim	Desembolso do BNDES Exim, em dólares	BNDES
exportadoras	Número de empresas exportadoras	MDIC
imposto_medio	Valor médio de impostos e taxas por empresa, em dólares[1]	PIA
liq_corr	Necessidade de liquidez corrente	Economática
nec_liq	Necessidade de liquidez	Economática
produtividade	Valor da transformação industrial por trabalhador assalariado ligado à produção, em dólares[1]	PIA
sce	Desembolso das operações do SCE, em dólares	ABGF
tang	Tangibilidade	Economática
trab_as_prod	Razão entre pessoal ocupado assalariado ligado à produção e pessoal ocupado total	PIA
trabmedio	Número de trabalhadores assalariados ligados à produção por firma	PIA
X	Exportações brasileiras, em dólares	FUNCEX
X_c	Exportações brasileiras para países que receberam, no ano especificado, exportações brasileiras seguradas, em dólares	FUNCEX

Nota[1]: variável originalmente em real, transformada para dólar utilizando uma taxa de câmbio anualizada, obtida dividindo os valores dos desembolsos do BNDES Exim em dólares para os desembolsos do mesmo programa em reais.

Fonte: elaboração própria

---

[4] Os setores contemplados são os da indústria de transformação, com exceção dos seguintes: 12, 18, 19, 21, 26, 31 e 33. O setor 19 não foi analisado, pois os dados da PIA, por questões de sigilo, não estão disponíveis no nível necessário de desagregação. Os demais setores não foram analisados por não possuírem representatividade (número de firmas) na base Economática ao longo de 2000 a 2015.

[5] Foi realizada uma compatibilização da PIA do ano 2000 até 2006 para o Cnae 2.0.

3.2 MENSURANDO A VULNERABILIDADE FINANCEIRA

Os indicadores de vulnerabilidade financeira merecem atenção. Para construí-los foram utilizados dados financeiros consolidados de firmas brasileiras de capital aberto disponíveis para assinantes na plataforma Economática. Uma vez que a literatura aponta que esses indicadores são vistos como intrínsecos ao setor devido a aspectos do próprio processo produtivo — ver Rajan e Zingales (1998), Braun (2003) e Raddatz (2006) —, mesmo que essas empresas não sejam exportadoras, para Manova, Wei e Zhang (2015), pelo menos parte do custo de produção doméstico é compartilhado. Essa hipótese também está em linha com Chaney (2016), uma vez que, nesse modelo, parte do custo de produção do bem diferenciado é o mesmo para o mercado doméstico e estrangeiro. Além disso, vale destacar que o uso de dados financeiros de balanços de empresas listadas no mercado de capitais é usual na literatura correlata — ver Rajan e Zingales (1998), Braun (2003), Raddatz (2006), Manova (2013) e Manova, Jin e Zhang (2015).

Seguindo as especificações de Braun (2003) e Raddatz (2006), respectivamente, os indicadores de vulnerabilidade financeira são:

$$Tangibilidade = \frac{ativo\,imobilizado}{ativo\,total} \tag{5}$$

$$Necessidade\,de\,liquidez = \frac{estoques}{vendas} \tag{6}$$

Raddatz (2006) propõe o indicador de necessidade de liquidez, definida na equação (06), como uma *proxy* para capital de giro. O autor menciona que o conceito econômico de capital de giro leva em consideração o recurso líquido que as empresas dispendem para financiar suas operações, mas que essas informações não estão disponíveis nos balanços contábeis das empresas, que trazem apenas os dados do ativo e do passivo circulante. Apesar de Raddatz (2006) utilizar como *proxy* a razão entre estoque e vendas setorial em detrimento do conceito contábil da razão capital de giro[6], seus componentes estão intimamente ligados com o conceito econômico de

---

[6] Ativo circulante dividido pelo passivo circulante ou *working capital ratio*. Também, é conhecida como índice de liquidez corrente.

capital de giro, uma vez que os recursos disponíveis para sua contratação se encontram no ativo circulante e que os financiamentos de curto prazo contratados estão no passivo circulante. Assim, objetivando uma análise complementar, também foi calculado o indicador de necessidade de liquidez corrente, dado por:

$$Necessidade\,de\,liquidez\,corrente = \frac{ativo\,circulante}{passivo\,circulante} \tag{7}$$

Após o cálculo individual para cada firma dos indicadores de tangibilidade (*tang*), necessidade de liquidez (*nec_liq*) e necessidade de liquidez corrente (*liq_corr*), conforme as equações (05), (06) e (07), foi calculada uma mediana setorial anual[7] com o intuito de suavizar o efeito de *outliers*.[8] Especialmente para o indicador de liquidez corrente foi feita uma normalização dos dados, para que o intervalo de variação do indicador ficasse entre 0 e 1[9].

3.3 PROCEDIMENTO EMPÍRICO

Os objetivos da presente pesquisa são avaliar: *i)* os efeitos dos programas de apoio às exportações sobre as exportações setoriais e *ii)* se esses efeitos são maiores para setores que apresentam maior vulnerabilidade financeira. Para isso, são propostas duas equações a serem estimadas para cada programa, conforme a literatura: 16 e 17

$$\ln\left(X_{it}\right) = \beta\ln(apoio_{it}) + \gamma Z_{it} + \varphi_i + \varepsilon_{it} \tag{8}$$

$$\ln\left(X_{it}\right) = \beta\ln\left(apoio_{it}\right) + \delta[\ln\left(apoio_{it}\right).\ln(FinVul_{it})] + \gamma Z_{it} + \varphi_i + \varepsilon_{it} \tag{9}$$

---

[7] O uso de medianas é comum na construção de indicadores de vulnerabilidade financeira — ver Braun (2003), Raddatz (2006), Felbermayr e Yalcin (2013).

[8] O indicador de dependência externa, de Rajan e Zingales (1998), foi calculado, mas, devido à falta de dados em alguns anos e consequente desbalanceamento do painel, optou-se por não o utilizar como medida de vulnerabilidade financeira.

[9] Isso foi feito para que o intervalo de variação do indicador ficasse semelhante ao intervalo dos demais indicadores de vulnerabilidade financeira. A fórmula para normalização utilizada foi a seguinte: , onde o valor mínimo foi fixado em zero e o máximo foi o valor máximo observado na série.

Onde X_{it} são as exportações do setor i no tempo t, $apoio_{it}$ são os desembolsos do BNDES Exime do SCE, $FinVul_{it}$ é a medida de vulnerabilidade financeira e Z_{it} são variáveis de controle. O φ_i são os efeitos fixos para controlar diferenças sistemáticas entre setores. Manova, Wei e Zhang (2015) indicam que o controle desses efeitos é relevante, pois eles captam eventuais vantagens comparativas entre setores, choques setoriais específicos de demanda e de custos, além de absorver o efeito em nível de $FinVul_{it}$.

Conforme apontam Badinger e Url (2013), um problema que pode surgir é a causalidade reversa. Isto é, um choque positivo nas exportações pode fazer com que o governo conceda mais recursos de apoio, gerando endogeneidade no modelo. Baltagi (2005) aponta que a endogeneidade faz com que os estimadores de MQO sejam inconsistentes. Para corrigir esse problema, o autor propõe o uso do método de variáveis instrumentais (VI) para obter parâmetros consistentes.

Portanto, seguindo Badinger e Url (2013) e em linha com o proposto por Baltagi (2005), foi utilizado o método de variáveis instrumentais (VI) em uma estimação de Mínimo Quadrado em Dois Estágios (MQ2E) com controle de efeitos fixos para dados em painel. Para a avaliação do modelo foram realizados alguns testes de validação dos resultados, sendo eles: Estatística LM de Kleibergen-Paap para um teste de subidentificação, Estatística F de Cragg-Donald para um teste de identificação fraca, Estatística J de Hansen para um teste de validade dos instrumentos, além do teste de endogeneidade[10].

Para o Exim, foram utilizadas como instrumentos (VI) o desembolso total dos programas do BNDES e a razão entre pessoal ocupado assalariado ligado à produção e ao pessoal ocupado total, que foi construída a partir de dados da Pesquisa Industrial Anual (PIA). As motivações para a escolha desses instrumentos são: o recurso do BNDES como um todo também advém, dentre outras fontes, do FAT, do Tesouro Nacional e de captação em mercado. Ou seja, o BNDES Exim compartilha sua fonte do recurso com os demais programas do banco de fomento. Por sua vez, a disponibilidade desses fundos está relacionada às variáveis macroeconômicas, aos resultados fiscais e aos ciclos políticos, isto é, variáveis que não necessariamente estão

---

[10] Esse teste é definido como a diferença entre duas estatísticas de Sargan-Hansen: a primeira, para uma equação onde a variável explicativa suspeita de endogeneidade é tratada como endógena e a segunda, quando a variável explicativa suspeita de endogeneidade é tratada como exógena. Sob homocedasticidade condicional, esse teste é numericamente idêntico a um teste de Hausman. A rejeição da hipótese nula aponta endogeneidade da variável explicativa suspeita no modelo — ver Baum, Schaffer, Stillman (2010).

relacionadas com a variável dependente. Além disso, pode se argumentar que há um direcionamento geral desses recursos a setores que são considerados estratégicos pelo governo para o desenvolvimento do país. Nesse contexto, entra também o papel do segundo instrumento, que é o pessoal ocupado assalariado ligado à produção.

Para o SCE, atuaram como instrumento o número de contratos desse seguro em cada setor em cada ano, o que aponta um maior ou menor estímulo na concessão de recursos, e que não necessariamente está relacionado a variável dependente e, assim como para o Exim, a razão entre pessoal ocupado assalariado ligado à produção e ao pessoal ocupado total.

A produtividade é uma variável de grande relevância no modelo de Chaney (2016), e foi construída a partir da razão do valor da transformação industrial[11] por pessoal ocupado na produção. Além disso, foi incluída uma variável para controlar o tamanho do setor por meio do número médio de pessoal ocupado ligado à produção por empresa. É esperado que os coeficientes de ambas as variáveis sejam positivos: quanto mais produtivas as firmas, maiores serão suas chances de exportar, como bem documentado pela literatura; quanto maior o tamanho do setor, maior a escala e maiores as chances de exportar.

Para controlar os efeitos das flutuações cambiais sobre as exportações — ver Bittencourt *et al.* (2007) e Chaney (2016) —, o câmbio setorial foi incluído como variável explicativa. Para sua construção, foi utilizada uma taxa de câmbio anual ponderada pelo peso das exportações setoriais da indústria de transformação.

Também foram incluídas variáveis *dummy* para controlar os efeitos da crise internacional. Em alguns casos, para captar os efeitos da vulnerabilidade financeira na crise, foram incluídas interações dos anos da crise com a necessidade de liquidez, com a necessidade de liquidez corrente e com a tangibilidade. No modelo de Chaney (2016), uma crise (ou um choque de liquidez negativo) pode, consequentemente, impedir um maior número de firmas de engajar na atividade exportadora e, portanto, restringindo as exportações. Empiricamente, Chor e Manova (2012), ao estudarem como as condições de crédito afetam os fluxos comerciais durante a crise, encontram que países com taxas de juros interbancárias mais altas exportam menos em setores financeiramente mais vulneráveis. Tendo em vista que o Brasil

---

[11] O uso do valor da transformação industrial para obter a produtividade é utilizado em Cavalcante e De Negri (2014).

se encaixa nesse cenário e em linha com o modelo teóricode Chaney, o sinal esperado do coeficiente é negativo, caso a interação seja feita com o indicador de necessidade de liquidez ou com o indicador de necessidade de liquidez corrente e positivo caso seja feita com o indicador de tangibilidade.

4 RESULTADOS

4.1 EXPORTAÇÕES E BNDES EXIM

Na Tabela 2, apresentam-se os resultados para as estimações das equações (8) e (9) usando o método de variáveis instrumentais para o BNDES Exim.

Em todas as especificações, o coeficiente do Exim é positivo e estatisticamente significativo, indicando efetividade do programa em ampliar as exportações. Em sintonia com o modelo teórico apresentado, o programa geraria um efeito geral de alargamento e/ou aprofundamento do mercado de crédito, o que levaria a um aumento das exportações.

Tabela 2 – Efeitos do BNDES Exim sobre as exportações

Variável dependente		Vulnerabilidade financeira		
Exportações (ln)		Nec. de liquidez	Tangibilidade	Liq. corrente
	(1)	(2)	(3)	(4)
ln(exim)	0.0525**	0.0553**	0.0352**	0.0719***
	(0.0227)	(0.0221)	(0.0146)	(0.0258)
ln(exim)_ln(FinVul)		0.00139	-0.00375	0.00645*
		(0.00579)	(0.00642)	(0.00337)
ln(produtividade)	1.313***	1.317***	1.262***	1.313***
	(0.100)	(0.0885)	(0.0716)	(0.106)
ln(cambio_setorial)	0.942***	0.948***	0.900***	0.973***
	(0.102)	(0.0955)	(0.0789)	(0.107)
ln(trabmedio)	0.257	0.249	0.286	0.203
	(0.235)	(0.226)	(0.213)	(0.232)

Variável dependente		Vulnerabilidade financeira		
d2008	0.155***	0.0385	0.153*	0.116
	(0.0502)	(0.202)	(0.0852)	(0.246)
d2009_10	-0.139**	0.259	-0.105	0.0976
	(0.0683)	(0.198)	(0.0932)	(0.159)
d2008_ ln(FinVul)		-0.0642	-0.0118	-0.0152
		(0.106)	(0.0558)	(0.111)
d2009_10_ ln(FinVul)		0.211*	0.00320	0.121
		(0.114)	(0.0698)	(0.0890)
R^2	0.572	0.577	0.672	0.545
Sector FE	Sim	Sim	Sim	Sim
Kleibergen-Paap rk LM $p.value$	0.0356	0.0210	0.0691	0.0860
Hansen J $p.value$	0.1106	0.3086	0.0575	0.3195
Cragg-Donald Wald F stat	5.377	3.459	3.191	3.001
Stock&Yogo 10% relative bias		7.56	7.56	7.56
Stock&Yogo 15% size distortion	11.59	9.93	9.93	9.93
H_0=endogeneity ($p.value$)	0.0056	0.0026	0.1624	0.0039
Número de sectores	17	17	17	17
Observações	272	272	272	272

Nota[1]: erros padrão robustos. Significante a

*** 1%, ** 5%, * 10%. Nota[2]: Atuaram como variáveis instrumentais excluídas para a regressão da coluna (1): $ln(bndes\_total)$, $ln(trab\_as\_prod)$; colunas (2), (3), (4): $ln(bndes\_total)$, $ln(bndes\_total).ln(FinVul)$, $ln(FinVul)$, $ln(trab\_as\_prod)$, onde $FinVul$ é a medida de vulnerabilidade financeira utilizada em cada caso.

Fonte: elaboração própria com base nos dados da pesquisa

Os resultados da coluna (1) da Tabela 2 indicam que um aumento de 1% nos recursos desembolsados pelo programa causa um aumento de 0,053% nas exportações. Isso, em termos médios de período e de setores, significa que um aumento de 2,58 milhões de dólares nos desembolsos do Exim gera, em média, um incremento de quase 3 milhões de dólares nas exportações brasileiras, conforme a presente amostra em análise. Isto é, o Exim gera um efeito multiplicador de 1,14. Em termos práticos, isso significa que cada US$1 desembolsado pelo Exim gera US$1,14 de exportações adicionais. Esse multiplicador é maior do que o encontrado por Agarwal e Wang (2017) nos Estados Unidos. Nesse estudo, os autores avaliam o US Exim e encontram um multiplicador de 1,09 do programa sobre as exportações americanas. Ainda, a regressão da coluna (4) traz evidências de que o Exim consegue compensar uma alta necessidade de liquidez corrente, tornando esse efeito ainda maior para setores mais financeiramente vulneráveis.

Com relação às variáveis de controle, a produtividade é aquela que apresenta o efeito mais expressivo: um aumento de 10% na produtividade setorial causaria um aumento entre 12% e 13% nas exportações.

O controle para a crise internacional ocorrida no período foi feito através de duas variáveis *dummy*, *d2008* e *d2009_10*. O coeficiente da dummy *d2009_10*, quando significativo, apresenta sinal negativo. Esse resultado é um indicativo de que contratos de exportação possuem algum prazo para serem cumpridos e que os choques poderão levar algum tempo para serem refletidos nas exportações, principalmente na indústria de transformação[12].

Apesar da indicação de instrumentos fracos pela estatística Cragg-Donald (quando comparada aos valores críticos de Stock e Yogo), a hipótese nula de que os coeficientes das variáveis endógenas são conjuntamente iguais a zero é rejeitada, em dois testes robustos à presença de instrumentos fracos[13].

Em síntese, ainda que pese a presença de instrumentos fracos, os resultados encontrados para as especificações apresentadas nas colunas (1) e (4), que indicam que o Exim de fato tem um efeito positivo sobre as exportações e que esses efeitos são maiores em setores com maior necessidade de liquidez corrente, são válidos, à medida que testes adicionais

---

[12] Além do período de contratação e produção da mercadoria, Manova, Wei e Zhang (2015) apontam que um despacho *cross-border* da mercadoria e seu recebimento pelo importador demora, tipicamente, 60 dias a mais do que um despacho doméstico.

[13] Teste Anderson-Rubin Wald e estatística Stock-Wright LM S. Os resultados foram omitidos por uma questão de síntese, mas estão disponíveis mediante solicitação.

indicam que as variáveis endógenas são relevantes para esses modelos, que os instrumentos são válidos (não rejeição da hipótese nula de instrumentos válidos do teste de Hansen J) e que os modelos estão identificados conforme o teste LM de Kleibergen-Paap.

4.2 EXPORTAÇÕES E SEGURO DE CRÉDITO À EXPORTAÇÃO

Para avaliar o segundo programa de fomento às exportações, as equações (8) e (9) foram estimadas considerando o Seguro de Crédito à Exportação como variável de interesse (apoio).

É característica do SCE atender alguns países, principalmente aqueles que possuem maior risco. Portanto, objetivando uma maior assertividade do modelo, especificamente nesse caso, a variável dependente representa as exportações setoriais totais para países com os quais houve negociação de seguro no ano em questão. Por exemplo, para o ano de 2000, as exportações seguradas tiveram como destino dez países. Então, como variável dependente, foram consideradas apenas as exportações setoriais para esses países[14]. Os resultados são apresentados na Tabela 2.

Nas colunas (2), (3) e (4) da Tabela 2 estão os resultados das estimações baseadas na equação (9), utilizando como medida de vulnerabilidade financeira a necessidade de liquidez, tangibilidade e necessidade de liquidez corrente, respectivamente. Optou-se pela estimação por meio de variáveis instrumentais, mesmo após indicativo de não endogeneidade no modelo, pois os coeficientes obtidos por esse método foram mais conservadores do que os obtidos por MQO[15].

Os resultados para o modelo utilizando a necessidade de liquidez como medida de vulnerabilidade financeira não são significativos. Entretanto, quando ela é medida por meio da tangibilidade ou da necessidade de liquidez corrente, a maior parte dos coeficientes se mostram significativos. Os resultados trazem evidências de que o Seguro de Crédito à Exportação de fato consegue impulsionar as exportações de setores financeiramente mais vulneráveis, compensando restrições de crédito intrínsecas à setores menos tangíveis e com maior necessidade de liquidez corrente.

---

[14] Contudo, devido ao nível de agregação da base de dados fornecida pela ABGF, não foi possível identificar e filtrar quais países utilizar para cada setor. Mesmo assim, a estratégia aplicada consegue, em algum nível, limpar variações, nesse caso indesejadas, dos demais países na variável dependente.

[15] Conservadores no sentido de coeficientes estimados menores. As estimações utilizando apenas MQO foram omitidas por uma questão de síntese, mas estão disponíveis mediante solicitação.

Tabela 3 – Efeitos do SCE sobre as exportações

Variável dependente		Vulnerabilidade financeira		
Exportações (ln X_c)		Nec.de liquidez	Tangibilidade	Liq. corrente
	(1)	(2)	(3)	(4)
ln(sce)	0.0245	0.0125	-0.0323	0.0780**
	(0.0239)	(0.0407)	(0.0336)	(0.0363)
ln(sce)_ln(FinVul)		-0.00695	-0.0412**	0.0272*
		(0.0208)	(0.0189)	(0.0158)
ln(produtividade)	0.532***	0.543***	0.561***	0.526***
	(0.146)	(0.154)	(0.150)	(0.147)
ln(cambio_setorial)	0.481***	0.496***	0.512***	0.472***
	(0.165)	(0.171)	(0.162)	(0.161)
ln(trabmedio)	-0.210	-0.171	-0.265	-0.429
	(0.540)	(0.540)	(0.521)	(0.580)
d2008	-0.0137	-0.974	0.849***	-1.716***
	(0.135)	(0.648)	(0.315)	(0.578)
d2009_10	0.515***	0.453	0.731***	0.0723
	(0.0929)	(0.479)	(0.187)	(0.335)
d2008_ ln(FinVul)		-0.560	0.694***	-0.787***
		(0.349)	(0.250)	(0.267)
d2009_10_ ln(FinVul)		-0.0353	0.193	-0.208
		(0.266)	(0.147)	(0.169)
Sector FE	Sim	Sim	Sim	Sim
R^2	0.128	0.134	0.171	0.165
Kleibergen-Paap rk LM *p.value*	0.0002	0.0001	0.0002	0.0003
Hansen J *p.value*	0.3689	0.3289	0.3310	0.1995
Cragg-Donald Wald F stat	91.078	95.250	60.093	60.712

PERSPECTIVAS ECONÔMICAS: ANÁLISES E REFLEXÕES

Variável dependente	Vulnerabilidade financeira			
Stock&Yogo 10% relative bias				
Stock&Yogo 15% size distortion	11.59	8.18	8.18	8.18
H0=endogeneity (*p.value*)	0.9899	0.9931	0.3696	0.3908
Número de sectores	16	16	16	16
Observações	256	256	256	256

Nota[1]: erros padrão robustos. Significante a *** 1%, ** 5%, * 10%. Nota[2]: O setor 16 foi retirado da amostra, outlier. Atuaram como variáveis instrumentais excluídas para a regressão da coluna (1): *ln(trab_as_prod)*, *ln(contratos_sce)*; colunas (2), (3), (4): *ln(trab_as_prod)*, *ln(contratos_sce)*, *ln(contratos_sce).ln(FinVul)*.

Fonte: elaboração própria, dados da pesquisa

Os efeitos encontrados quando a vulnerabilidade financeira é mensurada pela tangibilidade, são inferiores aos encontrados por Felbermayr e Yalcin (2013). Esses autores estimaram um efeito da interação entre os desembolsos do programa de garantias à exportação da Hermes e a tangibilidade, sobre as exportações alemãs e em termos de elasticidade, de -0.085, que é menos da metade do efeito causado pelo SCE sobre as exportações brasileiras em setores mais tangíveis. Uma possível interpretação para o efeito obtido por Felbermayr e Yalcin (2013) seria que, na Alemanha, quando o recurso da Euler Hermes[16] é destinado a segurar exportações de setores mais tangíveis, as exportações alemãs são menos afetadas do que são as exportações brasileiras quando o SCE direciona seus recursos a setores mais tangíveis. Isso pode ser uma consequência de que países com menor nível de desenvolvimento financeiro exportam mais em setores mais tangíveis (Braun, 2003).

A produtividade, em todas as estimações, mostra-se positiva e estatisticamente significativa. Apesar de ser economicamente significativo, o efeito verificado é muito inferior ao obtido na regressão do Exim, o que pode estar associado à diferença na construção da variável dependente

---

[16] A Euler Hermes é uma empresa que administra, nesse caso em nome do governo alemão, o programa de garantias à exportação do país.

de cada modelo. No caso do SCE, conforme já mencionado, essa variável engloba, em grande parte, exportações para países com maior classificação de risco. Assim, o efeito da produtividade sobre as exportações direcionadas a países com maior risco é, em geral, menor do que o mesmo efeito sobre as exportações totais dos setores considerados, da indústria de transformação. Isso pode ser um indicativo de que para exportar para esses países, o limiar de produtividade a ser alcançado é menor. Já o efeito do câmbio sobre as exportações é quase a metade do efeito verificado no Exim (Tabela 2).

Tanto a questão da produtividade quanto essa menor sensibilidade ao efeito dos preços relativos podem estar associados a acordos comerciais brasileiros com países emergentes ou em desenvolvimento que, de maneira geral, tendem a possuir maior classificação de risco. De fato, dos 22 acordos vigentes, apenas 2 não possuem países nessas classificações como parceiros (CNI, 2018; FMI, 2017). Esses acordos podem fazer com que o nível de preços relativos e a produtividade, apesar de relevantes, não sejam fatores tão decisivos para a firma exportar. Isso explicaria a importância reduzida dessas variáveis nos resultados da avaliação do SCE quando comparado aos resultados do BNDES Exim.

Ainda, a variável *dummy d2009_10*, incluída para capturar os efeitos da crise internacional, apresenta sinal positivo quando estatisticamente significativa. Novamente, isso pode estar relacionado à variável dependente do modelo, em geral, não conter países europeus e estar direcionada a países emergentes.[17]

Ainda, apesar da *dummy d2008* apresentar efeito ambíguo sobre as exportações, a depender da medida de vulnerabilidade financeira utilizada, as interações de *d2008* com a tangibilidade e com a necessidade de liquidez corrente mostram que, mesmo nos momentos iniciais da crise internacional, setores mais tangíveis exportaram mais e setores com maior necessidade de liquidez corrente exportaram menos. Isso está em linha com a literatura (ver Chor e Manova, 2012) e corrobora a ideia de que em períodos de crise as restrições de crédito se tornam mais severas[18].

---

[17] Conforme relatório do FMI (2017), em 2009, o PIB do mundo caiu 1% em relação ao ano anterior. Enquanto nas economias classificadas como avançadas essa diminuição foi ainda mais acentuada (cerca de 3,4%), nas economias emergentes e em desenvolvimento houve um crescimento de 2,8%.

[18] É interessante notar que, no caso de fluxos comerciais internacionais, pode haver um período para que os efeitos da crise se estabeleçam. Mas essa velocidade de ajuste para o mercado de crédito pode ser muito mais rápida, impondo condições mais restritivas e impossibilitando novos contratos em setores financeiramente mais vulneráveis já nos momentos iniciais da crise.

Em setores com maior necessidade de liquidez e maior necessidade de liquidez corrente, os efeitos de ambos os programas sobre a margem extensiva são intensificados, sugerindo que eles de fato atuam como compensadores de restrições de crédito de curto prazo intrínsecas a alguns setores. Contudo, eles não conseguem compensar uma baixa tangibilidade setorial[19].

Tendo em vista os programas avaliados, vale ressaltar que os coeficientes entre eles devem ser interpretados com cautela, devido, justamente, ao enfoque e público distinto de cada programa. Os recursos do BNDES Exim, por exemplo, tendem a estar concentrados em setores de bens capital. No caso do SCE, dado o objetivo do programa, as exportações seguradas tendem a ser direcionadas para mitigar maior nível risco.

Feita a ressalva e considerando o conjunto dos resultados, mais especificamente a direção dos efeitos obtidos, é possível afirmar que os programas de apoio às exportações podem gerar um efeito econômico positivo, na margem intensiva do comércio internacional esse efeito, em geral, é maior em setores financeiramente mais vulneráveis. Em uma possível sequência nessa agenda de pesquisa, novos estudos devem incorporar na análise o impacto do sistema proex sobre a ampliação de firmas exportadoras (margem extensiva), a presente pesquisa não incorporou o proex, devido à restrição ao acesso de dados contemplando uma amostra suficiente para análise.

CONSIDERAÇÕES FINAIS

Este estudo contribui para a literatura brasileira ao verificar a existência desses efeitos, em nível setorial, para dois programas de apoio às exportações no Brasil (BNDES Exim e Seguro de Crédito à Exportação), e inova ao incorporar na análise, medidas de vulnerabilidade financeira construídas a partir de uma base de dados em nível de firmas brasileiras distribuídas setorialmente.

Os resultados obtidos sugerem que o Exim estimula as exportações setoriais e suaviza restrições de crédito específicas de setores com maior necessidade de liquidez corrente. O Seguro de Crédito à Exportação atua de modo indireto, promovendo as exportações de setores financeiramente mais vulneráveis. Em linha com a literatura, a produtividade se mostra

---

[19] Tanto a necessidade de liquidez, a necessidade de liquidez corrente, como a tangibilidade são medidas de vulnerabilidade financeira que, apesar das duas primeiras estarem correlacionadas negativamente com a tangibilidade, não são opostas.

relevante em todas as especificações, apesar de sua importância ser menor no modelo que avalia os efeitos do SCE. Também, esta pesquisa apresenta evidências de que em momentos de crise financeira, setores financeiramente vulneráveis exportam relativamente menos.

Esses resultados geram algumas implicações para a adoção de políticas de apoio às exportações no Brasil que devem ser destacadas. Em primeiro lugar, os programas avaliados causam impacto desejável nas variáveis econômicas avaliadas, seja no montante exportado, apesar desses impactos variarem entre setores. Nesse sentido, tanto do ponto de vista teórico como empírico, o maior ganho desses programas está justamente no apoio de setores que possuem maiores restrições de crédito.

Ainda que a pesquisa indique efeitos positivos ocasionados pelas políticas de apoio às exportações, uma vez que se trata de política pública, o redirecionamento de recursos para a adoção dessas políticas deve ser considerado com atenção para obter os melhores resultados.

REFERÊNCIAS

ABGF. Agência Brasileira Gestora de Fundos Garantidores e Garantias. **Informações sobre o Seguro de Crédito** à Exportação. Brasília. 2015. Disponível em: https://esic.cgu.gov.br. Acesso em: ago. 2018.

AGARWAL, N.; WANG, Z. Does the US Exim Bank really promote exports? **The World Economy**, Nottingham, v. 41, p. 1-37, 2017.

BADINGER, H.; URL, T. Export Credit Guarantees and Export Performance: Evidence from Austrian Firm-level Data. **The World Economy**, Nottingham, v. 36, n. 9, p. 1115-1130, 2013.

BALTAGI, B. **Econometric Analysis of Panel Data**. 3. ed. Chichester: John Wiley and Sons Ltd, 2005.

BAUM, C.; SCHAFFER, M.; STILLMAN, S. ivreg2: Stata module for extended instrumental variables/2SLS, GMM and AC/HAC, LIML and k-class regression. **Repec**, [s. l.], 2018. Disponível em: www.repec.org/bocode/i/ivreg2.html. Acesso em: 15 ago. 2018.

BITTENCOURT, M. V. L.; LARSON, D. W.; THOMPSON, S. R. Impactos da volatilidade da taxa de câmbio no comércio setorial do Mercosul. **Estudos Econômicos**, São Paulo, v. 37, n. 4, p. 791-816, 2007.

BNDES. Banco Nacional de Desenvolvimento Econômico e Social. **Financiamentos**. Disponível em: https://www.bndes.gov.br/wps/portal/site/home/bndes-data. Acesso em: 2018.

BRAUN, M. **Financial Contractibility and Asset Hardness**: industrial composition and growth. Cambridge: Harvard University, 2003.

CATERMOL, F. BNDES-exim: 15 Anos de Apoio às Exportações Brasileiras. **Revista do BNDES**, Rio de Janeiro, v. 12, n. 24, p. 3-30, 2005.

CAVALCANTE, L.; DE NEGRI, F. Evolução recente dos indicadores de produtividade no Brasil. *In*: CAVALCANTE, L.; DE NEGRI, F. (org.). **Produtividade no brasil**: desempenho e determinantes volume 1 – desempenho. Brasília: IPEA, 2014. p. 143-171.

CHANEY, T. Liquidity constrained exporters. **Journal of Economic Dynamics & Control**, Amsterdam, v. 72, p. 141-154, 2016.

CHOR, D.; MANOVA, K. Off the Cliff and Back: Credit Conditions and International Trade during the Global Financial Crisis. **Journal of International Economics**, New York, v. 87, p. 117-133, 2012.

CNI. Confederação Nacional da Industria. Assuntos Internacionais, Acordos Comerciais. **Portal da Industria**, [*s. l.*], 2018. Disponível em: http://www.portaldaindustria.com.br/cni/canais/assuntos-internacionais/o-que-fazemos/temas-prioritarios/acordos-comerciais. Acesso em: 12 nov. 2018.

CNI. Confederação Nacional da Industria. Financiamentos as exportações e aos investimentos de empresas brasileiras no exterior. **Portal da Industria**, Brasília, 2017. Disponível em: http://www.portaldaindustria.com.br/publicacoes/2017/6/financiamento-exportacoes-e-aos-investimentos-de-empresas-brasileiras-no-exterior/. Acesso em: 12 abr. 2018.

ECONOMÁTICA. **Base de dados.** Rio de Janeiro, 2018. Disponível em: https://economatica.com. Acesso em: 13 abr. 2018.

FELBERMAYR, G.; YALCIN, E. Export Credit Guarantees and Export Performance - An Empirical Analysis for Germany. **The World Economy**, Nottingham, v. 36, n. 8, p. 967-999, 2013.

FMI. INTERNATIONAL MONETARY FUND. **World Economic Outlook**: World Economic and Financial Surveys. [*S. l.*], 2017. Disponível em: https://www.imf.org. Acesso em: 17 nov. 2018.

FUNCEX. **Base de dados funcexdata**. [*S. l.*], 2018. Disponível em: http://www.funcexdata.com.br. Acesso em: 17 mar. 2018.

GALETTI, J.; HIRATUKA, C. Financiamento às exportações: Uma avaliação dos impactos dos programas públicos brasileiros. **Revista de Economia Contemporânea**, Rio de Janeiro, v. 17, n. 3, p. 494-516, 2013.

GIRMA, S.; GONG, Y.; GÖRG, H.; YU, Z. Can Production Subsidies Explain China's Export Performance? Evidence from Firm-level Data. **Scandinavian Journal of Economics**, Estocolmo v. 111, n. 4, p. 863-891, 2009.

GUIMARÃES, E. Financiamento às exportações: avaliações e recomendações. **Revista Brasileira de Comércio Exterior**, Rio de Janeiro, n. 130, p. 14-33, 2017.

HUR, J.; RAJ, M.; RIYANTO, Y. Finance and Trade: A Cross-Country Empirical Analysis on the Impact of Financial Development and Asset Tangibility on International Trade. **World Development**, [*S. l.*], v. 34, n. 10, p. 1728-1741, 2006.

IBGE. **Pesquisa Industrial Anual**. [*S. l.*], 2018. Disponível em: www.ibge.gov.br/estatisticas/downloads-estatisticas.html. Acesso em: 10 mar. 2018.

JANDA, K.; MICHALIKOVA, E.; SKUHROVEC, J. Credit Support for Export: Robust Evidence from the Czech Republic. **The World Economy**, Nottinghaam, v. 36, n. 12, p. 1588-1610, 2013.

MANOVA, K. Credit constraints, heterogeneous firms, and international trade. **The Review of Economic Studies**, Oxford, v. 80, p. 711-744, 2013.

MANOVA, K.; WEI, S.; ZHANG, Z. Firm exports and multinational activity under credit constraints. **Review of Economics and Statistics**, Cambridge, v. 97, p. 574-588, 2015.

MARTINCUS, C.; CARBALLO, J. Is export promotion effective in developing countries? Firm-level evidence on the intensive and the extensive margins of exports. **Journal of International Economics**, New York, v. 76, p. 89-106, 2008.

MDIC. **Financiamento e Garantia às Exportações**. [*S. l.*], 2018. http://www.mdic.gov.br/comercio-exterior/financiamento-e-garantia-as-exportacoes. Acesso em: 11 ago. 2018.

MDIC. **Empresas brasileiras exportadoras e importadoras**. [*S. l.*], 2018b. Disponível em: http://www.mdic.gov.br/index.php/comercio-exterior/estatisticas-de-comercio-exterior/empresas-brasileiras-exportadoras-e-importadoras. Acesso em: 5 jul. 2018.

MELITZ, M. The impact of trade on aggregate industry productivity and intra-industry reallocations. **Econometrica**, New Haven, v. 71, p. 1695-1725, 2003.

RADDATZ, C. Liquidity Needs and Vulnerability to Financial Underdevelopment. **Journal of Financial Economics**, [S. l.], v. 80, p. 677-722, 2006.

RAJAN, R.; ZINGALES, L. Financial Dependence and Growth. **American Economic Review**, Pittsburg, v. 88, p. 559-586, 1998.

SRIBNEY, W.; WIGGINS, V.; DRUKKER, D. Negative and missing R-squared for 2SLS/IV. **Stata**, [s. l.], 2018. Disponível em: https://www.stata.com/support/faqs/statistics/two-stage-least-squares/. Acesso em: 3 set. 2018.

STOCK, J.; YOGO, M. **Testing for Weak Instruments in Linear IV Regression**. Cambridge, Department of Economics, Harvard University, 2005. Disponível em: https://scholar.harvard.edu/files/stock/files/testing_for_weak_instruments_in_linear_iv_regression.pdf. Acesso em: 5 dez. 2017.

SVALERYD, H.; VLACHOS, J. Financial markets, the pattern of industrial specialization and comparative advantage: Evidence from OECD countries. **European Economic Review**, [S. l.] v. 49, n. 1, p. 113-144, 2005.

9

ESTRUTURA ORGANIZACIONAL DO SISTEMA DE TRANSPLANTE RENAL NO BRASIL: UMA ANÁLISE A PARTIR DA NOVA ECONOMIA INSTITUCIONAL[1]

Paloma Carpena de Assis
Cássia Kely Favoretto
Giácomo Balbinotto Neto
Valter Duro Garcia

1 INTRODUÇÃO

Transplante renal é definido como um procedimento cirúrgico, em que o órgão rim saudável, de um doador vivo ou falecido, é transferido a um potencial receptor com a finalidade de retomar as funções perdidas dele (Sociedade Brasileira de Nefrologia, 2018; Westphal *et al.*, 2016; Silva *et al.*, 2016; Bastos; Cardoso, 2014). Ele é classificado como uma das mais adequadas opções de tratamento para os pacientes que sofrem de doença renal crônica avançada, quando comparado às terapias dialíticas (por exemplo, hemodiálise, diálise peritoneal, entre outros), pois apresenta maior efetividade de cura e gera maior e melhor qualidade de vida aos transplantados (Abensur *et al.*, 2014; Pereira; Furtado, 2014; Weimer, 2010; Silva, 2008).

No Brasil, o Ministério da Saúde, via Sistema Único de Saúde (SUS), é responsável por coordenar o Sistema Nacional de Transplantes (SNT) e custear mais de 95% de todos os gastos para a realização dos procedimentos de transplantes, inclusive, o renal. Esse financiamento abrange desde exames, cirurgias, retiradas e traslados dos órgãos, logística, medicamentos até o tratamento pós-transplante (Brasil, 2018b).

Institucionalmente, a primeira legislação referente aos transplantes no Brasil ocorreu em agosto de 1963, com a criação da Lei Federal n.º 4.280,

---

[1] O presente trabalho foi realizado com apoio da Coordenação de Aperfeiçoamento de Pessoal Nível Superior – Brasil (Capes) e do Conselho Nacional de Desenvolvimento Científico e Tecnológico (CNPq).

de novembro de 1963 (Brasil, 1963), que permitia a retirada e transplante de órgãos de cadáveres para finalidade terapêutica e científica. Somente na década de 1980, com o surgimento de novos agentes imunossupressores, tornou-se possível a opção de transplantes renais a pacientes (NGA *et al.*, 2018; Ferraz, 2014). Em 1987, frente à demanda por parte da sociedade brasileira para que o governo estendesse o tratamento (transplante) para todos os cidadãos, o Ministério da Previdência e Assistência Social (Mpas) — órgão responsável pela assistência médica no país naquele período — criou o Sistema Integrado para cuidar da alta complexidade e o Sistema Integrado para o paciente Renal Crônico – Transplante (Sirc-Trans) constituído por uma Câmara Técnica, composta por membros do Mpas e de instituições universitárias (Ferraz, 2014).

Em 1987, o Sirc-Trans elaborou as normas para o credenciamento de centros transplantadores e fez o primeiro levantamento sobre transplante renal no Brasil (Ferraz, 2014; Pêgos-Fernandes; Garcia, 2010). Com o contínuo avanço da construção de um ambiente institucional destinado ao transplante no país, em 1990, o sistema foi ampliado e passou a ser denominado Sistema Integrado de Procedimentos de Alta Complexidade (Sipac).

Já em novembro de 1992, o marco institucional do sistema de transplantes de órgãos e tecidos no Brasil passou por nova transformação, a partir da criação da Lei n.º 8.489 (Brasil, 1992), a qual tornou obrigatória a notificação, em caráter de emergência, de todos os casos de mortes encefálicas[2] comprovadas. Além disso, os receptores dos órgãos eram indicados por um médico com capacidade técnica comprovada, em instituições devidamente cadastradas para esse fim (Ferraz, 2014).

No entanto, a estrutura organizacional de transplantes no Brasil somente tem início em 1997, por meio da Lei Federal nº 9.434 (04 de fevereiro), denominada "Lei dos Transplantes" (Brasil, 1997a), e do Decreto n.º 2.268, de 30 de junho do mesmo ano (Brasil, 1997b). Esse sistema, até o ano de 2017, passou por diversas transformações importantes, principalmente, a elaboração do regulamento técnico do SNT – Portaria n.º 2.600/2009 (Brasil, 2009) e modificações e divisões em sua estrutura – Decreto n.º 9.175/17 (Brasil, 2017). No período recente, esse sistema é composto pelo Ministério da Saúde, secretarias de saúde das unidades federativas, Distrito

---

[2] A morte encefálica refere-se à perda irreversível de todas as funções encefálicas, incluindo aquelas de tronco encefálico, mesmo que se mantenham os batimentos cardíacos, mas é necessário que não exista capacidade para respirar (Westphal *et al.*, 2016).

Federal, municípios, centrais de transplantes estadual e nacional, rede de procura de órgãos, estruturas de preservação, transporte e rede de auxílio (Brasil, 2018).

Em 2018, o Brasil registrou 5.923 pacientes transplantados (taxa de 28,5 por milhão de população – pmp), assumindo a segunda posição no ranking dos países que mais realizaram esse procedimento (atrás somente dos Estados Unidos — 22.003 transplantes, com taxa de 67,33 pmp). Contudo, o número de pacientes em lista de espera por esse órgão (22.581 — taxa de 107,45 pmp) naquele ano foi superior à sua disponibilidade efetiva, indicando também diferenças regionais nesse sistema (Associação Brasileira de Transplantes De Órgãos, 2018).

Para consolidar de forma mais efetiva o SNT e buscar reduzir as disparidades entre a demanda e oferta por órgãos no Brasil, o Ministério da Saúde tem estabelecido diversas ações legais supracitadas (decretos, portarias, entre outros) de gestão, monitoramento e controle desse procedimento. Essas mudanças podem ser consideradas como uma tentativa ou uma busca de melhoria institucional que promoveu alterações na estrutura organizacional do SNT. Entretanto, essas disparidades ainda se verificam em virtude de o marco legal desse sistema ser incompleto e apresentar falhas de mercados — por exemplo, informação assimétrica, externalidades entre outros (Costa; Balbinotto; Sampaio, 2016; Weimer, 2010; Becker; Elías, 2007).

No campo da Economia da Saúde, a análise dos contratos com possíveis falhas de mercado pode ser realizada a partir da Nova Economia Institucional (NEI). Essa teoria considera que existem diferentes níveis de desenvolvimento em um sistema e esses são explicados pelo contexto institucional. Além disso, estabelece as relações sociais, econômicas e políticas que ocorrem em uma determinada estrutura de governança (Williamson, 1996), como o de transplantes renais no Brasil. Essas estruturas de governança surgem das incertezas que ocorrem em uma transação, como no caso do transplante renal, em que existe uma dependência do altruísmo da doação, não havendo possibilidade de trocar ou comprar esses tipos de bem no Brasil.

Diante do exposto, o objetivo deste ensaio é analisar a estrutura organizacional do sistema de transplantes renais no Brasil a partir da abordagem teórica da NEI. Para isso, utiliza-se como marco legal a Lei Federal n.º 9.434/1997 (Brasil, 1997a), o Decreto n.º 2.268/1997 (Brasil, 1997b), a Portaria n.º 2.600/2009 (Brasil, 2009) e o Decreto Federal n.º 9.175/2017 (Brasil, 2017).

Ao considerar a abordagem da NEI, admite-se, no presente estudo, que todo o arcabouço de regras e normas do SNT pode ser interpretado como um ambiente institucional. Ao longo do tempo, as decisões tomadas nesse ambiente foram influenciadas por gestores, profissionais da saúde, pacientes e seus familiares, bem como pela sociedade como um todo. As modificações ocorridas no marco legal e institucional desse sistema provocaram alterações na sua própria estrutura de governança, no sentido de minimizar as falhas de mercado que podem afetar seu funcionamento. Além disso, por hipótese, o órgão rim é classificado como um ativo econômico com alta especificidade e sua transação deve ser realizada em uma estrutura eficiente e dinâmica.

A estrutura organizacional dos sistemas de transplantes, especialmente renal, tem sido objeto de pesquisa de diversos trabalhos da área da saúde e da economia (no período recente), com destaque, por exemplo, para Felden e Jacinto (2020), Kute *et al.* (2017, 2014), Costa, Balbinotto Neto e Sampaio (2016, 2014), Glazier, Heffernan e Rodrigue (2015), Euberger (2015), entre outros. Em geral, os autores apontam e usam parâmetros importantes que compõem a NEI; no entanto, não utilizam esse enfoque teórico como proposto neste estudo. Dentre esses elementos, destacam: a importância das leis, dos aspectos socioeconômicos, dos costumes e crenças (ambiente institucional – formal e informal); a necessidade de centros de procura de órgãos, rede de apoio, comitês, sistemas de transplante, entre outros (estrutura de governança); necessidade de eficiência, gerenciamento, coordenação e tomada de decisão (a própria governança); os gastos do financiamento e manutenção do sistema (custos de transação) e as trocas contratuais entre os agentes dos sistemas de transplantes (problemas de assimetria de informação e racionalidade limitada).

Com base na teoria da NEI, este estudo contribuiu para a literatura ao identificar e compreender a estrutura de governança do sistema de transplante renal no Brasil e como se formou o seu ambiente institucional. A partir dessa análise, o SNT pode criar novos mecanismos com incentivos e contratos, que reduzam as falhas de mercado e melhorem o seu desempenho (em nível federal, estadual e municipal), em relação à disponibilidade de rim, ao acesso ao sistema de transplantes, à alocação dos recursos financeiros e à qualidade e segurança desse órgão.

Um dos grandes desafios dos gestores do SNT é transmitir à população brasileira segurança em relação ao processo doação — transplante. Logo, a compreensão dessa estrutura pode ajudar no funcionamento adequado dele e nas tomadas de decisões das famílias sobre as doações. A utilização teoria da NEI se mostra adequada, pois ela apresenta mecanismos para reduzir falhas dos contratos, ao identificar a melhor opção de estrutura de governança para cada ativo transacionado, conforme sua especificidade, frequência das transações e o grau de incerteza associada.

Além dessa introdução e das considerações finais, o artigo está organizado em mais três seções. A seção 2 traz a revisão teórica da NEI. A seção 3 apresenta a evolução do marco legal e institucional da estrutura organizacional do sistema nacional de transplantes no Brasil. Por fim, a seção 4 trata da proposta de análise da estrutura de governança do sistema de transplantes renais no país a partir da teoria econômica abordada.

2 NOVA ECONOMIA INSTITUCIONAL (NEI): BREVE REVISÃO TEÓRICA

O termo Nova Economia Institucional (NEI)[3] foi utilizado pela primeira vez por Oliver Williamson, em 1975, em seu livro *Markets and Hierarchies: Analysis and antitrust implications*. Essa teoria é considerada interdisciplinar, pois apresenta elementos da economia, direito, ciências políticas, sociologia, entre outras áreas (Klein, 1998).

A NEI surge como uma alternativa teórica em relação à abordagem Neoclássica, no sentido de que acrescenta o papel das instituições nas análises de mercado, tornando-as como uma unidade de análise. Os pressupostos do arcabouço neoclássico não são deixados de lado, mas a NEI se contrapõe aos aspectos da racionalidade ilimitada, existência de informação completa e ao custo de transação zero propostos por aquela abordagem (North, 2003).

Segundo Williamson (1996), os agentes econômicos de um sistema possuem restrições em sua capacidade cognitiva para processar todas as informações disponíveis durante uma transação[4]. Considerando que existem limites da racionalidade, todos os contratos são inevitavelmente incompletos e os agentes econômicos podem divulgar informações de forma seletiva e distorcida para alcançar determinado objetivo. Nessa situação, as instituições se tornam importante fator para antecipar potenciais conflitos e reduzir as incertezas dessas transações (North, 2006; Williamson, 1975).

---

[3] Dentre os autores seminais da NEI, destacam-se: Coase (1937, 1960), Simon (1947), Chandler (1962), Williamson (1975) e North (2006).

[4] Segundo Williamson (2012), a transação ocorre quando um bem ou serviço é transferido ao longo de uma interface tecnologicamente separável, sendo essa transação a unidade básica de análise.

De acordo com a NEI, as instituições são definidas como restrições humanas concebidas que estruturam a interação política, econômica e social e, ao longo do tempo, foram formuladas para gerar ordem e diminuir incertezas nas trocas (North, 1991, 1993, 2000, 2003). Essas restrições podem ser classificadas como regras formais (leis, contratos, portarias, constituições, entre outras) ou informais (convenções, normas de comportamento, cultura). Em um contexto econômico, as regras formais se destacam, pois nelas são estabelecidos os parâmetros dos contratos (North, 2006).

As transações na NEI são coordenadas, também, pelas organizações, que correspondem a um grupo de indivíduos ligados por um objetivo comum. Dentre os tipos de grupos, têm-se os políticos (partidos, senado, conselhos e agência reguladora), econômicos (empresas, sindicatos e cooperativas), sociais (igreja, clubes, associações de esporte, entre outros) e educacionais (escolas, universidades e centro de formação profissional) (North, 1993, 2003).

A organização é utilizada de forma consciente, deliberada e intencional para "economizar" na racionalidade limitada e restringir as ações oportunistas. Cada indivíduo proporciona ao grupo um conjunto de informações, o que reduz os custos de obtê-la (Williamson, 1996). Nessa linha, Williamson (1993) afirma que as relações entre instituições e organizações ocorrem dentro de uma estrutura de governança.

Conforme Williamson (2002, 2005), a estrutura de governança é a matriz institucional na qual a integridade da transação é definida. Cada estrutura pode ser analisada pela intensidade dos incentivos, pelo controle administrativo e pelo regime de direito dos contratos. O principal atributo dela é organizar as transações para economizar na racionalidade limitada e, simultaneamente, salvaguardá-las contra os riscos do oportunismo (Williamson, 1996). O autor ainda propõe que, para analisar cada estrutura de governança, deve-se considerar o ambiente institucional, os indivíduos e a própria governança (que ocorre dentro da estrutura), bem como as suas características intrínsecas. Outro elemento é a dependência de trajetória das estruturas de governança (*path dependency*), que é uma condição importante nessa teoria, mas difícil de ser mensurada.

Na Figura 1, apresenta-se a proposta de análise de Williamson (1996), em que, no primeiro retângulo, tem-se o ambiente institucional, no segundo, está a estrutura de governança, e, no terceiro, estão os indivíduos. As setas contínuas representam a influência direta na estrutura de governança e as setas tracejadas indicam os *feedbacks* de informações e ações.

Figura 1 – Níveis de análise – ambiente institucional, governança e indivíduos

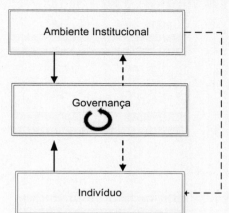

Fonte: adaptado de Williamson (1996)

Observa-se, na Figura 1, que, em cada estrutura que se deseja analisar, ocorre a interação entre as instituições e as organizações, as quais são gerenciadas pela governança (representada pelo símbolo circular, ou seja, tem vida própria). Essa governança é o meio pelo qual se gera a ordem para atenuar os conflitos e realizar ganhos mútuos. Ela busca identificar, explicar e atenuar todas as formas de riscos contratuais e reduzir a assimetria de informação e os custos de transação. Destaca-se que a economia dos custos de transação enfatiza as ineficiências remediáveis (*remediable inefficiencies*), isto é, aquelas condições para as quais uma alternativa viável pode ser descrita e, se introduzida, pode produzir ganhos líquidos na estrutura de governança (Williamson, 1996).

Na análise proposta por Williamson (1996), pode surgir o problema denominado de assimetria de informação, que ocorre em uma transação, quando uma das partes em determinada negociação é detentora de mais informação do que a outra, e pode usá-la para se beneficiar. A existência desse problema torna o conhecimento uma mercadoria para o indivíduo que a detém de forma restrita, o que eleva os custos de uma transação (Arrow, 1963).

Williamson (1993) aborda duas formas microanalíticas de se mensurar os custos de transação dos contratos: a primeira refere-se aos custos *ex-ante* ligados à preparação, negociação e salvaguarda dos contratos. Já a segunda corresponde aos custos *ex-post* relacionados à necessidade de se ajustar e adaptar os contratos, quando a execução é afetada por falhas, erros, omissões e alterações inesperadas (por exemplo, crises econômicas não previstas, tragédias ambientais que impeçam a produção de bens e serviços, entre outros).

As transações, devido aos custos de transação, ocorrem em três tipos de estrutura de governança: mercado, hierárquica e híbrida. No primeiro tipo, os incentivos são fortes e os ajustes ocorrem via preço, há pouca necessidade de controle administrativo e os contratos são cumpridos sem maiores riscos de comportamentos oportunistas. Na estrutura hierárquica, os incentivos são fracos, pois existe forte impacto das falhas de mercado, a ponto de prejudicar o cumprimento de contratos sujeitos sempre ao oportunismo. Nesse ambiente, as barganhas podem ser ineficientes e ocorre a necessidade de coordenação e imposição da autoridade centralizada para a busca de resultados eficientes (Williamson, 1985).

Já na estrutura híbrida, os incentivos são médios, visto que existem falhas de mercado que impossibilitam ajustes autônomos via preço. É necessária a coordenação dos indivíduos dentro de um sistema de incentivos e contratos híbridos que coíbam o comportamento oportunista e possam reduzir os custos de transação em ambientes de informação assimétrica (Williamson, 1985).

Na Tabela 1, estão apresentadas as características dos atributos das estruturas de governança propostas por Williamson (1996). As adaptações (A) são denominadas como autônomas (ideal neoclássico), em que consumidores e produtores respondem, independentemente das mudanças de preços, de modo a maximizar sua utilidade e lucro, respectivamente. As adaptações C referem-se às cooperações, nas quais existem os esforços conscientes para criação de mecanismos de coordenação internos usados para corrigir imperfeições.

Tabela 1 – Atributos das Estruturas de Governança

Atributos	Governança		
	Mercado	Híbrido	Hierarquia
Incentivos	***	**	*
Controles	*	**	***
Adaptações A	***	**	*
Adaptações C	*	**	***
Tipos de incentivos: fraco *semiforte ** e forte ***			

Fonte: adaptado de Williamson (1996)

Para Williamson (1985), é importante, também, a análise das transações, as quais são classificadas de acordo com as seguintes características: especificidade dos ativos, frequência das transações e o grau de incerteza associada. Analiticamente, a especificidade do ativo, denominado de k, apresenta três níveis: a) igual a zero $(k = 0)$, em que o ativo é totalmente reutilizável, b) igual a infinito $(k = \infty)$, no qual o ativo é altamente específico e c) igual a m $(k = m)$, representando um nível intermediário de especificidade.

A frequência da transação (f) também está dividida em três níveis: a) igual a um $(f = 1)$ para as transações realizadas apenas uma vez, b) igual a zero $(f = 0)$ para as transações ocasionais e c) igual a r $(f = r)$ para transações que apresentam recorrência (Williamson, 1985). Por fim, a incerteza (i) está relacionada ao comportamento futuro dos mercados e deve ser considerada com fixa (Williamson, 1993).

Portanto, a especificidade dos ativos está relacionada às suas características em um contrato, ou seja, quanto mais alto for essa especificidade, maiores são as possibilidades de perdas para os agentes envolvidos na transação econômica. Segundo Williamson (1996), os ativos são constituídos por três elementos: i) o direito de usar o ativo, ii) o direito de se apropriar dos retornos dos ativos e iii) o direito de mudar de forma do ativo.

Na próxima seção, está apresentada uma evolução do marco legal da estrutura organizacional do SNT no Brasil, cujo objetivo é entender as principais mudanças institucionais que ocorreram desde 1997 até 2017.

3 EVOLUÇÃO DO MARCO LEGAL DA ESTRUTURA ORGANIZACIONAL DO SNT NO BRASIL

Nesta seção, é apresentada a evolução da estrutura organizacional do SNT no Brasil, identificando suas principais alterações a partir de sua criação em 1997 e tomando como base os principais marcos legais até o momento — Lei Federal n.º 9.434/1997 (Brasil, 1997a), Decreto n.º 2.268/1997 (Brasil, 1997b), Portaria n.º 2.600/2009 (Brasil, 2009) e Decreto Federal n.º 9.175/2017 (Brasil, 2017).

A Lei Federal n.º 9.434, de 04 de fevereiro de1997, denominada "Lei dos Transplantes" (Brasil, 1997a), e o Decreto n.º 2.268, de 30 de junho de 1997 (Brasil, 1997b), constituem-se no marco institucional da discussão sobre estrutura organizacional de transplante no Brasil, sendo que ambos formalizam a criação do SNT. Esse sistema é responsável pela captação e distribuição de órgãos e partes retiradas do corpo humano para finalidades terapêuticas no país. Ele deve garantir atendimento gratuito aos pacientes que necessitam de um transplante, os quais contam com consultas e acompanhamento médico, serviço ambulatorial e hospitalar e fornecimento de medicamentos. Todos esses serviços são praticamente custeados pelo SUS (Cruz, 2019; Mendonça *et al.*, 2019; Brasil, 1997b).

Na Figura 2, está apresentado o organograma da estrutura organizacional do SNT no Brasil, utilizando-se como base o Decreto 2.268, de 1997 (Brasil, 1997b). Essa estrutura foi composta pelo Ministério da Saúde, pelas secretarias de saúde estaduais, municipais e do Distrito Federal, hospitais autorizados e redes de serviços auxiliares (serviços específicos para a realização do transplante). O Ministério da Saúde exercia a função de órgão central, o qual era responsável por coordenar as atividades do sistema, apresentar normas e regulamentos, gerenciar a lista de espera por transplantes, credenciar novas unidades ou descredenciar aquelas que estavam em não conformidade, aplicar penalidades por descumprimento das normas e, por fim, avaliar o próprio sistema.

Figura 2 – Estrutura do Sistema de Transplantes de Órgãos e Tecidos no Brasil – 1997

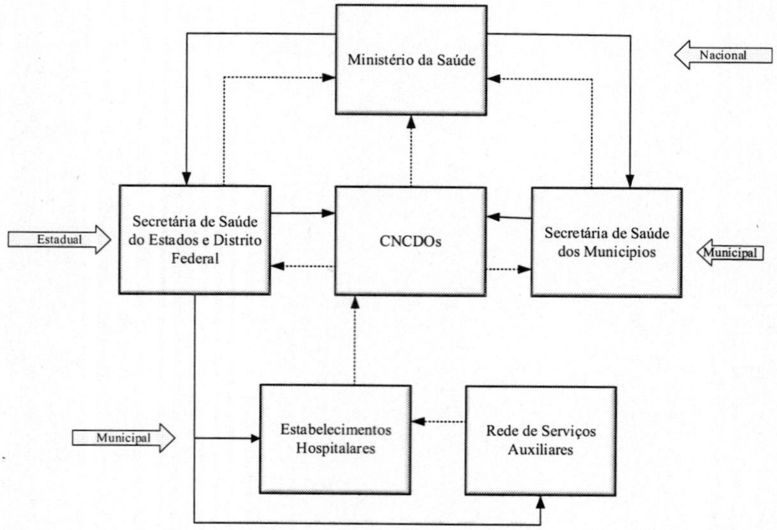

Fonte: elaboração própria (2021), com base no Decreto 2.268, de 1997 (Brasil, 1997b)

As secretarias estaduais, municipais e do Distrito Federal eram responsáveis pela execução do sistema, por meio das unidades executivas denominadas Centrais de Notificação, Captação de Órgãos (CNCDO). As funções dessas centrais eram coordenar as atividades de transplantes, formalizar as inscrições dos receptores e doadores de órgãos, classificar os receptores, comunicar a central administrativa do SNT sobre as novas inscrições na lista de espera, providenciar o transporte dos órgãos, além de fiscalizar e aplicar as penalidades administrativas por infrações[5]. Já aos hospitais e às redes de serviços auxiliares, competiam-lhes todos os exames laboratoriais necessários para o transplante, a retirada dos órgãos e o próprio transplante (Brasil, 1997b).

A partir da criação do SNT no Brasil, diversas ações (decretos e portarias) foram realizadas buscando melhoria, aperfeiçoamento e padronização da estrutura de governança desse sistema. Nessa linha, em 21 de outubro de 2009, por meio da Portaria 2.600, foi aprovado o regulamento técnico desse sistema (Ferraz, 2014; Brasil, 2009). Destaca-se que essa portaria considerou as disposições da Lei n.º 9.424, de 4 de fevereiro de 1997 (Brasil, 1997a), do Decreto n.º 2.268, de 30 de junho de 1997 (Brasil, 1997b), da Lei n.º 10.211, de 23 de março de 2001 (Brasil, 2001), e da Lei n.º 11.521, de 18 de setembro de 2007 (Brasil, 2007).

Na Figura 3, está apresentado o segundo organograma do SNT, com base na Portaria 2.600, de 2009 (Brasil, 2009). A função do Ministério da Saúde passou a ser exercida pela Coordenação Geral do Sistema Nacional de Transplante (CGSNT). Nessa nova estrutura, a coordenação geral é assistida por um Grupo de Assessoramento Estratégico (GAE), o qual tem o papel deliberativo (representado pela seta contínua) sobre as ações da CGSNT e é composto por diversos representantes — órgãos administrativos, entidades e associações subdivididas regionalmente. Compete ao GAE as funções de elaborar diretrizes para a política de transplantes, propor regulamentação, identificar indicadores de qualidade para as atividades do SNT, analisar relatórios e emitir pareceres (por exemplo, condutas dos hospitais, credenciamento ou descredenciamento desses estabelecimentos de saúde, inscrição de potencial doador em casos em for solicitado pelas centrais de transplantes ou de conflitos), quando necessário (Brasil, 2009).

---

[5] As penalidades estão previstas no capítulo V das sanções penais e administrativas da Lei n.º 9.434, de 4 de fevereiro de 1997 (Brasil, 1997).

Figura 3 – Estrutura do Sistema de Transplantes de Órgãos e Tecidos no Brasil – 2009

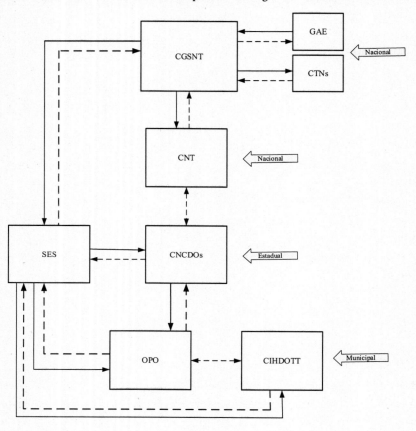

Fonte: elaboração própria (2021), com base na Portaria 2.600, de 2009 (Brasil, 2009)

Para aprimorar a execução do SNT (Figura 3), foi criada a Central Nacional de Transplante (CNT), dividida em quatro regiões brasileiras: Região I (composta pelas unidades federativas do Rio Grande do Sul, Santa Catarina e Paraná), Região II (formada por Rio de Janeiro, Minas Gerais e Espirito do Santo), Região III (constituída por Goiás, Mato Grosso do Sul, Mato Grosso, Distrito Federal, Tocantins, Amazonas, Pará, Acre, Roraima, Rondônia, Amapá e São Paulo) e Região IV (abrange Bahia, Sergipe, Alagoas, Pernambuco, Paraíba, Rio Grande do Norte, Ceará, Maranhão e Piauí). É de competência da CNT emitir relatórios mensais à CGSNT com informações operacionais e apoiar o gerenciamento do processo de captação — distribuição de órgãos (Brasil, 2009).

PERSPECTIVAS ECONÔMICAS: ANÁLISES E REFLEXÕES

As CNCDOs (Figura 3) receberam mais autonomia para atuar no SNT, desde que o Estado credenciado delegue à CNCDO a coordenação de transplantes. Diferente do primeiro sistema apresentado na Figura 2, a CNCDO divide sua função de execução do sistema com a CNT. As funções da CNCDO foram mantidas conforme o Decreto 2.268/1997 (Brasil, 1997b), destacando: coordenar as atividades de transplante, promover e fornece as ferramentas para inscrição de potenciais receptores, classificar os potenciais receptores, receber as notificações de morte encefálica, providenciar o transporte, notificar o CNT, encaminhar relatórios à CGSNT, controlar e fiscalizar as atividades, bem como penalizar, quando necessário (Brasil, 2009).

Outra mudança apresentada pela Portaria 2.600, de 2009, foi a exclusão das secretarias municipais de saúde como executoras do sistema. As secretarias de saúde estaduais e do Distrito Federal, denominadas SES, assumiram essa posição e tiveram suas funções dentro do sistema ampliadas, possibilitando que elaborem normas complementares para execução das atividades relacionadas aos transplantes em seus estados.

As funções antes atribuídas aos hospitais e à rede de serviço auxiliar passaram a ser gerenciadas pelas Organizações de Procura de Órgãos e Tecidos (OPOs) — instituídas a partir da Portaria n.º 2.601, de 21 de outubro de 2009 (Brasil, 2009) —, e pelas Comissões Intrahospitalares de Doação de Órgãos e Tecidos para Transplante (CIHDOTTs) — implantadas pela Portaria n.º 1.752, de 23 de setembro de 2005 (Brasil, 2005). Nessa nova estrutura (Figura 3), ambas trabalham de maneira cooperativa (Brasil, 2009).

Para contribuir com o avanço na procura de órgãos no Brasil, as OPOs atuam por meio de critérios geográficos e populacionais, ou seja, agem de forma regionalizada. A formação dessas, obrigatoriamente, deve conter um médico coordenador e equipe de apoio devidamente treinados. Dentre as suas funções está a organização da logística de procura de órgãos, assistência às famílias, articulações com as equipes médicas e o diagnóstico e notificação de morte encefálica (Brasil, 2009).

Com relação à criação da CIHDOTT, essa passa a ser obrigatória nos hospitais públicos e filantrópicos, classificados em três tipos: CIHDOTT I – estabelecimento de saúde com até 200 óbitos por ano e leitos para assistência ventilatória e profissionais capacitados na área de transplante, CIHDOTT II – estabelecimento de saúde de referência para traumas com

221

menos de 1.000 óbitos por ano e CIHDOTT III – estabelecimento de saúde não oncológico com mais de 1.000 óbitos. Dentre as funções estabelecidas para essa comissão, destacam-se: organização local do processo de doação-transplante nos estabelecimentos de saúde credenciados, criação de rotinas para atender os potenciais doadores — receptores e seus familiares, gerenciamento das equipes destinadas à verificação da morte encefálica, treinamento das equipes, entre outros (Brasil, 2009).

Nessa linha, pode-se afirmar que o sistema apresentado na Figura 3 possuía um número maior de agentes tomadores de decisão, o sistema de transplantes era descentralizado e sua organização criou o que pode ser denominado de governanças regionais. Essas governanças possibilitaram a redução dos custos de informação no processo de captação e transplante de órgãos, pois as equipes das OPOs e CIHDOTTs trabalhavam em uma área de abrangência menor, possibilitando que os profissionais acompanhassem todo o processo e ajudassem a efetivação da doação por parte das famílias. Contudo, o Ministério da Saúde, em 18 de outubro de 2017, por meio do Decreto Federal n.º 9.175 (Brasil, 2017), necessitou realizar novas alterações nessas estruturas, as quais são relevantes para análise da estrutura de governança do SNT.

Na Figura 4, está apresentado o novo formado do SNT (conforme Decreto Federal n.º 9.175/2017), composto pelo Ministério da Saúde; Secretarias de Saúde dos Estados, Distrito Federal e Municipal; Centrais Estaduais de Transplantes (CET); Central Nacional de Transplantes (CNT); estruturas especializadas integrantes da rede de procura e doação de órgãos, tecidos, células e partes do corpo humano para transplantes (Rede de procura); estruturas especializadas no processamento para preservação *ex situ* de órgãos, tecido, células e partes do corpo humano para transplantes (Estrutura de Preservação); estabelecimentos de saúde transplantadores (Transplantadores) e a rede de serviços auxiliares específicos para realização de transplantes (Rede de Auxílio).

Verifica-se que houve uma mudança em relação à proposta anterior (Decreto 2.268 de 1997) de descentralização das decisões do sistema, ou seja, o Ministério da Saúde passa a gerenciar e coordenar as atividades do SNT, sem a atuação do GAE e dos CTNs (Brasil, 2017).

Na estrutura do Decreto n.º 9.175 (Brasil, 2017), o ministro de Estado da Saúde passa a definir os critérios para o cadastro técnico dos candidatos a receptores, na qual a lista única de espera por transplante passa a ser dividida em quatro níveis: regional, estadual, macrorregional e nacional. Na estrutura anterior (Figura 3), quem gerenciava a lista única era a CNCDO, por meio de um Cadastro Técnico Único (Brasil, 2009).

Com relação às secretarias de saúde dos Estados e do Distrito Federal, estas mantêm a função de criar as Centrais Estaduais de Transplantes (CET), que podem ser instituídas com parcerias municipais (Brasil, 2017). AS CETs, antes denominadas CNCDOs, são as executoras das atividades do SNT e compete a elas: organizar, coordenar e regular as atividades de doação e transplante em seu âmbito de atuação; gerenciar o cadastro técnico dos candidatos a receptores; receber as notificações de morte encefálica; determinar os encaminhamentos sobre o processo doação-transplante; controlar, avaliar e fiscalizar as atividades do SNT em seu âmbito e elaborar o Plano Estadual de Doação e Transplante — obrigatório nessa nova estrutura (Brasil, 2017)[6].

Na Figura 4, a rede de procura e doação de órgãos corresponde às estruturas organizadas pela CET (cuja função era de responsabilidade da OPO na Figura 3), que contam com equipes de assistências hospitalares, que têm a função de procurar órgãos, assegurar a notificação de morte encefálica, avaliar e acompanhar o doador e seus familiares. Em apoio a essa rede, foram criadas as estruturas de preservação que promovem o suporte terapêutico artificial aos doadores, até que a CET comunique para qual estabelecimento transplantador o órgão humano deve ser encaminhado (Brasil, 2017).

---

[6] Plano Estadual de Doção e Transplante está previsto no capítulo VII da Lei 9.175, de 18 de outubro de 2017 (Brasil, 2017).

Figura 4 – Estrutura do Sistema de Transplantes de Órgãos e Tecidos no Brasil – 2017

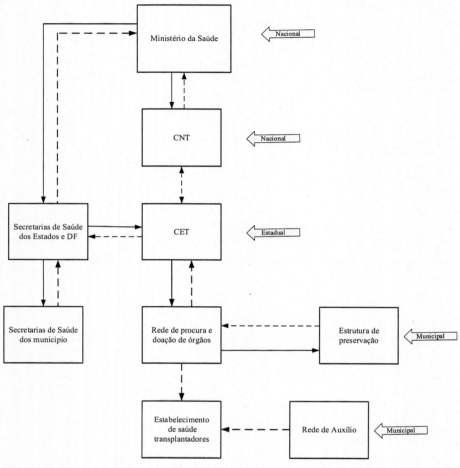

Fonte: elaboração própria (2021), com base no Decreto Federal n.º 9.175/2017 (Brasil, 2017)

A estrutura do SNT apresentada na Figura 4 inova ao enfatizar a importância das infraestruturas hospitalares e suas equipes no processo de captação, manutenção e auxílio nos transplantes de órgãos. Considerando a abordagem teórica da NEI (seção 2) e a evolução dos principais marcos legais referentes à estrutura organizacional do SNT no Brasil (seção 3), na próxima seção, é feita a análise e intepretação desse sistema, buscando verificar as diversas alterações em sua estrutura de governança e como isso pode impactar na captação, doação e transplante de rim no Brasil.

4 PROPOSTA DE ANÁLISE DA ESTRUTURA DE GOVERNANÇA DO SISTEMA DE TRANSPLANTE RENAL DO BRASIL

Inicialmente, para analisar a estrutura de governança do sistema de transplantes renais no Brasil retoma-se a Figura 1 (seção 2), que apresenta a proposta analítica instituída por Williamson (1996). Nesse caso, o SNT não é visto como uma simples função de produção, mas como uma estrutura de governança que busca reduzir os custos de transação. Na figura supracitada, o ambiente institucional é a base para a governança, no qual são determinados os parâmetros para as modificações nos direitos, leis, portarias, decretos, entre outros, que induzem alterações nesta estrutura.

Segundo Williamson (2012), a abordagem proposta da NEI adota uma orientação contratual e sustenta que qualquer questão que possa ser formulada como um problema de contrato pode ser investigada como vantagem em termos de redução dos custos de transação. Esse fato reforça a utilização dessa abordagem para interpretar o SNT.

Na Figura 5, está apresentada a proposta da presente pesquisa para o nível analítico do SNT, conforme Williamson (1996), que está dividido em três níveis: ambiente institucional, estrutura de governança e os indivíduos. As setas contínuas representam os efeitos diretos que cada estrutura tem sobre a outra e as pontilhadas representam os efeitos indiretos. O primeiro nível refere-se ao ambiente institucional, o qual é resultado da evolução do SNT (apresentado na seção 3) e culminou, no período atual, no Decreto Federal n.º 9.175/2017. Considerando a abordagem teórica da NEI, pode-se interpretar esse decreto como um contrato entre governo, sociedade e mercado, que determina as regras para o melhor desempenho desse sistema no sentido de reduzir as diferenças entre a oferta e a demanda pelo órgão rim no Brasil.

No ambiente institucional do sistema nacional de transplante renal é estabelecido o *enforcement* (cumprimento obrigatório dos acordos), responsável pelo seu adequado funcionamento e dos limites da sua estrutura de governança. Contudo, nesse ambiente, podem existir falhas de mercados, por exemplo, oportunismo relacionado à assimétrica, que tornam os contratos incompletos e possibilitam modificações, avaliações e propostas de melhorias deles. Destaca-se para atenuar a possibilidade de oportunismo no SNT é necessário identificar os parceiros de transação e condicionar as relações de autoridades, como ocorre na determinação das regras de funcionamento do SNT. Granovetter (2005) identifica os parceiros como aqueles que supostamente estão contidos dentro de uma estrutura organizacional e não aqueles que enfrentam um ao outro por meio de uma falha na divisão do mercado.

Nessa linha, o primeiro nível (ambiente institucional) da Figura 5 representa a base dos parâmetros de mudança do SNT, ou seja, fornece as regras para criação das estruturas de governança (segundo nível), que, por sua vez, são construídas por determinantes de confiança e atributos comportamentais nesse sistema.

Os atributos de confiança do SNT identificados na Figura 5 estão relacionados aos valores culturais, normas de saúde, opiniões e estudos dos conselhos médicos e associações de transplantes, avanços dos métodos, número de indivíduos nas filas de espera pelo órgão rim e a própria incerteza desse sistema. Esses atributos são praticamente impossíveis de calcular, porém interferem na estrutura de governança criada, assim como as características comportamentais.

No terceiro nível da Figura 5 estão os atributos de comportamento, que correspondem aos anseios da sociedade, dos receptores e dos familiares dos doadores. Estes últimos apresentam as preferências endógenas em relação à própria governança. Ou seja, a estrutura de governança identificada no segundo nível não foi determinada apenas por uma experiência idiossincrática do poder legislativo brasileiro, mas por um acúmulo de experiências sociais. A partir da teoria da NEI, pode-se afirmar que esse cenário busca reduzir as incertezas e os custos nas transações, pois são considerados os diferentes arranjos institucionais que envolvem sociedade, governo e mercado.

Figura 5 – Nível analítico do SNT no Brasil

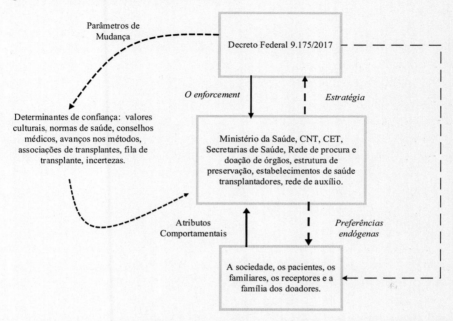

Fonte: elaboração própria (2021), com base no Decreto Federal n.º 9.175/2017 (Brasil, 2017) e Williamson (1996)

De acordo com Williamson (2002), cada estrutura de governança deve ser entendida como um conjunto internamente consistente de intensidade de incentivos, controles administrativos e do regime de direito dos contratos. Utilizando a teoria da NEI e o Decreto Federal n.º 9.175/2017, propõe-se, neste estudo, um fluxograma da estrutura de governança do sistema de transplante renal brasileiro (Figura 6). Destaca-se que essa figura é uma continuidade da interpretação desse sistema apresentada na seção 3 (Figura 4).

A estrutura do sistema de transplante renal apresenta três níveis de governança: nacional, estadual e municipal. O primeiro nível é constituído pelo Ministério da Saúde (responsável pelo gerenciamento e coordenação do sistema) e pela Central Nacional de Transplante (executora nacional). Ambos são responsáveis pelos objetivos, metas e ações desse sistema, administrando, também, os objetivos individuais e organizacionais da fila de espera por esse órgão.

Observa-se que, no primeiro nível da estrutura de governança do sistema de transplante renal (Figura 6), ocorreu uma concentração na tomada de decisões dos gestores do SNT. Segundo Williamson (1996, 2000), as organizações sofrem alterações na busca de reduzir os custos de transação e essas mudanças também são fruto do processo de aprendizagem ao longo do tempo, denominado de *Path Dependency*. Os ativos humanos (médicos, enfermeiros, entre outros) desse sistema ganham experiência e buscam transformar o ambiente onde ocorre a tomada de decisão, para que esta se torne mais rápida e segura. Outro elemento importante a ser considerado são as mudanças nas tecnologias (nefrectomia por videolaparoscopia, ampliação de métodos para identificação de morte encefálica, novos medicamentos imunossupressores) usadas no processo de transplantes de rim, que também influenciam nas alterações dessas estruturas.

O segundo nível de governança (Figura 6) é composto pela secretária de saúde dos estados e Distrito Federal e pelas Centrais Estaduais de Transplantes (CET) — denominadas de CNCDOs, na Portaria 2600/2009 (Brasil, 2009) —, as quais são responsáveis pela forma como ocorre a cooperação entre as diversas instâncias (hospitais, receptores, familiares, entre outras) do sistema e pela criação do Plano Estadual de Doação e Transplante. Conforme já mencionado, cabe às secretarias estaduais a criação das CET.

Figura 6 – Proposta de Estrutura de Governança do Sistema Nacional de Transplante Renal no Brasil

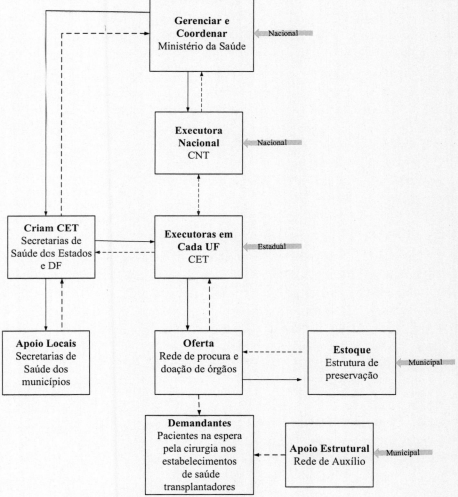

Nota[1]: nessa estrutura, os estabelecimentos passam a ser os demandantes, pois o paciente já se encontra internado para o procedimento.
Fonte: elaboração própria (2021), com base no Decreto Federal n.º 9.175/2017 (Brasil, 2017)

Destaca-se que, no segundo nível da estrutura de governança proposta neste estudo, identificou-se a busca por alternativas regionais do SNT por meio da criação dos Planos Estaduais de Doação e Transplantes e a criação de alternativas mais viáveis para atingir ganhos de eficiência no aumento no número de órgãos. Conforme Williamson (1996), essas estratégias são denominadas de ineficiências remediáveis (*remediable inefficiencies*), as quais correspondem às opções reais com ideais hipotéticos, que, durante o processo de obtenção do ideias no SNT, tornam possíveis novas escolhas de ganhos em relação à doação efetiva de órgãos.

Por sua vez, no terceiro nível de governança do SNT, da Figura 6, estão: i) a secretária de saúde dos municípios, que tem um papel de apoio local; ii) as redes de procura e doação de órgãos, as quais são responsáveis pela oferta de órgãos e verificação de sua qualidade; iii) a estrutura e preservação, cuja função é de "estoque", ou seja, preservar e manter a qualidade do órgão; iv) os estabelecimentos de saúde transplantadores onde os pacientes demandantes esperam pela cirurgia e v) a rede de auxilio que exerce o apoio estrutural. Nesse nível, verifica-se um enfoque do SNT em termos microanalíticos, em que ocorre uma melhor compreensão das estruturas locais ou, ainda, da própria governança.

Nessa linha, a estrutura de governança apresentada na Figura 6 permite reduzir dois tipos de custos de transação no sistema de transplantes renais, destacando: *measurement* e *enforcement*. O primeiro está relacionado à falta de informação dos agentes, pois estes não detêm todos os dados *ex-ante* sobre a quantidade e a qualidade de rins que serão ofertados. O segundo tipo refere-se à garantia de que esse órgão seja alocado na forma adequada e que os acordos (Lei 9.175/2017) sejam cumpridos.

Considerando a especificidade dos ativos abordados pela NEI (seção 2) e conforme Thorne (2006) e Williamson (1996), o rim pode ser interpretado como um produto altamente específico ($k=\infty$), que apresenta as seguintes características econômicas: a) é um órgão humano que não deve ser vendido e sua oferta não é controlada por seus doadores, evitando, assim, as ações oportunistas de burlar a lista de espera e do órgão ir para o mercado paralelo; b) a demanda e a oferta desse produto são estocásticas[7]; c) é um bem essencial, sendo sua transação realizada uma única vez; d) o seu tempo de armazenagem é limitado (48 horas); e) sua deterioração é rápida, o que torna o seu custo de oportunidade baixo; f) pode ser substituído por outros tratamentos como a diálise peritoneal ou hemodiálise; g) tem elevado desperdício e h) a relação entre o sistema de transplante e

---

[7] A demanda e a oferta do rim não podem ser determinadas, suas funções são aleatórias, ou seja, não existe controle sobre elas (Marinho; Cardoso, 2007).

os hospitais responsáveis pela realização do procedimento apresenta assimetria de informação, principalmente, nos aspectos relacionados à oferta e à qualidade do enxerto desse órgão, bem como as rejeições por parte do receptor (Kute *et al.*, 2017; Costa; Balbinoto Neto; Sampaio, 2016; Basto; Cardoso, 2014; Weimer, 2010; Silva, 2008; Marinho; Cardoso, 2007).

Na Figura 7, está apresentada a proposta de representação da cadeia produtiva do órgão rim, elaborada a partir do Decreto Federal n.º 9.175/2017 (Brasil, 2017). Inicialmente, tem-se os pacientes com doença renal crônica esperando por um rim na lista de espera. Essa lista, dentro da cadeia, tem a função de reduzir a assimetria de informação em relação ao acesso ao órgão e o custo de *measurement*. Na segunda etapa, os agentes da rede de procura de órgão identificam o potencial doador, conforme determinado pela Resolução n.º 2.173, de novembro de 2017 (Brasil, 2017), o que contribui para a minimização do problema de seleção adversa.

Quando a doação é permitida, tem-se a terceira etapa, denominada de estrutura de preservação do órgão, a qual só termina quando se define o paciente que está apto a receber o novo órgão, de acordo com as regras da lista de espera. Após a escolha, o rim é encaminhado para o estabelecimento de saúde (hospital credenciado ao SNT), onde é realizada a cirurgia no receptor. O fim da cadeia é a recuperação e acompanhamento do paciente pós-transplante. Contudo, nessa cadeia, existe uma estrutura de governança complexa, que envolve ações, decisões e interações dos agentes desse sistema de transplante.

Figura 7 – Cadeia produtiva do órgão rim

Fonte: elaboração própria (2021), com base no Decreto Federal n.º **9.175/2017** (Brasil, 2017; Williamson, 1996)

Para melhor compreensão da governança da cadeia produtiva do órgão rim e seu funcionamento, apresenta-se, na Figura 8, uma proposta dessa estrutura. O processo se inicia com a identificação de morte encefálica[8] do possível doador, pela equipe da Rede de Procura de Órgãos, que,

---

[8] O diagnóstico de morte encefálica é baseado em dados obtidos por meio de exames clínicos e laboratoriais (Brasil, 2017).

simultaneamente, comunica os órgãos responsáveis (CET, CNT e Ministério da Saúde) e a família do doador ou com o próprio doador em casos específicos (doador vivo).

O primeiro processo de tomada de decisão ocorre com a família do doador, que deve optar por efetivar ou não a doação — doação consentida conforme Decreto Federal n.º 9.175/2017 (Brasil, 2017). Esse processo é complexo e quase sempre marcado por objetivos que não envolvem a natureza econômica — questões culturais, medo em relação à mutilação do corpo, receio de diagnóstico errado, entre outros (Morais; Morais, 2012). Pesquisas mostram que falhas na comunicação entre a equipe de transplantes e os familiares do potencial doador, o não entendimento do que significa a morte encefálica, fatores religiosos e o tempo na liberação do corpo podem prejudicar a doação (Kananeh *et al.*, 2020; Bertasi *et al.*, 2019; Correia *et al.*, 2018; Weiss *et al.*, 2014).

A decisão de doação do órgão rim possui fases que vão desde a aceitação da morte encefálica por parte das famílias até o seu comprometimento no processo de doação — Lei n.º 9.434 de 2017 (Brasil, 2017). Em virtude dessas etapas apresentarem informações incompletas e assimétricas, os familiares podem tomar a decisão de não consentir a doação. Para a NEI, esse comportamento humano envolve diversas escolhas, que são maximizadoras de riqueza, altruístas, ideológicas, éticas, morais e religiosas[9].

Observa-se, na Figura 8, que, se a família optar por não efetivar a doação do rim, o ciclo do processo de transplante é finalizado. Nesse caso, as organizações competentes apenas registram a não doação, a estrutura de preservação interrompe todo o tratamento de manutenção de viabilidade do órgão e o corpo é entregue aos familiares. Outrora, quando a doação é consentida pela família do potencial doador, inicia-se outro ciclo em que o direito de propriedade passa para o Estado (Ministério da Saúde) e o ativo específico (rim) fica disponível na estrutura de preservação, aguardando as deliberações. Na sequência, as organizações — CET, CNT e Ministério da Saúde — são notificadas.

Considerando os critérios (exame de compatibilidade sanguínea, imunogenética ou antropométrica com o organismo de receptor inscrito na lista única de espera) estabelecidos pelo Decreto Federal n.º 9.175/2017 (Brasil, 2017), na Figura 8, o Ministério da Saúde delibera sobre o paciente

---

[9] Para North (1990), o comportamento humano é mais complexo que a função utilidade individual dos modelos econômicos convencionais, pois os seres humanos não atuam apenas motivados pela maximização da riqueza, mas também por altruísmo, ideologia e por restrições comportamentais (por exemplo, moral, ética e religiosa).

da fila de espera que irá receber o rim e o hospital em que será realizado o procedimento de transplante. O processo termina quando o órgão é transplantado efetivamente e o paciente receberá todo o acompanhamento e medicação pós-transplante.

A partir da análise proposta com base na NEI, pode-se afirmar que a estrutura do sistema de transplante renal apresentou os seguintes pontos: i) redução dos custos de transação a partir da coordenação das decisões entre os agentes econômicos envolvidos, ii) alterações nas estruturas de governanças e mudanças institucionais que geram implicações econômicas importantes para o setor de transplantes, iii) melhoria no desempenho em busca da eficiência dinâmica e estática e iv) melhor coordenação local no sentido da cooperação entre as esferas federal, estadual e municipal. Esses resultados teóricos são importantes para garantir que esse procedimento esteja disponível de forma segura e adequada para toda a população brasileira e, ainda, para que não ocorram ações oportunistas nesse sistema. Além disso, possibilita identificar possíveis riscos operacionais e administrativos, criar novas práticas de gestão, expandir as oportunidades para a evolução do SNT, bem como diminuir as disparidades entre a disponibilidade e a demanda por esse órgão para transplantes no Brasil.

Figura 8 – Proposta de governança da cadeia do transplante renal

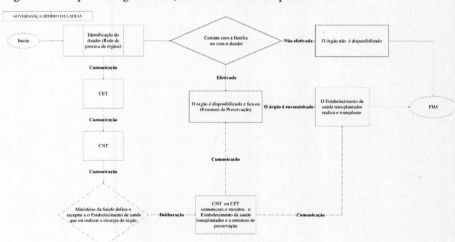

Nota: CET – Central Estadual de Transplantes; CNT – Central Nacional de Transplante.
Fonte: elaboração própria (2021), com base no Decreto Federal n.º **9.175/2017** (Brasil, 2017; Williamson, 1996)

5 CONSIDERAÇÕES FINAIS

Este ensaio analisou a estrutura organizacional do sistema de transplantes renais no Brasil a partir da abordagem teórica da NEI. Para isso, foram utilizados os principais marcos legais do SNT — Lei Federal n.º 9.434/1997, Decreto n.º 2.268/1997, Portaria n.º 2.600/2009 e Decreto Federal n.º 9.175/2017.

Com base na NEI e nos marcos legais supracitados, observou-se que a estrutura de governança do sistema nacional de transplantes renais no Brasil é resultado de um conjunto de transformações e aprendizagem (*path dependency*) ao longo do tempo, fruto de interações entre Estado e sociedade. Essas mudanças foram necessárias, pois os agentes (família dos doadores, médicos, pacientes, enfermeiros e membros do governo) do SNT sempre estão demandando menores gastos, melhor alocação e distribuição dos órgãos e tecidos, efetividade nos transplantes e redução do número de pacientes em lista de espera por um órgão, inclusive, o renal.

As alterações legais que ocorreram no sistema de transplante renal no Brasil foram ações para reduzir as falhas de mercado, pois nenhuma estrutura de governança pode ser definida como ótima, uma vez que são frutos de contingências culturais e políticas de cada país. Ao analisar o SNT com base na NEI, identificou-se que o conjunto de alterações ao longo do tempo reduziu os custos de transação — ao definir critérios para a realização do transplante (quem, quando e onde), as incertezas sobre o funcionamento do mercado do rim — ao limitar a sua comercialização (evitou o risco moral) e ao definir critério para a sua extração do doador efetivo (minimizou a seleção adversa). Além disso, inibiu possíveis ações oportunistas por parte dos agentes econômicos, tendo em vista que o bem rim tem alta especificidade e grande valor em mercados ilegais.

Destaca-se ainda que, com a criação das CIHDOTTS e OPOS, o SNT pode ter reduzido os custos de *measurement* e de *enforcement* no processo de localização e manutenção do potencial doador, uma vez que essas estruturas são constituídas de equipes técnicas treinadas para tal procedimento. Logo, esses fatos possibilitaram a elaboração de propostas para melhoria desse sistema, principalmente, por parte do SNT. Com o conhecimento adquirido ao longo do tempo, foram criadas estruturas que possibilitaram a redução dos custos de transação, ampliaram os estudos de novas tecnologias, reduziram a assimetria de informação e possibilitaram entender os ambientes de tomada de decisões das famílias dos potenciais doadores do órgão rim.

PERSPECTIVAS ECONÔMICAS: ANÁLISES E REFLEXÕES

A partir da NEI, constatou-se que o rim é um ativo com alta especificidade e características econômicas. Além disso, o sistema de transplante renal brasileiro pode ser caracterizado como uma estrutura híbrida, pois apresenta aspectos de acordos de cooperação, em que se direcionam incentivos a favor de uma coordenação superior entre as partes (governo e equipes de transplantes). Contudo, a partir da proposta aprovada em 2017 (Decreto Federal n.º 9.175), evidenciaram-se características de uma estrutura hierárquica nas tomadas de decisões em nível nacional, com coordenação e imposição de autoridade centralizada.

Portanto, no sistema nacional de transplantes renais, são necessárias estruturas de governança que busquem reduzir as assimetrias de informação e, consequentemente, os custos de transação. Problemas nessas estruturas, por exemplo, falta de comunicação com as famílias, identificação e manutenção inadequada dos potenciais doadores, entre outras, reduzem a oferta desse órgão para o transplante. Nesse sentido, este estudo abordou uma nova forma de interpretação do sistema de transplantes renais que gerou implicações teóricas (análise das estruturas de governança, da própria governança, custos de transação e assimetria de informações) e aspectos baseados em evidências ao SNT para minimizar as disparidades existentes.

A abordagem da NEI, adotada por este estudo, demostrou-se adequada, pois permitiu identificar as interfaces entre o sistema econômico e as instituições, ao descrever a evolução e o funcionamento da estrutura do SNT ao longo do tempo. Além disso, permitiu a subdivisão analítica em três distintas partes: o ambiente institucional, a estrutura de governança e a especificidade do ativo, além de identificar possíveis falhas de mercados. Visto que a estrutura de governança é hibrida, ela deveria ser mais bem estudada. As observações estão pertinentes e as implicações são plausíveis.

A análise institucional do SNT, dentro do marco teórico da NEI, ainda se encontra na sua infância, tendo muitos aspectos a serem explorados, analisados, medidos e hipóteses testadas empiricamente. Espera-se, assim, que este estudo seja a base inicial para futuras pesquisas na área e para a formação de políticas públicas baseadas em evidências, as quais busquem melhorar cada vez mais a eficiência do SNT brasileiro, que é um dos mais importantes do mundo.

Cabe destacar algumas questões que indicaram limitações para o estudo: a primeira refere-se aos pacientes (potenciais receptores de rim) que utilizam o SNT, no sentido de que não há um registro das perspectivas deles referente ao atendimento recebido e sua qualidade. A segunda diz respeito à própria gestão, na qual existem barreiras para a realização de entrevistas com as equipes responsáveis pela abordagem familiar.

REFERÊNCIAS

ABENSUR, H.; NORONHA, I. L.; ELIAS, R. M. Alternativas de tratamento para a doença renal crônica estágio 5. *In*: MANFRO, C. R.; NORONHA, I. L.; SILVA FILHO, Á. P. (coord.). **Manual de transplante renal**. 2. ed. Barueri: Manole, 2014. p. 263-280. Kindle.

ARROW, K. J. Uncertainty and the welfare economics of Medical Care. **American Economic Review**, Pittsburgh, v. 53, n. 5, p. 941-973, 1963.

ASSOCIAÇÃO BRASILEIRA DE TRANSPLANTES DE ÓRGÃOS. **Dimensionamento dos Transplantes no Brasil e em cada estado (2011-2018)**, n. 4, p. 1-89, 2018.

BASTOS, N. M. R.; CARDOSO, R. M. Cuidados nutricionais no transplante renal. *In*: MANFRO, C.; NORONHA, I. L.; SILVA FILHO, A. P. **Manual de transplante renal**. Barueri: Manole, 2014. p. 565-582. Kindle.

BERTASI, R. A. O.; BERTAS T. G. O.; REIGADA C. P. H.; RICETTO, E.; BONFIM, K. O.; SANTOS, L. A.; ATHAYDE, M. V. O.; PEDROSA, R. B. S.; PERALES, R. P.; SARDINHA, L. A. C.; ATAIDE, E. C.; BOIN, I. F. S. F.; HIRANO, E. S. Perfil dos potenciais doadores de órgãos e fatores relacionados à doação e a não doação de órgãos de uma Organização de Procura de Órgãos. **Revista Colégio Brasileiro de Cirurgiões**, [s. l.], v. 43, p. 1-8, ago. 2019.

BRASIL. **Lei nº 4.280, de 6 de novembro de 1963**. Brasília, 1963. Disponível em: http://www2.camara.leg.br/legin/fed/lei/1960-1969/lei-4280-6-novembro-1963-353353-publicacaooriginal-1-pl.html. Acesso em: 24 fev. 2021.

BRASIL. **Lei nº 8.489, de 18 de novembro de 1992**. Brasília, 1992. Disponível em: https://www.planalto.gov.br/ccivil_03/Leis/1989_1994/L8489.htm. Acesso em: 17 mar. 2018.

BRASIL. **Decreto nº 9.434, de 4 de fevereiro de 1997**. Brasília, 1997a. Disponível em: https://www2.camara.leg.br/legin/fed/lei/1997/lei-9434-4-fevereiro-1997-372347-normaatualizada-pl.pdf. Acesso em: 5 mar. 2018.

BRASIL. **Decreto Federal nº 2.268, de 30 de junho de 1997**. Brasília, 1997b. Disponível em: https://www2.camara.leg.br/legin/fed/decret/1997/decreto-2268-30-junho-1997-341459-norma-pe.html. Acesso em: 15 jan. 2020.

BRASIL. **Lei nº 10.211 de 23 de março de 2001**. Brasília, 2001. Disponível em: http://www.planalto.gov.br/ccivil_03/Leis/LEIS_2001/L10211.htm. Acesso em: 15 abr. 2018.

BRASIL. **Portaria nº 1.752, de 23 de setembro de 2005**. Brasília, 2005. Disponível em: http://bvsms.saude.gov.br/bvs/saudelegis/gm/2005/prt1752_23_09_2005.html. Acesso em: 15 jun. 2018.

BRASIL. **Lei nº 11.521 de 18 de setembro de 2007**. Brasília, 2007. Disponível em: http://www.planalto.gov.br/ccivil_03/_Ato2007-2010/2007/Lei/L11521.htm. Acesso em: 15 abr. 2018.

BRASIL. **Portaria nº 2.600 de 21 de outubro de 2009**. Brasília, 2009. Disponível em: http://bvsms.saude.gov.br/bvs/saudelegis/gm/2009/prt2600_21_10_2009.html. Acesso em: 14 jun. 2018.

BRASIL. **Decreto nº 9.175, de 18 de outubro de 2017**. Brasília, 2017. Disponível em: https://www.planalto.gov.br/ccivil_03/_ato2015-2018/2017/decreto/d9175.htm. Acesso em: 17 mar. 2018.

BRASIL. Ministério da Saúde. **Sistema Nacional de Transplantes**. Brasília, 2018a. Disponível em: http://portalms.saude.gov.br/acoes-e-programas/doacao-trans-plantes-de-orgaos/sistema-nacional-de-transplantes. Acesso em: 14 jun. 2018.

BRASIL. **Sistema Integrado de Planejamento e Orçamento**. Brasília, 2018b. Disponível em: https://www1.siop.planejamento.gov.br/QvAJAXZfc/opendoc.htm?document=IAS%2FExecucao_Orcamentaria.qvw&host=QVS%40pqlk04&a-nonymous=true. Acesso em: 13 mar. 2018.

BECKER, G. S.; ELÍAS, J. J. Introducing Incentives in the Market for Live and Cadaveric Organ Donations. **Journal of Economic Perspectives**, [s. l.], 2007.

CHANDLER, A. **Strategy and structure**. Cambridge: MIT Press, 1962.

COASE, R. H. The Nature of the Firm. **Economica**, London, v. 4, n. 16, p. 386-405, 1937.

COASE, R. H. The problem of social cost. **Jornal of Law and Economics**, [s. l.], v. 3, p. 1-44, oct. 1960.

CORREIA, W. L. B.; ALENCAR, S. R. M.; COUTINHO, D. T. R.; GONDIM, M. M.; ALMEIDA, P. C.; FREITAS, M. C. Potencial doador cadáver causas da não doação de órgãos. **Enfermagem em Foco**, [s. l.], v. 9, p. 30-34, 2018.

COSTA, C. K. F.; BALBINOTTO NETO, G.; SAMPAIO, L. M. B. Análise dos incentivos contratuais de transplantes de rins no Brasil pelo modelo agente-principal. **Cadernos de Saúde Pública**, Rio de Janeiro, v. 32, n. 8, p. 1-13, ago. 2016.

COSTA, C. K. F.; NETO, G. B.; SAMPAIO, L. M. B. Eficiência dos estados Brasileiros e do Distrito Federa no sistema público de transplante renal: uma análise usando método DEA (Análise Envoltória de Dados) e índice de malmquist. **Cadernos de Saúde Pública**, Rio de Janeiro, v. 30, p. 1667-1679, ago. 2014.

FARRELL, A. Adding Value? EU Governance of Organ Donation and Transplantation. **European Journal of Health Law**, [s. l.], v. 17, p. 51-79, mar. 2010.

FELDENS, T. K.; JACINTO, P. A. Intervenções midiáticas e doação de órgãos: uma análise para o Brasil. *In*: ENCONTRO REGIONAL DE ECONOMIA, 25., 2020, Fortaleza. **Anais** [...]. Fortaleza, Ceará: ANPEC - Associação Nacional dos Centros de Pós-graduação em Economia, 2020. Disponível em: https://www.anpec. org.br/novosite/br/xxv-encontro-regional-de-economia--artigos-selecionados. Acesso em: 8 dez. 2020.

FERRAZ, A. S. Legislação dos transplantes no Brasil e aspectos éticos. *In*: MANFRO, C. R.; NORONHA, I. L.; SILVA FILHO, Á. P. (coord.). **Manual de transplante renal**. 2. ed. Barueri: Manole, 2014. p. 615-623. Kindle.

GARCIA, V. D. *et al*. An Overview of the Current Status of Organ Donation and Transplantation in Brazil. **Transplantation**, [s. l.], v. 99, n. 9, p. 1535-1537, 2015.

GETIS, A. Spatial Autocorrelation. *In*: FISCHER, M. M.; GETIS, A. **Handbook of applied spatial analysis**: software tools, methods and applications. New York: Springer, 2010. p. 255-278.

GLAZIER, K. A.; HEFFERNAN, G. K.; RODRIGUE, R. J. A Framework for Conducting Deceased Donor research in the United States. **Transplantation**, [s. l.], v. 99, p. 2252-2257, 2015.

GRANOVETTER, M. The Impact of Social Structure on Economic Outcomes. **Journal of Economic Perspectives**, [s. l.], p. 33-50, Winter 2005.

KANANEH, M. F.; BRADY, P. D.; MEHTA, C. B.; LOUCHART, L. P.; REHMAN, M. F.; SCHULTZ, L. R.; LEWIS, A.; VARELAS, P. N. Factors that affect consent rate for organ donation after brain death: A 12- year registry. **Journal of the neurological sciences**, [s. l.], v. 416, 2020.

KLEIN, P. G. New institutional economics. **Social Science Research Network**, Missouri, p. 456-489, 1998.

KUTE, V. B.; PATEL, H. V.; SHAH, P. R.; MODI, P. R.; SHAH, V. R.; RIZVI, S. J.; PAL, B. C.; MODI, M. R; SHAH, P. S.; VARVANI, U. T.; WAKHARE, P. S.; SHINDE, S. G.; GHODELA, V. A.; PATEL, M. H.; TRIVEDI, V. B.; TRIVEDI, H. L. Past, present and future of kidney paired donation transplantation in India. World. **Journal of Transplantation**, [s. l.], v. 7, p. 134-143, April 2017.

KUTE, V. B.; VANIKAR, A. V.; SHAH, P. R.; GUMBER, M. R.; PATEL, H. V.; ENGINEER, D. P.; MODI, P. R.; SHAH, V. R.; TRIVEDI, H. Increasing access to kidney transplantation in countries with limited resources: the Indian experience with Kidney Paired Donation. **Nephrology**, [s. l.], v. 19, p. 599-604, set. 2014.

MALAGÓ, M.; ROGIERS, X.; HERTL, M.; BASSAS, A.; BURDELSKI, M.; BROELSCH, C.E. Optimization of the Use of the Cadaveric liver. **Transplantation Proceeding**, [s. l.], v. 30, p. 3902-3903, nov. 1998.

MANYALICH, M.; CABRER, C.; VALERO, R.; PAREDES, D.; NAVARRO, A.; TRIAS, E.; VILARRODONA, A.; RUIZ, A.; RODRIGUEZ, C.; PAEZ, G. Transplant Procurement Management: a model for organ and tissue shortage. **Transplantation Proceedings**, [s. l.], v. 35, p. 25332538, 2003.

MARINHO, A.; CARDOSO, S. S. **Avaliação da eficiência técnica e da eficiência de escala do sistema nacional de transplante**s. Rio de Janeiro: Ipea, 2007. (Texto para discussão, 1260).

MEDINA-PESTANA, J. O.; VAZ, M. L. S.; PARK, S. I. Organ Transplant in Brazil. **Transplantation Proceedings**, [s. l.], v. 34, p. 441-443, 2002.

MENDONÇA, Y. C. M.; COSTA, C. K. F.; PARRÉ, J. L.; BALBINOTTO, G. N.; MARCONATO, M. Oferta de transplantes renais e fatores associados: análise exploratória espacial para as Unidades Federativas do Brasil. *In*: ENCONTRO DE ECONOMIA DA REGIÃO SUL, 21., 3 a 5 de jul. 2019, Maringá. **Anais** [...]. Maringá: Universidade Estadual de Maringá, 2019.

MORAES, T. R.; MORAES M. R. Doação de órgão: é preciso educar para avançar. **Saúde Debate**, Rio de Janeiro, v. 36, n. 95, out./dez. 2012.

NEUBERGER, J. Organizational structure of liver transplantation in the UK. **Langenbeck's archives of surgery**, [s. l.], v. 400, p. 559-66, July 2015.

NGA, H. S.; ANDRADE, L. G. M.; CONTTI, M. M.; VALIATTI, M. F.; SILVA, M. M.; TAKASE, H. M. Avaliação dos 1000 transplantes renais realizados no Hospital das Clínicas da Faculdade de Medicina de Botucatu (HCFMB) da UNESP e a sua evolução ao longo dos anos. **Brazilian Journal of Nephrology**, São Paulo, v. 40, n. 2, abr./jun. 2018.

NORTH, D. C. **Institutions, institutional change and economic performance**. Cambridg: Cambridge, 1990.

NORTH, D. C. Institutions. **Journal of economic institutional perspective**, Pittsburgh, v. 5, n. 1, p. 97-112, 1991.

NORTH, D. C. **The new institutional economic and development**. [*s. l.*], 1993. Disponível em: http://www2.econ.iastate.edu/tesfatsi/newinste.north. pdf. Acesso em: 5 jul. 2018.

NORTH, D. C. La evolución histórica de las formas de gobierno. **Revista de Economia Institucional**, Bogotá, n. 2, p. 133-148, 2000.

NORTH, D. C. **The role of institutions in economic development**. Geneva: Unece, 2003. (Discussion Papers, nº 2003.1).

NORTH, D. C. **Instituciones, cambio institucional y desempeño económico**. 3. ed. México: Fondo de Cultura Económica USA, 2006.

PÊGO-FERNANDES, P. M.; GARCIA, V. D. Estado atual do transplante no Brasil. **Diagn Tratamento**, [s. l.], v. 15, n. 2, p. 51-52, 2010.

PEREIRA, M. G.; FURTADO, R. V. Avaliação de doadores falecidos para transplante renal. *In*: MANFRO, C.; NORONHA, I. L.; SILVA FILHO, A. P. **Manual de transplante renal**. Barueri: Manole, 2014. p. 43-56. Kindle.

SILVA, E. N. **Ensaios em Economia da Saúde**: transplantes de rim. 2008. Tese (Doutorado em Economia Aplicada) — Programa de Pós-Graduação em Economia, Faculdade de Ciências Econômicas, Universidade Federal do Rio Grande do Sul, Porto Alegre, 2008.

SILVA, R.; SOUZA NETO, V. L.; OLIVEIRA, G. J. N.; SILVA, B. C. O.; ROCHA, C. C. T.; HOLANDA, J. R. R. Coping strategies used by chronic renal failure patients on hemodialysis. **Escola Anna Nery**, Rio de Janeiro, v. 20, n. 1, p. 147-154, mar. 2016.

SILVA, S. B.; CAULLIRAUX, H. M.; ARAÚJO, C. A.; ROCHA, E. Uma comparação dos custos do transplante renal em relação à diálises no Brasil. **Cadernos de Saúde Pública**, Rio de Janeiro, v. 32, p. 1-13, jan. 2016.

SIMON, H. A. **Administrative Behavior:** a study of decision-making processes in administrative organization. New York: The Macmillan Company, 1947.

SOCIEDADE BRASILEIRA DE NEFROLOGIA. **Transplante renal.** [s. l.], 2018. Disponível em: https://sbn.org.br/publico/tratatamentos/transplante-renal/. Acesso em: 2 fev. 2018.

THORNE, Emanuel. The Economics of Organ Transplantation. *In*: HOLM, S. C.; YTHIER, J. M. **Handbook of the economics of Giving, altruism and reciprocity**. 2. ed. Amsterdam: North Holland, 2006. p. 1336-1368.

WEIMER, David L. **Medical governance**: values, expertise, and interests in organ transplantation. Washington: Georgetown University Press, 2010.

WEISS, J.; COSLOVSKY, M.; KEEL, I.; IMMER, F. F.; JUNI, P.; COMITE NATIONAL DU DON D'ORGANES. Organ Donation in Switzerland - An Analysis of Factors Associated with Consent Rate. **Plos One**, [s. l.], v. 9, set. 2014.

WESTPHAL, G. A.; GARCIA, V. D.; SOUZA, R. L.; FRANKE, C. A.; VIEIRA, K. D.; BIRCKHOLZ, V. R. Z.; MACHADO, M. C.; ALMEIDA, E. R. B.; MACHADO, F. O.; SARDINHA, L. A. C.; WANZUITA, R.; SILVADO, C. E. S.; COSTA, G.; BRAATZ, V.; CALDEIRA FILHO, M.; FURTADO, R.; TANNOUS, L. A.; ALBUQUERQUE, A. G. N.; ABDALA, E.; GONÇALVES, A. R. R.; PACHECO-MOREIRA, L. F.; DIAS, F. S.; FERNANDES, R.; GIOVANNI, F. D.; CARVALHO, F. B.; FIORELLI, A.; TEIXEIRA, C.; FEIJÓ, C.; CAMARGO, S. M.; OLIVEIRA, N. E.; DAVID, A. I.; PRINZ, R. A. D.; HERRANZ, L. B.; ANDRADE, J.; ASSOCIAÇÃO DE MEDICINA INTENSIVA BRASILEIRA; ASSOCIAÇÃO BRASILEIRA DE TRANSPLANTE DE ÓRGÃOS. Diretrizes para avaliação e validação do potencial doador de órgãos morte encefálica. **Revista Brasileira de Terapia Intensiva, São Paulo, v. 28, n.** 3, jul./set. 2016.

WILLIAMSON, O. E. **Markets and Hierarchies.** Analysis and Antitrust Implications. New York: The Free Press, 1975.

WILLIAMSON, O. E. **The economic institutions of capitalism**. London: Free Press, 1985.

WILLIAMSON, O. E. Transaction Cost Economics and Organization Theory. **Journal of Industrial and Corporate Change**, [s. l.], v. 2, p. 107-156, 1993.

WILLIAMSON, O. E. **Industrial Organization**. Brookfield, US: Edward Elgar, 1996.

WILLIAMSON, O. E. The new institutional economics: taking stock, looking ahead. **Journal of Economic Literature**, Pittsburgh, v. 38, p. 595-613, Sept. 2000.

WILLIAMSON, O. E. The Theory of the Firm as Governance Structure: From Choice to Contract. **Journal of Economic Perspectives**, Pittsburgh, v. 16, n. 3, p. 171-195, 2002.

WILLIAMSON, O. E. The Economics of governance. **American Economic Review**, v. 95, n. 2, p. 1-18, May. 2005.

WILLIAMSON, O. E. **As instituições econômicas do capitalismo:** firmas, mercados, relações contratuais. Tradução de Frederico Araujo Turolla (coord.). São Paulo: Pezco, 2012.

ARMADILHA DE LUCRATIVIDADE E *BIG PUSH*: CONSIDERAÇÕES A PARTIR DE ROSENSTEIN-RODAN

Carlândia Brito Santos Fernandes
Vivian Garrido Moreira

INTRODUÇÃO

As discussões recentes sobre as condições de crescimento e desenvolvimento de alguns países têm abordado questões como a incapacidade de determinadas economias se manterem crescendo ou a desaceleração elevada nas taxas de crescimento e produtividade. Trabalhos como os de Eichengreen, Park e Shin (2011), Agénor e Canuto (2012), Agénor, Canuto e Jelenic (2012) e Canuto (2013) apontam para a existência de uma armadilha de renda média, definindo o Brasil, dentre outros países, como um exemplo dessa situação. Especificamente, referem-se a países que saíram de uma condição estrutural agrícola, avançaram para uma condição industrial e de renda per capita média, mas que não conseguem ingressar em nova trajetória de crescimento. A partir dessa literatura, é possível afirmar que as economias que se encontram nessa situação poderiam ser classificadas em quatro estágios de desenvolvimento. No estágio I, enquadrar-se-iam as economias que estão em uma armadilha de renda baixa, ou seja, as economias agrícolas com excedente de mão de obra, como aquelas descritas por Lewis (1954). No estágio II, enquadrar-se-iam as economias que se encontram em processo de transição de nível de renda baixa para nível de renda média. De outra forma, no estágio II, poderíamos incluir as economias que estão em processo de se tornarem industrializadas. No estágio III, incluiríamos as economias em armadilha de renda média. No estágio IV, economias com elevados níveis de renda.

Este trabalho não se concentra exatamente no conceito de armadilha de renda média, mas sim no conceito de armadilha de lucratividade em economias hipotéticas que poderiam ser enquadradas entre os estágios I e II descritos anteriormente. Assim como essa literatura faz uma ampla abordagem sobre os motivos que teriam levado determinadas economias a entrarem na armadilha de renda média ou sobre as alternativas para escaparem, é objetivo aqui discutir e analisar uma solução para a armadilha de lucratividade e, então, uma possibilidade para as economias conseguirem avançar em direção a elevados níveis de renda. De outra forma, se uma vez superada a condição de armadilha de lucratividade, tais economias seriam capazes de gerar ganhos de escala com os quais aumentariam significativamente as chances de não recaírem, subsequentemente, em uma armadilha de renda média.

Além disso, muito se alega que modelos de crescimento como o de Solow (1956) não são válidos para economias com abundância de (pelo menos um) fator(es) de produção, uma vez que a propriedade de substituição entre eles (prevista na sua função de produção) só deve operar, entre outras coisas, mediante escassez relativa e consequente variação de preços dos fatores. Nesse sentido, sem entrar no mérito de outras possíveis críticas a esse modelo e baseando-se apenas na própria lógica interna do mesmo, apontaremos aqui que essa abordagem ainda seria incompleta para países que não romperam as condições mínimas de industrialização e desenvolvimento para caracterizá-los como desenvolvidos e eventualmente, captáveis por um modelo como o de Solow.

Por sua vez, a contribuição de Paul Rosenstein-Rodan parece ser bem adequada, pois, apesar de ser um dos pioneiros nos estudos acerca do (sub)desenvolvimento — utilizando-se de um corte intervencionista, logo, opondo-se ao livre jogo de mercado com o qual Solow simpatiza —, também prevê a possibilidade de crescimento equilibrado. Essa possibilidade foi, algumas vezes, alvo de crítica entre os teóricos heterodoxos do desenvolvimento econômico, como é o caso de Hirschman (1958)[1]. Não é objetivo deste trabalho entrar no mérito dessa discussão, mas apenas mostrar a possibilidade de uma alternativa consagradamente heterodoxa ser aplicada em um terreno consagradamente ortodoxo dentro da teoria econômica do crescimento/desenvolvimento.

Aqui, a recuperação das ideias desse pioneiro estará ligada aos investimentos em capital e aos ganhos de qualificação dos trabalhadores que, modernamente, podem ser expressos nos conceitos de learning *by doing* e *learning by interacting*. Utilizando Rosenstein-Rodan (1943, 1961a, 1984) e Ros (2000) como arcabouço analítico, será apresentado um breve modelo

---

[1] Ver Cardoso (2012).

teórico, introduzindo os ganhos de qualificação dos trabalhadores como uma fonte de retornos crescentes, que, associada a um grande impulso, *Big Push,* será a alternativa para retirar a economia de uma armadilha de lucratividade e colocá-la na trajetória que leva ao nível de renda alto. Existe, de certa forma, uma "novidade" nesse modo de abordar a questão, porque, via de regra, os retornos crescentes costumam estar associados ao fator capital, não ao trabalho. É exatamente nesse ponto que estaremos conectando o modelo proposto com o pensamento de Rosenstein-Rodan, conforme será elucidado adiante. Já o conceito de *Big Push* ou grande impulso pode ser descrito pelo próprio Rosenstein-Rodan (1961a, p. 57) nas primeiras palavras de seu trabalho seminal, "Notes on the theory of Big Push":

> "There is a minimum level of resources that must be devoted to... a development program if it is to have any chance of success. Launching a country into self-sustaining growth is a little like getting an airplane off the ground. There is a critical ground speed which must be passed before the craft can become airbone..." Proceeding "bit by bit" will not add up in its effects to the sum total of the single bits. A minimum quantum of investment is a necessary, though not sufficient, condition of success. This, in a nutshell, is the contention of the theory of the big push.

A metáfora do avião, conforme aparece anteriormente, é extraída de um trabalho técnico do Massachusetts Institute of Technology (MIT) para o governo norte-americano, ficando bastante famosa não apenas neste trabalho de Rosenstein-Rodan, mas também em W.W. Rostow, em artigo ao *Economic Journal*[2], que usa uma variação dessa ideia, por meio do conceito de decolagem para o desenvolvimento econômico. Em ambos os casos, pressupõe-se um grande volume de investimentos que permitam a economia "decolar", isto é, "alcançar a velocidade mínima crítica que lhe permita alçar voo" (Cardoso, 2012).

O trabalho está dividido em quatro seções, incluindo esta introdução. A próxima seção apresenta as justificativas para se utilizar os ganhos de qualificação dos trabalhadores como fonte de retornos crescentes. Na terceira seção, são apresentados o modelo e a discussão dos resultados. A quarta seção é dedicada às considerações finais.

---

[2] Originalmente publicado em março de 1956, podendo ser encontrado em versão traduzida como "A decolagem para o crescimento autossustentado" em AGARWALA, A. N.; SINGH, S. P. (org.). **A Economia do Subdesenvolvimento**. Contraponto: Centro Internacional Celso Furtado. Rio de Janeiro, 2010.

1 ROSENSTEIN-RODAN E A IMPORTÂNCIA DA QUALIFICAÇÃO DOS TRABALHADORES

Consideramos que há razões substantivas, sobremaneira aplicáveis às ideias de Rosenstein-Rodan (1943), para uma abordagem alternativa do chamado *spillover* tecnológico, atuando diretamente sobre a força de trabalho, ao invés de o fazer sobre o capital[3]. Esse autor, ao enfatizar a qualificação dos trabalhadores migrados do meio agrário e a necessidade de absorvê-los à produção, inspira-nos a trazer para o fator trabalho a principal fonte dos retornos crescentes em um modelo para uma economia em transição entre estágios, como os descritos introdutoriamente. O excesso de população agrária aparece como uma fonte potencial de desenvolvimento[4], tanto pelo aspecto da oferta como pelo da demanda. Pela oferta, por representar potencial produtivo latente, pela demanda, por meio das externalidades pecuniárias que acompanhariam o emprego desse contingente populacional.

As economias externas e as diferentes fontes de ganhos de qualificação dos trabalhadores (*learning by doing, learnin by interacting* ou treinamento) estão diretamente associadas à ideia de *Big Push*, de Rosenstein-Rodan (1961a), a qual consiste em um grandioso esforço integrado, cujos efeitos se fariam sentir não só na estrutura produtiva, mas também no mercado consumidor agregado e na infraestrutura nacional. A absorção e o emprego do excesso populacional, no bojo desse esforço integrado, pressupõem um processo de qualificação da mão de obra, tanto exogenamente (treinamento) quanto endogenamente, via aprendizado nas suas variadas formas. Além disso, a mobilização de populações desempregadas ou subempregadas para o processo de industrialização, como um dos principais motores desse mesmo processo, envolve economias externas que são maiores na indústria do que na agricultura (Rosenstein-Rodan, 1984). Nesse sentido, o impacto sobre

---

[3] É importante destacar que não se trata de subestimar a importância desse mesmo efeito sobre o capital que, em concordância com a maioria da literatura a respeito, tem boas razões para existir. O caso tratado aqui apenas traz a ênfase para o fator trabalho, mostrando a relevância desta alternativa e, por isso, não destacando, neste caso, a importância da outra.

[4] A literatura recente que aborda questões relacionadas à armadilha de renda média (*middle income trap)* destaca exatamente esse aspecto. Na opinião de alguns autores — Eichengreen, Park e Shin (2011), Agénor e Canuto (2012), Agénor, Canuto e Jelenic (2012) e Canuto (2013) —, na fase de desenvolvimento com excesso de mão de obra agrícola, no sentido de Lewis (1954), as economias possuem fatores e vantagens, como o baixo custo de mão de obra, que contribuem para a competição no mercado internacional e para um rápido crescimento, produzindo mercadorias intensivas em trabalho e utilizando tecnologia importada. Destacam que esses países podem auferir ganhos de produtividade, inicialmente, por meio da realocação de trabalhadores dos setores agrícolas, de baixa produtividade, para os setores modernos, de alta produtividade.

a produtividade dos trabalhadores é maior dentro do contexto do *Big Push* do que aquele obtido na produção agrícola, o que contribui para elevar o peso do trabalho na função de produção.

O desenvolvimento da capacidade produtiva própria da mão de obra gera o *learning by doing* e o *learning by interacting*. Esses conceitos refletem o aprendizado e a progressiva prática dos trabalhadores no exercício de suas funções, bem como a interação que ocorre entre eles nesse processo e entre eles e os empresários. A justificativa para considerar esse efeito, via potencialização do impacto direto do trabalho na função de produção, são afirmações como a de Rosenstein-Rodan (1961a, p. 64):

> [...] effective knowledge cannot be acquired by reading a book or by editorial exhortation. It can be acquired, however, on the job! This possibility is a major source of increasing returns to the industrial system as a whole. Perhaps the most important yield of development is a cumulative increase in effective knowledge!

A discussão específica sobre o conceito de externalidade tecnológica, embora não seja o foco deste trabalho, também aparece em Rosenstein-Rodan (1961a). O autor parece sugerir que os ganhos da produtividade atuam diretamente sobre o trabalho ao remeter o leitor à ideia de "inapropriabilidade", na qual aponta a inexistência de garantias por parte do empregador de que poderá reter para si o investimento feito na qualificação de seu trabalhador. Desse ponto de vista, Rosenstein-Rodan evidencia o domínio por parte do trabalhador sobre o investimento em treinamento sobre ele próprio, levando a crer, novamente, que o principal elemento propulsor da produtividade dos indivíduos não se trata de um fator exógeno (máquina).

A razão do desalinhamento entre os interesses individuais e coletivos encontra-se exatamente na mencionada inapropriabilidade sobre a qualificação do trabalho. Não havendo como reter o trabalhador qualificado no interior de seu negócio, o empregador não tem incentivos individuais na mobilização de recursos par a treinamento e capacitação. Já no que se refere ao Estado, ocorre o incentivo inverso, dado que o investimento público possui elevado potencial de retorno para toda a nação. Com relação a isso, Rosenstein-Rodan (1984, p. 214) afirma: "[...] an entrepreneur who invests in training workers may lose capital if these workers contract with another firm. Although not a good investment for a private firm, it's the best investment for the State."

Esses argumentos deixam evidente que Rosenstein-Rodan privilegiou em suas ideias sobre o processo de industrialização, tanto a qualificação dos trabalhadores via treinamento direto quanto a qualificação por meio do processo de aprendizagem, decorrente do desenvolvimento de suas atividades, da convivência com outros indivíduos no processo de produção e da própria atuação em um setor moderno, incluindo a convivência com os empresários. Parece-nos cabível, dessa forma, tornar o trabalho mais intensivo na função de produção, fazendo os retornos crescentes operarem no fator trabalho via ganhos de qualificação. Rosenstein-Rodan (1943) adverte ainda que, após ampla absorção e qualificação de trabalhadores em regiões em desenvolvimento, deverá haver alguma emigração exatamente, devido ao seu elevado número. Uma função de produção que atue potencializando o impacto da força de trabalho é, portanto, bastante compatível com a resolução parcial do problema de excesso de mão de obra, resume uma possibilidade tecnológica adequada aos países em desenvolvimento e é tratável analiticamente em um modelo como o de Ros (2000).

A qualificação via treinamento formal é tratada por Rosenstein-Rodan em um contexto em que o autor enfatiza a importância crucial do Estado. O treinamento da mão de obra se insere em um programa de planejamento mais amplo e este, por sua vez, surge da necessidade de criação de um ambiente institucional adequado para garantir a superação da condição de subdesenvolvimento. A concepção de um grande bloco de investimento, inspiração do *Big Push*, também se insere nessa estratégia de planejamento estatal que abrange, portanto, capital físico e qualificação do trabalho. Na medida em que a atuação do Estado merece tratamento mais detalhado, a qualificação via treinamento formal será melhor abordada em pesquisa futura. Nesta pesquisa, exploraremos a outra forma de qualificação, via processo de aprendizagem, que evidencia de forma mais direta os importantes resultados relativos a externalidades tecnológicas/retornos crescentes ao trabalho. Porém, é fundamental deixar claro que as duas formas de qualificação, de fato, atuam juntas e é essa combinação que explica os referidos resultados, bem como o próprio *Big Push.*

2 DESCRIÇÃO DO MODELO TEÓRICO

- *Estrutura e hipóteses*

A proposta do presente modelo consiste em uma extensão daquele desenvolvido por Ros (2000)[5] que trata de uma economia dual com excesso de mão de obra e que produz um único bem, uma economia nos preceitos de Lewis (1954). Constam, portanto, dois setores: tradicional e moderno. O excesso de mão de obra, representado por uma curva de oferta de trabalho infinitamente elástica, permite expansão do emprego no setor moderno sem elevação dos salários. Portanto, o único diferencial de salários existente se dá por meio de um prêmio pago pelo setor moderno como incentivo para atração de trabalhadores[6]. Uma vez e tão somente após todo o excedente de mão de obra ser absorvido pelo setor moderno os salários passam a variar com a demanda de trabalho.

Em Ros (2000), é utilizada uma tecnologia de produção do tipo Cobb-Douglas com progresso tecnológico endógeno e a produção do único bem da economia é feita, no caso do setor moderno, por meio da função de produção:

$$M = AK^a (L_M)^{1-a} \tag{1}$$

M representa o volume de produção do setor moderno, obtido por meio de capital e trabalho empregado neste setor. A é a variável tecnológica e é obtida em função de *spillover* de conhecimento que se materializa sobre o estoque de capital médio da economia. Considerando a hipótese de equilíbrio simétrico, admite-se que a firma representativa incorporará tal *spillover* à sua função de produção na medida daquele gerado para média da economia, dado por $\bar{K}$. A absorção desse *spillover* está sujeita a retornos crescentes, captados por meio do coeficiente $\mu > 0$:

---

[5] O capítulo 4 do livro de Ros (2000) traz um modelo de economia dual com retornos crescentes de escala e com a hipótese de salário eficiência. Nossa extensão a tal modelo abarca os dois primeiros aspectos, mas dispensa a figura do salário eficiência, uma vez que essa foge ao escopo específico deste trabalho.

[6] Na visão de Lewis (1954), o mercado de trabalho é competitivo, pois o salário que o setor moderno (ou capitalista) tem que pagar é determinado pelo montante que os trabalhadores poderiam ganhar no setor tradicional. Dessa forma, o salário a ser pago pelo setor moderno corresponde ao salário do setor tradicional mais um adicional, sendo este último constante, para atrair trabalhadores. O que se justifica, ainda de acordo com Lewis (1954), pelos elevados custos do setor moderno, como os custos de vida, de migração e psicológicos.

$$M = \tilde{K}^{\mu} K^{a} (L_M)^{(1-a)} \quad 0 < a < 1$$

e, com $\tilde{K} = K$, vem:

$$M = K^{(a+\mu)} L_M^{(1-a)} \tag{1'}$$

Como se vê, a soma dos expoentes na função anterior é maior que a unidade, o que representa a presença de retornos crescentes à escala em uma função de produção com este formato.

No modelo que se segue, o setor moderno utiliza trabalho e capital conforme a equação 1, com os retornos crescentes à escala externos à firma, mas, agora, oriundos dos ganhos de qualificação via *learning by doing* e *learning by interacting*. Tais ganhos se distribuem em média pelo sistema econômico, tornando-se fonte de retornos crescentes internos à economia como um todo[7]. Portanto:

$$M = (\tilde{L}_M)^{\mu} K^{a} (L_M)^{1-a} \quad \mu > 0 \quad 0 < a < 1$$

Sendo que em equilíbrio simétrico a demanda de trabalho médio será equivalente à demanda da firma representativa, $\tilde{L}_M = L_M$, logo:

$$M = K^{a} L_M^{(1-a+\mu)} \tag{1''}$$

O setor tradicional tem função de produção com retornos constantes à escala e utiliza somente trabalho, no qual o salário (W_s) é dado pelo produto médio do trabalho nesse setor, constante, devido ao excesso de mão de obra (equação 2).

$$S = W_S L_S \tag{2}$$

---

[7] Para referências sobre o conceito de *learning by interacting* ver Von Hippel, E. (1988) e Lundvall, B. (1988) e uma revisão geral do mais tradicional conceito de *learning by doing* pode ser vista em Thompson, P. (2010).

No setor moderno, o salário é dado pelo produto médio do setor tradicional mais um prêmio (f -1). A equação 3, obtida a partir das condições de maximização de lucro de uma firma hipotética, evidencia a demanda por trabalho no setor moderno, que reflete o equilíbrio desse mercado no curto prazo. Conforme se vê, a proporção de trabalhadores que o setor moderno emprega, tudo o mais constante, depende positivamente da acumulação de capital e negativamente do salário. Assim, à medida que o setor moderno amplia sua participação na economia e acumula mais capital, aumenta sua demanda por trabalhadores e esta somente será afetada negativamente por seu custo, quando esgotar seu excesso, ou seja, quando a oferta de trabalhadores tornar-se inelástica.

$$L_M = \left[\frac{(1-a)}{W_M}\right]^{\frac{1}{a-\mu}} K^{\frac{a}{a-\mu}} \tag{3}$$

Uma ideia básica na formulação de um modelo com uma economia dual refere-se à possibilidade ou não de manutenção dos dois setores. Muito embora a convivência entre os dois setores em países em desenvolvimento seja mais comum e até mais realista empiricamente, não é nosso objetivo evidenciar esse aspecto[8]. Assumiremos um resultado mais simplificado: à medida que a mão de obra é absorvida pelo setor moderno, o setor tradicional vai aos poucos sendo extinto. Uma vez absorvido todo o excesso de mão de obra, os salários passam a variar diretamente com o estoque de capital e com as novas contratações, em um processo contínuo até o desaparecimento do setor tradicional. Nesse momento, a economia terá se tornado industrializada. Essa situação é evidenciada na Figura 1, além do ponto k, sendo que o salário real corrente do setor moderno, a equação (4), é obtido a partir do seu produto marginal.

$$W_M = (1-a)K^a \tag{4}$$

---

[8] Conforme mencionado em nota anterior, o modelo de Ros (2000) considera a hipótese, aqui dispensada, de salário-eficiência. Um dos motivos interessantes para a assunção de tal hipótese está exatamente na sua capacidade de gerar um resultado de longo prazo, no qual a economia admite a convivência dos dois setores simultaneamente. Na medida em que não trabalharemos essa hipótese, temos mais um motivo para dispensar a figura do salário-eficiência.

Ros (2000), usando a especificação descrita por (1'), afirma que, enquanto há excedente de trabalho, a taxa de lucro (r) do setor moderno permanece constante[9]. Diferentemente, no modelo aqui desenvolvido, a taxa de lucro do setor moderno (equação 5), obtida a partir do respectivo produto marginal, ou seja, a partir das condições de primeira ordem do problema de maximização correspondente, tem relação direta com a acumulação de capital.

$$r = aK^{\frac{\mu}{a-\mu}} \left[\frac{(1-a)}{W_M} \right]^{\frac{1-a+\mu}{a-\mu}} \tag{5}$$

$$W_M^* = \left[\frac{s_\pi a}{(\eta + \delta)} \right]^{\frac{a-\mu}{1-a+\mu}} (1-a)K^{\frac{\mu}{1-a+\mu}} \tag{6}$$

A explicação para essa relação positiva entre taxa de lucro e acumulação de capital está conectada à própria relação direta que há entre o salário real de longo prazo (equação 6) [10] e a acumulação de capital. Isto é, o diferencial entre salários, de curto e longo prazo, altera-se de acordo com o processo de acumulação de capital. Isso ocorre devido à presença de retornos crescentes ao trabalho, pois, à medida que se emprega novos trabalhadores, vão se fazendo sentir os retornos diferenciados sobre a escala de produção. Essa predição indica que quanto mais rapidamente a economia se industrializar, maior será a massa de salários da economia e também os lucros. A questão, como será abordado posteriormente, é se as condições estruturais da economia permitem que o capitalista acumule capital em qualquer estágio de desenvolvimento da economia. Como em estágios iniciais do desenvolvimento industrial essas condições não favorecem maiores injeções de capital, evidencia-se a relevância do *Big Push*.

---

[9] $r = aA^{1/a}\left[(1-a)/W\right]^{(1-a)/a}$

[10] O salário real de longo prazo é determinado a partir da condição de *steady state* da taxa de lucro: $r = \dfrac{\delta}{S_\pi}$.

Esta, por sua vez, é obtida por meio da taxa de acumulação de capital, dada por $\hat{K} = S_\pi r - \delta$, onde $S_\pi r$ representa a parcela dos lucros que é poupada e então reinvestida e δ, a taxa de depreciação.

- *Resultados do modelo*

Para Lewis (1954), a chave do processo de expansão econômica é a utilização que se faz do excedente capitalista. O reinvestimento do excedente, com objetivo de criar mais capital, amplia o setor capitalista ou moderno, absorvendo maior número de trabalhadores do setor tradicional. Esse processo gera um excedente cada vez maior, a formação de capital aumenta ainda mais e o processo continua até que a oferta de mão de obra se torne limitada. No entanto, na extensão aqui desenvolvida, pode-se afirmar que a efetivação do processo de industrialização ou da economia se tornar "madura", diferentemente do modelo de Lewis, não será um processo autônomo, é imprescindível um impulso externo em acumulação de capital, um *Big Push*.

Destaca-se que a Figura 1, tal como foi construída, evidenciando os salários (em *log*) em contraposição ao volume absoluto de capital (em *log*), busca explicitar os equilíbrios de curto e longo prazo desse sistema, por meio da relação inversa entre salários e lucros. Isso quer dizer que, aos referidos salários de equilíbrio de curto e longo prazos, W e W^*, correspondem montantes de lucro na magnitude restante da renda. A partir dos montantes de lucro, gera-se também as correspondentes taxas de lucro, com base nos respectivos valores de K no eixo horizontal. É interessante esclarecer que, por mais que os retornos crescentes permitam o aumento absoluto das massas de salários e de lucros, ainda é possível expressar a relação inversa entre elas com respeito ao agregado macroeconômico. Trata-se de uma forma particular de apresentar o modelo que traz uma ênfase útil em aspectos importantes dele.

Figura 1 – Modelo Lewis/Rosentein-Rodan

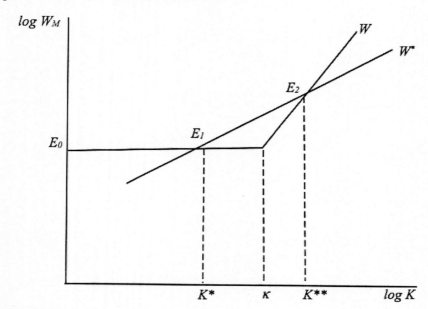

Fonte: elaborada pelas autoras

A partir da Figura 1, podemos inferir os seguintes resultados. Em qualquer ponto inferior a K^*, representativamente de economia subdesenvolvida-estacionária[11], mesmo com oferta de trabalho infinitamente elástica, o salário de equilíbrio de curto prazo é superior ao salário necessário para gerar as condições de equilíbrio de *steady state,* ou seja, os lucros são menores, haja vista a relação inversa entre as variáveis distributivas, não havendo incentivos para o setor moderno investir na acumulação de capital. Os custos elevados não propiciam possibilidades de lucratividade; de outra forma, a taxa de lucro que se poderia obter nesse estágio seria inferior à desejada. Há então um círculo vicioso que tende a guiar a economia ao equilíbrio estável, E_0, uma economia completamente agrícola, com excedente de mão de obra e sem possibilidades de poupança e investimento.

Nessa região do gráfico, aquém de K^*, a produção ainda não atingiu escala mínima de eficiência suficiente para que a virtuosidade dos retornos crescentes sobre o trabalho passe a operar. Ou seja, não é possível observar mecanismos de retroalimentação positivos entre taxa de acumulação de

[11] Termo utilizado por Celso Furtado (1961).

capital e taxa de lucro. Reconsiderando a afirmação de Rosenstein-Rodan (1984, p. 209), de que "lower wages are not a sufficient incentive for investment", a economia está em armadilha de lucratividade, ou seja, as condições estruturais da economia são tais que não possibilitam investimentos por parte dos capitalistas. Uma economia desse tipo levará ao desaparecimento do setor moderno.

Rosenstein-Rodan (1961a, 1984) afirma que há um nível mínimo de recursos necessários (não suficientes) ao sucesso de um programa de desenvolvimento; o crucial a um programa de desenvolvimento seria manter um nível de investimento suficiente para mobilizar o desemprego e o subemprego aos propósitos da industrialização, sendo que, para se obter um tamanho ótimo de projeto industrial, a área de industrialização precisa ser suficientemente extensa. Essa afirmação reforça, nesse modelo, a sugestão de como tirar a economia da armadilha de lucratividade e colocá-la em uma trajetória virtuosa, além de K^*, qual seja, a participação de capital de origem exógena (por exemplo, internacional ou estatal), nos termos do *Big Push*, de Rosenstein-Rodan, que, uma vez efetivada, associada aos ganhos de qualificação via *learning by doing e learning by interacting*, gerará um processo contínuo de industrialização em direção ao *steady state*.

Dessa forma, uma ajuda internacional (por exemplo) em capital geraria os incentivos iniciais necessários para investimentos por parte do setor moderno. Conforme argumenta Rosenstein-Rodan (1961b), a principal função do influxo de capital estrangeiro é elevar a taxa doméstica de acumulação de capital a um nível tal que poderia ser mantido, posteriormente, sem mais ajuda. Embora nessa região do gráfico o salário real corrente seja superior ao salário que garantiria o *steady state,* a disponibilização externa de capital e posteriormente os retornos crescentes advindos do trabalho compensariam esse fato, levando os empresários a investirem e contratarem, cada vez mais, trabalhadores do setor tradicional. À medida que os trabalhadores, agora atuando no setor moderno e se beneficiando desta nova condição, interagem durante o processo de produção (e com empresários) e vão desenvolvendo suas atividades, o processo como um todo vai se aperfeiçoando e os indivíduos nele envolvidos vão obtendo habilidades, conhecimentos, cujos efeitos serão transmitidos à produção e à lucratividade do setor moderno. Por outro lado, além dessas externalidades tecnológicas, tal processo também gera externalidades pecuniárias, isto é, o efeito sobre o volume de demanda agregada oriundo do emprego dos trabalhadores no setor moderno. Assim, o nível de produtividade do setor moderno e a demanda serão elevados, incentivando os empresários a reinvestirem na acumulação de capital.

O ponto k na Figura 1 representa o montante em acumulação de capital, a partir do qual a economia se torna industrializada. Desse ponto em diante, a economia se comporta à la Solow, com taxa de lucro de *steady state* superior à corrente, incentivando, portanto, a continuidade da acumulação. Pontos além de k indicam que o projeto de industrialização avançou de forma a ocupar todo o excedente de mão de obra, sendo agora os salários e os lucros crescentes com a acumulação de capital. Nessa trajetória virtuosa, os trabalhadores espalham sobre a economia os *spillovers* resultantes dos ganhos de qualificação via *learning by doing* e *learning by interacting*, facilitando a superação das necessidades do projeto de industrialização sendo, então, como afirmado anteriormente, o nível de produtividade mais elevado.

Rompido o ponto K^* e adentrando a região do gráfico compreendida entre K^* e K^{**}, os retornos crescentes do trabalho via *learning by doing* e *learning by interacting* passam a gerar mecanismos de retroalimentação positivos entre a taxa de acumulação e a taxa de lucro. O aumento do estoque de capital contribui para a elevação da taxa de lucro à medida que o salário praticado encontra-se abaixo daquele de equilíbrio de longo prazo, o que corresponde a lucros positivos e crescentes[12], desde que os retornos crescentes sobre o trabalho (μ) sejam maiores que zero, incentivando a demanda por mais trabalhadores, gerando um produto mais elevado no setor moderno e contribuindo para mais investimentos em acumulação de capital. O processo se mantém até que a economia atinja o *steady state*, que está representado pelo ponto E_2 da Figura 1, cujo estoque de capital é K^{**}.

O ponto que tem K^{**} como nível de acumulação de capital é um ponto estável, isto é, estando a economia em qualquer ponto à sua volta, convergirá para o *steady state*. Para efeitos de ilustração, considere-se qualquer ponto à direita de K^{**}; observe-se que o salário que garante o *steady state* é inferior ao salário real corrente, então as taxas de lucro de curto prazo são inferiores às de longo prazo, levando os capitalistas a reduzirem o nível de acumulação de capital em direção a K^{**}. Para pontos à esquerda de K^{**}, o raciocínio é análogo.

Ocorrido o *Big Push*, uma expansão em capital de origem externa, o processo de industrialização se complementa com os efeitos positivos de

---

[12] Para confirmar essa constatação, basta efetuar as derivadas de primeira e segunda ordem da expressão 5, da taxa de lucro, com relação ao estoque de capital (K).

retroalimentação[13] advindos tanto pelo lado do trabalho quanto pelo lado do capital. Os efeitos dos retornos crescentes de escala são mais intensos, à medida que se amplia o estoque de capital, ou seja, sem uma escala mínima de capital, os efeitos da aprendizagem sobre o trabalho não fariam diferença. Dados os impulsos iniciais e então uma mudança estrutural, os investimentos ganham autonomia de expansão, a renda per capita da economia se eleva, gerando, além de *spillovers* de demanda, expansão da poupança e do investimento, guiando a economia ao *steady state*.

CONSIDERAÇÕES FINAIS

Foi objetivo deste trabalho discutir e analisar a solução para uma armadilha de lucratividade e posteriormente a possibilidade de as economias conseguirem avançar em direção a elevados níveis de renda. Para atender a esse propósito, foi elaborado um modelo que se concentra nas ideias de um dos pioneiros do desenvolvimento: Paul Rosenstein-Rodan.

O modelo gera equilíbrios múltiplos e dois principais resultados. O primeiro indica a existência de um círculo vicioso ou armadilha de lucratividade, no qual os empresários não têm incentivos a investir e a economia tende ao estágio de desenvolvimento do tipo Lewis. O segundo indica a possibilidade de uma trajetória virtuosa, mas que depende, primeira e necessariamente, da participação de capital de origem exógena, nos termos do *Big Push*, de Rosenstein-Rodan, e, posteriormente, dos efeitos da aprendizagem sobre o trabalho, gerando um processo contínuo de industrialização em direção ao *steady state*. Resumidamente, uma economia que se encontra em armadilha de lucratividade somente conseguirá avançar em direção a um melhor estágio de desenvolvimento se ocorrer uma ajuda externa em fornecimento de capital, para que os retornos crescentes sobre o trabalho passem a atuar, o processo de industrialização avance e a economia possa atingir níveis de renda cada vez mais elevados.

A predição geral derivada do modelo é que os retornos crescentes, oriundos dos ganhos de aprendizagem, são fundamentais para que uma economia consiga migrar de um determinado estágio de desenvolvimento a outro. Caso os retornos crescentes sobre o trabalho não fossem operantes, mesmo acontecendo um *Big Push* em magnitude suficiente para tirar

---

[13] Embora os conceitos de retroalimentação e multiplicador sejam diferentes, é valido destacar a posição de Rosenntein-Rodan (1943) com relação a esse último. O autor afirma que havendo capital disponível suficiente para investimento em indústrias básicas, o efeito multiplicador normal levará naturalmente a uma crescente industrialização.

a economia da armadilha, certamente a velocidade com que a economia avançaria em direção à maturidade seria inferior, se comparada àquela na presença de retornos crescentes. Haveria ainda a possiblidade da economia regressar à armadilha ou então permanecer no estágio II, entre renda baixa e renda média, o que na Figura 1 corresponderia à área entre os pontos K^* e k.

Esse resultado nos remete à importância do conceito geral de educação/qualificação no processo de desenvolvimento da economia. As discussões atuais sobre armadilha de renda média têm evidenciado o papel da educação (e da tecnologia) para se atingir nova trajetória de crescimento, ao mesmo tempo em que tentam averiguar quais fatores teriam promovido o alcance de níveis de renda alta a determinadas economias, enquanto outras, de características econômicas iniciais semelhantes, permanecem armadilhadas na renda média. Assim, a resposta a esse segundo aspecto nos parece estar conectada à importância que os governantes dessas diferentes economias têm atribuído ao fator educação e treinamento, levando-nos a pensar, para uma próxima etapa desta pesquisa, na análise de uma segunda abordagem das ideias de Rosenstein-Rodan: a qualificação dos trabalhadores via treinamento direto financiado pelo Estado.

REFERÊNCIAS

AGÉNOR, P. R.; CANUTO, O. Middle-income growth traps. World Bank. **Policy Research Working Paper**, [*s. l.*], n. 6210, 2012.

AGÉNOR, P. R.; CANUTO, O. JELENIC, M. Avoiding middle income growth traps. World Bank. **Enonomic Premise**, [*s. l.*], n. 98, p. 1-7, 2012.

CANUTO, O. China, Brazil – two tales of a growth slowdown. **Capital Finance International**, [*s. l.*], 2013. Disponível em: http://cfi.co/asia/2013/08/otavia-no-canuto-world-bank-group-china-brazil-two-tales-of-a-growth-slowdown/. Acesso em: 23 set. 2013.

CANUTO, O. Overcoming middle income growth traps. **Capital Finance International**, [*s. l.*] p. 88-89, 2012.

CARDOSO, F. G. O Big Push e os efeitos de encadeamento: retomando as contribuições teóricas de Rosenstein-Rodan e Hirschman. **Informações Fipe**, [*s. l.*] p. 26-30, jun. 2012.

EICHENGREEN, B.; PARK, D.; SHIN, K. When fast economies slow down: international evidence and implications for China. National Bureau of Economic Research. **Working Paper**, n. 16919, Cambridge, MA, 2011.

FURTADO, C. Comments on Professor Rosenstein-Rodan's paper. *In*: ELLIS, H. S.; WALLICH, H. C. (ed.). **Economic Development in Latin America**. New York: Macmillan, 1961. p. 67-73.

HIRSCHMAN, A. O. **The strategy of economic development**. New Haven: Yale University Press, 1958.

LEWIS, W. A. Economic Development with Unlimited Supplies of Labour. **The Manchester School,** [s. l.], v. 22, n. 2, p. 139-191, 1954.

LUNDVALL, B. Innovation as an interactive process - from user - producer interaction to the nation system of innovation. *In*: DOSI, G. *et al.* (ed.). **Technical Change and Economic Theory**. London: F. Pinter, 1988. p. 61-81.

ROS, J. **Development theory & the economics of growth**. Ann Arbor: University of Michigan Press, 2000.

ROSENSTEIN-RODAN, P. N. Problems of industrialisation of Eastern and South-Eastern Europe. **The Economic Journal**, Cambridge, Cambridge University Press, v. 53, n. 210/211, p. 202-211, 1943.

ROSENSTEIN-RODAN, P. N. Notes on the theory of the Big Push. *In*: ELLIS, H. S.; WALLICH, H. C. (ed.). **Economic Development in Latin America**. New York: Macmillan, p. 57-66, 1961a.

ROSENSTEIN-RODAN, P. N. International aid for underdeveloped countries. **The Review of Economics and Statistics**, [s. l.], v. 43, n. 2, p. 107-138, May 1961b.

ROSENSTEIN-RODAN, P. N. Natura facit saltum: analysis of the disequilibrium growth process. *In* MEIER, G. M.; SEERS, D. (ed.). **Pioneers in Development**. Oxford: Oxford University Press, 1984. p. 207-221.

ROSTOW, W. W. A decolagem para o crescimento autossustentado". *In:* AGARWALA, A. N.; SINGH, S. P. (org.). **A Economia do Subdesenvolvimento**. Rio de Janeiro: Contraponto: Centro Internacional Celso Furtado, 2010.

SOLOW, R. M. A Contribution to the Theory of Economic Growth. **Quarterly Journal of Economics**, [s. l.], v. 70, p. 65-94, 1956.

THOMPSON, P. Learning by doing. *In:* HALL, B. H.; ROSENBERG, N. (ed.). **Handbook of the Economics of Innovation**. [S. l.], 2010. v. 1, cap. 10, p. 429-476.

VON HIPPEL, E. **The Sources of Innovation**. New York: Oxford University Press, 1988.

MICROCRÉDITO NO BRASIL: UMA ANÁLISE DEA DA EFICIÊNCIA INSTITUCIONAL

Matheus Felipe Ziermann Vieira
Julyerme Matheus Tonin
Samuel Alex Coelho Campos

1 INTRODUÇÃO

Em um ambiente econômico em que o acesso a serviços financeiros é restrito aos microempreendedores, as microfinanças e o microcrédito despontam como intervenções que podem promover o desenvolvimento econômico das classes sociais de baixa renda. Nesse contexto, as Instituições de Microfinanças (IMFs) tornaram-se reconhecidas pela sua flexibilidade em atender a demanda de pequenos empreendedores e pelos preços acessíveis dos seus produtos e serviços. Além de serviços financeiros mais acessíveis, cabe destacar o acompanhamento de agentes especializados (Aditto *et al.*, 2014). Dessa forma, a motivação desta pesquisa é analisar a eficiência das instituições de microcrédito para micro e pequenas empresas.

Tradicionalmente, as instituições de microfinanças atendem nichos de mercados marginalizados pelas grandes instituições financeiras, geralmente com custos operacionais e administrativos mais elevados (Kent; Dacin, 2013) e volumes menores de clientes (Gutierrez-Nieto *et al.*, 2007). Assim, além do aumento da oferta de empréstimo, as IMFs ofertam outros serviços que permitem a gestão de ativos financeiros de maneira a aumentar ganhos e diminuir riscos (Alves; Soares, 2006), contribuindo na ocupação e produtividade desses agentes (Barone *et al.*, 2002). Nesse contexto, cabe as IMFs um duplo objetivo, tanto no âmbito econômico, de sustentabilidade dos negócios com viés comercial, como no âmbito social (Louis *et al.*, 2013; Fall *et al.*, 2018).

A eficiência financeira das IMFs mostra-se como um tema relevante de pesquisa, principalmente pela inclusão financeira de microempreendedores. Diante do exposto, a problemática deste estudo é analisar as mudanças no nível de eficiência financeira no segmento de microcrédito destinado a micro e pequenas empresas, especificamente as Sociedade de Crédito ao Microempreendedor e à Empresa de Pequeno Porte (SCMEPP). O objetivo geral deste estudo é verificar a evolução da eficiência de 86 IMFs, classificadas como SCMEPP no Brasil entre 2015 e 2020, utilizando a metodologia da Análise Envoltória de Dados (DEA). Por sua vez, os objetivos específicos consistem em: 1) identificar as instituições eficientes do setor, 2) observar a participação do segmento de microcrédito no sistema financeiro durante o período de análise e 3) analisar a evolução dos índices de eficiência dessas instituições.

O estudo tem como contribuição potencial a possibilidade de melhorar a percepção das microfinanças no Brasil, uma vez que é necessário estudar as IMFs com base em seus papéis e orientações específicas, e não apenas considerá-las como um grupo homogêneo de instituições financeiras (Annim, 2012). Na análise do desempenho da eficiência financeira das SCMEPP, a pesquisa pretende contribuir com a literatura ao considerar variáveis indesejáveis no modelo de produção dessas organizações.

Em relação ao recorte temporal, o período engloba importantes mudanças econômicas e institucionais. Nesse período, foram sancionadas leis, orientadas as Micro e Pequenas Empresas (MPE) e ao acesso ao microcrédito. Além disso, houve oscilações na concessão de crédito para MPE, dado as variações da taxa de juros. Entre 2015 e 2020, a concessão de crédito para esse segmento de empresas passou de R$ 4,4 bilhões para R$ 13,5 bilhões (BCB, 2022b). Em relação à abordagem metodológica, o modelo DEA possibilita que tomadores de decisão possam identificar estratégias mais adequadas para otimizar a alocação de seus recursos, comparando-se com as empresas mais eficientes. Por conseguinte, com a identificação da ineficiência, a metodologia utilizada permite aperfeiçoar a performance do setor.

Em relação à estrutura do trabalho, no referencial teórico, busca-se apresentar o conceito de microfinanças, contextualizar o setor de microcrédito, com as Sociedade de Crédito ao Microempreendedor e à Empresa de Pequeno Porte. Na sequência, apresenta-se a metodologia da Análise Envoltória de Dados. Na sessão subsequente, apresentam-se os índices de eficiências calculados e posteriormente as considerações finais da pesquisa.

2 REFERENCIAL TEÓRICO

Instituições financeiras: conceitos de microfinanças e microcrédito

Por definição, o termo microfinanças está relacionado à oferta de serviços financeiros de pequena escala, em especial crédito e poupança, direcionados a micro e pequenos negócios, de famílias ou empresas que mesclam aspectos formais e informais, de diferentes tipos de atividades econômicas (Robinson, 2001). Esses microempreendedores, em sua maioria, não são adequadamente atendidos pelas instituições tradicionais. Viabilizar crédito para esse grupo pode ser arriscado, seja pela possibilidade de inadimplência, falta de garantias ou até mesmo por falta de documentação exigida pelas instituições financeiras (Barone *et al.*, 2002).

Por sua vez, o microcrédito é um serviço oferecido dentro do arcabouço das microfinanças. Para distinguir esses termos, as microfinanças estão relacionadas a qualquer produto ou serviço, enquanto o microcrédito refere-se aos subsídios exclusivos aos microempreendedores (formais e informais), originado de instituições de microfinanças (Nunes *et al.*, 2019). O microcrédito é definido como uma concessão de empréstimos de pequenos montantes, principalmente para capital de giro e investimento, para empreendedores informais e microempresas que têm dificuldade de acesso aos serviços financeiros tradicionais (Barone *et al.*, 2002).

O microcrédito iniciou com a popularização da iniciativa de Muhamed Yunus, que criou o *Grameen Bank*, em Bangladesh, em 1974. No Brasil, o fornecimento de crédito a população de níveis mais baixos de renda, iniciou-se com a concessão de crédito rural a pequenos produtores nas décadas de 1960 e 1970 (Boucinhas; Independentes, 2002). Nas décadas seguintes, popularizou-se o *Microcrédito Orientado*, em que, ao invés do cliente ir até uma agência para solicitar o serviço (como ocorre nas instituições tradicionais), são os agentes de microfinanças que vão até o (Nunes *et al.*, 2019). Além da modalidade do Microcrédito Orientado, existe o *Microcrédito Amplo*, que representa as operações de financiamento de atividades produtivas de pessoas físicas ou jurídicas, seja de forma individual ou coletiva, com limite de renda ou receita bruta anual no valor de R$ 200 mil (BCB, 2021).

Em suma, microfinanças é um termo mais amplo que engloba uma quantidade maior de serviços relacionados, enquanto o microcrédito, refere-se aos serviços ligados à concessão de crédito para micro e pequenos negócios. Especificamente, as instituições que oferecem o microcrédito são denominadas de Sociedade de Crédito ao Microempreendedor e à Empresa de Pequeno Porte (SCMEPP). Com a criação das SCMEPP, buscou-se superar o desafio que existia no mercado de microcrédito, pois se acreditava que a regulamentação e supervisão desse segmento trariam mais confiança a investidores, promovendo maior captação de recursos (Barone *et al.*, 2002).

As SCMEPP tiveram sua origem no Brasil em 1999 e são formalizadas como companhias fechadas ou de sociedade limitada, com a finalidade de intermediar o acesso ao crédito para os microempreendedores e pequenas empresas (BCB, 2021). Com base na Resolução n.º 4.721, de 30 de maio de 2019, a atividade fundamental que as SCMEPP é a concessão de financiamentos a pessoas físicas, micro e pequenas empresas, orientado a execução de empreendimentos profissionais, comerciais ou industriais (Brasil, 2019). As SCMEPP podem conceder crédito a empresas definidas conforme a Lei Complementar n.º 123/2006, que estabelece microempresas ou empresas de pequeno porte como sendo sociedades empresariais, sociedades simples, empresa individual de responsabilidade limitada e o empresário que possuem o Registro de Empresas Mercantis ou no Registro Civil de Pessoas Jurídicas (Brasil, 2006).

No geral, a microfinanças e o microcrédito são termos que se relacionam e são designados aos serviços financeiros destinados aos agentes econômicos que exercem a atividade empreendedora e que apresentam dificuldades de acesso a recursos monetários por parte das instituições tradicionais.

O microcrédito no Brasil

Quando analisa-se os dados trimestrais da participação da concessão de crédito para as MPE, tem-se que, no período do primeiro trimestre de 2012 ao primeiro trimestre de 2016[1], a participação dessas empresas era em média de 15% da concessão total de crédito (BCB, 2022b). Em 2012, houve reduções consecutivos na taxa básica de juros, chegando a 7,25% e mantendo-se até o segundo trimestre de 2013. O Conselho Monetário Nacional (CMN) e o BCB complementaram a redução da taxa de juros, retirando medidas restritivas de concessão de crédito visando estimular a demanda (Nader, 2018).

---

[1] Em relação aos dados de concessão de crédito para MPE, o Sistema Gerenciador de Séries Temporais (SGS) fornece dados de 2012 a 2022.

Enquanto, no segundo trimestre de 2016, inicia-se a redução da participação das MPE na concessão de crédito, sendo que a menor participação observada foi de 12,64% no quarto trimestre de 2017. Nesse período, a taxa básica de juros encontrava-se no patamar de 14,25%. Entre 2017 e 2020, ocorrem reduções significativas na Selic, enquanto a participação das MPE na concessão de crédito se recuperou, aproximando-se dos 20% (BCB, 2022).

Analisando o percentual de participação na carteira de crédito das micro e pequenas empresas, observa-se pouca variação entre 2016 e 2017, passando de 13% para 12,1%, respectivamente. Por outro lado, na quantidade de operações e na quantidade de tomadores, houve um aumento de 75,9% para 78,3% e 94,2% para 95,5% entre 2016 e 2017 (Tabela 1). O resultado deve-se à redução na quantidade de pequenas empresas e do aumento das microempresas (BCB, 2017).

Quanto à inadimplência, o resultado verificado em 2016 era de 7,6% para microempresas e 10,6% para pequenas empresas, passando para 8,2% e 9,9% respectivamente, em 2017 (BCB, 2017). Em 2018, a inadimplência das microempresas foi de 7,2% e das pequenas empresas foi de 6,6% (BCB, 2019). Entre 2019 e 2020, as taxas de inadimplências para as empresas desse porte tiveram uma redução significativa, sendo que, para as microempresas, o valor passou de 6,3% para 4,8% e para as pequenas empresas a redução foi de 5,1% para 2,1% (Tabela 1). Possivelmente, essa redução está atrelada a repactuações e renegociações dos empréstimos. Além disso, as medidas de auxílio durante a pandemia do Covid-19 facilitaram o acesso ao crédito e o alongamento dos prazos médio da carteira, reduzindo a inadimplência em 2020 (BCB, 2021).

Tabela 1 – Mercado de Crédito para Micro e Pequenas Empresas no Brasil – 2015 a 2020

	2015	2016	2017	2018	2019	2020
Participação das MPE na Carteira de Crédito PJ (%)	14,4	13,0	12,1	12,2	14,5	17,1
Inadimplência (%)	14,7	18,2	18,1	13,8	11,4	6,9
Saldo de crédito para MPE (R$ Milhões)	245.641	200.547	174.709	178.258	212.490	304.100

Fonte: o autor, 2023, baseado nos Relatórios de Economia Bancária de 2017 a 2020 e no Sistema Gerenciador de Séries Temporais

Destaca-se que o aumento da concessão de crédito para MPE foi de 11,3% enquanto das grandes foi de 20,5%, refletindo que as empresas menores foram mais impactadas pelo ciclo econômico de 2018 (BCB, 2019). Para 2019, a participação das empresas de porte menores aumentou para 14,5% e para 17,7% em 2020 (Tabela 1). Destaca-se a expansão de crédito durante o período de 2019 e 2020, sendo que as microempresas apresentaram crescimento de 21,8%, o maior dentre os demais segmentos (BCB, 2021).

Quando se observa a modalidade de microcrédito, comparado com 2019, em termos monetários, o aumento do valor da carteira de microcrédito amplo era de R$ 17 bilhões (13,5%), valor próximo ao crescimento das operações de crédito do SFN (15,8%), porém menor em relação ao crédito destinado a grandes empresas (16%). Também se destaca o aumento do *ticket médio* do microcrédito amplo, passando de R$ 18 mil em 2019 para R$ 27 mil em 2020 (BCB, 2021).

Diante do exposto, a produtividade dos agentes de crédito, geralmente menor que de outras instituições financeiras, demonstra que as tecnologias financeiras não foram consolidadas e disseminadas. Nesse âmbito, há problemas relacionados a gestão de recursos humanos, de estratégias de mercado e de sistemas contábeis, operacionais e gerencial e planejamento de longo prazo. Destaca-se que o desenvolvimento tecnológico, baseado na utilização de conhecimentos gerenciais e organizacionais, com sistemas de informações financeiras, possibilita o aumento da eficiência e produtividade, reduzindo os custos administrativos e operacionais das IMFs. Assim, o desafio é desenvolver a estrutura do setor, por meio da digitalização do negócio, de modo que as instituições que atuam nele apresentem alta produtividade e baixa inadimplência (Barone *et al.*, 2002).

Outra constatação importante é que, face à demanda, a oferta dessa modalidade de crédito ainda é muito limitada. Em 2014, havia 40 SCMEPP, tendo esse valor reduzido para 31 instituições em 2020. Na Figura 1, é apresentado a evolução do número de SCMEPP em autorizadas a funcionar entre os anos de 2014 e 2020 (BCB, 2020).

Figura 1 – Evolução da quantidade de Sociedade de Crédito ao Microempreendedor e à Empresa de Pequeno Porte em atividade – 2014 e 2020

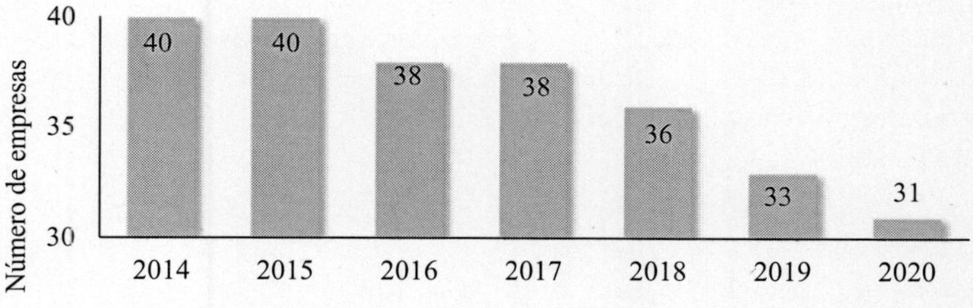

Gráfico de barras – Número de empresas:
- 2014: 40
- 2015: 40
- 2016: 38
- 2017: 38
- 2018: 36
- 2019: 33
- 2020: 31

Fonte: o autor, 2023, baseado nos dados do IF.data de 2014 a 2020

Em relação ao marco institucional do segmento, a principal lei relacionada às instituições de microcrédito referem-se à Lei n.º 10.194, de 14 de fevereiro de 2001, o qual formaliza a constituição das SCMEPP, definindo seus direcionamentos gerais (Brasil, 2001). Destaca-se que o objetivo social dessas instituições é a concessão de financiamentos a pessoas físicas, microempresas e a empresa de pequeno porte, direcionando esses recursos para atividades profissionais, comerciais ou industriais. Além disso, tem-se a declaração da fiscalização por parte do Banco Central do Brasil.

Nesse sentido, em 2006, foi instituído o *Estatuto Nacional da Microempresa e da Empresa de Pequeno Porte*, por meio da Lei Complementar n.º 123, de 14 de dezembro de 2006, estabelecendo as normas gerais quanto aos direcionamentos às microempresas e às empresas de pequeno porte por parte da União, dos Estados e dos Municípios, tratando-se à apuração e ao recolhimento de impostos, ao cumprimento de obrigações trabalhistas e ao acesso ao crédito e ao mercado (Brasil, 2006). Ainda, a lei estabelece a participação do governo federal para definir medidas que buscam melhorar o acesso das MPE ao mercado de crédito e capital, reduzindo custos de transação e aumento da eficiência na alocação desses recursos.

Além dos aspectos institucionais das empresas que operam com microcrédito, há algumas regulamentações de programas que visam incentivar essa modalidade de crédito. Pela Lei n.º 13.636, de 20 de março de 2018, tem-se a alteração de algumas ações do Programa Nacional de Microcrédito Produtivo Orientado, o qual busca apoiar e financiar atividades produtivas de empreendedores, por meio da disponibilização de recursos para o microcrédito produtivo orientado (Brasil, 2018). Por sua vez, a Lei n.º 13.999, de 18 de maio de 2020, implementou o Programa Nacional de Apoio às Microempresas e Empresas de Pequeno Porte (Pronambe), com o objetivo e desenvolver e fortalecer pequenos negócios, por meio da alocação de recursos a serem utilizados para financiar atividades empresariais, na forma de investimento ou de capital de giro (Brasil, 2020).

Com o Pronambe, destaca-se a possibilidade de participação na concessão de crédito para as empresas que enquadram-se no programa, instituições como: Banco do Brasil S.A., Caixa Econômica Federal, Banco do Nordeste do Brasil S.A., Banco da Amazônia S.A., bancos estaduais, agências de fomento estaduais, cooperativas de crédito, bancos cooperados, instituições de pagamento, *fintechs*, organizações da sociedade civil de interesse público de crédito e as instituições financeiras públicas e privadas autorizadas a funcionar pelo Banco Central do Brasil, que seguem as normas do Conselho Monetário Nacional e do Banco Central do Brasil (Brasil, 2020).

Por meio da Lei n.º 14.161, de 2 de junho de 2021, com base no Art. 13 da Lei n.º 13.999, de 18 de maio de 2020, instaura o Pronambe como política oficial de crédito, designando tratamento específico para as microempresas e às pequenas empresas, buscando sustentar esses negócios como elementos fundamentais para o desenvolvimento econômico. Assim, a União aumenta sua participação no Fundo Garantidor de Operações (FGO), adicionando novos recursos aos que já estavam previstos na Lei n.º 13.999, de 2020.

No âmbito do SFN, as micro e pequenas empresas apresentam uma participação significativa nas operações financeiras, em especial quando relacionadas ao crédito. Conforme abordado, percebe-se o desenvolvimento da alocação de crédito por parte dessas empresas, e consequentemente, uma maior concessão de recursos. Por sua vez, empresas desse segmento buscam acesso ao crédito por meio das IMFs, com destaque para as SCMEPP, as quais, por limitações de recursos, enfrentam uma dificuldade maior para serem eficientes e conseguirem cumprir seus objetivos de promover a inclusão financeira dos empreendedores. Além disso, destaca-se a evolução institucional por meio de leis, formalizando e orientando a participação das IMFs, promovendo maior integração com o SFN e fortalecendo essas instituições por meio de programas de incentivos.

Eficiência em instituições de microcrédito: evidências e aplicações do modelo DEA

Indicadores de eficiência são fundamentais para empresas de microcrédito frente à dependência que elas possuem de recursos externos e visto o baixo nível de recursos de seus clientes. Assim, aplicação do DEA para medir o desempenho das instituições bancárias e financeiras, em geral, divergem quanto ao método e as variáveis empregadas para a análise (Serrano-Cinca; Gutiérrez-Nieto, 2014).

A maior eficiência social em relação à financeira das instituições de microcrédito também foi observada no estudo de Araújo e Carmona (2015), que utilizaram o DEA com abordagem de Retornos Variáveis de Escala e orientada a *outputs*, entre os anos de 2008 e 2010, no Brasil. Nessa pesquisa, despesas operacionais e números de funcionários constituíram os *inputs*, enquanto receita financeira e carteira ativa compuseram os *outputs* financeiros. Para a estimativa da eficiência social, utilizou-se o número de clientes ativos como *output*.

Analisando o desempenho de 105 cooperativas de crédito de Minas Gerais em 2003, Ferreira *et al.* (2007) verificaram que as instituições da amostra apresentavam uma limitação de eficiência referente à subutilização dos recursos produtivos. Aplicando o modelo DEA orientado a *output*, para os conjuntos de variáveis: volume de operações de crédito, resultado operacional e ativo total como *outputs*, enquanto custo total de empregados, despesas administrativas e despesas não administrativas foram considerados como *inputs*, os autores observaram também que o tamanho das instituições apresenta pouco influência em sua eficiência, sendo essa mais impactada pela capacidade de alocação de recursos.

Nesse contexto, Vilela *et al.* (2007), analisando 24 cooperativas de crédito rural em 2001 e 2002, no estado de São Paulo, utilizaram no modelo DEA, as variáveis ativo total e despesas administrativas como *inputs* e operações de crédito como *outputs*, verificando que grande quantidade de recursos disponível promove uma atuação eficiente. Entretanto, algumas cooperativas com grandes quantidades de recursos podem não ser eficientes, pois seu desenvolvimento pode estar atrelado a variáveis externas à organização, como condições políticas-sociais da região de atuação. Em contrapartida, as cooperativas com menos recursos, ao promoverem os objetivos sociais e econômicos, são consideradas eficientes, mesmo possuindo quantidades inferiores de insumos.

Ademais, Macedo *et al.* (2006), com base nos *inputs* (eficiência operacional, custo operacional e inadimplência) e nos *outputs* (liquidez imediata e rentabilidade do patrimônio líquido), elaboraram uma avaliação de eficiência para o setor bancário brasileiro no ano de 2003, utilizando o modelo DEA (abordagem CCR) com orientação ao *input*. Os autores observaram que, no Brasil, os bancos mais eficientes eram aqueles com maior estrutura, resultante dos processos fusões e aquisições, que aumentaram sua presença física e digital. Os autores destacaram ainda que a eficiência é determinada pelo tamanho das instituições em determinados segmentos de atuação, porém a competição é determinada pela capacidade de alocar recursos. Por fim, Périco *et al.* (2008), buscando verificar se os maiores bancos brasileiros também eram os mais eficientes, constataram que a eficiência está mais relacionada à sua capacidade de alocar seus recursos do que com o tamanho de suas operações. Para sua análise, utilizaram no modelo DEA o patrimônio líquido, ativo total e depósitos como *inputs* e o resultado líquido como *output.*

Diante das pesquisas, verifica-se o interesse em analisar a eficiência das instituições financeiras que atuam com a concessão de crédito para MPE sob diferentes observações, considerando a perspectiva de eficiência, o tamanho das instituições, o tipo de governança corporativa e adoção de diferentes variáveis como insumo e produto. Para esse fim, independentemente do tipo de instituição ou seu tamanho, utiliza-se a Análise Envoltória de Dados para calcular o índice e formular um *benchmarking* com os agentes do mercado.

As pesquisas apresentadas nesta seção concentraram suas análises de eficiência nos diferentes tipos de instituições financeiras que atuam no segmento de oferta de microcrédito, entretanto, em nenhum deles foi considerado o produto indesejável na função de produção. De modo geral, a eficiência é determinada pela alocação de recursos de cada empresa, porém se verifica que o tipo da instituição, tamanho, orientação dos objetivos, entre outros fatores, podem afetar essa alocação. Tem-se como exemplo o fato de alguns estudos demonstrarem que as instituições com objetivos sociais apresentaram resultados de eficiência melhores, quando comparadas com as empresas com objetivos mais voltados aos aspectos financeiros.

3 METODOLOGIA

Nesta seção, busca-se apresentar os fundamentos da metodologia e do modelo utilizado para análise da eficiência das IFMs. Considerou-se a análise de eficiência em série temporal e com produtos indesejáveis. Por fim, indica-se as variáveis utilizadas para, por conseguinte, discorrer sobre o modelo abordado na pesquisa.

A Análise Envoltória de Dados (DEA) é um modelo de programação matemática que possibilita estimar empiricamente, a eficiência relativa de diferentes funções de produção, por meio de uma medida escalar de eficiência para cada instituição analisada (Charnes *et al.*, 1978). A DEA originou-se da tentativa em se avaliar os resultados do projeto *"Program Follow Through"*, na década de 1970, do então Escritório de Educação dos Estados Unidos, com o objetivo de aplicar princípios de experimentos estatísticos em um conjunto de escolas (Cooper *et al.*, 2007). A eficiência é determinada por uma medida escalar com variação entre zero (menor eficiência) e um (maior eficiência) (Tone, 2001).

Utilizando-se da regressão linear para analisar a eficiência de um grupo de empresas, normalmente define-se, estatisticamente, uma linha entre os dados observados e, assim, pressupõe-se que acima dessa linha encontram-se os dados satisfatórios e abaixo os dados insatisfatórios, permitindo-se medir o grau destes pelo valor do desvio padrão em relação à linha estimada (Cooper *et al.*, 2007). Enquanto a abordagem da DEA define o desempenho de uma observação e a utiliza como parâmetro de eficiência para as demais. Assim, a abordagem por regressão demonstra o comportamento médio da amostra, enquanto a DEA define o melhor desempenho e avalia as observações pelo desvio da linha de fronteira.

Na abordagem metodológica que trata da eficiência por meio da utilização da DEA, existem dois modelos clássicos que podem ser utilizados na análise, sendo eles o modelo CCR e o BCC (Araújo; Carmona, 2015). Nesse contexto, Charnes *et al.* (1978) desenvolveram o modelo CCR (também conhecido como CRS – *Constant Returns to Scale*) com equações relacionadas a problemas de programação linear permitindo o uso de diversos insumos e produtos para calcular à eficiência de unidades produtivas ou empresas designadas de unidades tomadoras de decisão (*Decision Making Units* – DMU), sobre a pressuposição de retornos constantes de escala.

Por sua vez, o modelo elaborado por Banker, Charnes e Cooper, em 1984, conhecido como BCC ou VRS (*Variable Returns to Scale)*, é frequentemente utilizado quando lida-se com retornos variáveis de escala, sendo eles, crescentes, decrescente ou constante (Casado, 2007). Portanto, considera-se que o incremento nos insumos pode promover um aumento no produto, não obrigatoriamente na mesma proporção, podendo até mesmo provocar um declínio (De Souza, 2008)it was applied a Kohonen Neural Networks (KNN. Com o pressuposto de retornos variáveis, o modelo BCC considera o axioma da convexidade entre insumos e produtos (Araújo; Carmona, 2015).

Os modelos principais podem ser analisados sobre duas orientações, com base na relação de insumos e produtos, visando a maximização da eficiência. A primeira busca reduzir os insumos e mantendo a quantidade produzida, assim, orientado ao insumo (IO); a segunda investiga o aumento da produção, mantendo a quantidade de insumos, orientado ao produto (OO) (Rosano-Peña, 2012). No caso dos modelos de retorno constantes de escala orientados a produto (CCR-OO) ou retorno variável de escala orientado a produto (BCC-OO), deve-se aumentar a produção com o nível de insumo constante para alcançar a eficiência.

Em geral, considera-se que as tecnologias de produção das DMUs são semelhantes entre si, porém utilizam de níveis distintos de insumos (*inputs*) para proporcionar diferentes quantidades de produto (*outputs*). O modelo DEA permite elaborar um *benchmarking* para verificar e comparar os diferentes níveis de eficiência das DMUs (Andrade *et al.*, 2014).

Quanto às limitações da DEA, tem-se a dificuldade de aplicar testes estatísticos para comprovar as hipóteses e verificar erros quanto à estimação da fronteira, pois insumos e produtos são variáveis aleatórias (Guerreiro, 2006). Assim, a DEA é centralizada nas observações individuais das DMUs quanto à otimização da relação *inputs* e *outputs*, dando uma menor importância as médias e estimativas dos parâmetros advindos das regressões e dos testes estatísticos (Charnes *et al.*, 1978).

Outra limitação apresentada pelos modelos CCR (1978) e BCC (1984) é considerar DMUs com folga no uso dos insumos como eficiente. Assim, existindo folgas, mesmo que as DMUs estivessem situadas na fronteira de eficiência, apresentando um índice de eficiência igual a 1, elas poderiam melhorar seu desempenho, deslocando sua posição para um novo nível com menor utilização de insumos (Cooper *et al.*, 2007).

Desse modo, o modelo denominado Medida Baseada em Folgas (*Slack-Based Measure* – SBM) possibilita uma nova estimativa da eficiência, distinguindo as DMUs em eficientes e ineficientes pela existência de folgas (*slacks)* nos insumos ou produtos. As folgas caracterizam-se pelo excesso de insumo e/ou a escassez de produtos na função de produção das DMUs (Tone, 2001). Nesse sentido, a DMU é considerada eficiente se, e somente se, apresentar índice de eficiência igual a um e todas as folgas (tanto para insumo, como para produto) forem iguais a zero, representando uma solução ideal de eficiência onde não há excesso de insumos e déficit na produção dos produtos (Cooper *et al.,* 2007).

Considerando-se a presença de folgas na definição da fronteira de eficiência, o desempenho das DMUs ineficientes é melhorado com o aumento do produto ou reduzindo a quantidade de insumos. Porém, podem estar presentes na função de produção fatores de insumos ou produtos indesejáveis. Portanto, busca-se a redução desses para melhorar o desempenho das instituições (Hua; Bian, 2007). Considerando-se um conjunto de possibilidade de produção (P) com produto indesejável, tem-se a representação do seguinte modelo (Tone, 2003):

$$P = \{ \left(x, y^g, y^b \right) | x \ge X\lambda, \ y^g \le Y^g\lambda, \ y^b \ge Y^b\lambda, \lambda \ge 0\} \tag{1}$$

Em que x, y^g e y^b representam as matrizes de insumo, de produto desejável e do produto indesejável respectivamente e λ o vetor de intensidade. Portanto DMUs eficientes com presença de produtos indesejáveis são verificadas quando não existir um vetor $\left(x, y^g, y^b \right) \in P$ de forma que $x_0 \le x$, $y_0^g \le y^g$ e $y_0^b \ge y^b$ com ao menos uma desigualdade estrita (Tone, 2003). Ainda, quando uma DMU utiliza mais insumos e produz uma quantidade menor ou igual de produto desejáveis e uma quantidade de produto desejáveis maior ou igual a outras DMUs, considera-se ineficiente, sendo possível melhorar a eficiência com a redução do produto indesejável e dos insumos e aumentando os produtos desejáveis (Campos, 2015)como as restrições legais impostas pelo Código Florestal, o qual restringe a área utilizada para a produção agropecuária dentro do imóvel rural, o que implica em custo para os produtores agropecuários e que é representado pela renda renunciada e aumento dos custos pela alocação dos insumos de forma a reduzir a necessidade da área que deve ser mantida com florestas nativas. Esse custo pode variar entre os produtores em razão das características da propriedade e do produtor. Neste contexto, o objetivo desse estudo é mensurar o custo de oportunidade da área ocupada com Reserva Legal e seus determinantes, confrontando os produtores representativos do estado de São Paulo e do Mato Grosso nos anos de 1995 e 2006. O produtor representativo foi obtido dividindo o valor total das variáveis em nível municipal pelo número de estabelecimentos. O custo de oportunidade foi estimado utilizando a metodologia proposta por Zhou, Ang e Poh (2006.

A formulação da eficiência das DMUs considerando o modelo de folgas e os produtos indesejáveis é verificado pela apresentação linear do modelo na Equação 2 a 7 (Tone, 2003).

$$\min \tau_2 = t - \frac{1}{m} \sum_{i=1}^{m} \frac{S_i^-}{x_{i0}} \tag{2}$$

Sujeito a:

$$1 = t + \frac{1}{s_1 + s_2} \left(\sum_{r=1}^{s1} \frac{S_r^g}{y_{ro}^g} + \sum_{r=1}^{s2} \frac{S_r^b}{y_{ro}^b} \right) \tag{3}$$

$$x_0 t = X\Delta + S^- \tag{4}$$

$$y_0^g t = y^g \Delta - S^g \tag{5}$$

$$y_0^b t = y^b \Delta + S^b \tag{6}$$

$$S^- \geq 0, S^g \geq 0, S^B \geq 0, \Delta \geq 0, t > 0 \tag{7}$$

Assim, no modelo SBM considerando produtos indesejáveis, as DMUs são consideradas eficientes, quando o valor do índice de eficiência for igual a 1 e os valores das folgas, em especial dos produtos indesejáveis, for zero (Tone, 2003). Considerando-se os retornos de escala, incorpora-se as seguintes restrições ao modelo SBM e nas definições do conjunto de possibilidades de produção P, conforme a Equação 8 (Tone, 2003).

$$L \leq e\lambda \leq U \tag{8}$$

Em que $e = (1, \ldots, 1) \in R^n$ e, $L(\leq 1)$ e $U(\geq 1)$ são respectivamente os limites superiores e inferiores para a intensidade λ. Quando $(L = 1, U = 1)$ corresponde aos retornos variáveis de escala (VRS). Assim, a adição da restrição conforme a Equação 7, considerando o caso VRS, modifica o indicador de eficiência conforme Equações 9 a 12 (Tone, 2003).

$$Max \, u^g y_0^g - v x_0 - u^b y_0^b + w \qquad (9)$$

Sujeito a:

$$u^g Y^g - uX - u^b Y^b + we \leq 0 v \geq \frac{1}{m}\left[1 / x_0\right] \qquad (10)$$

$$u^g \geq \frac{1 + u^g y_0^g - v x_0 - u^b y_0^b + w}{s}\left[1 / y_0^g\right] \qquad (11)$$

$$u^b \geq \frac{1 + u^g y_0^g - v x_0 - u^b y_0^b + w}{s}\left[1 / y_0^b\right] \qquad (12)$$

Por assim, o valor ideal da função objetivo é zero, atingindo-o se, e somente se, a DMU for eficiente na condição VRS. Sendo a solução ideal como v^*, u^{g*}, u^{b*}, w^*, então, se as DMUs forem eficientes, tem-se a desigualdade conforme a Equação 13 (Tone, 2003).

$$u^{g*} y_0^g - v^* x_0 - u^{b*} y_0^b \geq u^{g*} y_j^g - v^* x_j - u^{b*} y_j^b \, (\forall j) \qquad (13)$$

Quanto aos períodos de análise, o modelo clássico da DEA considera observações transversais dos dados, não considerando a eficiência em uma série histórica. A utilização de séries temporais para medir a evolução da eficiência ao longo do período de análise, segue o método proposto por Charnes *et al.* (1984), a Análise Envoltória de Dados em Janela (DEA *Window Analysis*). Ainda, o número de observações pode ser elevado dependendo da quantidade de janelas a ser estudada, aumentando a distinção dos dados amostrais. Em suma, a Análise em Janela possibilita uma análise mais ampla quando comparado com o modelo tradicional, uma vez que permite verificar a evolução da eficiência no período e assim identificar tendências de desempenho (Matsumoto *et al.*, 2020)improving environmental performance has aroused attention at both the local and global level. This study evaluated the environmental performance of European Union (EU. A determinação da quantidade de janelas (p) utilizadas pela análise é determinada conforme a Equação 14 (Cooper *et al.*, 2011).

$$w = T - p + 1 \tag{14}$$

Sendo T o número de períodos e p o tamanho de cada janela, a análise de eficiência no período é separada, tendo cada janela uma determinada quantidade de DMUs. Destaca-se que para p o melhor tamanho é definido pela experimentação (Cooper *et al.*, 2011).

Diante das revisões dos modelos aplicados pela DEA, desde os modelos tradicionais até os modelos mais recentes, considerando folgas, produtos indesejáveis e a análise temporal dos dados por meio da *window analysis*, defina-se o modelo aplicado à pesquisa da eficiência das SCMEPP no Brasil entre os anos de 2015 e 2020, sendo possível verificar o desenvolvimento de cada DMU no decorrer do tempo.

4 DEFINIÇÃO E OPERACIONALIZAÇÃO DAS VARIÁVEIS

A seleção das variáveis utilizadas no modelo adotou como base aplicações em outras pesquisas, de acordo com a revisão de literatura e na disponibilidade de dados no portal IF.data do Banco Central do Brasil (BCB, 2022). Para a execução do trabalho, as variáveis escolhidas como *inputs* foram ativo total, despesas de pessoal e despesas administrativas e como *outputs* foram selecionadas as variáveis receita de intermediação financeira e resultado operacional. Como produto indesejável do modelo, a variável representada foi o resultado de provisão para crédito de difícil liquidação (RPCDL), conforme apresentada na Tabela 2.

As variáveis selecionadas como insumos no modelo, na área das finanças, representam os bens, direitos e obrigações que as instituições possuem para viabilizar suas operações. Enquanto as variáveis utilizadas como produtos, são indicadores quanto ao desempenho das atividades das instituições (Silva, 2012).

Tabela 2 – Apresentação das variáveis do modelo

Variáveis	Classificação	Fonte dos Dados
Ativo Total	Insumo	Contas do Patrimônio Líquido – Base de Dados IF.Data
Despesas de Pessoal		
Despesas Administrativas		
Receitas de Intermediação Financeira	Produto	Contas do DRE – Base de Dados IF.Data
Resultado Operacional		
Resultado de Provisão para Crédito de Difícil Liquidação (RPCDL)	Produto Indesejável	

Fonte: o autor, 2023

Algumas variáveis foram tratadas para que pudessem ser utilizadas de maneira correta na análise. As despesas administrativas e despesas de pessoal, por serem valores negativos, não permitiriam o uso da ferramenta de análise. Assim, multiplicou-se essas variáveis por um negativo (-1). Para o resultado operacional e o resultado de provisão para crédito de difícil liquidação, por apresentarem tanto valores negativos quanto positivos, aplicou-se o método do *translation invariant*, encontrando-se o menor valor positivo entre essas variáveis e somando esse valor, com todos os valores obtidos na amostra. Assim, foi realizada uma rotação de todos as informações para valores positivos (Knox Lovell; Pastor, 1995).

5 CÁLCULO DO INDICADOR DE EFICIÊNCIA

Quanto ao modelo, a pesquisa adota-se o SBM para a análise, uma vez que possibilita uma melhor comparação entre DMUs com diferentes escalas de operações e uma melhor estimativa considerando os produtos indesejáveis (Hua; Bian, 2007). Além disso, tendo essas instituições a dinâmica de utilizarem recursos mais escassos quando comparado a grandes instituições financeiras, é interessante que os resultados sejam atrelados ao aumento dos produtos, mantendo a quantidade de insumos constantes, ao invés de buscar a eficiência através da diminuição destes.

A abordagem da *Window Analysis* foi utilizada para verificar variações tecnológicas no período. Assim, utilizando-se da Equação 14, sendo T igual a 6 e p correspondente a 3, formou-se 4 janelas de tempo e calculou-se a eficiência das DMUs em cada uma. Iniciando-se pela J_1, adiciona-se o ano seguinte na ordem cronológica e retira-se o primeiro ano da janela anterior de forma sucessiva (Profeta *et al.*, 2021). Definida as janelas, emprega-se as Equações 9 a 12 para medir a eficiência de cada DMU nas janelas definidas. Evidencia-se que a amostra por janela, nesta pesquisa, não contempla todas as DMUs avaliadas ao longo do período.

Figura 2 – Definição das janelas temporais de análise – 2015 a 2020

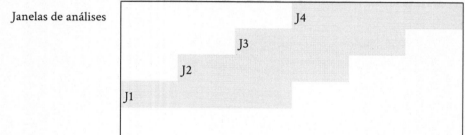

Nota: J_1 (2015 – 2016 – 2017); J_2 (2016 – 2017 – 2018); J_3 (2017 – 2018 – 2019) e J_4 (2018 – 2019 – 2020).
Fonte: o autor, 2023

O tratamento dos dados e a operacionalização dos cálculos de eficiência realizaram-se por meio da linguagem de programação R, com a interface gráfica do RStudio 4.1.1.3. Desenvolveu-se a rotina orientada pelo pacote deaR 1.2.5 (Coll-Serrano *et al.*, 2022), permitindo analisar 473 observações com 6 variáveis (insumos e produtos).

6 RESULTADOS E DISCUSSÕES

Determinada a eficiência das DMUs conforme a metodologia proposta, considerando o modelo de folgas e a presença de produtos indesejáveis, apresentam-se os resultados agregados das SCMEPP em cada janela de tempo estabelecida. A análise dos resultados consiste em analisar a evolução no número das DMUs, demonstrando a maior representatividade de instituições eficientes e quais das DMUs conseguirem manter sua eficiência. Pelas tabelas, busca-se comparar as DMUs eficientes e ineficientes quanto à média dos insumos e produtos utilizada.

Pela Figura 3a, tem-se que na J_1, das 45 DMUs analisadas, 5 apresentaram eficiência iguala 1 e as folgas dos insumos e produtos igual a 0, sendo elas as DMUs 25 (Crefaz), 31 (Egoncred), 50 (JBCred), 84 (Valor) e 85 (VNK). Quanto à Janela J_2, verificou-se a operação de 43 DMUs sendo que 8 eram eficientes. As DMUs 25, 31, 50, 84 e 85 permaneceram eficientes no período analisado, em adição, tem-se as DMUs 60 (MS), 71 (SCB) e 79 (Sorocaba).

Figura 3 – Índice de eficiência das DMUs no período e

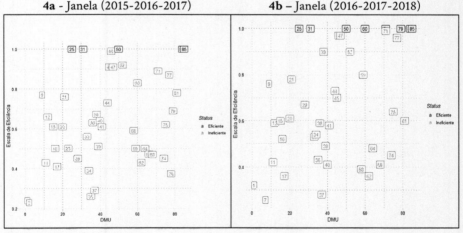

Fonte: o autor, 2023

Comparando as DMUs eficientes na janela J_1 com as demais instituições, observa-se pela Tabela 3 que a média das DMUs ineficientes, em relação ao ativo total, era 32% menor que as DMUs eficientes, da mesma forma que as despesas com pessoal e administrativas. Quanto aos produtos, as DMUs eficientes obtinham maiores receitas e menores resultados operacionais. Quanto ao produto indesejável, havia pouca diferença entre as instituições, sendo menor nas eficientes. Verifica-se que, apesar da maior quantidade de insumo, as empresas eficientes conseguiram obter uma receita maior.

Ainda na janela J_1, a eficiência média das 40 DMUs ineficientes era de 59%. Demonstrando que as DMUs ineficientes podem, em média, reduzir 41% os valores despendidos com insumos para tornarem-se eficientes. Dessa forma, evidencia que as DMUs ineficientes utilizam dos seus insumos, em média, 59% a mais do que deveriam para obter a média dos produtos das DMUs eficientes.

Tabela 3 – Média dos insumos e produtos das DMUs no período J_1 (R$ mil)

Variáveis	Grupos de SCMEPP		Diferença (%)
	Eficientes	Ineficientes	
Ativo Total	756.154	511.052	-32
Despesas de Pessoal	3.067	1.744	-43
Despesas Administrativas	6.493	1.429	-78
Receita de Intermediação Financeira	26.147	4.086	-84
Resultado Operacional	1.861	2.139	15
RPCDL	1.481	1.488	0,47

Nota: J_1 (2015 – 2016 – 2017)
Fonte: o autor, 2023

Pela Tabela 4, verifica-se que a média dos insumos, das instituições eficientes eram menores comparadas a média das instituições eficientes, destacando-se a variável despesa administrativa, a qual apresentou a maior diferença (-60%). Quanto aos produtos, tem-se nas DMUs eficientes uma média de receita de intermediação financeira maior que as DMUs inefi-cientes, assim como a variável RPCDL. Enquanto o resultado operacional das DMUs ineficientes é 15% maior que as eficientes. Quanto à eficiência média das DMUs ineficientes, esta apresentou pouca variação em relação à janela anterior, sendo de 60%. Assim, essas DMUs utilizam dos insumos, em média, 60% a mais do que deveriam para obter a média de produtos das DMUs eficientes.

Tabela 4 – Média dos insumos e produtos das DMUs no período J_2 (R$ mil)

Variáveis	Grupos de SCMEPP		Diferença (%)
	Eficientes	Ineficientes	
Ativo Total	766.210	486.398	-37
Despesas de Pessoal	1.882	1.902	1
Despesas Administrativas	4.667	1.857	-60
Receita de Intermediação Financeira	16.981	4.884	-71
Resultado Operacional	1.974	2.267	15
RPCDL	1.484	1.488	0,28

Nota: J_2 (2016 – 2017 – 2018)

Fonte: o autor, 2023

Na Figura 4a, observa-se a presença de 4 DMUs eficientes das 41 em operação, sendo elas, as DMUs 28 (Dourada), 35 (FID), 60 (MS) e 84 (Valor). Comparando com as janelas J_1 e J_2, nota-se que as DMUs 60 e 84 foram as únicas que se mantiveram eficientes no período de análise. Na Figura 5b, verificou-se a presença de 39 DMUs em operação, das quais, 11 eram eficientes, sendo as DMUs 25, 31, 34 (FFA), 40 (Finsol), 45 (Global), 47 (HSCM), 60 (MS), 68 (RPW), 71, 84 e 85.

Destaca-se que nenhuma DMU apresentou índice de eficiência próxima a zero e, de modo geral, houve um aumento no nível de eficiência das instituições. No entanto, não necessariamente houve um ganho de eficiência no setor, mas, sim, que as empresas apresentaram uma relação homogênea entre os insumos, produtos e produtos indesejáveis, em razão da melhoria do desempenho das DMUs ineficientes ou pela piora das unidades eficientes (Gomes *et al.*, 2009)*as they are the way to maintain these systems and, consequently, its productivity through time. In this paper we measure rural producers' sustainability with Data Envelopment Analysis models (DEA.*

Figura 4 – Índice de eficiência das DMUs no período J_3 e J_4

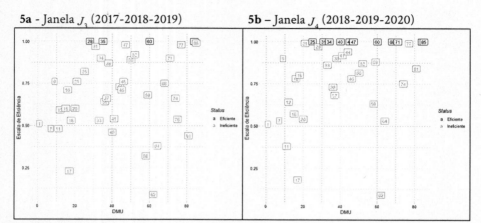

Fonte: o autor, 2023

Na Tabela 5, observa-se uma diferença considerável entre as médias dos insumos das instituições eficientes e das ineficientes, destacando-se o ativo total, no qual as DMUs ineficientes apresentaram 2.059% mais insumos. Em relação aos produtos, as instituições ineficientes apresentaram menores valores, destacando a receita de intermediação financeira. O produto indesejável (RPCDL) apresentou pouca diferença entre as DMUs. As DMUs ineficientes utilizaram, em média, 66% a mais do que deveriam para obter a média de produtos das DMUs eficientes.

Tabela 5 – Média dos insumos e produtos das DMUs no período J_3 (R$ mil)

Variáveis	Grupos de SCMEPP		Diferença (%)
	Eficientes	Ineficientes	
Ativo Total	26.096	563.469	2.059
Despesas de Pessoal	565	2.001	254
Despesas Administrativas	2.680	3.301	23
Receita de Intermediação Financeira	11.218	7.804	-30
Resultado Operacional	2.199	2.098	-5
RPCDL	1.485	1.488	0,20

Nota: J_3 (2017 – 2018 – 2019)
Fonte: o autor, 2023

PERSPECTIVAS ECONÔMICAS: ANÁLISES E REFLEXÕES

Pelas médias obtidas dos insumos e produtos, na Tabela 6, novamente observa-se que os valores encontrados para as DMUs eficientes são maiores em comparação às DMUs ineficientes, enquanto os produtos apresentam médias maiores para as instituições eficientes. O produto indesejável (RPCDL) apresentou uma variação pequena entre as DMUs eficientes e ineficientes. O score de eficiência média apresentada pelas 39 DMUs foi de 0,795 ou 79,5%. Assim, as DMUs ineficientes podem reduzir até 20,5% dos valores de insumos para serem eficientes.

No período de 2018 a 2020, houve uma expansão significativa na carteira de crédito. Em relação à destinação ao capital de giro, passou de R$ 43 bilhões para R$ 122 bilhões para as pequenas empresas e de R$ 19 bilhões para R$ 31 bilhões para as microempresas. A carteira de crédito destinada a investimentos também apresentou uma expansão de R$ 10 bilhões para R$ 35 bilhões em relação às pequenas empresas e de R$ 8 bilhões para R$ 12 bilhões nas microempresas (BCB, 2022a). A taxa média de juros das operações de crédito para pessoa jurídica anual passou de 17,81% para 11,09% (BCB, 2022a). Apesar da crescente demanda por crédito, a redução da taxa de juros acaba por impactar a receita de intermediação financeira dessas instituições, uma vez que o valor do crédito emprestado acaba reduzindo-se, ocasionando uma necessidade estratégica na gestão dos custos para manterem-se eficientes.

Tabela 6 – Média dos insumos e produtos das DMUs no período J_4 (R$ mil)

Variáveis	Grupos de SCMEPP		Diferença (%)
	Eficientes	Ineficientes	
Ativo Total	512.484	370.551	-28
Despesas de Pessoal	3.747	1.049	-72
Despesas Administrativas	9.125	2.397	-74
Receita de Intermediação Financeira	20.139	4.239	-79
Resultado Operacional	2.638	2.009	-24
RPCDL	1.486	1.489	0,16

Nota: J_4 (2018 – 2019 – 2020)
Fonte: o autor, 2023

De modo geral, observou-se que houve um aumento no número de SCMEPP eficientes na análise em janelas. A adoção de novos modelos de negócios, nos quais as principais características são o uso intensivo da tecnologia em suas operações e uma abordagem mais próxima aos interesses dos clientes, possibilita que as empresas lidem com custos menores em suas atividades, uma vez que dependem menos de recursos físicos e com custos menores para atração de novos clientes. Como resultado, essas instituições conseguem ser mais eficientes. Quanto à gestão, existe uma homogeneidade por parte das DMUs, em relação aos seus resultados financeiros. Esse fato ocorre na indústria de microfinanças internacional, evidenciando a importância das ações de gerenciamento, avaliação e evidencias dos resultados obtidos pelas instituições de microcrédito (Robinson, 2001).

CONCLUSÕES

Em um ambiente onde serviços financeiros são restritos para alguns agentes econômicos, em especial, os microempreendedores e empresas de pequeno porte, o microcrédito apresenta-se como uma alternativa de crédito que busca auxiliar o desenvolvimento desses agentes. Nesse sentido, foram sancionadas leis orientadas as Micro e Pequenas Empresas e ao acesso ao microcrédito, a fim de incentivar e fortalecer esse segmento financeiro que acaba sendo marginalizado pelas instituições tradicionais.

Devido ao modelo de negócio dessas instituições, os quais utilizam poucos recursos disponível e atendem agentes com baixa capacidade de pagamento e pouca comprovação de poder honrar com seus compromissos, o estudo da eficiência destas acaba sendo fundamental para garantir o cumprimento do objetivo do setor de promover a inclusão financeira.

O objetivo desta pesquisa foi analisar a eficiência das SCMEPP entre os anos de 2015 e 2020 utilizando a metodologia DEA. A pesquisa evidencia que, apesar da expansão do microcrédito, o número de empresas atuantes reduziu-se entre os anos de 2015 e 2020, destacando os dilemas operacionais e estratégicos que as instituições possuem na alocação dos recursos para entregar resultados que garantem a operacionalização da empresa e, assim, garantir a oferta de crédito. Uma vez que o número de instituições que lidam especialmente com microcrédito reduziu-se, foram elaborados programas e leis que incentivavam a participação de instituições tradicionais nesse segmento, como o Pronambe (2020).

Estudos relacionados a eficiências das instituições de microcrédito demonstraram uma diversificação nos resultados, destacando o tipo de instituição e a orientação da eficiência no sentido financeiro ou social. Destaca-se que as instituições que atuam com microcrédito apresentam maiores índices de eficiência social do que financeira, fortalecendo seu papel de ser provedora da inclusão financeira de agentes econômicos. Cabe destacar o papel do BCB para atuar em um contexto que promova a competitividade do setor bancário, facilitando a entrada de novas empresas e permitido que as empresas já atuantes e as novas possam oferecer seus serviços de maneira eficiente.

Por haver poucas referências relacionados à eficiência das SCMEPP, esta pesquisa contribui para a literatura brasileira nos estudos relacionadas ao tema de microcrédito e microfinanças. Em especial, por não ter sido encontrado pesquisas que aplicassem o modelo SBM nas instituições de microcrédito e considerasse os produtos indesejáveis.

Considerando os resultados da pesquisa, tem-se que o número de instituições eficientes de acordo com o modelo SBM aumentou no período analisado e, de maneira geral, os índices de eficiências do setor elevaram-se. Entretanto, nota-se que o número de instituições atuante reduziu. Dessa forma, é possível que as empresas tenham buscado novos modelos de gestão, tendo como base o desenvolvimento tecnológico e os novos hábitos dos clientes, para manterem-se no mercado. Destaca-se também que as DMUs ineficientes permanecem em várias janelas de análise, evidenciando que, nesse setor, o objetivo da eficiência da empresa pode estar mais relacionado ao aspecto social.

Verificou-se também que as DMUs eficientes apresentaram média de insumos superiores as DMUs ineficientes, porém os resultados obtidos também eram superiores, com exceção do produto indesejável. Comparando as médias de insumos e produtos das janelas J_1 e J_4, nota-se uma redução na diferença entre os valores das DMUs eficientes e ineficientes. Destaca-se a melhoria na eficiência média do setor no período observado, evidenciando uma redução no percentual necessário em que as DMUs ineficientes devem alocar seus insumos para serem eficientes. Quanto às folgas, observou-se que a variável receitas de intermediação financeira esteve presente com maior frequência nas DMUs, além de apresentar os maiores valores.

De maneira geral, observando as janelas de análise, a identificação das SCMEPP eficientes pode contribuir para a evolução da eficiência do setor, com destaque para as DMUs que se mantiveram eficientes em mais de um período, sendo elas, *benchmark* na proposta de melhorias na gestão dos negócios das demais instituições de microcrédito. Por fim, como indicação de pesquisas futuras, recomendasse analisar a eficiência dessas instituições, relacionando aspectos de gestão e tecnológico que evidenciam os determinantes dos índices de eficiência das intuições de microcrédito no Brasil.

REFERÊNCIAS

ADITTO, Satit; GAN, Christopher; NARTEA, Gilbert. Economic risk analysis of alternative farming systems for smallholder farmers in central and north-east Thailand. **International Journal of Social Economics**, [*s. l.*], v. 41, n. 4, p. 294-320, 8 abr. 2014. Emerald. DOI http://dx.doi.org/10.1108/ijse-11-2012-0223.

ALVES, Sérgio Darcy da Silva; SOARES, Marden Marques. **Microfinanças**: democratização do crédito no brasil atuação do banco central. Brasília: Banco Central do Brasil, 2006.

ANDRADE, Gustavo Naciff de; ALVES, Laura Araujo; SILVA, Carlos Eduardo Ribeiro Flora da; MELLO, Joao Carlos C.B. Soares de. Evaluating Electricity Distributors Efficiency Using Self-Organizing Map and Data Envelopment Analysis. **Ieee Latin America Transactions**, [*s. l.*], Institute of Electrical and Electronics Engineers (IEEE), v. 12, n. 8, p. 1464-1472, dez. 2014. DOI http://dx.doi.org/10.1109/tla.2014.7014515.

ANNIM, S. K. Microfinance Efficiency: Trade-Offs and Complementarities between the Objectives of Microfinance Institutions and Their Performance Perspectives. **The European Journal of Development Research**, [*S. l.*], v. 24, n. 5, p. 788-807, 1 dez. 2012. DOI: https://doi.org/10.1057/ejdr.2011.60

ARAÚJO, Elaine Aparecida; CARMONA, Charles Ulises de Montreuil. Eficiência das Instituições de Microcrédito: uma aplicação de dea/vrs no contexto brasileiro. **Production**, [*s. l.*], FapUNIFESP, v. 25, n. 3, p. 701-712, 18 ago. 2015. DOI http://dx.doi.org/10.1590/0103-6513.142013.

BANCO CENTRAL DO BRASIL. **Relatório de Economia Bancária**. Brasília: Banco Central do Brasil, 2018.

BANCO CENTRAL DO BRASIL. **Relatório de Economia Bancária**. Brasília: Banco Central do Brasil, 2019.

BANCO CENTRAL DO BRASIL. **Relatório de Economia Bancária**. Brasília: Banco Central do Brasil, 2020.

BANCO CENTRAL DO BRASIL. **Relatório de Economia Bancária**. Brasília: Banco Central do Brasil, 2021.

BANCO CENTRAL DO BRASIL. **IF.data**. [*S. l.*], 2021. Disponível em: https://www3.bcb.gov.br/ifdata/. Acesso em: 20 ago. 2021.

BANCO CENTRAL DO BRASIL. **Estudo Especial do Banco Central**: microcrédito. Microcrédito. [*S. l.*], 2021. Disponível em: https://www.bcb.gov.br/conteudo/relatorioinflacao/EstudosEspeciais/EE079_Microcredito.pdf. Acesso em: 23 set. 2021.

BANCO CENTRAL DO BRASIL. **O que é sociedade de crédito ao microempreendedor e à empresa de pequeno porte?** [*S. l.*], 2021. Disponível em: https://www.bcb.gov.br/estabilidadefinanceira/scmepp. Acesso em: 23 set. 2021.

BCB. **Taxa Selic**. [*S. l.*], 2021. Disponível em: https://www.bcb.gov.br/estatisticas/grafico/graficoestatistica/metaselic. Acesso em: 30 jan. 2022.

BCB. **SCR.data - Painel de Operações de Crédito**. [*S. l.*], 2021. Disponível em: https://www.bcb.gov.br/estabilidadefinanceira/scrdata?dataIn=2012-01-01;2012-01-01&dataFim=2020-12-31;2020-12-31&uf_filtro=Todas;Todas&cnaeocup_filtro=Todos;Todos&porte_filtro=PJ%20-%20Micro;PJ%20-%20Pequeno&modalidade_filtro=Todas;Todas&origem_filtro=Todas;Todas&indexador_filtro=Todos;Todos&cliente_filtro=PJ;PJ&numSeries=2&id=019c8f51-b-30f-4217-aab4-7f27786e393b. Acesso em: 29 jan. 2022a.

BCB. **SGS - Sistema Gerenciador de Séries Temporais**. [*S. l.*], 2021. Disponível em: https://www3.bcb.gov.br/sgspub/consultarvalores/consultarValoresSeries.do?method=visualizarValores. Acesso em: 29 jan. 2022b.

BARONE, Francisco Marcelo *et al.* **Introdução ao Microcrédito**. Brasília: Conselho da Comunidade Solidária, 2002.

BOUCINHAS; INDEPENDENTES, Campos Auditores. **Auditoria Externa para Microfinanças**: programa de desenvolvimento institucional. Rio de Janeiro: BNDES, 2002.

CAMPOS, Samuel Alex Coelho. **Custo de oportunidade da Reserva Legal do Código Florestal entre 1995/1996 e 2006 e seus determinantes**. [*S. l.*]: Universidade de São Paulo, 2015.

CASADO, F. L. ANÁLISE ENVOLTÓRIA DE DADOS: CONCEITOS, METO-DOLOGIA E ESTUDO DA ARTE NA EDUCAÇÃO SUPERIOR. **Revista Sociais e Humanas**, [s. l.], v. 20, n. 1, p. 59-71, 2007.

CHARNES, A.; COOPER, W.W.; RHODES, E. Measuring the efficiency of decision-making units. **European Journal of Operational Research**, [s. l.], p. 429-444, 1978. DOI: https://doi.org/10.1016/0377-2217(78)90138-8

COLL-SERRANO, V.; BOLOS, V.; SUAREZ, R. B. **deaR**: Conventional and Fuzzy Data Envelopment Analysis. [S. l: s. n.], 2020.

COOPER, W.; SEIFORD, L.; TONE, K. Data Envelopment Analysis: A Comprehensive Text with Models, Applications, References and DEA-Solver Software. **Springer Science+Business Media**, [s. l.], 2007.

COOPER, W. W.; SEIFORD, L. M.; ZHU, J. Data Envelopment Analysis: History, Models, and Interpretations. **Handbook on Data Envelopment Analysis**, [s. l.] p. 1-39, 2011a.

DE SOUZA, M. V. **Marcus Vinicius Pereira de Souza Uma Abordagem Bayesiana para o Cálculo dos Custos Operacionais Eficientes das Distribuidoras de Energia Elétrica**. [S. l: s. n.], 2008.

FALL, F.; AL-MOUKSIT, A.; WASSONGMA, H. DEA and SFA research on the efficiency of microfinance institutions: A meta-analysis. **World Development**, [S. l.], v. 107, 1 jul. 2018.

FERREIRA, Marco Aurélio Marques; GONÇALVES, Rosiane Maria Lima; BRAGA, Marcelo José. Investigação do desempenho das cooperativas de crédito de Minas Gerais por meio da Análise Envoltória de Dados (DEA). **Economia Aplicada**, [s. l.], FapUNIFESP, v. 11, n. 3, p. 425-445, set. 2007. DOI http://dx.doi.org/10.1590/s1413-80502007000300006

GOMES, E. G.; SOARES, J. C. C. B.; MANGABEIRA, J. A. C. Estudo da sustentabilidade agrícola em um município amazônico com análise envoltória de dados. **Pesquisa Operacional**, [s. l.], p. 20, 2009.

GUERREIRO, Alexandra dos Santos. **Análise da Eficiência de Empresas de Comércio Eletrônico usando Técnicas da Análise Envoltória de Dados**. 2006. 92 f. Tese (Doutorado em Engenharia de Produção) — Curso de e Pós-Graduação em Engenharia de Produção, Engenharia de Produção, Pontifícia Universidade Católica, Rio de Janeiro, 2006.

GUTIÉRREZ-NIETO, Begoña; SERRANO-CINCA, Carlos; MOLINERO, Cecilio Mar. Microfinance institutions and efficiency. **Omega**, [s. l.], Elsevier BV, v. 35, n. 2, p. 131-142, abr. 2007. DOI http://dx.doi.org/10.1016/j.omega.2005.04.001

HUA, Z.; BIAN, Y. DEA with Undesirable Factors. **Modeling Data Irregularities and Structural Complexities in Data Envelopment Analysis**, [s. l.], p. 103-121, 2007.

KENT, Derin; DACIN, M. Tina. Bankers at the gate: microfinance and the high cost of borrowed logics. **Journal Of Business Venturing**, [s. l.], Elsevier BV, v. 28, n. 6, p. 759-773, nov. 2013. DOI http://dx.doi.org/10.1016/j.jbusvent.2013.03.002

KNOX LOVELL, C. A.; PASTOR, J. T. Units invariant and translation invariant DEA models. **Operations Research Letters**, [s. l.], v. 18, n. 3, p. 147-151, out. 1995.

LOUIS, Philippe; SERET, Alex; BAESENS, Bart. Financial Efficiency and Social Impact of Microfinance Institutions Using Self-Organizing Maps. **World Development**, [s. l.], Elsevier BV, v. 46, p. 197-210, jun. 2013. DOI http://dx.doi.org/10.1016/j.worlddev.2013.02.006

MACEDO, Marcelo Alvaro da Silva; SANTOS, Rodrigo Melo; SILVA, Fabrícia de Farias da. Desempenho Organizacional No Setor Bancário Brasileiro: uma aplicação da análise envoltória de dados. **Ram. Revista de Administração Mackenzie**, [s. l.], FapUNIFESP, v. 7, n. 1, p. 11-44, mar. 2006. DOI http://dx.doi.org/10.1590/1678-69712006/administracao.v7n1p11-44

MATSUMOTO, K.; MAKRIDOU, G.; DOUMPOS, M. Evaluating environmental performance using data envelopment analysis: The case of European countries. **Journal of Cleaner Production**, [s. l.], v. 272, p. 122637, 1 nov. 2020.

NADER, G. A economia política da política monetária no Primeiro Governo Dilma: uma análise sobre taxa de juros, convenção e rentismo no Brasil. **Economia e Sociedade**, [s. l.], v. 27, p. 547-575, ago. 2018.

NUNES, Rodolfo Vieira; SALES, George André Willrich; CARVALHO, Ricardo Donizetti. A Evolução do Microcrédito e o Empreendedorismo no Brasil durante o Período de Instabilidade Econômica de 2014 a 2016. **Revista Eletrônica do Departamento de Ciências Contábeis & Departamento de Atuária e Métodos Quantitativos (Redeca)**, [s. l.], Pontifical Catholic University of Sao Paulo (PUC-SP), v. 6, n. 1, p. 1-20, 29 jul. 2019. DOIhttp://dx.doi.org/10.23925/2446-9513.2019v6i1p1-20

PÉRICO, Ana Elisa; REBELATTO, Daisy Aparecida do Nascimento; SANTANA, Naja Brandão. Eficiência bancária: os maiores bancos são os mais eficientes? uma análise por envoltória de dados. **Gestão & Produção**, [*s. l.*], FapUNIFESP, v. 15, n. 2, p. 421-431, ago. 2008. DOI: http://dx.doi.org/10.1590/s0104-530x2008000200016

PROFETA, G. A. et al. Eficiência dos municípios da região norte fluminense no uso dos recursos públicos: uma análise de 2011 a 2016. **Petróleo, Royalties e Região**, [*s. l.*], v. 18, n. 68, 2021.

ROBINSON, Marguerite S. **The Microfinance Revolution**: sustainable finance for the poor. Washington: The World Bank, 2001.

ROSANO-PEÑA, C. Eficiência e impacto do contexto na gestão através do DEA: o caso da UEG. **Production**, [*s. l.*], v. 22, p. 778-787, dez. 2012.

SERRANO-CINCA, Carlos; GUTIÉRREZ-NIETO, Begoña. Microfinance, the long tail and mission drift. **International Business Review**, [*s. l.*], Elsevier BV, v. 23, n. 1, p. 181-194, fev. 2014. DOI: http://dx.doi.org/10.1016/j.ibusrev.2013.03.006.

SILVA, José Pereira da. **Análise Financeira das Empresas**. 11. ed. São Paulo: Atlas, 2012.

THE NOBEL PRIZE. **Muhammad Yunus**: biographical. Biographical. [*S. l.*], 2006. Disponível em: https://www.nobelprize.org/prizes/peace/2006/yunus/biographical/. Acesso em: 29 set. 2021.

TONE, K. A slacks-based measure of effciency in data envelopment analysis. **European Journal of Operational Research**, [*s. l.*], p. 12, 2001.

TONE, K. Dealing with undesirable outputs in DEA: a Slacks-Based Measure (SBM) approach. **Nippon Opereshonzu, Risachi Gakkai Shunki Kenkyu Happyokai Abusutorakutoshu**, [*s. l.*], v. 2004, p. 44-45, 2003.

VILELA, Dirley Lemos; NAGANO, Marcelo Seido; MERLO, Edgard Monforte. Aplicação da análise envoltória de dados em cooperativas de crédito rural. **Revista de Administração Contemporânea**, [*s. l.*], FapUNIFESP, v. 11, n. 2, p. 99-120, 2007. DOI http://dx.doi.org/10.1590/s1415-65552007000600006

12

UMA BREVE DISCUSSÃO SOBRE A RELAÇÃO ENTRE CRESCIMENTO ECONÔMICO E CRÉDITO

Marcos Roberto Vasconcelos

INTRODUÇÃO

No presente capítulo, mostra-se que a relação entre desenvolvimento financeiro e, portanto, a disponibilidade de crédito, e crescimento econômico tem sido reconhecida e discutida desde o início da economia como um campo autônomo de pensamento científico. Assume-se também que o desenvolvimento financeiro está estreitamente relacionado à capacidade de atuação daquele que aparece com elemento central no mercado financeiro: a instituição bancária. Ela vai ter um papel fundamental, ao longo da evolução da ciência econômica, para a construção de um melhor entendimento da relação entre crédito e crescimento econômico. Em alguns períodos, os economistas assumiram que tal relação era harmoniosa e profícua; outras, perigosa e tumultuada.

Por exemplo, no século XX, essa parceria passou por um divórcio litigioso após a crise de 1929, mas voltou à fase do encantamento a partir da década de 1970. Porém, mais recentemente, principalmente após a ocorrência da Grande Crise Financeira de 2008, emergiu o reconhecimento de que ela não é monotônica nem estável. Economistas e gestores macroeconômicos perceberam que a rápida expansão dos mercados financeiros e de suas operações pode produzir um aumento do risco sistêmico e, daí, provocar eventos de crises financeiras que afetam o potencial de crescimento econômico por longo tempo. Tal reconhecimento fomentou a construção da política macroprudencial, uma suposta conselheira para promover a associação ideal entre crédito e crescimento econômico.

Em suma, pretende-se mostrar no presente texto como alguns importantes economistas pensaram o impacto do sistema bancário e do crédito ofertado por esse na economia e como a política macroprudencial surgiu para mediar tal interação. Apresenta-se e discute-se alguns marcos importantes dessa, às vezes feliz, outras trágica, relação entre sistema financeiro, mais especificamente crédito, e crescimento econômico. Ao revisar a literatura sobre o nexo entre o crescimento econômico e oferta de crédito, busca-se abrir espaço para um maior entendimento da necessidade de políticas de regulação e estímulo ao sistema financeiro. Regulação para impedir que a busca por ganhos desvirtue suas funções; estímulo, para que ele cumpra os designíos apontados por Schumpeter há mais de 100 anos e efetivamente contribua para a expansão econômica por meio do financiamento à inovação. Discute-se, por fim, como a Grande Crise Financeira de 2008 estimulou a estruturação e aplicação da política macroprudencial, área da economia ainda em desenvolvimento.

1 A CENTRALIDADE DOS BANCOS NO SISTEMA FINANCEIRO

É incontornável na discussão sobre o sistema financeiro a avaliação referente ao seu agente central: a instituição bancária. Os bancos têm uma importância fundamental para as economias modernas, em especial na sua função de ofertante de crédito — ver, por exemplo, King e Levine (1993), Levine (1997), Rajan e Zingales (1998), Beck *et al.* (2000) e Aghion *et al.* (2010). Um sistema bancário que desempenhe adequadamente suas funções tem relevante papel para o desenvolvimento sustentável de uma região ou país, ao proporcionar serviços de pagamentos e liquidez, administração e compartilhamento de riscos e oferta de crédito. Neste último caso, os bancos ajudariam a selecionar os projetos de investimento com melhores perspectivas de retorno (ou seja, o desenvolvimento de novas unidades produtivas que apresentem ex ante um valor presente líquido (VPL) positivo quando ponderado pelo risco), tornando, assim, a alocação dos recursos mais eficiente ou até mesmo mais inovativo, o que teria tanto impacto imediato no bem-estar da sociedade quanto no potencial de crescimento da economia no longo prazo, conforme apontam King e Levine (1993) e antecipado por Schumpeter em 1911 (Schumpeter, 1997).

Por sua vez, a crise global de 2007/2008 (doravante denominada de grande recessão global) reforçou a convicção de que os bancos podem também ser agentes fomentadores de crises econômicas ao adotarem comportamentos procíclicos e geradores de desequilíbrios financeiros (Jordà *et al.*, 2010; Silva, 2022). Em períodos de expansão econômica, muitas vezes sustentada por políticas monetárias com ampla oferta de liquidez e baixas taxas de juros, os bancos se tornariam menos criteriosos em suas avaliações de riscos e permitiriam que diversos agentes aumentassem seus níveis de alavancagem (proporção de ativos detidos em relação ao capital próprio) e "esticassem" a liquidez de múltiplos ativos considerados de baixa liquidez em períodos de normalidade. Como uma das consequências, como explicado por Silva (2022), formam-se bolhas de preços em ativos que realimentam o próprio espiral de crédito.

Assim, a grande recessão global lançou mais atenção a um fenômeno antigo e recorrente no capitalismo mundial: as crises financeiras. Como mostraram Rogoff e Reinhart (2009), crises financeiras parecem ser algo sistemicamente inerente às modernas economias e que provocam grandes perdas em termos de produto e emprego por longos períodos. Mas, como mostrado a seguir, a importância do sistema bancário para o crescimento desde início esteve presente na construção da ciência econômica.

2 A IMPORTÂNCIA DO CRÉDITO PARA A ECONOMIA

O reconhecimento da importância do sistema bancário para o funcionamento da economia é tão antigo quanto a própria formação da economia como uma ciência independente. O economista escocês Adam Smith, ao elaborar o livro reconhecido como fundador da teoria econômica, *A Riqueza das Nações*, em 1776, já abordava e destacava o papel que o sistema bancário tinha para as economias europeias no século XVIII, a partir de seu conhecimento e análise do sistema da Escócia.

Smith (2017) reconheceu que os bancos já se mostravam capazes de emitir moeda, no momento que os certificados bancários (documentos representativos de valores monetários depositados nessas instituições) passaram a ter credibilidade entre os agentes econômicos e, então, passaram a ser utilizados para liquidar transações. E que os próprios bancos, com o objetivo de assegurar seus status de confiabilidade, percebem a necessidade de manter reservas para honrar rapidamente eventuais saques dos seus clientes. Ou seja, na visão de Smith (2017), os bancos representavam um exemplo de instituição social autorregulada pela "mão invisível" do mercado. Pode ser, dessa forma, um precursor das teorias de autorregulação dos mercados financeiros que vicejaram na segunda metade do século XX.

Porém, raciocinando de acordo com sua teoria monetária[1], Smith (2017) não conclui que a moeda bancária seja capaz de impulsionar a

---

[1] Ver Curott (2017).

produção doméstica, pois sua visão concebe essa como sendo determinada pelo lado da oferta dada pelas condições reais de produção. Se, em excesso, a oferta de moeda, independentemente de ela ser em espécie, ouro/prata ou bancária, acabaria resultado em um maior volume de importações, nesse caso, "pagas" com a moeda em espécie. Assim, acabaria havendo, no mercado interno, uma substituição da moeda em espécie por moeda bancária, o que Smith considerou vantajoso em termos de economia de recursos.

Em suma, ele não apenas reconheceu a existência da moeda bancária como considerava essa um avanço em termos de ganhos de produtividade, pois menos custosa e mais conveniente que as moedas metálicas e prestando os mesmos serviços de facilitador das trocas nos diferentes mercados. Em razão da confusão de Smith (2017) entre riqueza real e nominal, o que o obliterou seu entendimento sobre nível de preços, por exemplo, ele não percebeu que mais moeda bancária nas mãos de alguns agentes econômicos implicava mais riqueza para eles e, dessa forma, maior capacidade de gasto, inclusive de investimentos produtivos. Na visão de Smith, a relevância dos bancos estava em ofertar com menor custo de produção a moeda necessária para a execução das transações econômicas. O reconhecimento sobre a capacidade de o sistema bancário afetar a dinâmica econômica, gerando ou intensificando ciclos, teria que esperar mais de um século[2].

Walter Bagehot, economista, editor da revista *The Economist* e influente jornalista inglês do século XIX, inscreveu seu nome na economia por ter elaborado aquele que é considerado o primeiro manual para os gestores de bancos centrais, a obra *Lombard Street: a description of the money market*, em 1873 (Bagehot, 1962). Mas ele também merece ser destacado por suas observações sobre a relevância dos bancos na economia.

Bagehot (1962) salientou o importante papel que o sistema bancário inglês teve para que esse país conseguisse sair na frente na Revolução Industrial. Graças ao seu, à época, relativamente avançado sistema financeiro, no qual instituições financeiras localizadas no centro financeiro de Londres, na *Lombard Street*, já eram capazes de agregar recursos de milhares de investidores e alocá-los para o financiamento de grandes volumes de investimentos produtivos, pode os empreendedores ingleses saírem na

---

[2] Outro importante nome da Economia Clássica, David Ricardo, trouxe diversas contribuições para a teoria monetária, porém pouco avançou no entendimento do papel dos bancos na economia (Arnon, 1987).

frente dos seus competidores estrangeiros e construírem unidades fabris capazes de explorar os ganhos de produtividade e de escala proporcionados pelas inovações tecnológicas na produção de têxteis, energia etc.[3]

Assim, na visão de Bagehot (1962), a Revolução Industrial aconteceu primeiro na Inglaterra em razão de esse país contar com instituições financeiras capazes de coletar e direcionar grandes volumes de financiamentos para os seus empreendedores. Apesar desse destaque, os bancos continuaram relativamente ausentes das formulações econômicas, em especial das discussões relacionadas aos determinantes da dinâmica econômica.

Em 1911, ao apresentar sua análise sobre a importância do progresso tecnológico para o crescimento econômico, no livro *Teoria do desenvolvimento econômico*, o economista austríaco Joseph Schumpeter, de certa forma, retoma a avaliação de Bagehot e põe foco sobre o papel que as instituições financeiras teriam para financiar os empresários inovadores. Para ele, os bancos seriam essenciais para o desenvolvimento econômico, pois a "função essencial do crédito, no nosso sentido, consiste em permitir ao empresário retirar os bens de produção de que necessita dos seus empregos anteriores, exercendo a procura por eles, e assim forçar o sistema econômico para novos canais" (Schumpeter, 1997, p. 93). Sem financiamento, mesmo as melhores inovações teriam reduzidas suas chances de serem desenvolvidas e se tornarem produtos no mercado. Assim, a ausência ou falha de um sistema financeiro capaz de direcionar recursos para os agentes inovadores retardaria o potencial de crescimento econômico de uma nação. Schumpeter percebeu a dependência da economia capitalista ao desenvolvimento dos mercados de crédito e, mais especificamente, das decisões de negócios dos bancos. Para ele, a dinâmica do mercado capitalista só pode ser compreendida pela existência do crédito bancário financiando as empresas "a tal ponto que se tornam uma parte essencial dele, sem a qual o resto não pode ser compreendido" (Schumpeter, 2007, p. 318).

O economista inglês John Maynard Keynes também destacou o papel relevante do sistema bancário para a dinâmica econômica, especialmente para as flutuações de curto prazo. Como exposto em seu livro *Teoria Geral do Emprego, Juros e Moeda*, de 1936 (Keynes, 2012), oscilações de demanda agregada são as principais responsáveis pelas flutuações de produção e emprego, sendo que grande parte delas ocorrem devido às mudanças no

---

[3] Essa observação de Bagehot (1962) vem ganhando respaldo em estudos contemporâneos, por exemplo, o de Temin e Voth (2013).

nível de gastos com investimentos. Ainda assim, a função dos bancos pouco ou nada é tratado na obra. Mas Keynes avultou a importância dos bancos como financiadores, fornecedores de poder de compra, para as decisões de gastos em investimentos. Keynes (2012) destacou ainda a relevância do crédito para as firmas realizarem seus investimentos, fornecendo o que ele denominou de *funding*, ou seja, fundos, e, com isso, gerar aumento do emprego e da renda real e monetária da economia, excetuando-se os momentos nos quais a economia já se encontra em pleno emprego. Como Keynes escreveu em seu livro *Um Tratado sobre a Moeda*, de 1930, "Variando o preço e a quantidade de crédito bancário, o sistema bancário governa o valor do investimento" (Keynes, 1973, p. 164).

Assim, Keynes (2012, p. 107) afirmou que os bancos, por meio de sua oferta de crédito, são capazes de propiciar o surgimento de três tendências: "(1) aumento da produção; (2) alta no valor da produção marginal expressa em unidades de salário; e (3) alta da unidade de salários em termos de moeda (efeito que em geral acompanha a melhoria do emprego)". Portanto, a expansão do crédito proporciona não só mais condições de investimento e inovação, mas seus efeitos também se propagam para toda a economia, gerando melhoria do emprego e renda. Ademais, sem tal adiantamento de recursos via operações de crédito, muitas firmas não conseguiriam executar seus investimentos e, assim, haveria uma menor demanda agregada e produção na economia. Embora não tenha explorado esse fator específico como elemento determinante dos ciclos econômicos, preferindo destacar o papel mais geral das expectativas econômicas, Keynes descortinou um caminho que seria aprofundado na década de 1970 por Hyman Minsky e, a partir da década de 1980, por economistas ortodoxos, como Joseph Stiglitz, George Akerlof, Ben Bernanke, entre outros.

A discussão da relação entre crédito e crescimento econômico voltou a ganhar atenção com a publicação do livro de Raymond W. Goldsmith, *Financial Structure and Development*, em 1969. Nele, Goldsmith (1969) retoma suas observações apresentadas no trabalho *Financial Structure and Economic Growth in Advanced Countries* (Goldsmith, 1955), no qual tinha levantado a possibilidade de a estrutura financeira, em especial a oferta de crédito, estar relacionada à capacidade de formação de capital e, por conseguinte, ao crescimento econômico de longo prazo. Fez isso por meio de um trabalho empírico, com o uso de técnicas econométricas ainda incipientes, buscando estimar o efeito da estrutura financeira sobre o crescimento econômico, para ele, talvez, a mais importante questão dentro das finanças[4]. Entre seus achados, esteve a verificação de uma correlação positiva entre nível de desenvolvimento financeiro e o patamar de atividade econômica em sua amostra de 35 países considerando o período de 1860 a 1963.

No entanto, Goldsmith (1969) não conseguiu estabelecer uma relação de causalidade entre tais variáveis, além de receber várias críticas pela metodologia adotada. Ele, por exemplo, desconsiderou o impacto que outros fatores específicos a cada país poderiam ter sobre o crescimento econômico além daquele investigado. Conseguiu, porém, reinserir a discussão sobre o papel do sistema financeiro nas pesquisas acadêmicas. E com o desenvolvimento tanto das técnicas econométricas quanto das bases de dados disponíveis, outro salto na investigação empírica e teórica das relações entre crescimento econômico e desenvolvimento financeiro seria dado pouco mais de duas décadas depois.

Por meio da construção de diferentes indicadores das condições de oferta de financiamento na economia, King e Levine (1993), em um artigo cujo título ecoa a advertência de Schumpeter sobre a importância do crédito, fizeram um estudo em painel considerando 77 países e abrangendo o período de 1960 a 1989. Seus resultados apontaram uma relação forte e positiva entre crescimento econômico e grau de desenvolvimento financeiro. Mais do que isso, concluíram que o nível de desenvolvimento financeiro observado no ano inicial da amostra, 1960, mostrou-se um bom previsor da taxa de crescimento para o restante do período, ou seja, sugerindo, mais do que comprovando, a existência de uma relação de causalidade das finanças para o crescimento econômico.

King e Levine (1993) discutiram a existência de dois canais para isso: o primeiro por meio da formação de capital fixo; o segundo via alocação mais eficiente dos recursos na economia. Ou seja, na avaliação dos autores, a existência de um mercado financeiro bem desenvolvido, que significa maior oferta de crédito e a presença de agentes especializadas, bancos, na distribuição de recursos pela economia, ampliaria a capacidade de realização de investimentos na economia (uma espécie de efeito-Bagehot), como também favoreceria uma alocação mais eficiente ou inovativa desses mesmos recursos (na mesma linha, efeito-Schumpeter)[5].

---

[4] "One of the most important problems in the field of finance, if not the single most important one, almost everyone would agree, is the effect that financial structure and development have on economic growth" (Goldsmith, 1969, p. 390).

[5] Com o uso de dados referentes a 77 países para o período de 1965 a 2009, Ang e Madsen (2012) apresentaram evidências de que países com sistemas financeiros mais avançados são mais inovativos.

Esse entendimento reforçou a validade de se adotar a variável crédito em proporção ao Produto Interno Bruto como *proxy* para medir o grau de desenvolvimento financeiro e, por meio dela, estimar sua importância para o crescimento econômico. A ideia é que a oferta de crédito estaria relacionada à presença de instituições especializadas em intermediação financeira, que teriam papel fundamental na otimização da alocação de recursos tanto para elevar a taxa de poupança da economia quanto para aumentar a eficiência do decisões de investimento. Afinal, como mostraram Bernanke e Blinder (1992), os bancos são capazes de lidar com a assimetria de informações presentes nas transações creditícias. Isso porque eles têm experiência e conhecimento sobre os tomadores de empréstimos e conseguem acompanhar os pagamentos, o que possibilita a concessão de crédito a quem tem dificuldade de obtê-lo diretamente no mercado, favorecendo, assim, uma melhor alocação dos recursos.[6]

O trabalho de King e Levine (1993) foi seguido por uma série de artigos apontando para a relação positiva entre desenvolvimento financeiro e expansão econômica, como De Gregorio e Guidotti (1995), Levine (1997), Rajan e Zingales (1998), Levine *et al.* (2000), Beck *et al.* (2008), entre outros.[7] Levine (2004), por exemplo, analisou empiricamente a relação entre o funcionamento do sistema financeiro e o crescimento econômico, encontrando evidências de que sistemas financeiros mais desenvolvidos reduzem as restrições de financiamento externo que muitas empresas enfrentam, indicando que o desenvolvimento financeiro influencia o crescimento econômico.

Conformou-se, assim, a partir dessas pesquisas, a visão que uma das formas para estimular a expansão econômica nacional, em especial dos países em desenvolvimento, envolvia incentivar o crescimento e aperfeiçoamento do sistema financeiro local, bem como ampliar suas conexões com o mercado financeiro internacional. Isso ajudou a fundamentar as políticas de liberalização e desregulamentação financeira em diversas economias da América Latina, Europa Central, África e Asia em meados dos anos 1990.[8]

---

[6] Beck, Levine e Loayza (2000) encontraram evidências de que quanto mais desenvolvido for o sistema financeiro de um país, melhor será a alocação de recursos. Assim, um sistema financeiro bem desenvolvido facilita a alocação eficiente do consumo das famílias e do capital físico para uso mais produtivo no setor empresarial.

[7] Ressalta-se que há economistas e estudos que sugerem que o sistema financeiro não desempenha um papel relevante para o desenvolvimento econômico. Robinson (1952), por exemplo, afirmou que o desenvolvimento financeiro simplesmente acompanha o crescimento econômico. Além disso, segundo Lucas (1988), a relação entre setor financeiro e crescimento econômico é superestimada. Da mesma forma, Demetriades e Hussein (1996), Rousseau e Wachtel (2011) e Arcand *et al.* (2015) são exemplos que vão na mesma direção de Lucas.

[8] Por exemplo, Levine *et al.* (2000) observaram que um passo importante para o desenvolvimento financeiro é a presença de leis e regulamentos que fortaleçam os direitos dos credores, bancos, contra os devedores, mini-

Por exemplo, na década de 1990, observou-se nos países da América do Sul e da Europa Central uma série de reformas institucionais em prol de uma economia com maior liberação e internacionalização financeira (Aizenman, 2005). Entre outros propósitos, tais reformas fortaleceram os mecanismos de cobrança de dívidas e permitiram a entrada de bancos estrangeiros nos mercados locais (Vasconcelos *et al.*, 2003; Yildirim; Philippatos, 2007). Tais mudanças alteraram o quadro definido como de repressão financeira e restrição de crédito vivenciada por tais economias. Uma das consequências foi o aumento acentuado da relação crédito-PIB nas economias sul-americanas (Reginato *et al.*, 2019).

É importante frisar que os diversos estudos já citados que apontam a relação positiva entre crédito e crescimento econômico tratam as condições de oferta de recursos de crédito bancário sem discriminar as eventuais consequências da localização, porte ou outras características específicas dos demandantes de crédito. Porém, existe um amplo conjunto de trabalhos mostrando dificuldades de acesso ao crédito por parte das chamadas micro, pequenas e médias empresas (MPMEs). Beck e Demeriguc-Kunt (2006), Ayyagari, Demeriguc-Kunt e Maskimovic (2008) e Beck, Demeriguc-Kunt e Pería (2011), por exemplo, indicam uma sistemática falta de interesse ou dificuldade das instituições financeiras em oferecer crédito às empresas desse porte.

Ademais, o problema de falta de crédito para o segmento do MPMEs não se mostra independente dos ciclos econômicos (Behr; Guttler, 2007; Bell; Young, 2010). Gertler e Gilchrist (1994), Jordà, Schularick e Taylor (2010), bem como Chen, Hanson e Stein (2017) e Polônio e Vasconcelos (2020) apontam que a oferta de crédito dos bancos no tempo é desigualmente distribuída entre os diferentes portes de empresas, sendo que, nos períodos de crise de crédito, as micro, pequenas e médias empresas são as mais afetadas. Ou seja, a desigualdade no acesso ao crédito se acentuaria justamente nos momentos dos ciclos econômicos, nos quais ele mais se faz mais necessário para as instituições produtivas de menor porte (Polônio; Vasconcelos, 2020).

Portanto, ao final da década de 1990 e começo dos anos 2000, a discussão era mais de como expandir e levar o crédito de forma mais equânime ao mercado do que alguma preocupação se sua oferta excessiva poderia ter algum efeito negativo sobre a economia. Mas tal situação logo se alteraria.

---

mizando as possibilidades de perda no valor dos ativos bancários. Quando isso ocorre, haveria espaço para o sistema bancário expandir suas operações de financiamento.

3 A CRISE FINANCEIRA DE 2008 E A NOVA VISÃO SOBRE O PAPEL DO CRÉDITO NA ECONOMIA

De fato, a parte mais visível do colapso de 2008 foi a falência ou quase falência de instituições financeiras e a descoberta que as empresas e famílias estavam com níveis de endividamento muito superiores à sua capacidade de renda. A precedente e excessiva expansão do crédito emergia como a principal responsável pela crise que se instaurou nas economias do mundo[9]. Isso estimulou inclusive um novo olhar sobre as crises econômicas do passado. Pesquisadores passaram a tentar encontrar o papel do crédito nesses momentos. Após a Grande Crise de 2008, diversos estudos, como Aikman *et al.* (2014), Schularick e Taylor (2012) e Jordà *et al.* (2010), mostram o crescimento do crédito como um recorrente precursor de crises financeiras e, por meio desse canal, capaz de afetar negativamente o crescimento econômico de longo prazo.

Borio (2014), por exemplo, testou a relação entre ciclos de crédito e crises financeiras para sete países industrializados entre 1960 e 2011, demonstrando que as crises financeiras ocorrem normalmente após o pico de crédito nas economias desenvolvidas analisadas. Claessens *et al.* (2012) indicaram que os efeitos dos ciclos financeiros sobre a economia em geral são mais fortes nas economias em desenvolvimento, tais como, por exemplo, as economias latino-americanas. Na mesma linha, Boissay, Claessens e Villegas (2020) mostraram que instabilidades e crises financeiras são acompanhadas por recessões profundas para a economia doméstica. De fato, como mostram Laeven e Valencia (2018), eventos de crises financeiras parecem ser eventos recorrentes e ter efeitos econômicos negativos, acarretando perdas nos níveis de bem-estar da população, nos países latino-americanos, principalmente nas décadas de 1980 e 1990.

Mas as crises financeiras latino-americanas, apesar dos seus elevados custos, deixaram ensinamentos aos países da região. Imam, Nier e Jácome (2012) destacaram que com a melhor regulação prudencial e supervisão, os sistemas financeiros na América Latina exibiram indicadores financeiros

---

[9] Outro efeito colateral da crise financeira e econômica de 2008 ocorreu no campo da teoria econômica. O fato de os preceitos desta terem alimentado ou pelo menos liberado o espaço para as políticas que resultaram na crise levou a própria macroeconomia à crise. Assim, ainda no calor da crise e na busca por formulações que a explicasse e auxiliasse na elaboração de medidas capazes de combater seus efeitos, começou um debate em torno da necessidade de uma reformulação da macroeconomia. Eggertsson e Krugman (2012) afirmam ser surpreendente que os modelos macroeconômicos do mainstrean ignorassem a importância da dívida para o entendimento da dinâmica econômica.

sólidos a partir do final de 2010 e foram capazes de resistir relativamente bem às tensões provocada pela crise financeira global. Esse resultado positivo também foi possível graças à reação eficaz das medidas adotadas pelos bancos centrais e devido às fortes políticas macroeconômicas dos países de uma forma mais geral, ajudando a absorver o impacto negativo dos choques externos (Oliveira; Vasconcelos, 2023).

4 A PREOCUPAÇÃO COM O EXCESSO DE "DESENVOLVIMENTO FINANCEIRO"

Da percepção que a crise de 2008 teve origem no setor financeiro e do reconhecimento dos graves custos econômicos e de bem-estar produzidos pelas crises financeiras (Borio, 2011; Galati; Moessner, 2014; Laeven; Valencia, 2018), começaram a surgir estudos com a hipótese de que a relação entre desenvolvimento financeiro e crescimento econômico não seria uma relação monotonicamente positiva e independente do nível de desenvolvimento financeiro alcançado pela economia, como Samargandi *et al.* (2015), Cecchetti e Kharroubi (2012) e Vasconcelos *et al.* (2021). Ou seja, podem existir níveis de desenvolvimento financeiro, em geral mensurados como proporção de crédito na economia, nos quais suas variações tenham impactos neutros, positivos ou mesmo negativos sobre o crescimento econômico.

Isso é mostrado, por exemplo, pelos resultados obtidos por Vasconcelos *et al.* (2021). Com a utilização de dados referentes a 106 países para o período de 1970 a 2016, eles encontram evidências de que a causalidade entre crédito e PIB é bidirecional. Ao considerarem apenas os países que tinham um sistema financeiro bem desenvolvido já na década de 1990, observaram que a causalidade deixou de existir em ambas as direções. De forma geral, em economias com relação crédito/PIB muito baixa ou muito alta, o crédito não se mostrou capaz de gerar expansão econômica. Da mesma forma, em países com um sistema financeiro muito avançado, um maior crescimento econômico mostrou-se incapaz de estimular o desenvolvimento financeiro.

De fato, a experiência da crise financeira de 2007-2009 mostrou que a expansão do crédito é um importante componente na formação de desequilíbrios financeiros, como destacaram Borio (2011), Ariccia, Igan e Laeven (2012) e Claessens, Ghosh e Mihet (2013). A política monetária, por meio da manutenção de baixas taxa de juros, pode contribuir para o aumento da oferta e da demanda por crédito. E a combinação de juros baixos e expansão da oferta de crédito distancia os preços dos ativos do seu valor fundamental, criando bolhas e um ambiente de risco sistêmico crescente. Se ocorrer um choque ou o "estouro" da bolha, as instituições financeiras passam a ter problemas de capital e liquidez, tornando-se deficientes em crédito e provocando insolvência dos agentes econômicos. As instituições financeiras e não financeiras altamente alavancadas tornam o problema ainda pior, ocasionando consequências severas à atividade econômica (Borio, 2011; Vasconcelos; Oliveira, 2020; Silva, 2022).

Assim, destaca-se mais uma vez que a discussão sobre as causas da crise de 2008 logo evidenciou que o problema foi a falta de uma política focada no sistema financeiro e na sua estabilização, além de um controle da expansão do crédito (Borio, 2011). Segundo Rogoff e Reinhart (2009) e Schularick e Taylor (2012), o reconhecimento das limitações da política aplicada até então fez com que os *policy makers* passassem a buscar outras ferramentas para garantir a estabilidade financeira e macroeconômica, sendo de forma independente ou como complemento à política monetária. Nesse momento, a política macroprudencial conquista seu lugar no debate macroeconômico.

5 EMERGÊNCIA DA POLÍTICA MACROPRUDENCIAL

Embora alguns países já utilizassem algumas medidas capazes de serem enquadradas como macroprudenciais antes da grande crise financeira[10], foi após 2007-2009 que os bancos centrais passaram de forma mais explicita e estruturada a aplicar efetivamente a regulação macroprudencial (Vasconcelos, 2017; Silva, 2022). Conjuntamente, fixaram o objetivo de estabilidade financeira como um pilar fundamental à condução do sistema financeiro e da economia nacional em paralelo à estabilidade de preços pela política monetária.

Apesar de certo dissenso sobre a definição de estabilidade financeira, segundo Frait e Komárková (2011), a partir da compreensão dos fatores que levaram à Crise Financeira Internacional de 2008, começou a se formar um consenso nos bancos centrais de que o objetivo de estabilidade financeira é alcançar um nível de permanência na oferta de serviços financeiros

---

[10] Países como Brasil, Colômbia e México, por exemplo, após colapsos financeiros internos na década de 1990, passaram a utilizar ações com caráter macroprudencial. Isso contribuiu para que o sistema financeiro nacional fosse mais resiliente quando foi afetado pelo choque da crise financeira global.

(empréstimos, seguros, execução de pagamentos, gestão de riscos, entre outros) ao longo de todo o ciclo de negócios que sustenta a economia na obtenção de um crescimento duradouro.

Assim, até a crise internacional de 2008, a regulação do sistema financeiro baseou-se tradicionalmente em garantir que as instituições permanecessem sólidas do ponto de vista da solvência e da liquidez, mantendo-se resilientes aos ciclos econômicos e às próprias oscilações do mercado financeiro (Blanchard; Dell'Ariccia; Mauro, 2010). Porém, após a crise financeira de 2007/09, muita discussão tem sido focada na regulação financeira que limita o risco de transbordamento de desequilíbrios do sistema financeiro para o restante da economia. Chegou-se ao reconhecimento de que, se a política monetária deve focar na estabilidade de preços, via controle da taxa de juros de curto prazo, era necessário desenvolver, especializar e aplicar outra política para buscar a estabilidade financeira (Eichengreen *et al.*, 2011).

O uso de regras macroprudenciais, além das tradicionais microprudenciais, passou a ser considerado necessário complemento à regulação financeira tradicional (Goodhart, 2010; De Gregorio, 2013; Vasconcelos, 2017). Silva (2022) expõe com clareza as mudanças de entendimento da dinâmica financeira que levaram à formulação e à defesa da aplicação da política macroprudencial na teoria econômica convencional. Em termos mais amplos, a política macroprudencial tem como objetivo "protect the banking sector and the broader macroeconomy from the destabilizing effects of excessive credit growth" (Behncke, 2020, p. 3). Ela parte do pressuposto que um sistema bancário forte e resiliente gera estabilidade financeira, auxiliando o crescimento sustentável da economia. Além disso, as instituições financeiras prestam serviços críticos aos consumidores, empresas de pequeno, médio e grande porte e governos, tanto a nível nacional como internacional. Mas, se o sistema financeiro tem sua contribuição positiva para o restante da economia, a crise de 2008 mostrou que ele também pode ser fonte de instabilidade.

Assim, o foco na regulação macroprudencial também se deu porque, após a Crise de 2008, ficou evidente que a forma como eram conduzidos o sistema financeiro e as suas interações com a atividade econômica não era mais adequada e precisava ser revista, principalmente, pelas graves consequências que a crise gerou tanto no setor financeiro quanto na economia real (Vasconcelos, 2017; Silva, 2022; Oliveira; Vasconcelos, 2023). A política monetária, encarregada pela estabilização dos preços, não se mostrou suficiente para evitar que os abalos da crise atingissem a atividade econômica e foi responsabilizada por não desestimular a formação dos desequilíbrios no mercado financeiro (Vasconcelos, 2017; Oliveira; Vasconcelos, 2023). Essa última afirmação ganhou um peso teórico muito importante, pois exigiu o reconhecimento de que crises financeiras poderiam ser fenômenos gerados endogenamente pelo próprio sistema financeiro (Borio, 2011; Galati; Moessner, 2013; Silva, 2022).

6 OBJETIVO E FERRAMENTAS DA POLÍTICA MACROPRUDENCIAL

Em primeiro lugar, é preciso reconhecer que a política macroprudencial é tributária da política microprudencial (Eichengreen *et al.*, 2011). Ambas têm como objetivo a preservação da solvência e solidez do mercado financeiro e de seus componentes. No entanto, a última orienta os reguladores a buscarem a preservação de cada um desses componentes, enquanto a primeira recomenda atenção nas interações e interrelações desses mesmos componentes (Goodhart, 2010).

Portanto, dois componentes essenciais aos bancos centrais que buscam a estabilidade financeira e destacados pela maioria dos países são a supervisão das instituições financeiras e o monitoramento do mercado financeiro. A atenção à gestão macroprudencial assenta-se no reconhecimento de que o sistema financeiro pode se direcionar para um contexto de fragilidade/instabilidade financeira e não conseguir a autocorreção (Borio, 2011). Segundo Borio e Drehmann (2009), para buscar a estabilidade financeira e a ausência de desequilíbrios é necessária a adoção da regulação prudencial[11], tanto nas instituições financeiras individuais (microprudencial) como em todo o sistema financeiro (macroprudencial).

Como mostraram Hanson *et al.* (2011), a orientação microprudencial não se preocupa com os efeitos (externalidades) que o ajuste de uma instituição financeira a uma situação de estresse pode causar para os demais agentes. Já a macroprudencial vai considerar a existência de tais externalidades como elemento fundamental para a construção de sua regulação e intervenção. Assim, há na "abordagem macroprudencial da regulação

---

[11] Regulação prudencial refere-se à aplicação de medidas macroprudencial, a fim de mitigar os riscos sistêmicos, corrigir vulnerabilidade e manter a estabilidade financeira.

financeira um esforço para controlar os custos sociais associados à contração excessiva do balanço por parte de várias instituições financeiras atingidas por um choque comum" (Hanson *et al.*, 2011, p. 5). Ou seja, atenta-se à presença de custos sociais gerados nos movimentos de ajustes das instituições financeiras. Por exemplo, se um banco começa a observar perdas no valor de seus ativos, ele absorve tais perdas com o seu capital. Porém, a redução do capital, se não revertida, pode obrigar o banco a reduzir seus ativos para atender níveis mínimos de exigências de capital. Isso pode ocorrer com o banco cortando suas operações de crédito para alguns clientes (efeito *credit crunch*), o que reduz a capacidade de gastos destes, ou vendendo ativos que carregue em carteira (efeito *fire sales*), o que pode induzir a perda de valor de mercado em tais ativos. Em ambos os casos, estimulam-se movimentos de contração de renda, produto e emprego na economia.

Com a crise financeira de 2008, percebeu-se que deixadas exclusivamente pelas forças de mercado, as instituições financeiras acabam não internalizando tais custos sociais em suas decisões e, assim, terminam assumindo riscos socialmente indesejáveis. Como reconheceu Borio (2011), a assunção de tais riscos ocorre na forma de uma forte expansão das operações de crédito e "the boom does not just precede, but causes the bust" (Borio, 2011, p. 22).

Portanto, a regulação deve, de forma prudencial, impelir a internalização de tais custos por todos os agentes financeiros. Ao fazer isso, o regulador pode conseguir reduzir a probabilidade de movimentos bruscos na oferta de crédito e nos preços dos ativos financeiros, domando, assim, os ciclos financeiros e mitigando seu caráter pró-cíclico (Vasconcelos, 2017; Silva, 2022). Afastou-se, assim, da denominada "doutrina Greenspan": a ideia de que dada a dificuldade de se reconhecer a formação e existência de bolhas nos preços dos ativos na economia, essas deveriam ser objeto de atuação do gestor macroeconômico somente após o seu "estouro", ou seja, o gestor não deveria ir contra ao movimento do mercado (*leaning strategy*), mas apenas "limpar" do sistema eventuais consequências do estouro de bolhas (*cleaning strategy*).

A emergência da política macroprudencial com a finalidade de administrar os movimentos de alta e baixa dos ciclos financeiros, porém não afasta a necessidade de ela estar coordenada à política monetária. Afinal, essa determina as condições gerais de oferta de liquidez na economia, podendo, assim, influenciar as possibilidades e os próprios estímulos dos agentes econômicos em procurar construir posições alavancadas que podem tanto impulsionar os preços de diversos ativos financeiros e imobiliários quanto, simultaneamente, fragilizar as posições patrimoniais dos agentes ampliando seus descasamentos de maturidades e liquidez e seus riscos às variações das taxas de juros. Dada tal importância da política monetária, Borio (2016) destaca que

> [...] there is a need to adjust monetary policy frameworks to take financial booms and busts systematically into account. This, in turn, would avoid that easing bias and the risk of a debt trap. Here I highlighted that it is imprudent to rely exclusively on macroprudential measures to constrain the build-up of financial imbalances. Macroprudential policy must be part of the answer, but it cannot be the whole answer. (Borio, 2016, p. 233).

Em suma, a política macroprudencial vem sendo desenvolvida com a meta de ajudar a prevenir e reduzir os riscos sistêmicos que podem se formar nos mercados financeiros nacionais e global. A busca é conquistar e preservar a estabilidade financeira por meio de medidas concentradas no crédito e na liquidez das instituições financeiras, de forma a torná-las mais resilientes às oscilações da economia, mas também impedir que elas provoquem ou intensifiquem tais ciclos (Silva, 2022; Oliveira; Vasconcelos, 2023). Além disso, com o auxílio da política monetária, ela assume o papel de limitar os efeitos de contágio entre os agentes participantes dos mercados financeiros, bem como sobre a atividade econômica em geral (Oliveira; Vasconcelos, 2023).

7 OTIMIZANDO A POLÍTICA MACROPRUDENCIAL

Manter a estabilidade e solvência do sistema financeiro é um desígnio altamente defensável e justificável. No entanto, ele não se faz sem danos colaterais. Em países em desenvolvimento, como o Brasil, por exemplo, os bancos são, em geral, os principais atores do sistema financeiro, relegando as instituições atuantes no mercado de capitais a papéis coadjuvantes. Essa situação é agravada quando se análise a função de oferta de crédito. Bancos dominam o mercado e não estabelecer relações de crédito com tais instituições significa quase sempre prescindir de recursos de terceiros para realizar investimentos produtivos, o que faz com que a economia, em geral, funcione com menor grau de alavancagem, reduzindo o potencial de crescimento no longo prazo. Assim, se o arranjo institucional a predominar no sistema financeiro for voltando para a busca da resiliência, é bastante provável que ele interponha obstáculos à expansão creditícia.

Mas para muitos países isso significará também manter-se em um padrão de baixa penetração do crédito na economia e restringir o desenvolvimento e o acesso de vários mercados de consumo, em especial da parcela de população de mais baixa renda. São vários os estudos que já encontraram evidências do impacto negativo da política macroprudencial. Silva (2022), Behncke (2020), Acharya *et al.* (2019), Jiménez *et al.* (2016), Angelini *et al.* (2014) e Drehmann e Gambacorta (2012), entre outros, indicaram que medidas macroprudencias no curto prazo ampliam os custos e reduzem o volume geral de oferta de crédito na economia, de forma a, potencialmente, prejudicar o crescimento econômico. Belkhir *et al.* (2020), por exemplo, utilizando uma amostra de 134 países e considerando eventos de aplicação de medidas macroprudenciais no período de 2000 a 2017, encontraram evidências estatísticas significativas de que a ativação de políticas macroprudenciais deprime o crescimento econômico.

Já Boar *et al.* (2017) usaram dados de 64 economias avançadas e emergentes para avaliar o impacto das políticas macroprudenciais em diversos indicadores econômicos, em especial sobre o nível e a volatilidade da taxa de crescimento do PIB. Encontraram que a política macroprudencial parece redundar em maior nível e menor volatilidade no crescimento econômico, portanto não existindo um efeito deletério da aplicação dessa política, ou seja, um *trade-off* entre estabilidade financeira e prosperidade econômica de longo prazo. Entretanto, tal resultado foi achado naquelas economias que apresentam maior grau de abertura internacional, sistemas financeiros mais desenvolvidos e uma institucionalidade para a aplicação da política macroprudencial bem estabelecida. Para tentar estimar a importância desse último aspecto, eles construíram o indicador de institucionalidade da política macroprudencial considerando a diferença entre o comportamento de algumas variáveis que demandariam a ativação dessas políticas e a efetiva aplicação de tais medidas, sendo que, quanto maior a diferença encontrada, menos institucionalizada estaria a execução da política macroprudencial, denominando isso de "hiato macroprudencial". Ou seja, estimaram a presença *ex-ante* de uma regra para a aplicação dessas medidas. Em seguida, testaram a correlação entre a estimativa de hiato macroprudencial e o desempenho econômico (usando como *proxy* disso um índice de crescimento médio do

PIB dividido por volatilidade dessa mesma variável) tanto para amostra total de 64 países quanto para as subamostras de economias avançadas e emergentes. Em todas, a correlação se mostrou estatisticamente negativa, sendo mais forte para o grupo das economias emergentes. Tais resultados são convergentes aos encontrados por Belkhir *et al.* (2020), quando esses autores indicam que as medidas macroprudenciais parecem ter um efeito ainda mais depressivo sobre o crescimento econômico quando considerados somente o grupo de países emergentes.

Para superar o dilema entre estabilidade financeira e expansão do crédito, é fundamental compreender melhor os ciclos e crises financeiras. Isso envolve identificar as características desses ciclos que aumentam a probabilidade de uma crise financeira com repercussões negativas para todo o sistema econômico. Além disso, é essencial desenvolver um arcabouço macroprudencial adequado (Cortés et al., 2018; Pandey et al., 2015). Com esse entendimento, será possível implementar ações macroprudenciais mais precisas, reduzindo as externalidades negativas.

CONSIDERAÇÕES FINAIS

A crescente compreensão da relevância do sistema financeiro, em especial do bancário, para o crescimento econômico e bem como da sua capacidade para engendrar crises econômicas de grandes proporções vêm incentivando e até mesmo obrigando o desenvolvimento de teorias e políticas voltadas para a regulação e supervisão bancária. Esse, por exemplo, é o *leitmotiv* principal que vem ganhando força em cada uma das rodadas de Acordos de Basiléia, definidas desde o final da década de 1990.

A visão de se analisar o setor financeiro como um "ninho gerador de anormalidades econômicas" ganhou força e, como contrapartida, cresceu a preocupação em definir arcabouços institucionais capazes de reforçar a capacidade de resistência do setor financeiro. O Acordo de Basileia III surge nesse contexto e, por isso, altera a correlação de forças entre a necessidade de desenvolver um sistema financeiro capaz de ofertar de crédito ou de manter sua solidez em direção a esse último objetivo.

Enfim, a crise global de 2008 teve reflexos significativos no entendimento e na definição de políticas de regulação bancária e creditícia. Movimentos de ascensão da oferta de crédito passaram a ter maior atenção dos gestores econômicos. Políticas macroprudencias podem ser acionadas e limitarem o processo de elevação da taxa de alavancagem dos agentes econômicos. Ciclos de crédito, assim, poderão ser suavizados e o risco de crises financeiras mitigado.

Acumulam-se evidências também de que a política macroprudencial, para produzir resultados que conduzam uma maior estabilidade do sistema financeiro sem afetar negativamente o desempenho geral da economia necessita estar sendo conduzida em um arranjo de política bem desenhado e definido. Nos termos indicados por Stankova (2019), as autoridades responsáveis pela condução da política macroprudencial precisam estabelecer uma comunicação direta, previsível e acessível para todos os agentes econômicos afetados por suas ações, de forma a engajá-los na direção pretendida ao menor custo possível.

REFERÊNCIAS

ACHARYA, V. V. *et al.* Whatever it takes: the real effects of unconventional monetary policy. **The Review of Financial Studies**, [*s. l.*] v. 32, n. 9, p. 3366-3411, 2019.

AGHION, P.; ANGELETOS, G. M.; BENERJEE, A.; MANOVA, K. Volatility and growth: credit constraints and the composition of investement. **Journal of Monetary Economics**, Rochester, NY, v. 57, p. 246-65, 2010.

AIKMAN, D.; HALDANE, A. G.; NELSON, B.D. Curbing the credit cycle. **Economic Journal**, Oxford, UK, v. 125, n. 585, p. 1072-1109, 2014.

AIZENMAN, J. Financial liberalizations in Latin America in the 1990s: a reassessment. **The World Economy**, [*s. l.*] v. 28, n. 9, p. 959-983, 2005.

ANG, J. B.; MADSEN, J. B. Risk capital, private credit, and innovative production. **Canadian Journal of Economics**, Montreal, v. 45, n. 4, p. 1608-1639, 2012.

ANGELINI, P.; NERI, S.; PANETTA, F. The interaction between capital requirements and monetary policy. **Journal of Money, Credit and Banking**, Columbus, OH, v. 46, n. 6, p. 1073-112, 2014.

ARCAND, J. L.; BERKES, E.; PANIZZA, U. Too much finance? **Journal of Economic Growth**, [*s. l.*] v. 20, n. 2, p. 105-148, 2015.

ARICCIA, G. Dell'; IGAN, D.; LAEVEN, L. Credit Booms and Lending Standards: Evidence from the Subprime Mortgage Market. **Journal of Money, Credit and Banking**, Columbus, OH, v. 44, n. 2-3, p.367-384, 2012.

ARNON, A. Banking between the Invisible and Visible Hands: A Reinterpretation of Ricardo's Place within the Classical School. **Oxford Economic Papers**, Oxford, v. 39, n. 2, p. 268-281, 1987.

AYYAGARI, M.; DEMERIGUC-KUNT, A.; MASKIMOVIC, V. How Important Are Financing Constraints? The Role of Finance in the Business Environment. **World Bank Economic Review**, Washington, DC, v. 22, n. 3, p. 483-516, 2008.

BAGEHOT, W. **Lombard Street**: a description of the money market. Ed. Irwin: Homewood, IL, 1962.

BECK, T.; LEVINE, R.; LOAYZA, N. Finance and the sources of growth. **Journal of Financial Economics**, [s. l.] v. 58, p. 261-300, 2000.

BECK, T.; DEMERIGUC-KUNT, A. Small and Medium-Sized Enterprises: Access to Finance as a Growth Constraint. **Journal of Banking & Finance**, Amsterdam, v. 30, n. 11, p. 2931-2943, 2006.

BECK, T. *et al.* Finance, Firm Size, and Growth. **Journal of Money, Credit and Banking**, Columbus, OH, v. 40, n. 7, p. 1379-1405, 2008.

BECK, T.; DEMIRGUC-KUNT, A.; PERÍA, M. S. M. Bank financing for SMEs: evidence across countries and bank ownership types. **Journal of Financial Services Research**, [s. l.] v. 39, p. 35-54, abr. 2011.

BEHNCKE, S. Effects of macroprudential policies on bank lending and credit Risks. **SNB Working Papers**, Zurique, n. 6/2020, 2020.

BEHR, P.; GUTTLER, A. Credit risk assessment and relationship lending: an empirical analysis of German small and medium-sized enterprises. **Journal of Small Business Management**, [s. l.] v. 45, n. 2, p. 194-213, 2007.

BELKHIR, M.; NACEUR, S. B.; CANDELON, B.; WIJNANDTS, J.-C.; KRAMER, C. Macroprudential policies, economic growth, and banking crises. **IMF Working Paper**, Washington, DC, n. 20/65, 2020.

BELL, V.; YOUNG, G. Understanding the weakness of bank lending. **Bank of England Quarterly Bulletin**, Londres, 4°·Q, p. 311-320, dez. 2010.

BERNANKE, B. S.; BLINDER, A. S. The Federal Funds Rate and the Channels of Monetary Transmission. **American Economic Review**, Pittsburgh, PA, v. 82, n. 4, p. 901-921, 1992.

BLANCHARD, O.; DELL'ARICCIA, G.; MAURO, P. Rethinking macroeconomic policy. **Journal of Money, Credit and Banking**, Columbus, OH, v. 42, n. s1, p. 199-215, 2010.

BOAR, C. *et al*. What are the Effects of Macroprudential Policies on Macroeconomic Performance? **BIS Quarterly Review**, Basileia, p. 18, set. 2017.

BOISSAY, F.; CLAESSENS, S.; VILLEGAS, A. Tools for Managing Banking Distress: Historical Experience and Lessons for Today. **Bank for International Settlements** – BIS Quarterly Review, Basileia, p. 41-55, 2020.

BORIO, C. E. Revisiting three intellectual pillars of monetary policy. **Cato Journal**, Washington, DC, v. 36, n. 2, 2016.

BORIO, C. E. The Financial Cycle and Macroeconomics: What have We Learnt? **Journal of Banking & Finance**, Amsterdam, v. 45, p. 182-198, 2014.

BORIO, C. E. Rediscovering the macroeconomic roots of financial stability policy: journey, challenges and a way forward. **BIS Working Paper**, Basileia, n. 354, 2011.

BORIO, C. E.; DREHMANN, M. Towards an Operational Framework for Financial Stability: 'Fuzzy' Measurement and Its Consequences. **BIS Working Paper**, Basileia, n. 284, 2009.

CECCHETTI, S. G.; KHARROUBI, E. Reassessing the Impact of Finance on Growth. **BIS Working Paper**, Basileia, CH, n. 381, 2012.

CHEN, B.; HANSON, S.; STEIN, J. The decline of big-bank lending to small business: dynamic impacts on local credit and labor markets. **NBER Working Paper**, Cambridge, MA, n. 23843, p. 59, set. 2017.

CLAESSENS, S.; GHOSH, S. R.; MIHET, R. **Macro prudential policies to mitigate financial vulnerabilities in emerging markets**. Dealing with the Challenges of Macro Financial Linkages in Emerging Markets. Washington, DC: World Bank Publications, 2013. p. 155.

CLAESSENS, S.; KOSE, M. A.; TERRONES, M. E. How Do Business and Financial Cycles Interact? **Journal of International Economics**, Amsterdam, v. 87, p. 178-190, 2012.

COMMITTEE ON THE GLOBAL FINANCIAL SYSTEM (CGFS). Operationalising the selection and application of macroprudential instruments. **CGFS Papers**, Basileia, n. 48, 2012.

CORTÉS, K.; DEMYANYK, Y.; LI, L.; LOUTSKINA, E.; STRAHAN, P. E. Stress tests and small business lending. **NBER Working Paper**, Cambridge, MA, National Bureau of Economic Research, n. 24365, 2018.

CUROTT, N. A. Adam Smith's theory of money and banking. **Journal of the History of Economic Thought**, Cambridge, UK, v. 39, n. 3, 2017.

DEMETRIADES, P. O.; HUSSEIN, K. O. Does financial development cause economic growth? Time-series evidence from 16 countries. **Journal of Development Economics**, Amsterdam, v. 51, n. 2, p. 387-411, 1996.

DE GREGORIO, J. Resilience in Latin America: Lessons from Macroeconomic Management and Financial Policies. **IMF Working Paper**, Washington, DC, n. 259, 2013.

DE GREGORIO, J.; GUIDOTTI, P. E. Financial development and economic growth. **World Development**, [s. l.] v. 23, n. 3, p. 433-448, 1995.

DREHMANN, M.; GAMBACORTA, L. The effects of countercyclical capital buffers on bank lending. **Applied Economic Letters**, [s. l.] v. 19, n. 7, p. 603-8, 2012.

EGGERTSSON, G. B.; KRUGMAN, P. Debt, Deleveraging, and the Liquidity Trap: A Fisher-Minsky-Koo Approach. **The Quarterly Journal of Economics**, Cambridge, MA, v. 127, n. 3, p. 1469-1513, 2012.

EICHENGREEN, B. *et al.* **Rethinking central banking**. Committee on international economic policy and reform. New York, NY: Brookings Institution, 2011.

FRAIT, J.; KOMÁRKOVÁ, Z. Financial stability, systemic risk and macroprudential policy. **Financial Stability Report 2010/2011**, Czech National Bank, Praga, 2011.

GALATI, G.; MOESSNER, R. What do we know about the effects of macroprudential policy? **De Nederlandsche Bank Working Paper**, Amsterdam, 2014.

GALATI, G.; MOESSNER, R. Macroprudential policy: a literature review. **Journal of Economic Surveys**, Sydney, v. 27, n. 5, p. 846-878, 2013.

GERTLER, M.; GILCHRIST, S. Monetary policy, business cycles and the behavior of small manufacturing firms. **The Quarterly Journal of Economics**, Cambridge, MA, v. 109, n. 2, p. 309-340, 1994.

GOLDSMITH, R. W. **Financial Structure and Development**. New Haven: Yale University Press, 1969.

GOLDSMITH, R. W. Financial Structure and Economic Growth in Advanced Countries. *In*: NBER (ed.). **Capital formation and economic growth**. Cambridge, MA: Princeton University Press, 1955. p. 111-168.

GOODHART, C. The role of macro-prudential supervision. **Citeseer**, [s. l], 2010.

HANSON, S. G.; KASHYAP, A. K.; STEIN, J. C. A macroprudential approach to financial regulation. **Journal of Economic Perspectives**, Pittsburgh, PA, v. 25, n. 1, p. 3-28, 2011.

IMAM, P. A.; NIER, E.; JÁCOME, L. I. Building Blocks for Effective Macroprudential Policies in Latin America: Institutional Considerations. **IMF Working Paper**, Washington, DC, n. 183, 2012.

JIMÉNEZ, G.; ONGENA, S.; PEYDRÓ, J.-L.; SAURINA, J. Macroprudential policy, countercyclical bank capital buffers and credit supply: evidence from the Spanish dynamic provisioning experiments. **Journal of Political Economy**, Chicago, v. 125, n. 6, p. 2126-2177, 2017.

JORDÀ, O.; SCHULARICK, M.; TAYLOR, A. Financial crises, credit booms and external imbalances: 140 years of lessons. **NBER Working Paper**, Cambridge, MA, National Bureau of Economic Research, n. 16567, 2010.

KEYNES, J. M. **Teoria geral do emprego, do juro e da moeda**. São Paulo: Saraiva, 2012.

KEYNES, J. M. A Treatise on Money: the pure theory of money. *In*: JOHNSON, E.; MOGGRIDGE, D. (ed.). **The Collected Writings of John Maynard Keynes**. Londres, UK: Macmillan, 1973. p. 1-368. v. 5.

KING, R.; LEVINE, R. Finance and growth: Schumpeter might be right. **Quarterly Journal of Economics**, Cambridge, MA, v. 108, p. 713-37, 1993.

LAEVEN, L.; VALENCIA, F. Systemic Banking Crises Revisited. **IMF Working Paper**, Washington, DC, n. 206, 2018.

LEVINE, R. Financial development and economic growth: views and agenda. **Journal Economic Literature**, Pittsburgh, PA, n. 35, p. 688-726, 1997.

LEVINE, R.; LOAYZA, N.; BECK, T. Financial intermediation and growth: Causality and causes. **Journal of Monetary Economics**, Rochester, NY v. 46, n. 1, p. 31-77, 2000.

LEVINE, R. The Corporate Governance of Banks: A Concise Discussion of Concepts and Evidence. **World Bank Policy Research Working Paper**, Washington, DC, n. 3404, 2004.

LUCAS, R. E. On the mechanics of economic development. **Journal of Monetary Economics**, Rochester, NY, v. 22, n. 1, p. 3-42, 1988.

OLIVEIRA, G. M.; VASCONCELOS, M. R. Evidence of how macroprudential policies impact Latin American Economies depending on the type of their monetary regime structure. **Estudios Económicos**, Bahia Blanca, v. 40, n. 81, p. 101-129, 2023.

OLIVEIRA, G. M.; VASCONCELOS, M. R. Uma análise da estruturação e aplicação da política macroprudencial nas principais economias latino-americanas. **Revista de Economia**, Curitiba, v. 44, n. 84, p. 677-709, 2023.

PANDEY, R.; GURNAIN, K.; PASRICHA, G. K.; PATNAIK, I.; SHAH, A. Motivations for capital controls and their effectiveness. **Bank of Canada Working Paper**, Ottawa, n. 5, 2015.

POLÔNIO, C. F.; VASCONCELOS, M. R. Os pequenos sofrem mais? Oferta de crédito bancário para empresas: 2007-2017. **Revista FAE**, Curitiba, v. 23, n. 1, p. 23-44, 2020.

RAJAN, R.; ZINGALES, L. Financial dependence and growth. **American Economic Review**, Pittsburgh, MA, v. 88, p. 393-410, 1998.

REGINATO, V. G.; CUNHA, M. S.; VASCONCELOS, M. R. Determinants of South American bank credit: an approach to panel data. **Estudios económicos**, Bahia Blanca, v. XXXVII (N.S.), n. 74, p. 37-70, jan./jun. 2020.

ROBINSON, J. The generalization of the general theory. *In*: ROBINSON, J. **The Rate of Interest and Other Essays**. London: MacMillan, 1952. p. 1-170.

ROGOFF, K. S.; REINHART, C. M. **This time is different**: eight centuries of financial folly. New Jersey: Princeton University Press, 2009.

ROUSSEAU, P. L.; WACHTEL, P. What is happening to the impact of financial deepening on economic growth? **Economic Inquiry**, Londres, v. 49, n. 1, p. 276-288, 2015.

SAMARGANDI, N.; FIDRMUC, J.; GHOSH, S. Is the Relationship Between Financial Development and Economic Growth Monotonic? Evidence from a Sample of Middle-Income Countries. **World Development**, [s. l.], n. 68, p. 66-81, 2015.

SCHULARICK, M.; TAYLOR, A. M. Credit Booms Gone Bust: Monetary Policy, Leverage Cycles, and Financial Crises, 1870-2008. **American Economic Review**, Pittsburgh, PA, v. 102, n. 2, p. 1029-1061, 2012.

SCHUMPETER, J. A. **History of Economic Analysis**. New York, NY: Routledge, 2007.

SCHUMPETER, J. A. **A Teoria do Desenvolvimento Econômico**. São Paulo, SP: Editora Nova Cultural, 1997.

SILVA, L. A. S. **Política Macroprudencial**: dos seus fundamentos à análise de seus resultados em países da América Latina. 2022. Tese (Doutorado em Teoria Econômica) — Programa de Pós-graduação em Ciências Econômicas, Universidade Estadual de Maringá, Maringá, 2022.

SMITH, A. **A riqueza das nações**. São Paulo: Nova Fronteira, 2017.

STANKOVA, O. I. Frontiers of economic policy communications. **Policy Communications**, International Monetary Fund, Washington, DC, n. 19/08, 2019.

TEMIN, P.; VOTH, H.-J. **Prometheus shackled**: Goldsmith banks and England's financial revolution after 1700. Oxford University Press: New York, 2013.

VASCONCELOS, M. R.; REGINATO, V. G.; CUNHA, M. S. An empirical analysis of the relationship between bank credit and economic growth. **Textos de Economia**, Florianópolis, v. 24, n. 1, p. 1-24, jan./jul. 2021.

VASCONCELOS, M. R.; OLIVEIRA, G. M. Os efeitos macroeconômicos das políticas macroprudencial e monetária: evidências para países selecionados da américa latina. **Revista de Economia**, Curitiba, v. 16, n. 2, p. 51-70, 2020.

VASCONCELOS, M. R. Política macroprudencial: domando os ciclos financeiros. **Revista Espacios**, Caracas, v. 38, n. 37, p. 18-25, 2017.

VASCONCELOS, M. R.; STRACHMAN, E.; FUCIDJI, J. R. Liberalização e desregulamentação bancária: motivações, consequências e adaptações. **Nova Economia**, Belo Horizonte, v. 13, n. 1, p. 101-140, 2003.

YILDIRIM; H. S.; PHILIPPATOS, G. C. Efficiency of Banks: Recent Evidence from the Transition Economies of Europe, 1993–2000. **The European Journal of Finance**, Londres, v. 13, n. 2, p. 123-143, 2007.

13

DETERMINANTES DA INCLUSÃO FINANCEIRA NO BRASIL: UMA ANÁLISE PARA O PERÍODO 2011-2021

Murilo Florentino Andriato
Elisangela Araujo

INTRODUÇÃO

As instituições financeiras desempenham um papel fundamental no processo de desenvolvimento econômico. A provisão de produtos e serviços financeiros, a um custo adequado e para a maior parcela possível da população, pode funcionar como mola propulsora do consumo e do investimento, trazendo estímulos que vão desde o apoio ao empreendedorismo, empoderamento feminino até a redução da pobreza e da desigualdade.

Nesse sentido, a inclusão financeira surge como uma temática relevante, principalmente, nos países em desenvolvimento, onde esse processo costuma ser mais incipiente. Entende-se por inclusão financeira o estado em que os adultos em idade ativa têm acesso efetivo aos serviços financeiros fornecidos por instituições formais, tais como crédito, poupança, pagamentos e seguros. O acesso efetivo envolve a prestação de serviços, de forma conveniente e responsável, a um custo acessível ao cliente e sustentável para o provedor (GPFI, 2011).

Segundo UNCDF (2021), a inclusão financeira é parte dos Objetivos de Desenvolvimento Sustentável (ODS), criado em 2015 pelo Pacto Global da Organização das Nações Unidas (ONU), relaciona-se a 8 das 17 metas traçadas. Como exemplos, tem-se: a erradicação da pobreza, igualdade de gênero e o empoderamento econômico das mulheres, promoção do crescimento econômico e empregos, apoio à indústria, à inovação e à infraestrutura. Além disso, sobre o fortalecimento dos meios de implementação, há um papel implícito para maior inclusão financeira por meio de uma maior mobilização de poupança para investimento e consumo, fundamentais para o crescimento econômico (ONU, 2022).

Maiores níveis de inclusão financeira, portanto, permitem reduzir o volume de transações financeiras informais de uma economia, o que beneficia a supervisão fiscal e monetária dos agentes econômicos, enquanto melhora o desempenho de políticas macroeconômicas, principalmente, nos países em desenvolvimento. A maior inclusão financeira pode, ainda, proporcionar a redução dos custos de transação, aumentar o nível de poupança formal, reduzir riscos atrelados ao crédito informal e melhorar a qualidade de vida dos incluídos.

No que se refere ao Brasil, cabe notar que o país avançou em termos da inclusão financeira na última década, tendo em vista acontecimentos, como os desenvolvimentos tecnológicos no setor bancário somados aos desdobramentos da pandemia da Covid-19 e a adoção da Agenda mais do Banco Central, que aumentou o número de pessoas bancarizadas, isto é, que possuem conta em bancos e, consequentemente, daquelas que acessam produtos e serviços financeiros.

Diante do exposto, esta pesquisa tem por objetivo investigar, teórica e empiricamente, a inclusão financeira na economia brasileira, no período entre 2011 e 2021, com o foco na investigação das características dos indivíduos como fatores que podem influenciar a possibilidade de que esses indivíduos estejam incluídos financeiramente. Tal fato é relevante em termos de políticas econômicas que poderiam servir para ampliar esse processo, possibilitando não apenas o acesso a produtos e serviços financeiros, mas sua provisão a um custo e condições adequadas para uma parcela maior da população.

A metodologia utilizada consiste em um modelo de regressão *logit* multinomial que investiga como as características do indivíduo influenciam nas chances de este ser ou não incluído, a partir dos dados do Global Financial Index (*Global Findex*), que consiste em uma pesquisa qualitativa aplicada em mais de 100 países, nos anos de 2011, 2014, 2017 e 2021. Dentre os principais resultados, esta pesquisa sugeriu que o processo de digitalização tem ampliado o acesso, bem como o uso de produtos financeiros, embora este último em menor grau que o primeiro. Ademais, os resultados empíricos corroboram com os trabalhos nacionais e internacionais, que mostraram que as desigualdades sociais e econômicas estão ligadas ao acesso e uso de serviços financeiros, observando-se que as características relacionadas ao gênero, idade, escolaridade e renda estão diretamente relacionados à inclusão (ou exclusão) bancária no Brasil.

1 SISTEMA FINANCEIRO, INCLUSÃO FINANCEIRA E DESENVOLVIMENTO NA PERSPECTIVA TEÓRICA

Uma finalidade central do sistema financeiro, como sabido, é a intermediação financeira, processo pelo qual os agentes deficitários e os agentes superavitários são interligados satisfazendo suas necessidades de poupança e investimento (Levine, 1997). Levine (1997) discute que os mercados financeiros e as instituições financeiras têm como papel fundamental amenizar os problemas criados pelas lacunas de informação e transação e as diferentes formas de interação entre estas, o que gera a necessidade de diferentes estruturas. Segundo o autor, a função geral do sistema financeiro é melhorar a alocação de recursos, no espaço e no tempo, considerando o ambiente de incerteza. Para isso, o sistema financeiro deve facilitar as transações, a diversificação e reduzir os riscos, monitorar e exercer o controle corporativo, aumentar a poupança, além de facilitar a comercialização de bens e serviços.

Levine (1997) também apresenta dois canais por meio dos quais o sistema financeiro impacta o crescimento econômico. O primeiro é pela via da acumulação de capital, que pode ser visualizado nos modelos de crescimento econômico, onde o sistema financeiro afeta a taxa de formação/acumulação de capital, pois pode ampliar a poupança ou realocar recursos considerando a tecnologia de produção. Uma segunda via pode ser observada nos modelos de inovação tecnológica como fonte para o crescimento econômico, onde o sistema financeiro atua alterando a taxa de inovação tecnológica ao longo do tempo.

Considerando que o sistema financeiro pode ser um instrumento importante para o desenvolvimento econômico, ganha importância a questão da inclusão financeira, definida pelo *Global Partnership for Financial Inclusion* (GPFI) (2011), o estado em que todos os adultos em idade ativa, incluindo aqueles atualmente excluídos pelo sistema financeiro, têm acesso efetivo aos serviços financeiros fornecidos por instituições formais, como crédito, poupança, pagamentos e seguros. O acesso efetivo envolve a prestação de serviços conveniente e responsável, a um custo acessível ao cliente e sustentável para o provedor. Além disso, usam serviços financeiros formais, ao invés de opções informais existentes na economia (GPFI, 2011).

A instituição formal se refere a um provedor de serviços financeiros que tem um status legal reconhecido e inclui entidades e/ou indivíduos, com atributos regulatórios amplamente variados, sujeitos a diferentes níveis e tipos de supervisão externa. No entanto, o fato de ser atendido por uma instituição formal não significa que o cliente deva ser considerado financeiramente incluído, pois, para isso, todas as condições de acesso efetivo devem ser cumpridas (GPFI, 2011).

Koker e Jentzsch (2013) destacam que parte da população dos países em desenvolvimento opera na economia informal e poupam, remetem dinheiro e acessam o crédito por meio de serviços financeiros não regulamentados e não supervisionados. Os autores consideram que essa exclusão de serviços financeiros formais pode reduzir o crescimento econômico, prejudicar o desenvolvimento social e ter efeitos negativos sobre a política monetária.

Segundo Lapukeni (2015), recentemente, a inclusão financeira passou de uma definição dicotômica, que se resumia ao fato de estar ou não incluído financeiramente, para uma visão multidimensional. Essa visão multidimensional compreende uma ampla gama de fatores e vai desde o caráter garantidor de acesso a recursos financeiros formais e serviços, passando pelo custo acessível do crédito, seu caráter justo e transparente, até a efetiva utilização desses serviços. Nessa linha de raciocínio, Demirgüç-Kunt, Klapper e Singer (2017) salientam que a inclusão financeira efetiva implica que o indivíduo pode usar uma variedade de serviços financeiros apropriados, desde um depósito ou conta de transação, serviços digitais, acesso ao crédito e à segurança no uso de seus produtos, gerenciando melhor os riscos financeiros, de forma mais eficiente e segura.

Para Voica (2017), a inclusão financeira é o processo de proporcionar acesso a produtos financeiros a toda a população de um país. Quanto mais inclusivo, maior a eficiência de recursos e menor o custo de capital. Além disso, a inclusão reduz os sistemas financeiros informais, garantindo uma maneira segura de acessar os serviços financeiros, dado que os agentes formais são regulamentados e fiscalizados.

Segundo Santos (2020), a inclusão financeira tem papéis múltiplos, desde combater a desigualdade de renda, até fomentar o desenvolvimento econômico sustentável da economia e do próprio sistema financeiro. Isso leva à melhoria nas condições de vida da população, enquanto aumenta o uso dos serviços financeiros, incrementando a oferta de moeda em relação ao PIB, melhorando a liquidez no sistema. Wang'oo (2008) exprime a capacidade de indivíduos e empresas gerirem seu dinheiro diariamente, de forma eficaz e segura, enquanto planejam o futuro e lidam com as pressões financeiras por meio da gestão financeira.

Ozili (2020a) analisa que a inclusão financeira implica no acesso aos serviços financeiros para todos os membros da sociedade, de modo que, em muitos países, *policy markers* têm buscado aumentar o nível de inclusão financeira utilizando diversas ferramentas, como redução de documentação exigível, ampliando os correspondentes bancários, dentre outras ações.

Finalmente, um aspecto adicional a ser discutido se refere a relação entre a inclusão financeira e os Objetivos do Desenvolvimento Sustentável (ODS). Segundo Ozili (2020b), a inclusão financeira se tornou objeto de discussão entre os formuladores de política e acadêmicos no objetivo do cumprimento dos ODS, de modo a ampliar a inclusão social, reduzir o do nível de pobreza, além de outros benefícios econômicos e sociais, como promoção de desenvolvimento, estabilidade financeira e crescimento econômico, promovida por canais diversos, que compreendem desde as microfinanças, educação financeira, acesso ao crédito, poupança, entre outros.

Diante do exposto, nota-se que a preocupação com a inclusão financeira tem ganhado espaço nas discussões sobre desenvolvimento e setor financeiro e suscitando novos estudos em países desenvolvidos e em desenvolvimento.

2 INCLUSÃO FINANCEIRA NO BRASIL: BREVE ANÁLISE DOS ANOS RECENTES

Desde as últimas décadas do século XX, a economia mundial foi marcada pela evolução tecnológica, a partir de uma nova "onda de inovações" possibilitadas pelo que vem sendo chamado na literatura de Quarta Revolução Industrial. Essa revolução, permitida pela expansão da internet, das tecnologias da informação e do processamento de dados, trouxe uma ampliação substancial das relações monetárias intranacionais e internacionais, aumentando o volume de crédito, mas também ampliando os riscos.

Jünger e Mietzner (2019) destacam que a inserção tecnológica, as mudanças estruturais e de paradigmas influenciaram todas as áreas, mas o setor bancário foi afetado diretamente por essa nova realidade, com sistemas digitais de consultoria e negociação, inteligência artificial e aprendizado de máquina, empréstimos ponto a ponto, financiamento coletivo, sistemas de pagamento móvel e, até mesmo, novas capacidades monetárias. Esse processo levou a surgir outro participante na estrutura bancária, mas vinculado à tecnologia, que é conhecido como banco digital.

Os bancos digitais ou *fintechs* foram regulamentados no Brasil pela Lei 12.685 de 2013 e se constituem em empreendimentos que trazem inovação para pessoas e empresas, unindo tecnologia e serviços financeiros. Atuam desde a busca por melhorar o processo, a utilização, até os custos ou a experiência do cliente. Os bancos digitais são instituições financeiras que oferecem produtos e serviços aos clientes com uma interação digital, desde a abertura de contas, solicitação de documentação, assinatura de termos e contratos, contratação e cancelamento de produtos e serviços, dúvidas e auxílio aos clientes e até solução de problemas por diversos canais não físicos (Berti; Orso, 2019).

Outra mudança no sentido de aumentar o acesso aos produtos e serviços financeiros no Brasil veio a partir do contexto dos desdobramentos da pandemia da Covid-19. De fato, para receber o benefício do auxílio emergencial pago pelo governo federal no período de isolamento social e/ou desemprego decorrente do cenário pandêmico, fazia-se necessário realizar o cadastro junto ao sistema da Caixa Econômica Federal (CEF), com a abertura de uma conta digital no "Caixa Tem", que é o aplicativo de meios de pagamento da CEF.

Dados da CEF (2020) mostram que, por meio do aplicativo Caixa Tem, 109 milhões de contas poupanças sociais digitais foram abertas para pagamento dos principais benefícios sociais do Governo Federal. Isso resultou em um total de 38 milhões de novos bancarizados, que passaram a fazer operações financeiras como transferências bancárias, pagamentos, compras por meio do cartão de débito virtual e saques, entre outros serviços.

Contribuindo com esse processo de bancarização, em 2021, ainda em meio à pandemia, o BCB lançou um projeto chamado *Open Banking* ou sistema financeiro aberto, cujo objetivo é possibilitar que as informações sobre os clientes possam ser compartilhadas entre diferentes instituições autorizadas pelo Banco Central, desde que o cliente deseje e autorize (BCB, 2021).

O projeto se subdivide em quatro etapas: (i) disponibilização de informações das instituições para o cliente; (ii) compartilhamento de dados cadastrais e transacionais sobre serviços bancários (contas, crédito e pagamentos); (iii) início de transações de pagamento instantâneo (PIX), com a entrada gradual dos demais arranjos de pagamento; (iv) compartilhamento de informações sobre produtos de investimentos, previdência, seguros, câmbio, entre outros, ofertados e distribuídos no mercado. Destaca-se que o "PIX", pagamento instantâneo brasileiro, é o produto do *Open Banking* que o público mais utilizou (BCB, 2022a).

Alguns dados do setor bancário brasileiro são apresentados a seguir, dando uma ideia das tendências da inclusão financeira no país. Iniciando pelo número de bancos, conforme a Figura 1, nota-se uma queda entre 2011 e 2018, chegando-se ao mínimo de 152 bancos. Posteriormente, de 2018 a 2021, o volume de instituições bancárias voltou a crescer perfazendo um total de 159 bancos em 2021.

Figura 1 – Número de Bancos Autorizados no Brasil de 2011 a 2021

Fonte: elaboração própria com dados do BCB (2022b)

Na sequência, a análise se volta para a bancarização dos adultos brasileiros, isto é, o número de adultos com conta bancária, que é um indicador de inclusão financeira. Esse número aumentou 38,3% de 2011 a 2020, passando de 115 milhões para 159 milhões de pessoas.

Figura 2 – Adultos com conta bancária (milhões e %) de 2011 a 2021

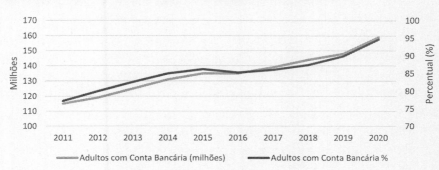

Fonte: elaboração própria com dados do BCB (2022b)

Quando se analisa em termos relativos, o Brasil ampliou consideravelmente a bancarização, passando de 77,19% em 2011 para 94,69% em 2020.

A Figura 3 apresenta o número de caixas eletrônicos e agências bancárias no Brasil. As agências bancárias aumentaram até 2017, quando atingiu o maior número da série (21.408 agências), entretanto, as agências começaram um processo de redução desse número após 2017, chegando em 2021 com o menor número da série (17.870 agências).

Figura 3 – Caixas Eletrônicos e Agências no Brasil de 2011 a 2021

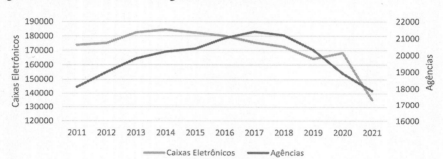

Fonte: elaboração própria com dados do BCB (2022b)

O número de caixas eletrônicos aumentou até 2014, iniciando uma fase de redução em 2015, que se estendeu até 2021, quando o número de caixas eletrônicos foi o menor da série analisada. Esses dados revelam a tendência de queda de serviços prestados de forma presencial (agências e caixas eletrônicos), reflexo das mudanças tecnológicas dos últimos 10 anos, de um lado, e o aumento do número de bancarizados, bem como o volume de serviços bancários utilizados, de outro. Tal tendência se explica pelos movimentos de digitalização do sistema bancário que, em conjunto com contas digitais, meios de pagamento instantâneos e conexão com *internet*, têm acelerado os processos bancários, reduzido a burocracia e tornado mais prático e acessível o sistema financeiro.

Por fim, a Figura 4 traz o volume de transações realizadas com cartão de crédito e débito, bem como o número de cartões emitidos (ativos). Em relação ao número de cartões ativos, nota-se que este vem crescendo continuamente desde 2011, tanto nas modalidades de débito quanto de crédito, que cresceram 96,5% e 71,8%, respectivamente, no período analisado.

Figura 4 – Utilização de Cartão de Crédito e Débito no Brasil de 2011 a 2021

Fonte: elaboração própria com dados do BCB (2022b)

Analisando-se o volume transacionado, tanto o cartão de crédito quanto o de débito se elevaram de 2011 a 2020. Todavia, enquanto o cartão de crédito aumentou 181% no volume transacionado, o cartão de débito aumentou 313,5%.

Em suma, os dados mencionados indicam que houve uma forte expansão da inclusão financeira, em linha com as mudanças estruturais e conjunturais pelas quais passaram a economia brasileira e mundial na última década. Considerando a importância da inclusão para o desenvolvimento, a seguir busca-se avançar no entendimento dos fatores que são obstáculos ao referido processo, identificando-se os determinantes da inclusão financeira no Brasil entre 2011 e 2021.

3 ANÁLISE EMPÍRICA: DETERMINANTES DA INCLUSÃO FINANCEIRA NO BRASIL

3.1 Procedimentos metodológicos

Com o intuito de investigar a relação entre variáveis qualitativas do indivíduo e a inclusão financeira, foram utilizados os dados do Global Financial Index (*Global Findex*), uma pesquisa qualitativa aplicada em mais de 100 países, incluindo o Brasil, de nos anos de 2011, 2014, 2017 e 2021. Inicialmente, os indivíduos foram classificados em desbancarizados (por autoexclusão ou exclusão por outros fatores), sub-bancarizados e incluídos (bancarizados e incluídos financeiramente).

Essa divisão, entre bancarizados, desbancarizados e sub-bancarizados é feita com base em alguns trabalhos, como Kempson, Aktinson e Pilley (2004) e Cámara e Tuesta (2014) e Demirgüç-Kunt, Klapper e Singer (2017). As variáveis consideradas para esta divisão estão expressas no Quadro 1.

Quadro 1 – Classificação dos indivíduos

Classificação	Resumo	Dados	Teóricos
Sub-bancarizados (0)	Possuem conta em instituições financeiras, mas não utilizam os serviços.	Possuem conta, mas não possuem cartão de crédito ou débito, não poupam ou tomam crédito por instituições formais.	Kempson, Aktinson e Pilley (2004)
Desbancarizados (1)	Não possuem conta em instituições financeiras, podendo ser por dois motivos, em geral, a autoexclusão ou o processo de exclusão bancária.	Não possuem conta em instituições financeiras.	Cámara e Tuesta (2014)
Incluídos (2)	Indivíduos bancarizados, que utilizam os produtos e serviços bancários de instituições formais.	Possuem conta, utilizam cartão de crédito ou débito, poupam ou tomam crédito de instituições formais.	Demirgüç-Kunt, Klapper e Singer (2017)

Fonte: elaboração própria

O modelo proposto para a exploração dos dados neste trabalho é um modelo de regressão logística que, segundo Greene (2018), é utilizado para estudar variáveis qualitativas, isto é, que expressam a qualidade do indivíduo ou objeto do estudo. Nesse processo, existem algumas formalizações, sendo a mais simples delas a de variáveis qualitativas binárias que indicam as características por meio de duas opções, tais como: sim ou não, direita esquerda, ter conta ou não ter. Além dessa estrutura binária, é possível estabelecer qualidades múltiplas, a qual pode ser entendida como mais de uma opção de escolha.

Greene (2018) destaca dois modelos de regressão logística, o *logit* e o *probit*, que permitem estimar probabilidades, efeitos parciais e uma série de resultados auxiliares, porém se impõe a distribuição normal (*probit*) ou logística (*logit*) aos dados. Embora existam outras distribuições, o autor ressalta que os modelos *probit* e *logit* são as estruturas mais comuns usadas em aplicações econométricas.

Cramer (2003) observa que os modelos *probit* e *logit* se tornaram ferramentas comuns de pesquisa estatística aplicada. O modelo *logit* é o mais versátil dos dois por suas propriedades analíticas simples, que permitem seu uso em contextos muito diferentes e para uma ampla variedade de propósitos. O autor ainda destaca que os modelos são estimados por máxima verossimilhança, desde o modelo binário simples ao modelo multinomial.

Maddala (1983) apresenta o modelo de regressão logística utilizando uma variável latente (y^*) não observável, que gera uma variável qualitativa, destacável em partes, segundo a variável latente, sendo, então, possível estudar a esperança da variável latente, dado um conjunto de variáveis explicativas, estar entre os determinados níveis, como no exemplo a seguir:

Para variáveis binárias:

$$y^* = \beta' x_i + u_i \tag{5.1}$$

Sendo que:

$y = 1$ se $y^* > 0$
$y = 0$ se $y^* = 0$

Para variáveis Multinomiais:

$$y^* = \beta' x_i + u_i \tag{5.2}$$

Sendo que:

$y = 0$ se $y^* = 0$
$y = 1$ se $0\ y^*.< a$
$y = 2$ se $y^* > a$

Maddala (1983) demonstra algumas possibilidades quando existem mais de uma opção de escolha. A primeira delas é a escolha multinomial com variável desordenada (*unordered variables*), que são caracterizadas pela possibilidade de se escolher mais de uma escolha, sendo que cada uma possui uma probabilidade de ocorrência. Outro modelo é o de escolhas ordenadas (*ordered-response models*), caracterizado por escolhas de categoria ordenável, como faixa etária e escolarização. A autora ainda destaca um caso adicional de escolha sequencial, que pode ser expresso como um conjunto de opções binárias, escolhidas ao longo de um processo decisório: terminar ou não o curso de mestrado, começar ou não o doutorado, terminar ou não o doutorado, e assim por diante.

Greene (2018) ainda separa os modelos policotômicos ou politômicos em dois, os Condicionais e os Multinomiais, sendo que a principal diferença está no modo com que se estuda o processo. No caso do *logit* condicional, a escolha é estudar com base em suas características, no caso do tema em questão, seria relacionar a bancarização à qualidade do serviço, a distância da agência ao custo de manutenção e outras características das instituições financeiras ou da conta. Por outro lado, o modelo de *logit* multinomial utiliza como base as características do agente que realizou a escolha, sendo esse o caso deste trabalho, no qual a classificação acima pode ser explicada pelas características do indivíduo, como gênero, faixa etária, faixa de renda, nível educacional e etnia.

Dessa forma, o modelo utilizado, com base em Greene (2018) e Cramer (2003), pode ser expresso da seguinte forma:

$$P_i = \Pr ob\left(Y_i = j\right) = a\, j,1,2 \qquad (5.3)$$

Sendo que $Y_i = 0$ os sub-bancarizados, $Y_i = 1$ os desbancarizados e o $Y_i = 2$ os incluídos. Ainda, x_i é o vetor de variáveis explicativas, enquanto β é o vetor de parâmetros a serem estimados e "e" a base dos logaritmos naturais.

Devido às características do modelo de probabilidade com soma 1, mas que a equação 1, ao apresentar J + 1 categorias de resposta para x_i variáveis explicativas, é necessário realizar uma normalização, considerando o valor de $\beta_0 = 0$, sendo possível reescrever a equação 1 como:

$$P_i = \Pr ob\left(Y_i = j\right) = \frac{e^{\left(\beta_j' x_i\right)}}{\sum_{k=1}^{j} e^{\left(\beta_k' x_i\right)}}, \, para \, j = 1, 2 \tag{5.4}$$

Dessa forma, o modelo pode ser reescrito na forma do logaritmo da razão de chances, tal que:

$$\frac{\ln P_{ik}}{\ln P_{ik}} = x'_i \left(\beta_j - \beta_k\right) = x'_i \, \beta_j \, se \, k = 0 \tag{5.5}$$

Nesse processo, os betas representam a razão entre a probabilidade do tipo j e a probabilidade do tipo k. Desconhecendo as probabilidades, o modelo é estimado por máxima verossimilhança, da seguinte forma, conforme Gonçalves e Braga (2008):

$$L = \sum_{i=1}^{n} \sum_{j=0}^{0} d_{ij} \ln \Pr ob\left(Y_i = j\right) \tag{5.6}$$

Sendo que $d_{ij} = 1$ se a alternativa j for escolhida pelo indivíduo i, e $d_{ij} = 0$ se a alternativa j não é escolhida. Então, os parâmetros são obtidos derivando a equação

$$\frac{\partial lnL}{\partial \beta_j} = \sum_{1}^{i} (d_{ij} - P_{ij})x_i \, para \, j = 1, 2 \tag{5.7}$$

Desse modo, o modelo pode ser escrito, tendo como base 0 os sub-bancarizados, como:

$$\ln\left(\frac{P_1}{P_0}\right) = \beta_0 + \beta_1 Mulher + \beta_2 Idade + \beta_3 renda + \beta_4 Grad + \beta_5 Poup \tag{5.8}$$

$$\ln\left(\frac{P_2}{P_0}\right) = \delta_0 + \delta_1 Mulher + \delta_2 Idade + \delta_3 renda + \delta_4 Grad + \delta_5 Poup \qquad (5.9)$$

Nesse caso, as variáveis expressas nas equações acima são apresentadas no Quadro 2. Conforme o referido quadro, a literatura costuma se referir às mulheres (Mulher) como tendo relação negativa com a inclusão financeira e positiva com a desbancarização; enquanto a idade (Idade), renda (Renda), graduação (Grad) e poupança (Poup) se apresentam como sendo positivamente relacionadas à inclusão e negativamente relacionadas com a desbancarização.

Quadro 2 – Descrição das variáveis utilizadas

Variável	Descrição	Hipótese	Referências
Mulher	Respondente da pesquisa do sexo feminino	Sexo é negativamente relacionado à probabilidade de ser incluído e positivamente relacionado à desbancarização.	Ouma, Odongo e Were (2017) e Ribeiro *et al.* (2020)
Idade	Faixa de idade do respondente	Quanto maior a faixa de idade, maior a probabilidade de ser incluído e menor a probabilidade de ser desbancarizado.	Ouma, Odongo e Were (2017)
Renda	Faixa de Renda	Quanto maior a faixa de renda, maior a probabilidade de ser incluído e menor a probabilidade de ser desbancarizado.	Reis e Ventura (2015), Ouma, Odongo e Were (2017) e Ribeiro *et al.* (2020)
Educ	Nível de Educação	Maior nível educacional aumenta a probabilidade de estar incluído e diminui a probabilidade de ser desbancarizado.	Reis e Ventura (2015), Ouma, Odongo e Were (2017) e Ribeiro *et al.* (2020)
Poup	Respondente poupou nos últimos 12 meses	Ter poupado aumenta a probabilidade de estar incluído e diminui a probabilidade de ser desbancarizado.	Demirgüç-Kunt, Klapper, Singer (2017) e Voica (2017)

Fonte: elaboração própria

Com o intuito de facilitar a análise, foi realizada uma transformação no modelo de regressão logístico, conhecida como razão de risco relativo (RRR), que consiste no processo de realizar o exponencial do coeficiente do modelo de regressão logística multinomial, que, sendo logarítmico, não permite fácil interpretação, pois o resultado é a variação da razão de chances, assim, quando elevado ao exponencial, pode ser interpretado como a variação da probabilidade de o evento ocorrer. Após esse processo, para essa interpretação, o resultado é divido é aplicado à seguinte equação:

$$Prob(a) = (Res(a) - 1) * 100 \qquad (5.10)$$

Assim, será possível interpretar em variação percentual das chances de um evento ocorrer para uma determinada característica, em relação à base. Ainda, é possível obter os efeitos marginais das variáveis explicativas derivando a equação 5.10, como se apresenta:

$$\frac{\partial P_i}{\partial x_i} = P_j \left(\beta_j - \sum_{j=0}^{0} P_k \beta_k \right) = P_j \left(\beta_j - \bar{\beta} \right) \qquad (5.11)$$

Greene (2018) ressalta que os betas expressos nas equações 5.8 e 5.9 não são os efeitos marginais que se costuma analisar econometricamente, mas, sim, os da equação 5.11. Além disso, não necessariamente, os betas e os efeitos marginais terão o mesmo sinal, sendo que o efeito marginal é a probabilidade de um evento, em média, aumentar ou diminuir, quando diferenciada alguma característica, por exemplo, a probabilidade de ser incluída, sendo mulher, em relação ao homem.

3.2 Análise e discussão dos resultados

A regressão multinominal logística, que tem como fim apresentar se há probabilidade de um determinado fato ocorrer, dado outro fato tomado como base, aumenta ou diminui dados das características inerentes ao indivíduo tomador de decisão, e não as características da escolha. A validação das variáveis utilizadas se deu utilizando a estatística de chi^2 do teste LR (*likehood ratio*).

A Tabela 1 traz os resultados do modelo de regressão *Logit* Multinomial, apresentado como as transformações de razão de risco relativo, que permite a análise comparativa da variação das chances de um evento ocorrer em relação à base de comparação do evento e das características, sendo, assim, valores maiores que 1 apresentam maiores chances de o evento ocorrer, enquanto valores menores que 1 apresentam menos chances desse evento ocorrer.

Como se observa, tomando como base (y =0) os sub-bancarizados, para a variável sexo, que apresenta os homens como base, as mulheres apresentam um coeficiente de 1,154, o que significa que, em relação aos homens, as mulheres têm 15,4% maiores chances de serem desbancarizadas que sub-bancarizadas, embora esse valor não foi significativo estatisticamente. Por outro lado, as mulheres apresentaram coeficiente de 0,7031 quando incluídas, isso significa que as chances de uma mulher ser incluída, ao invés de sub-bancarizada, em relação ao homem, é 29,69% menor, sendo esse valor significativo a 1%. Desse modo, embora a diferença de sexo não apresente diferença na desbancarização, em relação à sub-bancarização esta reduz as chances de ser incluído financeiramente.

Tabela 1 – Resultado do Modelo de Regressão *Logit* Multinomial transformado para a Razão de Risco Relativo

Base	Sub-bancarizados			
Núm de Observações	4033			
LR Chi^2	1044.58			
Prob > Chi^2	0			
Pseudo R^2	0.1595			
Log Likelihood	-3699.44			
Variável	**Desbancarizados**		**Incluídos**	
	Coef.	Erro Padrão	Coef.	Erro Padrão
Sexo (Masculino = 0)				
Mulheres	1.154	0.1013	0.7031 ***	0.0593
Idade (60 anos ou + = 0)				
18 - 24 anos	4.2836 ***	0.6338	1.0762	0.1654

Base	Sub-bancarizados			
25 - 34 anos	1.3407 **	0.1925	1.0876	0.1504
35 - 44 anos	1.2135	0.1715	1.3254 **	0.1792
45 - 59 anos	1.5839 ***	0.1963	1.5329 ***	0.19
Educ (até Ens. Fundamental = 0)				
Ensino Médio	0.5025 ***	0.0487	1.6219 ***	0.1606
Nível Superior	0.2625 ***	0.0726	3.6335 ***	0.582
Renda (20% mais pobres = 0)				
Segundo 20%	1.1759	0.1467	1.6643 ***	0.2592
Médio 20%	0.9612	0.1232	1.8058 ***	0.2768
Quarto 20%	0.7701 **	0.1013	2.2897 ***	0.336
Ricos 20%	0.7142 **	0.1073	3.9655 ***	0.5973
Poupança (não poupou = 0)				
Poupou	0.629 ***	0.072	3.5201 ***	0.321
Constante	0.8228	0.1158	0.2257 ***	0.0364

*** tem significância a 1%; ** significância a 5%; * significância a 10%

Fonte: elaboração própria

Analisando-se agora a variável idade, tendo como base os adultos com 60 anos ou mais, as chances de um jovem de até 24 anos estar desbancarizado cresce 328% e esta chance diminui conforme a idade aumenta. Por exemplo, as chances de um adulto de 45 a 59 anos não ter uma conta bancária é 58% maior do que aqueles com mais de 60 anos. Por outro lado, as chances de um jovem ser incluído, embora não seja estatisticamente significativo, é de apenas 9% em relação aos indivíduos de 60 anos ou mais. Entretanto, as chances de inclusão aumentam conforme a faixa de idade aumenta, chegando a 53,29% para os adultos de 45 a 59 anos.

O nível educacional é outra variável que se mostrou importante na análise exploratória dos dados. Como esperado, maiores níveis de educação reduzem as chances de desbancarização, sendo estas 49,75% menores para um indivíduo com o ensino médio, em relação aos indivíduos com até o ensino fundamental. As chances são 73,75% menores, considerando-se um indivíduo graduado ou pós-graduado. Analisando-se as chances de ser incluído, essas são 62,19% maiores para indivíduos com ensino fundamental e 263% maiores para os que possuem graduação e pós-graduação, quando comparado a indivíduos com até o ensino fundamental.

Quando avaliado o fator renda, tendo-se como base os 20% mais pobres, o aumento da renda reduz as chances de não ser bancarizado em ao menos 23%, embora os valores não sejam significativos até 20% e, para os 40% mais ricos (quarto 20% e ricos 20%), são significativos. Ainda, olhando-se para as chances de ser incluído financeiramente, níveis maiores rendas elevam as chances de inclusão, em relação aos mais pobres em pelo menos 66,43%, sendo que para os 20% mais ricos, as chances de serem incluídos são 296% maiores.

Pode-se verificar ainda, conforme esperado, que o fato de ter poupado, independentemente de ser em instituições financeiras ou não, reduz as chances de ser desbancarizado, em relação aos que não pouparam, em 37,1% e aumentam as chances de ser incluído financeiramente em 252%. Em suma, todas as variáveis analisadas apresentaram o comportamento esperado no que se refere às chances do indivíduo de ser incluído ou desbancarizado.

Ainda é possível analisar o impacto marginal, isto é, o quanto a probabilidade de ser incluído, sub-bancarizado e desbancarizado varia, dada a característica do indivíduo. Os efeitos marginais são apresentados na Tabela 2, na qual se observa que ser mulher reduz a probabilidade de ser incluído em 7%, quando comparado aos homens. A probabilidade de ser sub-bancarizado não se mostrou estatisticamente significativa, enquanto a probabilidade de ser desbancarizado aumentou em 4,8%.

Considerando a idade, a probabilidade de os jovens de 18 a 24 anos de serem incluídos diminui em 9% quando comparados aos indivíduos de 60 anos ou mais, enquanto diminui 17% a probabilidade de ser sub-bancarizado e aumenta em 26% a probabilidade de ser desbancarizado. Nota-se assim que, embora os jovens tenham ganhado espaço no uso de serviços bancários digitais, considerando-se a base de dados analisada, esses ainda têm maior probabilidade de não possuir um nível de inclusão semelhante à dos adultos. Portanto, a probabilidade de ser incluído financeiramente aumenta conforme a idade aumenta, bem como reduz a probabilidade de ser sub-bancarizado ou desbancarizado.

PERSPECTIVAS ECONÔMICAS: ANÁLISES E REFLEXÕES

Tabela 2 – Efeitos Marginais do Modelo de Regressão *Logit* Multinomial

	Incluído	Sub-bancarizado	Desbancarizado
Sexo (Masculino = 0)			
Mulheres	-0.0703*** (*0.0131*)	0.0221 (*0.0148*)	0.0482*** (*0.0136*)
Idade (60 anos ou + = 0)			
18 - 24 anos	-0.0903*** (*0.0216*)	-0.1707*** (*0.0242*)	0.261*** (*0.0228*)
25 - 34 anos	-0.0019 (*0.0225*)	-0.0401 (*0.0254*)	0.042** (*0.0215*)
35 - 44 anos	0.0391* (*0.0225*)	-0.0529** (*0.0247*)	0.0138 (*0.0203*)
45 - 59 anos	0.0473** (*0.0203*)	-0.0942*** (*0.0219*)	0.0469*** (*0.0181*)
Educ (até o Ens. Fundamental = 0)			
Ensino Médio	0.1393*** (*0.0162*)	0.023 (*0.0172*)	-0.1623*** (*0.016*)
Nível Superior	0.3422*** (*0.0297*)	-0.0542* (*0.0294*)	-0.288*** (*0.0246*)
Renda (20% mais pobres = 0)			
Segundo 20%	0.0716*** (*0.0231*)	-0.069*** (*0.0256*)	-0.0025 (*0.0227*)
Médio 20%	0.1012*** (*0.0233*)	-0.0544** (*0.0259*)	-0.0468** (*0.0228*)
Quarto 20%	0.1622*** (*0.023*)	-0.0596** (*0.0255*)	-0.1026*** (*0.0223*)
Ricos 20%	0.2787*** (*0.0246*)	-0.1234*** (*0.0262*)	-0.1553*** (*0.023*)
Poupança (não poupou = 0)			
Poupou	0.2479*** (*0.0121*)	-0.0839*** (*0.017*)	-0.1641*** (*0.0165*)

Nota: *** significância a 1%; ** significância a 5%; * significância a 10%

Fonte: elaboração própria

Considerando-se agora a variável educação, a probabilidade de um indivíduo com maior nível educacional, em relação àqueles com até ensino fundamental, ser incluído aumenta em 13,9%, para os que possuem ensino médio 34,2% e para aqueles graduados e pós-graduados. Além disso, reduz a probabilidade de ser desbancarizado em 16,23% para os indivíduos que possuem ensino médio e 28,8% para os graduados e pós-graduados.

Ao analisar os níveis de renda, percebe-se que a probabilidade de ser incluído, comparando a probabilidade de um indivíduo entre os 20% mais pobres, aumenta conforme a renda aumenta, sendo 27,8% maior para os 20% mais ricos. Por outro lado, reduz-se a probabilidade de ser desbancarizados, conforme a renda aumenta, sendo 15,53% menor entre os mais ricos.

Por fim, a probabilidade de ser incluído, entre aqueles que poupam, é 24,8% maior do que a dos que não poupam, bem como a probabilidade de ser desbancarizado se reduz em 16,4%. Em resumo, é possível observar que, assim como o modelo de regressão logística Multinomial, os efeitos marginais apresentaram os dados como esperado.

Assim, é possível afirmar que as mulheres, quando comparadas aos homens, têm maiores chances de serem desbancarizadas e menores chances de serem incluídas. O nível educacional também se mostrou fundamental para aumentar a inclusão financeira, sendo que, quanto maior o nível, maior as chances de ser incluído e menor a chance de ser desbancarizado. Maior renda também aumentou as chances de ser incluído e reduziu as chances de serem desbancarizados. E o ato de poupar melhora as chances de ser incluído e reduz a chances de ser desbancarizado.

Por fim, cabe destacar que foram realizados os testes de verificação, a fim de estabelecer se os impactos são significativamente diferentes para os desbancarizados e incluídos. Os dados corroboram o que fora discutido por trabalhos anteriores, como Ribeiro *et al.* (2020), Ouma, Odongo e Were (2017) que destacam que gênero, renda e escolaridade estão relacionados à inclusão financeira.

CONSIDERAÇÕES FINAIS

Esta pesquisa investigou a inclusão financeira no Brasil, no período entre 2011 e 2021, com o foco nas características dos indivíduos como fatores que podem influenciar a possibilidade desses indivíduos de estarem (ou não) incluídos financeiramente.

Inicialmente, foi discutida a relação existente entre a inclusão financeira e o desenvolvimento econômico e, com base na literatura sobre o tema, verificou-se que maiores níveis de inclusão financeira trazem efeitos positivos sobre a economia, tais como beneficiam o consumo e o investimento, o desempenho de políticas macroeconômicas, promovem a redução dos custos de transação, melhorando a qualidade de vida dos indivíduos incluídos financeiramente.

Posteriormente, considerando-se o contexto brasileiro, o estudo evidenciou que nos últimos anos ocorreu um processo de bancarização em massa, motivado por vários fatores, dentre eles, o surgimento dos bancos digitais, além dos desdobramentos da pandemia da Covid-19, pelo fato dos beneficiários do Auxílio Emergencial necessitarem de abertura de conta digital por meio do App Caixa Tem da CEF. Ainda vale citar, a Agenda Mais do BCB que a partir de ações como a introdução do PIX, elevou o número de adultos com conta bancária de forma expressiva, bem como o número de transações no sistema bancário-financeiro como um todo.

E assim, embora as atividades bancárias presenciais, providas por meio de agências e caixas eletrônicos, tenham diminuído nessa última década, o volume de produtos e serviços bancários aumentou, tendo como fonte principal desse movimento, o processo de digitalização do sistema financeiro, dadas as mudanças já destacadas e que foram aceleradas, principalmente, no contexto pandêmico.

Na parte empírica da pesquisa, o modelo *logit* Multinomial, utilizado para estudar os condicionantes microeconômicos da inclusão financeira, sugeriu a existência de desigualdades no país, incluindo-se as questões relativas ao gênero, idade, renda e escolaridade, que se mostraram determinantes na distinção dos indivíduos que estão (ou não) bancarizados (e consequentemente incluídos financeiramente).

Em resumo, o estudo evidenciou que são maiores as probabilidades dos homens, daqueles com maior nível educacional, dos adultos e daqueles com maior nível de renda serem classificados com incluídos, enquanto têm menores chances de serem desbancarizados. Por outro lado, as mulheres, os indivíduos mais jovens, menos escolarizados e com menor renda ampliam sua probabilidade de serem desbancarizados, enquanto reduzem a de ser incluído. Tal fato demonstra a relevância da formulação de políticas voltadas para esses segmentos que se inserem de forma menos ativa no âmbito bancário-financeiro no país, de modo a promover a inclusão financeira plena e obter seus benefícios para o desenvolvimento econômico.

REFERÊNCIAS

BERTI, D.; ORSO, L. E. **Bancos digitais**: estudo sobre os fatores de adesão e permanência de clientes. Erechim: URI Erechim, 2019. Disponível em: http://repositorio.uricer.edu.br/handle/35974/332. Acesso em: 11 ago. 2022.

BCB. **Open Banking**. [*S. l.: s. n.*], 2021. Disponível em: https://www.bcb.gov.br/estabilidadefinanceira/openbanking. Acesso em: 20 jul. 2022.

BCB. **Estatísticas do PIX**. [*S. l.: s. n.*], 2022a. Disponível em: https://www.bcb.gov.br/estabilidadefinanceira/estatisticaspix. Acesso em: 20 jul. 2022.

BCB. **Sistema Gerenciador de Séries (SGS)**. [*S. l.: s. n.*], 2022b. Disponível em: https://www3.bcb.gov.br/sgspub/localizarseries. Acesso em: 20 jul. 2022.

CAIXA ECONÔMICA FEDERAL. **Caixa democratiza o acesso ao crédito**. [*S. l.: s. n.*], 2020. Disponível em: https://caixanoticias.caixa.gov.br/noticia/28081/caixa-democratiza-o-acesso-ao-credito. Acesso em: 20 jul. 2022.

CÁMARA, N.; TUESTA, D. Measuring Financial Inclusion: A Muldimensional Index. **BBVA Research**, Rochester, NY, n. 14/26, set. 2014. Disponível em: https://papers.ssrn.com/abstract=2634616. Acesso em: 11 ago. 2022.

CRAMER, J. S. **Logit Models from Economics and Other Fields**. Cambridge: Cambridge University Press, 2003.

DEMIRGÜÇ-KUNT, A.; KLAPPER, L.; SINGER, D. Financial Inclusion and Inclusive Growth: A Review of Recent Empirical Evidence. **Policy Research Working Paper**, World Bank, Washington, n. 8040, 2017. Disponível em: https://openknowledge.worldbank.org/handle/10986/26479. Acesso em: 11 ago. 2022.

GONÇALVES, R. M. L.; BRAGA, M. J. Determinantes de risco de liquidez em cooperativas de crédito: uma abordagem a partir do modelo logit multinomial. **Revista de Administração Contemporânea**, Maringá, v. 12, n. 4, p. 1019-1041, dez. 2008.

GLOBAL FDINANCIAL INDEX (GFI). **The Global Financial Centres Index. London**, September 2023. Disponível em https://www.longfinance.net/media/documents/GFCI_34_Report_2022.09.28_v1.0.pdf. Acesso em: 12 nov. 2022.

GPFI. **Global Standard-Setting Bodies and Financial Inclusion for the Poor:** Toward Proportionate Standards and Guidance. [*S. l.*]: CGAP, 2011. Disponível em: https://www.gpfi.org/sites/gpfi/files/documents/White-Paper-Global-Standard-Setting-Bodies-Oct-2011.pdf. Acesso em: 13 ago. 2022

GREENE, W. H. **Econometric analysis**. Eighth edition. New York, NY: Pearson, 2018.

JÜNGER, M.; MIETZNER, M. Banking Goes Digital: the adoption of fintech services by german households. **SSRN Electronic Journal**, Elsevier BV, [s. l.], p. 1-13, 2019. http://dx.doi.org/10.2139/ssrn.3368133

KEMPSON, H.; ATKINSON, A.; PILLEY, O. **Policy level response to financial exclusion in developed economies**: lessons for developing countries. [S. l.]: Department for International Development, 2004.

KOKER, L. de; JENTZSCH, N. Financial Inclusion and Financial Integrity: aligned incentives? **World Development**, Elsevier BV, [s. l.], v. 44, p. 267-280, abr. 2013. http://dx.doi.org/10.1016/j.worlddev.2012.11.002

LAPUKENI, A. F. The impact of financial inclusion on monetary policy effectiveness: the case of malawi. **International Journal of Monetary Economics and Finance**, Inderscience Publishers, [s. l.], v. 8, n. 4, p. 360, 2015. DOI http://dx.doi.org/10.1504/ijmef.2015.073229

LEVINE, R. Financial Development and Economic Growth: Views and Agenda. **Journal of Economic Literature**, Nashville, v. 35, n. 2, p. 688-726, 1997.

MADDALA, G. S. **Limited-dependent and qualitative variables in econometrics**. Cambridge: Cambridge University Press, 1983.

OUMA, S. A.; ODONGO, T. M.; WERE, M. Mobile financial services and financial inclusion: is it a boon for savings mobilization? **Review Of Development Finance**, Elsevier BV, [s. l.], v. 7, n. 1, p. 29-35, jun. 2017. http://dx.doi.org/10.1016/j.rdf.2017.01.001

OZILI, P. K. **Theories of financial inclusion**. [S. l.]: MPRA Paper, 2020a. Disponível em: https://mpra.ub.uni-muenchen.de/104257/. Acesso em: 13 ago. 2022.

OZILI, P. K. **Financial Inclusion Research Around the World**: A Review. Rochester, NY, jan. 2020b. Disponível em: https://papers.ssrn.com/abstract=3515515. Acesso em: 13 ago. 2022.

REIS, D. A.; VENTURA, O. S. Uma avaliação do índice inclusão financeira nos estados do nordeste brasileiro. **Revista Brasileira de Políticas Públicas**, Brasília, v. 5, n. 1, 14 jun. 2015. DOI https://doi.org/10.5102/rbpp.v5i1.3072

RIBEIRO, E. P.; PIRES, C. C.; ALVES, J. L. P.; PRADO, L. C. D.; BARBOSA, G. H. C. **Inclusão Financeira**: Conceituação, relação com características observadas e o perfil dos excluídos no Brasil. [*S. l.*]: Instituto Propague, 2020.

SANTOS, C. B. dos. **Inclusão financeira e desenvolvimento econômico**: uma análise sob o contexto brasileiro. 2020. 89 f. Monografia (Especialização em Gestão e Competitividade) — Fundação Getúlio Vargas, São Paulo, 2020.

UNITED NATIONS CAPITAL DEVELOPMENT FUND (UNCDF) REPORT 2021. **Impact capital for development**: A hybrid development organization for the frontiers markets of today and growth markets for tomorrow. United Nations, New York, 2022.

VOICA, M. C. Financial inclusion as a tool for sustainable development. **Romanian Journal of Economics**, Bucareste, v. 44, n. 1(53), p. 121-129, XXVII 2017.

WANG'OO, E. W. **The relationship between financial inclusion and economic development in Kenya**. Nairobi: University of Nairobi, 2008.

14

ANÁLISE DOS DESAFIOS DA GESTÃO DO CONHECIMENTO PARA A ELABORAÇÃO DO PLANO MUNICIPAL DE SAÚDE

Thiago Zanoni Branco
Arthur Gualberto Bacelar da Cruz Urpia

INTRODUÇÃO

De acordo com o Conselho Nacional de Secretários Municipais de Saúde (Conasems), o gestor em saúde, por possuir autoridade sanitária nas esferas de governo, é o responsável por garantir um dos direitos fundamentais da Constituição Federal (CF/1988): o direito à saúde. Suas ações devem basear-se nos princípios da universalidade, integridade e equidade, da Lei Orgânica da Saúde (Lei n.º 8.080/1990). Ainda segundo as diretrizes do Sistema Único de Saúde (SUS), qualidade, responsabilidade, eficiência e eficácia devem constituir o perfil do gestor em saúde.

As Secretarias Municipais de Saúde são os órgãos responsáveis pela saúde da população; os secretários que as representam são os responsáveis pelo planejamento e pela realização das ações necessárias em benefício da sociedade. Ao gestor municipal cabe implantar diretrizes gerais de política em saúde e efetivar as ações para o trabalho coordenado entre saúde, meio ambiente, educação e assistência social (Souza, 2002). No campo técnico administrativo, cabe a ele planejar, coordenar, fiscalizar e controlar os financiamentos do SUS e da administração local por meio de recursos próprios (Brasil, 1996).

São diversos os instrumentos com que a gestão municipal conta para nortear sua atuação; o principal deles, o Plano Municipal de Saúde (PMS), contribui para a criação de estratégias capazes de minimizar os dados negativos e propiciar a obtenção de melhores indicadores regionais, resultando na melhoria da atuação da saúde em benefício da sociedade (Paraná, 2016). Esse instrumento deve ser criado e discutido por cada uma das equipes municipais, sendo posteriormente apresentado em nível regional, em reunião de Comissão Intergestores Bipartite (CIB), desde que tenha sido aprovado pelo Conselho Municipal de Saúde e prove ser viável a transformação das ações documentais em ações práticas, reais, iniciando pelo planejamento orçamentário e findando em sua execução (Paraná, 2016).

A 22ª Regional de Saúde do Paraná é a região com os piores indicadores do estado na área da saúde (Região e Redes, 2016). Para superar essa condição, é necessário auxiliar os secretários de saúde em suas atividades de gestão de saúde, principalmente quando da elaboração/execução do Plano Municipal de Saúde. A adoção de práticas e ferramentas de Gestão do Conhecimento pode ser de grande auxílio para alcançar esse objetivo.

A Gestão do Conhecimento é uma maneira de sistematizar o conhecimento organizacional. Trata-se de um conjunto de atividades capazes de estimular a captação, a criação, a organização, o uso, a exploração e a difusão do conhecimento presente na organização (Pinto *et al.,* 2016).

Quanto ao campo da saúde, trata-se de uma área com o desafio constante de prestar serviços de qualidade e que dispõe de recursos financeiros, quase sempre, abaixo do ideal. Assim, os benefícios da Gestão do Conhecimento devem envolver fatores como: apoio à ação dos gestores, melhoria contínua dos processos, aprimoramento das atividades dos serviços de saúde, incentivo à criatividade e à inovação, aprimoramento dos conhecimentos disponíveis para superação de desafios e tomada de decisões, disseminação das melhores práticas, ampliação da capacidade de responder à demanda da população, dentre outros. Dessa forma, ao contribuir para a melhoria da produtividade do campo da saúde, a Gestão do Conhecimento possibilita o uso eficiente dos recursos, de forma a fornecer serviços com qualidade e eficácia.

A aplicação da Gestão do Conhecimento, nesse contexto, adquire caráter estratégico para as Secretarias Municipais de Saúde. São muitas as contribuições possíveis, tais como: melhorar a formação dos gestores de saúde, o convívio entre colaboradores, a capacidade de obtenção de informações das unidades básicas de saúde, a eficiência do compartilhamento do conhecimento entre os gestores e suas equipes de trabalho, o armazenamento do conhecimento, dentre outros.

Diante do exposto, este artigo possui como objetivo geral analisar os desafios encontrados na elaboração e execução dos Planos Municipais de Saúde dos municípios da 22ª Regional de Saúde do Paraná a partir da perspectiva da Gestão do Conhecimento.

1 REFERENCIAL TEÓRICO

1.1 Gestão do Conhecimento

O conhecimento, de acordo com Davenport e Prusak (1998), tem sua origem e aplicação na mente dos indivíduos e pode ser descrito como uma combinação de percepções, informações, valores e experiências. Quanto ao conhecimento organizacional, segundo os mesmos autores, ele é encontrado nas rotinas, normas e práticas, bem como nos processos, depositórios e documentos de uma organização; é "uma mistura fluida de experiência condensada, valores, informação contextual e *insight* experimentado, a qual propicia uma estrutura para a avaliação e incorporação de novas experiências e informações" (Davenport; Prusak, 1998, p. 6).

A troca de informações e conhecimento, dentro das organizações, é de suma importância para garantir a manutenção destas e a resolução de problemas (Cisne; Kaneoya; Carla, 2015), evidenciando o conhecimento como recurso produtivo essencial para as organizações e cuja gestão é absolutamente necessária em distintas dimensões (Erpen *et al.*, 2015). Especificamente no campo das organizações públicas, o conhecimento é um recurso importante para promover o progresso das nações (Januzzi; Falsarella; Sugahara, 2016). Diante disso, surge a necessidade de se gerir o conhecimento da melhor forma possível, o que abriu espaço para os estudos sobre Gestão do Conhecimento.

A Gestão do Conhecimento pode ser compreendida como um conjunto de atividades que tem como objetivo zelar pela captação, criação e sistematização do conhecimento organizacional, propiciando sua utilização, difusão e exploração (Pinto *et al.*, 2016). Para que seja possível a criação de conhecimento organizacional, é necessário que haja, nos vários níveis da organização, interação entre as pessoas que resulte em um processo de amplificação e internalização do conhecimento individual, que passa a integrar o conhecimento da organização como parte de sua base (Nonaka; Takeuchi, 1995).

A Gestão do Conhecimento possui três pilares, que são: pessoas, processos e tecnologias. O elemento pessoas diz respeito à construção e ao fomento de uma cultura que se alicerça na partilha de conhecimento. Os processos — ou métodos — propiciam a criação, a captura e o compartilhamento de conhecimento. A tecnologia, por seu turno, possibilita que o conhecimento seja armazenado e tornado acessível, permitindo que as pessoas trabalhem junto mesmo não estando juntas. Dentre os três, considera-se o elemento pessoas o mais importante para garantir que a Gestão do Conhecimento seja bem-sucedida, pois da iniciativa delas dependem o compartilhamento e a reutilização dos conhecimentos. De acordo com Liebowitz (2011), 80% da Gestão do Conhecimento deve-se aos elementos pessoas e processos e os restantes 20% referem-se à tecnologia.

Não costuma ser tarefa fácil, para as organizações, a identificação, o armazenamento e a disseminação de seus conhecimentos. Boa parte delas ainda tem pouca familiaridade com a Gestão do Conhecimento e, portanto, com o tipo de contribuição que dela se pode esperar. Para efetivamente colher os benefícios que a Gestão do Conhecimento pode oferecer, é necessário selecionar corretamente as práticas e ferramentas com as quais trabalhar e saber adequá-las às necessidades institucionais (Cabral, 2017).

Práticas e ferramentas de Gestão do Conhecimento não podem ser compreendidas de maneira desconectada entre si. As primeiras relacionam-se às pessoas e vinculam-se às ações que são desenvolvidas em contexto organizacional. Ações essas que, em geral, são levadas a cabo com o auxílio de acessórios alternativos, utilizados para facilitar sua realização: as ferramentas.

De acordo com Batista (2004, p. 15), as práticas de Gestão do Conhecimento apresentam as seguintes características:

> i) são executadas regularmente; ii) sua finalidade é gerir a organização; iii) baseiam-se em padrões de trabalho; e iv) são voltadas para produção, retenção, disseminação, compartilhamento ou aplicação do conhecimento dentro das organizações, e na relação destas com o mundo exterior.

Quanto às ferramentas de Gestão do Conhecimento, para Davenport e Prusak (1999, p. 156), seu objetivo é "modelar parte do conhecimento que existe nas cabeças das pessoas e nos documentos corporativos, disponibilizando-o para toda a organização". Para os mesmos autores, o conhecimento só tem valor em uma organização a partir do momento em que está acessível: "[...] pretende-se que o conhecimento possa fluir através de redes de comunidades, transformando a tecnologia em um meio e o conhecimento em uma mensagem" (Davenport; Prusak, 1999, p. 156).

1.2 SUS: características, desafios e financiamento

O Sistema Único de Saúde (SUS) é o conjunto de agências e agentes que atuam com objetivo de garantir o acesso aos serviços de saúde por parte de indivíduos e populações. Desde sua criação, com a Lei n.º 8.080/1990 e posteriores instrumentos de regulamentação, a responsabilidade dos municípios quanto à operacionalização e à organização dos sistemas locais de saúde vem aumentando, em um movimento de descentralização de recursos e responsabilidades compreendido como uma inequívoca reforma setorial do Estado.

Por estar mais próximo da população e, portanto, identificar com maior facilidade as especificidades desta, o município é o ente da federação mais capacitado para a tomada de decisões e a execução de políticas públicas em conformidade com a realidade local, sendo, consequentemente, a esfera de governo mais qualificada para gerir a saúde (Souza *et al.*, 2011). Portanto, é necessário que o processo de municipalização seja bem compreendido, tanto em seus avanços como em suas limitações e dificuldades, para que se proceda à correta escolha e à aplicação de estratégias de apoio e desenvolvimento institucional.

Segundo a compreensão do Conasems (2005, p. 14), o processo de municipalização no Brasil pode ser considerado incompleto, pelo fato de ter sido realizado "sem que se superassem todos os constrangimentos financeiros necessários para a execução adequada das políticas". Constrangimentos esses que restringiram a expansão de serviços nos municípios, de forma a impedi-los de atender suas próprias necessidades, bem como as dos municípios de referência. Em vez de terem a liberdade de gestão ampliada, os municípios tiveram sua autonomia reduzida por conta de receberem a transferência de recursos financeiros de forma vinculada e fragmentada.

As políticas econômicas federais não têm sido capazes de determinar políticas e programas estaduais e municipais de acordo com as necessidades específicas da área da saúde (Assis, 2010; Gadelha, 2009; Brasil, 2011, 2013). Esse é um dos motivos pelos quais o processo de regionalização não pode, até este momento, ser considerado eficiente e eficaz.

Mesmo após a publicação da Portaria 3.992/2017, que dispõe sobre financiamento e transferência de recursos federais para ações e serviços do SUS, os constrangimentos financeiros persistem. Embora a portaria tenha efetivamente ampliado a autonomia dos gestores, quanto ao manejo dos recursos, com relação à execução das ações pactuadas e programadas, o maior desafio ainda precisa ser superado: "proporcionar a autonomia de utilização dos recursos federais com objetivo de prover meios que atendam às necessidades regionais de saúde da população, segundo planejamentos locais pactuados e conforme estabelecido como diretriz da Lei 8.080/1990" (Pereira; Oliveira Junior; Faleiros, 2019, p. 63).

Segundo Paim e Teixeira (2007, s/p), ao insuficiente financiamento público do SUS, devem-se acrescentar os problemas referentes à gestão, principalmente dos estabelecimentos de saúde — hospitais e serviços de atenção básica:

> A falta de profissionalização de gestores, a descontinuidade administrativa, o clientelismo político e a interferência políti-co-partidária no funcionamento dos serviços comprometem a reputação do SUS perante os cidadãos e a expectativa dos servidores públicos enquanto trabalhadores e partícipes de um projeto civilizatório do escopo da Reforma Sanitária Brasileira.

Para um melhor entendimento da fase atual do SUS, especialmente no que diz respeito à assistência que é prestada nos municípios, é necessário compreender duas questões intimamente ligadas: à capacidade dos gestores municipais perante suas responsabilidades e à articulação intermunicipal, em sua representação regional, intermediada e apoiada pelo gestor estadual.

A forma de gestão é a principal disparidade na comparação entre o serviço público, ofertado pelo SUS, e o serviço privado de saúde. A gestão pública, de um lado, perde-se na falta de organização, o que acaba por dificultar sua capacidade de aplicar conceitos e ferramentas adequados; a privada, de outro lado, na forma direta de comando, sem necessidade de prestação de contas (Conasems, 2019).

1.2.1 O Plano Municipal de Saúde

Longe de ser apenas uma formalidade, o Plano Municipal de Saúde (PMS) é o documento no qual o gestor se baseia para tomar suas decisões. O PMS traz os objetivos e as ações, aos quais a comissão de planejamento chega após refletir sobre a realidade local e seus desafios, e é construído em consonância com as diretrizes e os princípios pelos quais é regida a política de saúde.

A elaboração do PMS é uma exigência legal (Leis n.º 8.080/1990 e n.º 8.142/1990) e uma condição para a habilitação do município nas formas de gestão que constam da Norma Operacional da Assistência à Saúde (Noas, 2001) — instrumento que rege, na esfera do SUS, o processo político-administrativo de descentralização. Não obstante o fato de o PMS ser um documento formal e de exigência legal, trata-se de "um instrumento flexível e dinâmico que deve ser consultado, ajustado, executado e não engavetado, objetivando a operacionalização das decisões tomadas em torno do que fazer para enfrentar problemas e atender necessidades de saúde da população do município relacionado" (Saliba *et al.*, 2013, p. 224).

Para que seja bem-sucedida, é importante que a elaboração do PMS seja participativa e se apoie em avaliações situacionais e estratégicas. De acordo com Saliba *et al.* (2013), é essencial que se avalie, em nível local, o processo pelo qual se dá o planejamento em saúde, bem como os desafios e as dificuldades enfrentadas pelos gestores municipais, os quais devem receber apoio para a condução de um "processo participativo, de acordo com a legislação e o uso racional da verba disponibilizada, visando à melhoria dos serviços prestados pelo SUS e da qualidade de vida dos munícipes" (Saliba *et al.*, 2013, p. 225).

2 METODOLOGIA

A pesquisa de abordagem qualitativa teve por objetivo a análise conjunta, por meio do estudo de caso, da elaboração e execução dos Planos Municipais de Saúde das Secretarias Municipais de Saúde da 22ª Regional de Saúde do Paraná — Regional de Ivaiporã —, a partir da perspectiva da Gestão do Conhecimento. Para identificar os desafios de Gestão do Conhecimento presentes no trabalho dos gestores municipais da 22ª Regional de Saúde do Paraná, utilizou-se, como instrumento de coleta de dados, a entrevista semiestruturada.

As entrevistas foram realizadas nos meses de novembro e dezembro de 2019. A pesquisa teve a aprovação do Comitê de Ética para Pesquisas com Seres Humanos de uma universidade brasileira, em 13 de novembro de 2019, com o Certificado de Apresentação para Apreciação Ética (CAAE), possuindo o seguinte número: 21469319.9.0000.5539, em consonância com a Resolução do Conselho Nacional de Saúde 466/2012.

As entrevistas foram aplicadas com a realização de visitas às 16 secretarias municipais de saúde da Regional e tiveram, cada uma delas, duração máxima de 50 minutos. Seu registro se deu por meio de gravação e posterior transcrição, com a permissão dos entrevistados. O material foi numerado, de modo a resguardar a identidade dos entrevistados.

A Secretaria de Estado da Saúde do Paraná (Sesa-PR) é organizada em 22 Regionais de Saúde. A Regional de Ivaiporã (22ª Regional de Saúde do Paraná), foco deste estudo, é a mais jovem e menos populosa dentre elas. Composta de 16 municípios, apresenta um dos menores Índices de Desenvolvimento Humano (IDH) do Paraná (Ipardes, 2017), assim como os piores indicadores do estado na área da saúde (Região e Redes, 2016). Em pesquisa do grupo Região e Redes (2016), que apresentou dados relativos à regionalização do país, a região de Ivaiporã foi classificada como Grupo 1: "baixo desenvolvimento socioeconômico e baixa oferta de serviços de saúde". Foi a única região, em todo o sul do país, a receber tal classificação.

O roteiro das entrevistas, composto de 13 perguntas, teve por foco investigar: a caracterização profissional dos Secretários Municipais de Saúde, sua compreensão sobre a Gestão do Conhecimento, os desafios de Gestão do Conhecimento com os quais deparam esses gestores municipais ao longo do processo de elaboração e execução do Plano Municipal de Saúde.

Os dados e informações coletados por meio das entrevistas foram analisados com a utilização da técnica análise de conteúdo. A ferramenta utilizada para tal análise foi o IRaMuTeQ (Interface de R pour les Analyses Multidimensionnelles de Textes et de Questionnaires), *software* livre desenvolvido na linguagem Python e que utiliza funcionalidades do *software* estatístico R. Como ferramenta de apoio para o processamento de dados qualitativos, o IRaMuTeQ proporciona diversas possibilidades de análise estatística de textos — no caso específico desta pesquisa, os textos analisados foram as transcrições das entrevistas. Para facilitar a aplicação do *software,* organizaram-se as entrevistas, para cada entrevistado, em textos individuais.

Dentre as diversas análises realizadas pelo IRaMuTeQ, este trabalho trará os resultados da classificação hierárquica descendente (CHD) e da análise de similitude. Segundo Salviati (2016), a CHD é um tipo de análise por meio da qual obtêm-se classes, as quais são formadas por palavras que são a elas significantemente associadas (a significância é considerada a partir do qui-quadrado = 2). Assim, por meio de um esquema hierárquico de classes, pode-se inferir as principais ideias transmitidas pelo corpus textual. Para a análise qualitativa dos dados, são realizados agrupamentos das palavras estatisticamente significativas.

A análise de similitude, por sua vez, apresenta um grafo, por meio do qual se pode ver representada a relação entre as palavras do *corpus* textual.

Também é possível inferir, por meio desta análise, como se deu a estruturação do texto e quais são os temas de maior importância.

3 APRESENTAÇÃO E ANÁLISE DE RESULTADOS

O *corpus* geral constituiu-se de 16 textos — provenientes das entrevistas realizadas com os Secretários Municipais de Saúde da 22ª Regional de Saúde do Estado do Paraná — e foi dividido em 185 segmentos de texto (ST), deles tendo sido aproveitados 147 (79,46%). Registraram-se 6.549 ocorrências (formas, palavras ou vocábulos), totalizando 928 formas ativas, 195 formas suplementares e 906 palavras de ocorrência única (hápax).

A categorização do conteúdo analisado resultou em seis diferentes classes. A Figura 1 apresenta os *subcorpus* do texto, com suas respectivas ramificações e subdivisões, bem como as palavras contidas em cada uma das classes e suas possíveis relações com as demais.

Figura 1 – Filograma sobre as representações das classes

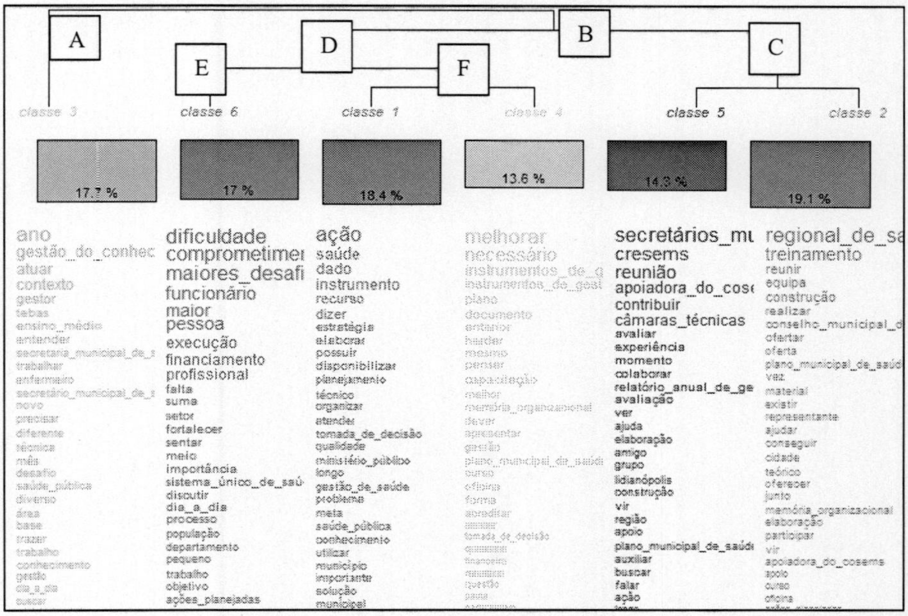

Fonte: elaboração própria com dados da pesquisa e gerados pelo aplicativo IRaMuTeQ

Dessa forma, pode-se verificar que a Classe 3 ("Formação e Atuação do Gestor de Saúde") está contida no *subcorpus* A. Essa classe apresenta palavras e radicais cujo intervalo qui-quadrado apresenta-se entre $x^2 = 53,84$ (ano) e $x^2 = 4,23$ (meu). A classe representa o entendimento, o nível de formação e a atuação dos gestores, no que tange à Gestão do Conhecimento, tal como pode ser visto no fragmento da entrevista a seguir:

> *Tenho 68 anos, tenho segundo grau completo e antes de ser Secretário Municipal de Saúde era motorista do município. No contexto do meu trabalho, como Secretário Municipal de Saúde, gestão do conhecimento pra mim é ter embasamento científico para fazer gestão de saúde.* (Entrevistado 01).

O *subcorpus* B contém as ramificações C e D. A ramificação C abarca as Classes 2 e 5. A Classe 2 ("Componentes para construção do Plano Municipal de Saúde") apresentou palavras e radicais com intervalo qui-quadrado entre $x^2 = 70,23\%$ (Regional de Saúde) e $x^2 = 4,5$ (Junto). Essa classe traz os agentes e os componentes do cenário da construção do Plano Municipal de Saúde, tanto na fase de treinamentos como na de elaboração do instrumento, tal como pode ser visto nos fragmentos das entrevistas a seguir:

> *Realizamos diversas reuniões com a Equipe de Elaboração do Plano Municipal de Saúde, a Regional de Saúde também ofereceu apoio na Elaboração do mesmo, e tivemos ainda o apoio da Apoiadora do CRESEMS-PR para elaboração. Ainda tivemos uma reunião com o Conselho Municipal de Saúde para tratar de assuntos relacionados ao Plano Municipal de Saúde.* (Entrevistado 03).

> *Não há nenhum treinamento para elaboração do Plano Municipal de Saúde, todo o processo para construção é feito através da experiência de funcionários e equipe, algumas vezes a Regional colabora, porém é sempre tudo teórico.* (Entrevistado 02).

A Classe 5 ("Agentes atuantes na 22ª Regional de Saúde do Paraná") apresenta palavras e radicais com intervalo qui-quadrado entre $x^2 = 78,4$ (Secretários Municipais de Saúde) e $x^2 = 2,16$ (Auxiliar). A análise da Classe 5 mostra a percepção dos gestores com relação à atuação dos agentes que contribuem diretamente para a saúde pública da 22ª Regional, principalmente quanto à elaboração e à aplicação dos instrumentos de gestão (como o Plano Municipal de Saúde).

Percebe-se que a apoiadora do Conselho Estadual de Secretários Municipais de Saúde do Paraná (Cosems-PR) sobressai como peça norteadora e fundamental para as ações da Região, em decorrência das orientações e do suporte técnico por ela dados aos Secretários Municipais de Saúde. Ademais, nota-se que os Secretários Municipais de Saúde pouco contribuem entre si para a elaboração do Plano Municipal de Saúde. As câmaras técnicas, por sua vez, não abordam muito o assunto, havendo também desinteresse em participar por parte dos secretários. Tais observações podem ser verificadas nos trechos das entrevistas:

> *Os Secretários Municipais de Saúde da região colaboram parcialmente com outros municípios, deveriam ajudar mais, pois somos os principais agentes neste contexto, porém as reuniões do Cresems e a apoiadora do Cosems nos auxiliam sempre, já as câmaras técnicas há pouco interesse do grupo em participar.* (Entrevistado 07).

> *Os amigos Secretários colaboram pouco, falo sempre com eles pelo grupo de WhatsApp que temos, porém o grupo é pouco movimentado com assuntos de planejamento. E também temos a colaboração da nossa apoiadora do Cosems.* (Entrevistado 14).

A ramificação D possui duas subdivisões, E e F. A subdivisão E possui a Classe 6 ("Dificuldades encontradas para a construção e execução do Plano Municipal de Saúde"), que apresenta palavras e radicais com intervalo qui-quadrado entre $x^2 = 26,15\%$ (dificuldade) e $x^2 = 2,52\%$ (objetivo). A Classe 6 traz as dificuldades dos gestores para elaborar e executar o Plano Municipal de Saúde, desde o baixo comprometimento da equipe até o deficiente financiamento do SUS. Na percepção dos entrevistados, a equipe de trabalho é um dos grandes desafios para a elaboração do Plano Municipal de Saúde: além de não apresentar comprometimento no trabalho cotidiano, essa apresenta dificuldades quando há necessidade de considerar o planejamento feito para a realização das atividades (ou seja, a elaboração e execução do Plano Municipal de Saúde). Esses aspectos podem ser observados nos fragmentos:

> *Os maiores desafios como gestor de saúde são as pessoas, os funcionários e a falta de comprometimento com os processos o Sistema Único de Saúde.* (Entrevistado 09).

> *Para a elaboração e execução do Plano Municipal de Saúde o financiamento é a maior dificuldade. Não avaliamos as ações planejadas e realizadas durante o ano do Plano Municipal de Saúde, a equipe não se interessa.* (Entrevistado 01).

Assim, percebe-se que é necessário fortalecer a equipe de trabalho, os processos, bem como a participação da população para aprimorar a tomada de decisão do gestor de saúde — tanto na elaboração como na execução do Plano Municipal de Saúde.

A subdivisão F possui as Classes 1 e 4. A Classe 1 ("Problemas encontrados na saúde pública para a real aplicação do Plano Municipal de Saúde") apresentou palavras e radicais com intervalo qui-quadrado entre x^2 = Ação (42,82%) e Saúde pública (4,17%). A Classe 1 permite identificar as dificuldades com que deparam os gestores quando da aplicação das ações inscritas no Plano Municipal de Saúde. É notória a menção à escassez de recursos para executar as ações contidas no Plano Municipal de Saúde, além de barreiras perante o Ministério Público. Para tomar as decisões corretas quando da execução do Plano Municipal de Saúde, perante as ações escolhidas pela equipe, diversos fatores devem ser excluídos, dentre eles, especialmente, o político partidário. Para garantir a qualidade de um instrumento de gestão, deve-se considerar o conhecimento da equipe, a legislação vigente e os fatores técnicos. Isso deve se dar não somente quando da construção do Plano, mas igualmente em sua aplicação, momento de suma importância, por ser quando efetivamente se vê o resultado do processo estudado. Tais aspectos podem ser observados nos fragmentos das entrevistas:

> Os maiores desafios na gestão de saúde é a gestão de pessoas, levar conhecimento ao usuário, para que esses filtrem sugestões, críticas e elogios, a fim de buscar benefícios coletivos, também a gestão financeira, o financiamento, e a gestão jurídica. (Entrevistado 04).

> Os maiores desafios são trabalhar para o bem de toda população, em especial os de mais necessidade, com pouco recurso, onde quem mais financia hoje é o município, não havendo igualdade entre o Estado e o Governo Federal e ainda sobe a interferência do Ministério Público e Judiciário. (Entrevistado 16).

A Classe 4 ("Contribuições para elaboração do Plano Municipal de Saúde") apresenta palavras e radicais com intervalo qui-quadrado entre x^2 = 75,86% (melhorar) e x^2 = 2,45% (acreditar). Essa classe apresenta contribuições dos entrevistados para a elaboração do Plano Municipal de Saúde. É explícita a necessidade de oficinas, capacitações e ações afins para o aprimoramento do Plano Municipal de Saúde. É também importante chamar a atenção para a falta de memória organizacional nas unidades de saúde da 22ª Regional de Saúde do Estado do Paraná, condição que prejudica a pesquisa em materiais de gestões anteriores e contraria o princípio constitucional da continuidade. É preciso que os materiais das diversas gestões sejam arquivados, tanto em mídia impressa como digital, ressaltando-se a importância da memória organizacional para aprimorar os instrumentos de gestão. Podem-se verificar tais fatos nos seguintes recortes das entrevistas:

> *Não herdamos documentos da gestão anterior, que deixou alguns instrumentos de gestão sem finalizar. A gestão atual quando entrou já teve problemas porque não conseguia a programação anual de saúde, não estava pronta. Então teve que se fazer no ano recorrente o que já deveria ter sido feito.* (Entrevistado 08).

> *O que dificulta é a falta de memória organizacional, não herdamos nada. Para melhorar os instrumentos de gestão e principalmente o Plano Municipal de Saúde é necessário mais capacitações com pessoas que realmente têm conhecimento de gestão, para termos mais união entre os colaboradores e fortalecer o resultado que obtemos com o Plano Municipal de Saúde.* (Entrevistado 13).

A seguir, por meio da Análise de Similitude, pode-se verificar como está relacionado o conteúdo das entrevistas, especialmente a relação entre o tema central — o Plano Municipal de Saúde — e as demais palavras. A análise permite, também, identificar a força de tais relações. Trata-se de um instrumento importante para compreender, dentre outros aspectos, como é elaborado o Plano, quais os principais agentes e as principais dificuldades encontradas.

A Figura 2 apresenta os resultados da análise de similitude. No centro da imagem, vê-se a expressão-tema deste estudo — "Plano Municipal de Saúde" —, que apresenta proximidade com as expressões "Gestão", "Instrumentos de Gestão" e "Região". Tal proximidade se dá em virtude de o Plano Municipal de Saúde ser um instrumento de gestão construído pelo gestor de saúde e sua equipe, bem como pelo fato de relacionar-se ao desenvolvimento regional, visto que os indicadores de qualidade na saúde pública são construídos conjuntamente pelos municípios, ficando a cargo de cada um dos gestores, posteriormente, elaborar, com sua equipe, o Plano Municipal de Saúde, bem como concretizar as ações que terão reflexo em toda a 22ª Regional de Saúde do Estado do Paraná.

No quadrante inferior direito, destaca-se a expressão "Maiores desafios", representando os desafios com que deparam os Secretários Municipais de Saúde da 22ª Regional de Saúde do Estado do Paraná — como se pode verificar, a gestão de pessoas e o financiamento são dois grandes desafios encontrados. A gestão de pessoas é um grande desafio em virtude do baixo comprometimento da equipe com a construção e a execução do Plano Municipal de Saúde. O financiamento, por seu turno, é um gargalo da saúde pública, que tem frequentemente comprometido a eficácia da gestão de saúde.

Figura 2 – Análise de Similitude

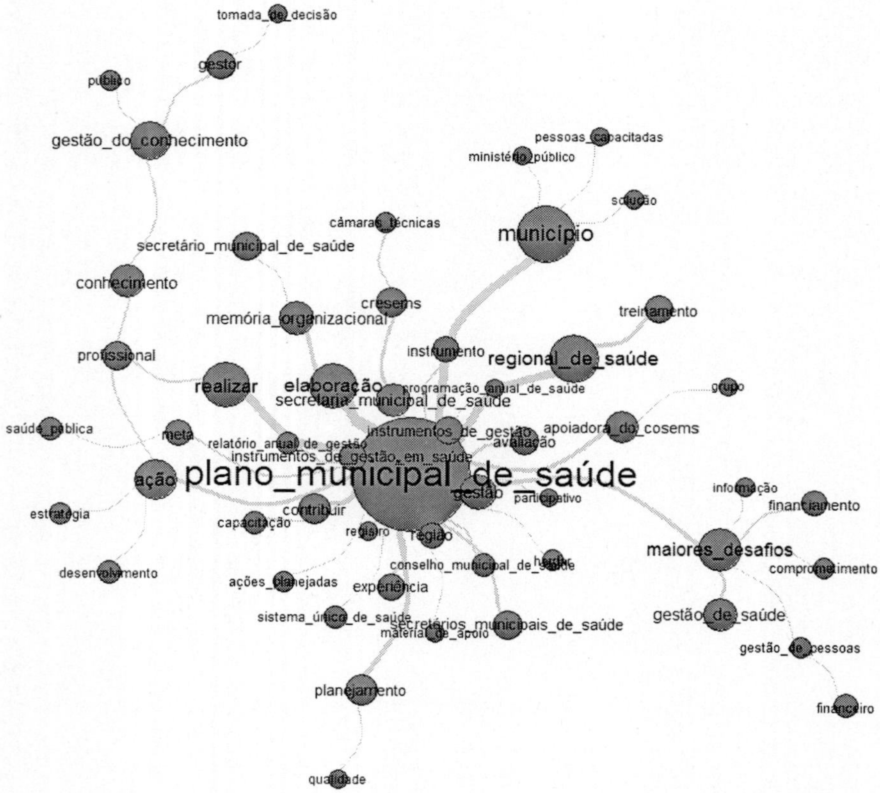

Fonte: elaboração própria com dados da pesquisa e gerados pelo aplicativo IRaMuTeQ

No quadrante superior esquerdo, um dos destaques é a palavra "Realizar". Ela pontua, neste contexto, a formação e o conhecimento do Secretário Municipal de Saúde sobre gestão — e sobre Gestão do Conhecimento. Em diversas situações, cotidianamente, o gestor toma decisões — e elas relacionam-se estreitamente com sua formação e experiência profissional.

No quadrante inferior direito, a palavra "Ação" ganha destaque — e tem relação com "Realizar", analisada no parágrafo anterior. "Ação" faz referência ao desenvolvimento do Plano e às estratégias definidas pelo gestor municipal de saúde, sua equipe e a Regional.

No quadrante superior direito, possui destaque os termos "Regional de Saúde" e "Município". "Regional de Saúde" relaciona-se especificamente ao contexto dos treinamentos direcionados à construção do Plano e ofertados, exclusivamente, pela Regional de Saúde. Esses são vistos como muito teóricos, deixando os envolvidos inseguros quando da construção do Plano Municipal de Saúde. Por isso, os secretários municipais de saúde pedem por treinamentos práticos, que possam colaborar efetivamente com a equipe envolvida. A outra palavra, "Município", relaciona-se com os problemas emergentes durante a aplicação do Plano Municipal de Saúde, tal como os conflitos com Ministério Público, que frequentemente dificultam as ações, e o baixo comprometimento da equipe, por exemplo.

O Quadro 1, para melhor expor os desafios de Gestão do Conhecimento encontrados durante a elaboração e execução do Plano Municipal de Saúde, na 22° Regional de Saúde, apresenta a relação entre classe, categoria e desafios de Gestão do Conhecimento.

Quadro 1 – Categorizações e desafios de Gestão do Conhecimento diagnosticados

CLASSE	CATEGORIZAÇÃO	DESAFIOS DE GESTÃO DO CONHECIMENTO
Classe 3	Formação e atuação do Gestor de Saúde.	Demonstra os problemas relacionados à formação dos gestores de saúde atuantes nas secretarias da 22° Regional de Saúde, o que compromete o elemento "pessoas" da Gestão do Conhecimento. Além disso, essa classe permite identificar que a maioria dos gestores possuem um entendimento equivocado sobre a Gestão do Conhecimento, atrelando-a apenas a situações técnicas operacionais.
Classe 2	Componentes para a construção do Plano Municipal de Saúde.	Relata falta de treinamento para preparar as equipes para a construção do Plano Municipal de Saúde, o que afeta o elemento "pessoas" da Gestão do Conhecimento.
Classe 5	Agentes atuantes na 22ª Regional de Saúde do Paraná.	Demonstrou haver pouco compartilhamento do conhecimento entre os secretários municipais de saúde, seja em momentos reunidos presencialmente ou em grupos do WhatsApp.

CLASSE	CATEGORIZAÇÃO	DESAFIOS DE GESTÃO DO CONHECIMENTO
Classe 6	Dificuldades encontradas diante da construção e execução do Plano Municipal de Saúde.	Retrata a dificuldade no engajamento da equipe, pois é constante a falta de comprometimento com as ações a serem realizadas; algo que prejudica o elemento "pessoas" da Gestão do Conhecimento.
Classe 1	Problemas encontrados na saúde pública para a real aplicação do Plano Municipal de Saúde.	Retrata a falta de recursos financeiros e o entrave judicial, como barreiras para real aplicação das ações do Plano Municipal de Saúde, algo que afeta o elemento "processos" da Gestão do Conhecimento.
Classe 4	Contribuições para elaboração do Plano Municipal de Saúde	Expõe a falta de memória organizacional nas unidades básicas de saúde da 22ª Regional de Saúde do Estado do Paraná, dificultando o processo de elaboração do Plano Municipal de Saúde.

Fonte: elaboração própria com base nos dados da pesquisa

As Classes 3, 2 e 6, como se nota pela leitura do quadro, demonstram haver comprometimento do elemento "pessoas" da Gestão do Conhecimento quanto às atividades de elaboração/execução do Plano Municipal de Saúde. Comprometimento que se reflete em aspectos como: formação inadequada de boa parte dos gestores, treinamento insuficiente/inexistente e baixo engajamento das equipes.

É essencial retomar a importância do elemento "pessoas", já apontada por teóricos da Gestão do Conhecimento. Para Servin e Debrun (2005), trata-se do elemento mais importante porque é dele que o conhecimento emana, sendo as "pessoas" as responsáveis por sua criação/compartilhamento/utilização. Mesmo considerando-se todas as dificuldades existentes nas organizações, a capacidade de fazer escolhas dá às pessoas o poder para transformar os espaços de produção. Assim, o elemento "pessoas" pode ser entendido como aquele por meio do qual as transformações são iniciadas; bem como aquele capaz de impedir que se alcancem os objetivos e metas de uma organização. Portanto, é o elemento que precisa ser primeiro compreendido e trabalhado quando da implementação de melhorias utilizando a Gestão do Conhecimento. No caso da 22ª Regional de Saúde do Paraná, isso significa voltar a atenção para a formação dos gestores, os treinamentos e o engajamento dos membros das equipes.

No Quadro 1, também se nota que os desafios verificados nas Classes 1 e 4 são prejudiciais para o elemento "processos" da Gestão do Conhecimento, isso por envolver questões relacionadas ao financiamento do SUS, aos entraves no setor jurídico à falta de memória organizacional nas Secretarias Municipais de Saúde.

Quanto aos desafios de financiamento, Dorow (2017) chama a atenção para o fato de os serviços de saúde serem desafiados a entregar serviços de qualidade com recursos financeiros aquém do ideal. Práticas de compartilhamento do conhecimento, ao ajudar a aperfeiçoar o desempenho organizacional, trazem contribuições nesse sentido. Ao contribuir para aumentar a produtividade, elas propiciam o uso dos recursos de forma mais eficiente no setor da saúde e, consequentemente, serviços de saúde entregues com qualidade e eficácia (Von Krogh; Kim; Erden, 2008; Gider; Ocak; Top, 2015 *apud* Dorow, 2017).

Já no que diz respeito à falta de memória organizacional, tal como visto, muitos entrevistados relataram não existir nenhum registro de atividades, por seus antecessores, com o objetivo de consulta e suporte para os novos gestores, o que representa prejuízo para a continuidade das ações, bem como para os planejamentos futuros. A memória organizacional é um recurso das organizações para gerenciar seus ativos intelectuais e possibilita compartilhar e reutilizar conhecimento organizacional e individual, bem como lições aprendidas quando da execução das tarefas institucionais (Pereira *et al.*, 2016). Para garanti-la, a continuidade é um dos fatores essenciais — e que muitas vezes é prejudicado por brigas políticas e sua deletéria prática de destruir documentação nas trocas de gestão.

Há, ainda, relatos de outra espécie de perda de memória: muitos documentos, ainda que preservados, são *proforma*, o que torna seu conteúdo inútil para preservação real de memória. Esse tipo de prática é comum, por exemplo, quando do preenchimento do RAG, visto por parte considerável dos gestores como uma obrigação sem sentido. O esvaziamento de sentido por ocasião do preenchimento de formulários e documentos obrigatórios é, portanto, um adversário da memória organizacional. Assim, é necessário combatê-lo com documentos capazes de contribuir com a prática efetiva dos gestores e suas equipes.

Portanto, os desafios observados nas classes 1 e 4 acarretam, para as Secretarias Municipais de Saúde: prejuízo da implantação da Gestão do Conhecimento, comprometimento do olhar estratégico dos gestores para a infraestrutura e os processos organizacionais.

Por fim, a Classe 5 demonstrou existir compartilhamento do conhecimento entre os secretários municipais de saúde e o Cosems-PR. Entretanto, indicou baixo compartilhamento do conhecimento dos secretários municipais de saúde entre si. Nota-se, da parte de muitos deles, desinteresse pela participação em reuniões e câmaras técnicas, por elas não tratarem de assuntos relativos aos instrumentos de gestão, em especial o Plano Municipal de Saúde.

Os secretários municipais de saúde da 22ª Regional demonstram dificuldade para compartilhar informações, tanto pessoalmente como por meio do WhatsApp. Dentre os motivos apresentados para a ausência nas reuniões — e o consequente baixo compartilhamento de conhecimento entre os gestores —, além dos já citados, mencionaram-se o excesso de tarefas (comparecer nas reuniões comprometeria o atendimento à população) e a distância entre local do treinamento e município. A distância dos municípios entre si também foi mencionada com fator responsável pelo contato pouco frequente entre os gestores da Regional.

CONSIDERAÇÕES FINAIS

O objetivo geral deste trabalho foi analisar os desafios encontrados na elaboração e execução dos Planos Municipais de Saúde dos municípios da 22ª Regional de Saúde do Paraná a partir da perspectiva da Gestão do Conhecimento.

A partir da análise de conteúdo aplicada às entrevistas realizadas, encontraram-se os problemas de Gestão do Conhecimento a seguir: formação deficiente dos gestores municipais e pouco conhecimento sobre Gestão do Conhecimento, falta de treinamento para elaboração do Plano Municipal de Saúde, baixo compartilhamento do conhecimento entre os Secretários Municipais de Saúde, pouco engajamento das equipes de saúde, falta de recursos financeiros; entraves judiciais e falta de memória organizacional.

Como desdobramentos futuros, observa-se a possibilidade de identificar práticas e ferramentas de Gestão do Conhecimento que possam ser introduzidas pelas Secretarias Municipais de Saúde para atenuar os desafios verificados; além de repetir o estudo em outras Regionais da Saúde, isso com o intuito de realizar uma análise comparativa com os resultados desta pesquisa.

REFERÊNCIAS

ASSIS, M. M. A.; SANTOS, A. M.; JESUS, W. L. A.; PEREIRA, M. J. B. A expressão saúde, organização da rede de serviços e cuidado integral no SUS: descompassos entre o normativo e a legitimidade social. *In*: BLIACHERIENE, A. B.; SANTOS, J. S. (org.). **Direito à vida e à saúde**: impactos orçamentário e judicial. São Paulo: Atlas, 2010. p. 237-254.

BATISTA, F. F. O governo que aprende: gestão do conhecimento em organizações do executivo federal. **Texto para Discussão**, Brasília: IPEA, n. 1022. 2004. ISSN 1415 4765.

BRASIL. [Constituição (1988)]. **Constituição da República Federativa do Brasil, de 5 de outubro de 1988**. Brasília: Senado Federal, 1998.

BRASIL. Decreto nº 7.508, de 28 de junho de 2011. Regulamenta a Lei no 8.080, de 19 de setembro de 1990, para dispor sobre a organização do Sistema Único de Saúde - SUS, o planejamento da saúde, a assistência à saúde e a articulação interfederativa, e dá outras providências. **Diário Oficial da União**, Brasília, 29 jun. 2011.

BRASIL. Ministério da Saúde (MS). **Manual de planejamento no SUS**. Brasília: MS, 2016. (Série Articulação Interfederativa, v. 4).

BRASIL. **Portaria nº 2.203, de 5 de novembro de 1996**. Norma Operacional Básica – NOB 1/96 do Sistema Único de Saúde (SUS). Brasília, 1996. Disponível em: http://bvsms.saude.gov.br/bvs/saudelegis/gm/1996/prt2203_05_11_1996. html. Acesso em: 17 jul. 2020.

CABRAL, M. P. **Gestão do conhecimento no ensino público**: um estudo de caso em escolas públicas participantes do PEEB. 2017. Dissertação (Mestrado em Gestão do Conhecimento nas Organizações) — Centro Universitário de Maringá, Unicesumar, Maringá, 2017.

CANDIDO, R. *et al*. Método Delphi – uma ferramenta para uso em Microempresas de Base Tecnológica. **Rev. FAE**, Curitiba, v. 10, n. 2, p. 157-164, jul./dez. 2007.

CISNE, C. S. de; KANEOYA, P. H.; CARLA, L. Compartilhamento e registro de conhecimento: um estudo de caso na empresa Knowtec. **Revista ACB**, [*s. l.*], v. 20, n. 1, p. 98-111, 2015.

CONASEMS – Conselho Nacional de Secretários Municipais de Saúde. **Manual do(a) gestor(a) municipal do SUS**: "Diálogos no Cotidiano". Rio de Janeiro:

CEPESQ, 2016. Disponível em: http://www.conasems.org.br/wp-content/uploads/2017/01/manual_do_gestor_AF01_tela-1.pdf. Acesso em: 17 jul. 2020.

CONASEMS – Conselho Nacional de Secretários Municipais de Saúde. **Teses e Plano de Ação**: 2005- 2007. Brasília, DF, 2005. Disponível em: http://www.conasems.org.br/. Acesso em: 20 abr. 2018.

CONASEMS, COSEMS-RJ, LAPPIS/IMS/UERJ. **Manual do(a) Gestor(a) Municipal do SUS**: "Diálogos no Cotidiano". 2. ed. rev. ampl. Rio de Janeiro: CEPESQ, 2019.

DAVENPORT, T. H.; PRUSAK, L. **Working knowledge:** how organizations manage what they know. Boston: Harvard Business School Press, 1998.

DOROW, P. F. **Compreensão do Compartilhamento do Conhecimento em Atividades Intensivas em Conhecimento em Organizações de Diagnóstico por Imagem**. 2017. Tese (Doutorado em Engenharia e Gestão do Conhecimento) — Centro Tecnológico, Universidade Federal de Santa Catarina, Florianópolis, 2017.

ERPEN, J. G. *et al.* Métodos e técnicas de gestão do conhecimento aplicadas para melhorar a gestão do capital intelectual em núcleos setoriais de uma associação empresarial. **Navus** - Revista de Gestão e Tecnologia, Florianópolis, v. 5, n. 1, p. 22-35, 2015.

FIA – Fundação Instituto de Administração. **Apostila de técnicas e ferramentas de Gestão do Conhecimento e Inovação.** São Paulo: Governo do Estado de São Paulo, Secretaria de Gestão Pública, 2009. Disponível em: http://pt.slideshare.net/Jacbrasp/apostila-gesto-do-conhecimento-e-inovao. Acesso em: 17 jul. 2020.

GADELHA C. A. G.; MACHADO, C. V.; LIMA, L. D.; BAPTISTA, T. W. Saúde e desenvolvimento: uma perspectiva territorial. *In*: VIANA, A. L. D.; ELIAS, P. E. M.; IBAÑEZ, N. (org.). **Saúde, desenvolvimento e território**. São Paulo: Hucitec, 2009. p. 97-123.

IPARDES – Instituto Paraense de Desenvolvimento Econômico e Social. **Anuário Estatístico do Estado do Paraná – 2017**. [*S. l.*], 2017. Disponível em: http://www.ipardes.gov.br/anuario_2017/index.html. Acesso em: 17 jul. 2020.

JANUZZI, C. S. C.; FALSARELLA, O. M.; SUGAHARA, C. R. Gestão do conhecimento: um estudo de modelos e sua relação com a inovação nas organizações. **Perpectivas em Ciência da Informação**, Belo Horizonte, v. 21, n. 1, p. 97-118, 2016.

LEVCOVITZ, E.; LIMA, L. D.; MACHADO, C. V. Política de saúde nos anos 90: relações intergovernamentais e o papel das Normas Operacionais Básicas. **Ciência & Saúde Coletiva**, Rio de Janeiro, v. 6, n. 2, p. 269-291, jul./dez. 2001.

LIEBOWITZ, J. **Beyond Knowledge Management**: what every leader should know. Boca Raton: Taylor & Francis Group, 2011.

NONAKA, I.; TAKEUCHI, H. **The knowledge creating company**: how japanese companies create the dynamics of innovation. New York: Oxford University Press, 1995.

PARANÁ, Secretaria de Estado da Saúde do Paraná. **Plano Estadual de Saúde do Paraná 2016-2019**. Curitiba: Sesa, 2016.

PAIM, J. S. P.; TEIXEIRA, C. F. **Configuração institucional e gestão do Sistema Único de Saúde**: problemas e desafios. Texto elaborado para a Comissão de Políticas, Planejamento e Gestão em Saúde da ABRASCO, como subsídio aos debates da 13ª Conferência Nacional de Saúde, 13 out. 2007. Disponível em: https://www.scielosp.org/article/csc/2007.v12suppl0/1819-1829/pt/. Acesso em: 17 jul. 2020.

PEREIRA, B. L. S.; OLIVEIRA JUNIOR, A. C. R. de; FALEIROS, D. R. Portaria 3992/2017: desafios e avanços para gestão dos recursos no Sistema Único de Saúde. **Revista de Saúde Pública**, São Paulo, v. 53, p. 58, jul. 2019.

PEREIRA, M. O. F.; SILVA, H. de F. N.; FREITAS, M. do C. D.; OLIVEIRA, A. A. Memória organizacional e as suas contribuições para o Fundo Setorial – CT–INFRA–UFPR. **Perspectivas em Gestão & Conhecimento**, João Pessoa, v. 6, n. 1, p. 128-140, jan./jun. 2016.

PINTO, D.; VIDOTTI, A. F.; TATTO, L.; BORTOLOZZI, F.; TENÓRIO JR.; N. A importância da gestão do conhecimento para as organizações. *In*: I CONGRESSO INTERNACIONAL DE CIÊNCIA, TECNOLOGIA E INOVAÇÃO. XV ENCONTRO ANUAL DE INICIAÇÃO CIENTÍFICA DA UNIPAR, 2016, Umuarama. **Anais** [...]. Umuarama: UNIPAR, 2016.

REGIÃO E REDES. Caminhos para a Universalização da Saúde no Brasil. **Banco de Indicadores Regionais e Tipologias**, [s. l.], 2016. Disponível em: http://www.resbr.net.br. Acesso em: 17 jul. 2020.

SALIBA, N. A.; GARBIN, C. A. S.; GONÇALVES, P. E.; SANTOS, J. G.; SOUZA, N. P.; MOIMAZ, S. A. S. Plano Municipal de Saúde: análise do instrumento de gestão. **Biosci. J.**, Uberlândia, v. 29, n. 1, p. 224-230, jan./fev. 2013.

SALVIATI, M. E. (comp.). **Manual do Aplicativo Iramuteq** (versão 0.7 Alpha 2 e R Versão 3.2.3). Planaltina, DF: Embrapa Cerrados, 2016. 93p.

SERVIN, G.; DE BRUN, C. **ABC of Knowledge Management**. NHS National Library for Health: Specialist Libray, July 2005. Disponível em: http://www.fao.org/fileadmin/user_upload/knowledge/docs/ABC_of_KM.pdf. Acesso em: 17 jul. 2020.

SOUZA, E. C. L. de. A capacitação administrativa e a formação de gestores governamentais. **RAP**, Rio de Janeiro, v. 36, n. 1, p. 73-88, 2002.

SOUZA, M. C. M. R.; HORTA, N. de C.; LOPES, R. A. M.; SOUZA, D. C. D. Municipalização em saúde: avanços, desafios e atuação do enfermeiro. **Revista de Enfermagem do Centro Oeste Mineiro**, São João del-Rei, v. 1, n. 1, p. 112-120, jan./mar. 2011.

TASSINARI, F.; DUDUCHI, M. Ferramentas de gestão do conhecimento: um levantamento em empresas de tecnologia. *In*: WORKSHOP DE PÓS-GRADUAÇÃO DO CENTRO PAULA SOUZA, 9., 2014, São Paulo. **Anais** [...]. São Paulo: CPS, 2014.

15

UMA AVALIAÇÃO DA ECONOMIA BRASILEIRA NO GOVERNO BOLSONARO (2019-2022)

Ana Cristina Lima Couto
Joaquim Miguel Couto
Maria de Fátima Garcia

INTRODUÇÃO

Jair Bolsonaro, eleito presidente do Brasil para o mandato 2019-2022, escolheu uma equipe ultraliberal para comandar a área econômica do governo. Nada mais distante da postura corporativa e nacionalista que caracterizou sua atividade parlamentar durante quase três décadas na Câmara dos Deputados. Para dirigir a política econômica do governo Bolsonaro, o escolhido foi o economista Paulo Guedes. Homem ligado ao mercado financeiro, com doutorado pela Universidade de Chicago e que tinha uma visão extremamente liberal da economia. Durante a campanha eleitoral, anunciou a privatização de empresas estatais do governo federal, corte de gastos públicos, reforma da Previdência Social (com idade mínima para se aposentar), redução de direitos sociais, entre outros pontos desfavoráveis aos trabalhadores e sempre benéficos ao setor empresarial (como a redução de impostos das empresas). Além disso, afirmava que as privatizações federais renderiam um trilhão de reais ao governo federal.

Paulo Guedes transformou o ministério da Fazenda em um superministério, com o nome de Ministério da Economia, incorporando as pastas da Fazenda, do Planejamento, do Desenvolvimento e do Trabalho. Os resultados macroeconômicos obtidos não foram satisfatórios para a economia brasileira. No entanto, sabe-se que a política econômica executada por um governo, apesar de seus efeitos no mundo real, não é responsável, sozinha, por tudo o que acontece na economia de um país.

Por exemplo, os investimentos privados não vão aumentar somente pela redução da taxa básica de juros estipulada pelo Banco Central e nem pelo fornecimento de crédito pelos bancos públicos. Mais importante, nesse caso, é a elevação da demanda pelos produtos das empresas e a taxa de utilização de sua capacidade instalada. Ou seja, uma boa política econômica ajuda no crescimento da economia, mas é apenas um dos agentes que influenciam a economia real. Afinal de contas, o governo possui apenas três instrumentos para intervir na economia: a política monetária, a política fiscal e a política cambial. Com a adoção do regime de câmbio flutuante, em 1999, restaram apenas dois instrumentos (monetário e fiscal). Enquanto a política fiscal possui certa demora em ser implantada, a política monetária é mais rápida de ser colocada em prática (Silber, 2020).

Este trabalho tem como objetivo principal analisar o desemprenho macroeconômico do governo Bolsonaro (2019-2022), utilizando nove indicadores: taxa de crescimento do produto interno bruto (PIB), taxa de desemprego, taxa de inflação, resultado primário das contas públicas, saldo da dívida interna federal, valor das exportações de bens, investimentos diretos, saldo das reservas internacionais e dívida externa. A melhor forma de avaliar esse desempenho é compará-lo aos resultados obtidos pelos governos de Fernando Henrique Cardoso (1995-2002), Luiz Inácio Lula da Silva (2003-2010) e Dilma Rousseff-Michel Temer (2011-2018). Porém, a comparação de indicadores macroeconômicos entre governos tem suas limitações. Primeiro, porque um governo herda processos advindos dos governos anteriores, que podem ser positivos ou negativos. Segundo, porque os resultados macroeconômicos não dependem apenas das políticas adotadas internamente, mas também do cenário internacional e do comportamento das empresas e das famílias.

Quando a comparação é realizada entre governos que se sucedem no tempo, os riscos das análises puramente estatísticas/matemáticas são ainda maiores. Assim, os cuidados observados em uma análise deste tipo devem ser redobrados quando se trata dos anos de governo do presidente Jair Bolsonaro.

Para cumprir o objetivo proposto, este trabalho está dividido em quatro seções. Na primeira, examinamos os dados referentes ao crescimento da economia e da taxa de desemprego. Na segunda seção, tratamos da taxa de inflação e do regime de metas de inflação. Na terceira seção, a análise se concentrou no resultado primário das contas públicas e do saldo da dívida interna federal. Na quarta seção, foi a vez de analisar o valor das exportações de bens e dos investimentos diretos no país, além do saldo das reservas internacionais e da dívida externa. Por fim, apresentamos a conclusão do estudo.

1 CRESCIMENTO E DESEMPREGO

De acordo com Adam Smith, a riqueza de uma nação não estava na quantidade de ouro e de prata que esta possuía. A riqueza estava na sua produção anual. Quanto maior a produção de uma nação, maior seria o bem-estar de sua população (Smith, 1996). Por isso mesmo, o cálculo da produção (produto interno bruto – PIB) é o principal indicador econômico de um país. O PIB mede a quantidade de bens e serviços produzidos em uma região em determinado período de tempo. No Brasil, o PIB começou a ser calculado pela Fundação Getúlio Vargas em 1948. Porém, a partir de 1990, o cálculo passou a ser feito pelo Instituto Brasileiro de Geografia e Estatística (IBGE).

Dessa forma, o primeiro indicador macroeconômico utilizado em nossa análise é a taxa de crescimento do PIB. Na Tabela 1, são apresentadas as taxas acumuladas de crescimento do PIB para o primeiro e o segundo governo FHC, o primeiro e o segundo governo Lula, o primeiro governo Dilma (2011/2014), o governo Dilma/Temer (2015/2018) e o governo Bolsonaro (2019-2022). Verificamos que o segundo governo Lula (2007/2010) foi o período de maior crescimento acumulado do PIB: 19,71%. Em segundo lugar ficou o primeiro mandato de Lula (14,77%). Já o pior resultado foi alcançado na gestão Dilma/Temer: queda acumulada de 3,79% do PIB. Em relação, especificamente, ao governo Bolsonaro, a taxa de crescimento de 5,73% PIB foi a segunda pior da série estudada, só ganhando mesmo do governo Dilma/Temer.

No entanto, cabe ressaltar que em março de 2020 a Organização Mundial da Saúde reconheceu a existência de uma pandemia causada pelo vírus Sars-Cov-2. O mundo enfrentou a maior crise sanitária já vista desde a gripe espanhola de 1918. Assim como em praticamente todos os países do mundo, o Brasil sofreu com milhares de mortes, paralisação total ou parcial de inúmeras atividades econômicas que tiveram como consequência a elevação da taxa de desemprego e redução da taxa de crescimento do PIB, que caiu 4,1%, em 2020. Essa foi a maior queda desde 1996, quando teve início a atual série histórica desse indicador.

VASCONCELOS, M. R.
FERNANDES, C. B. S. (ORG.)

Tabela 1 – Taxa acumulada de crescimento do PIB – 1995/2022 (%)

Períodos	Governos	Taxa acumulada
1995/1998	Primeiro Governo FHC	10,72
1999/2002	Segundo Governo FHC	9,58
2003/2006	Primeiro Governo Lula	14,77
2007/2010	Segundo Governo Lula	19,71
2011/2014	Primeiro Governo Dilma	9,71
2015/2018	Governo Dilma/Temer	-3,79
2019/2022	Governo Bolsonaro	5,73

Fonte: IBGE (2023a)

De qualquer modo, fica a pergunta: deve-se relevar o fato de que o governo Bolsonaro enfrentou a pandemia da Covid-19? Evidentemente que sim. O crescimento da economia poderia ter sido maior sem a Covid? É possível que tivesse sido maior. Mas o crescimento da economia no governo FHC teria sido mais alto sem as crises da Ásia e da Rússia, assim como o crescimento do PIB no segundo governo Lula também teria sido maior sem a crise financeira internacional do *subprime* de 2008/2009. Portanto, não só o governo Bolsonaro enfrentou crises advindas do exterior, muito embora se reconheça a maior gravidade do evento de 2020.

A segunda variável macroeconômica analisada é a taxa de desemprego. Keynes enfatizou em seu grande livro de 1936, A *teoria geral do emprego, do juro e da moeda*, que o volume de emprego demandado em um país dependia da quantidade de sua produção (PIB). De acordo com essa teoria, quanto maior fosse a produção, maior seria o volume de emprego gerado na economia. Assim, a taxa de desemprego de um país subia e descia dependendo das variações da sua produção (Keynes, 1985).

Nos anos 2000, ocorreram alterações nas metodologias de cálculo da taxa de desemprego no Brasil, as quais impedem a comparação entre alguns governos. No ano de 2002, veio a primeira mudança no cálculo da taxa de desemprego. Até então, a Pesquisa Mensal do Emprego (PME) do IBGE considerava o período de procura de emprego de uma semana e idade mínima de 15 anos para responder ao questionário. A partir de 2002, a pesquisa passou a considerar o período de procura de emprego de 30 dias e incorporou na amostra as pessoas com idade mínima de 10 anos. Desse modo, a taxa de desemprego na nova metodologia (Referência 30 dias) era bem superior à da antiga pesquisa (Referência semana). Por exemplo, no ano de 2002, as duas metodologias foram empregadas: na antiga, a taxa média anual de desemprego foi de 7,14%; enquanto na nova, a taxa média foi de 11,68%. Ou seja, na nova metodologia (Referência 30 dias), a taxa de desemprego era 63,6% maior.

No início de 2016, a PME foi extinta pelo IBGE. Para o seu lugar, foi criada a Pesquisa Nacional por Amostra de Domicílios Contínua, conhecida como Pnad Contínua que passou a vigorar a partir do ano de 2012. Essa pesquisa é realizada em cerca de 3.500 municípios a cada trimestre do ano. Antes, a PME era realizada somente em seis regiões metropolitanas do país. Ou seja, a Pnad Contínua é uma pesquisa bem mais abrangente e resulta em uma taxa de desocupação bem mais próxima da realidade quando comparada à PME. A Pnad Contínua considera o período de procura de emprego de 30 dias e pessoas com idade mínima de 14 anos para responder à pesquisa.

A Tabela 2 apresenta a taxa de desemprego calculada pela PME, tanto na metodologia semana (governo FHC) como na metodologia 30 dias (governos Lula e Dilma). Não está incluída a Pnad Contínua, pesquisa bem diferente das outras duas. Observamos que o primeiro governo Dilma (2011-2014) teve a menor taxa média anual de desemprego (5,41%), quando comparado ao primeiro e ao segundo governos Lula (10,9% e 8%, respectivamente), todos eles sob a mesma metodologia do IBGE. No entanto, a taxa média de desemprego do governo Dilma é inferior também aos dois governos de FHC: 5,84% no primeiro governo e 7,02% no segundo governo, calculados sob a ótica da velha metodologia, que registrava taxas de desemprego menores. Assim, mesmo com a metodologia com Referência de 30 dias, que o desfavorece, o primeiro mandato de Dilma obteve a menor taxa de desemprego entre os governos analisados. Essa é uma marca muito positiva do primeiro governo Dilma.

Tabela 2 – Taxa média anual de desemprego – 1995/2014 (%)

Períodos	Governos	Taxa média anual
1995/1998	Primeiro Governo FHC	5,84
1999/2002	Segundo Governo FHC	7,02

Períodos	Governos	Taxa média anual
2003/2006	Primeiro Governo Lula	10,9
2007/2010	Segundo Governo Lula	8,00
2011/2014	Primeiro Governo Dilma	5,41

Fonte: Ipeadata (2023a, 2023b)

Outro ponto interessante de ser abordado é que o ano de 2002, último ano do governo FHC, o primeiro sob a metodologia Referência 30 dias, a taxa de desemprego foi de 11,68%. No último ano do governo Lula (2010), a taxa média anual de desemprego foi de apenas 6,73%. Ou seja, esse indicador era 42,4% menor do que na comparação com o último ano do mandato de FHC. Podemos, assim, afirmar que o governo Lula reduziu consideravelmente a taxa de desemprego no Brasil, em relação ao governo FHC.

Considerando, agora, a Pnad Contínua, a Tabela 3 apresenta a taxa média de desemprego do primeiro governo Dilma, do governo Dilma/Temer e do governo Bolsonaro. Observamos que a maior taxa média de desemprego foi verificada durante o governo Bolsonaro (12,1%) e a menor taxa no primeiro governo Dilma (7,2%). Não se pode negar que parte desse mau desempenho foi afetado em grande medida pela pandemia de Covid que se alastrou não só no Brasil, mas no mundo todo. Uma das consequências foi a elevação do desemprego, que afetou principalmente os trabalhadores informais e desprotegidos da legislação trabalhista e previdenciária. Para enfrentamento da pandemia, foram tomadas inúmeras medidas de isolamento total ou parcial, levando a demissões que se concentraram nos setores do comércio varejista, serviços, hotelaria, bares e restaurantes, alimentação entre outros.

A taxa de desemprego no Brasil já estava alta em 2019 (11,9%), tendo aumentado para 13,8% em 2020, primeiro ano do governo Bolsonaro e quando a pandemia foi declarada. Em 2021, o indicador aumentou para 14,0% e fechou o ano de 2022 em 9,3%.

Tabela 3 – Taxa média anual de desocupação – Pnad Contínua – 2012/2022 (%)

Períodos	Governos	Taxa média anual
2012/2014	Primeiro Governo Dilma	7,2
2015/2018	Governo Dilma/Temer	11,4
2019/2022	Governo Bolsonaro	12,1

Fonte: IBGE (2023b)

Para fins de comparação, a Tabela 4 mostra algumas taxas de desemprego mundial e em países selecionados para fins de comparação com o Brasil[1]. Em 2019, o país tinha a maior taxa de desemprego em termos relativos e mantém essa posição, exceto em 2020 e em 2021, ficando atrás apenas da Colômbia.

Tabela 4 – Taxa de desemprego em países selecionados – 2019/2022 (%)

Países	2019	2020	2021	2022
Argentina	9,84	11,46	8,74	6,50
Brasil	11,90	13,80	14,00	9,30
Chile	7,27	11,14	9,35	7,78
China	4,56	5,00	4,55	4,88
Colômbia	9,96	15,04	13,90	10,60
Estados Unidos	3,67	8,05	5,35	3,60
França	8,41	8,01	7,86	7,44
México	3,48	4,45	4,09	3,30
Paraguai	6,59	7,55	7,31	6,88
Uruguai	8,73	10,33	9,29	7,84
Zona do Euro	7,52	7,84	7,70	6,70
América Latina e Caribe	8,09	10,35	9,36	7,11
OCDE	5,38	7,10	6,18	4,92
Mundo	5,50	6,90	6,20	5,80

Fonte: World Bank (2023a)

---

[1] É importante ressaltar que não se desconhece as diferenças de metodologia para a medição da taxa de desemprego entre os países.

Mesmo fazendo uma comparação internacional com alguns países e regiões selecionados, que também sofreram os impactos da pandemia, o Brasil teve um desempenho ruim.

Dessa forma, nos quesitos crescimento da economia e taxa de desemprego, o governo Bolsonaro foi relativamente pior aos demais governos. Obteve o segundo menor crescimento da economia após o Plano Real e a taxa mais elevada de desemprego desde 2012.

2 INFLAÇÃO E REGIME DE METAS

O terceiro dado macroeconômico utilizado para comparar os governos é a taxa de inflação, medida pelo IPCA, índice oficial da inflação desde 1999, quando da implantação do regime de metas no Brasil. Conforme pode ser observado na Tabela 5, durante o segundo governo Lula, a taxa média anual de inflação foi a menor do país: 5,14%. O governo Dilma/Temer aparece em segundo lugar: 5,87% ao ano. Em terceiro, temos um empate técnico entre a primeira gestão de Dilma (6,16%) e o governo Bolsonaro (6,17%). Esses dados desmentem muitos analistas econômicos que afirmaram que a presidenta Dilma e seu ministro da Fazenda, Guido Mantega, foram coniventes com a inflação. Durante seus primeiros quatro anos de governo, a presidenta Dilma cumpriu em 100% as metas de inflação. No segundo governo FHC (1999-2002), quando foi implantado o regime de metas, o presidente FHC só cumpriu as metas em dois anos (1999 e 2000), ou seja, 50% de acerto. O mesmo ocorreu no governo Bolsonaro: as metas só foram cumpridas em dois anos (2019 e 2020).

Tabela 5 - Taxa média anual de inflação (IPCA) – 1995/2022 (%)

Períodos	Governos	Taxa média anual
1995/1998	Primeiro Governo FHC	9,44
1999/2002	Segundo Governo FHC	8,75
2003/2006	Primeiro Governo Lula	6,41
2007/2010	Segundo Governo Lula	5,14
2011/2014	Primeiro Governo Dilma	6,16
2015/2018	Governo Dilma/Temer	5,87
2019/2022	Governo Bolsonaro	6,17

Fonte: IBGE (2023c)

Desagregando-se a taxa de inflação por ano durante o governo Bolsonaro, temos 4,31% (2019), 4,52% (2020), 10,06% (2021) e 5,79% (2022). A inflação de 2020 ficou próxima a de 2019, pois com as medidas iniciais para o enfrentamento da pandemia, com fechamento de inúmeras empresas e aumento do desemprego ajudou a conter a elevação dos preços até meados do ano. Porém, em razão de fatores como a alta do dólar que impactou os custos dos insumos produtivos, o aumento da demanda mundial por alimentos, aumento dos preços das *commodities* agrícolas com a retomada da economia, a inflação elevou-se e alcançou 10,06% em 2021, mais do que o dobro da observada em 2020.

Assim, o governo Bolsonaro não foi o mais eficiente no controle da inflação; o mais eficiente nesse quesito foi o segundo governo Lula e depois a gestão Dilma/Temer. Em referência ao regime de metas, o período Bolsonaro foi o pior, junto com o segundo governo FHC. Ambos só cumpriram 50% das metas. Para fins de comparação, nos países da América Latina e Caribe, a inflação foi 0,99% (2020), 3,07% (2021) e 7,71% (2022), conforme dados do World Bank (2023b).

3 RESULTADO PRIMÁRIO E DÍVIDA INTERNA FEDERAL

A quarta variável macroeconômica selecionada para comparar os governos é o saldo do superávit primário do Governo Central em relação ao PIB. Esse indicador se tornou importante na economia brasileira depois do acordo de empréstimo do Brasil com o FMI, no final de 1998, que exigiu como condicionante para o empréstimo uma meta de superávit primário para o setor público.

A Tabela 6 mostra que o maior superávit primário em relação ao PIB foi obtido no primeiro mandato de Lula: média anual de 2,41% do PIB. Em razão da desconfiança que cercava a posse do presidente Lula, o novo governo elevou a meta de superávit primário em relação ao governo FHC. A crise financeira internacional de 2008/2009, por outro lado, exigiu do segundo governo Lula uma política fiscal anticíclica, que consistiu em redução de impostos e maiores gastos públicos, como o programa Minha Casa Minha Vida, visando estimular o crescimento da economia. Essa política anticíclica se mostrou vitoriosa e o Brasil saiu rapidamente da recessão. No entanto, tal política fiscal expansiva reduziu o superávit primário do Governo Central no período 2007/2010: 1,95% do PIB. Mesmo assim, era um resultado melhor do que o obtido nos governos de FHC.

Procurou-se evitar o baixo crescimento da economia no primeiro governo Dilma, por meio também de uma política fiscal anticíclica, comandada pelo mesmo ministro da Fazenda do governo Lula, Guido Mantega. Houve expansão dos gastos públicos em programas sociais, como o Bolsa Família, Mais Médicos, Minha Casa Minha Vida, Pronatec, ProUni, Fies, Ciência Sem Fronteira, Minha Casa Melhor, entre outros. Na mesma linha, ocorreram desonerações tributárias para vários setores da economia. O resultado conjunto dessas medidas de estímulo econômico e bem-estar social foi a redução do superávit primário do Governo Central. No último ano de seu primeiro governo, em 2014, o Governo Central obteve um déficit primário de R$ 20,5 bilhões, que culminou em uma série de críticas à administração da presidenta Dilma. Dessa forma, a média anual de superávit primário do primeiro governo Dilma foi de apenas 1,25% do PIB, superando somente o primeiro período de FHC (0,27% do PIB). No entanto, se o primeiro governo Dilma foi acusado de irresponsabilidade fiscal, o primeiro governo FHC não escapa também dessa crítica.

Tabela 6 – Superávit primário do Governo Central em relação ao PIB (média anual) – 1995/2022 (%)

Períodos	Governos	Média anual
1995/1998	Primeiro Governo FHC	0,27
1999/2002	Segundo Governo FHC	1,90
2003/2006	Primeiro Governo Lula	2,41
2007/2010	Segundo Governo Lula	1,95
2011/2014	Primeiro Governo Dilma	1,25
2015/2018	Governo Dilma/Temer	-1,99
2019/2022	Governo Bolsonaro	-2,71

Fonte: Banco Central do Brasil (2023a, 2023b)

O problema maior em relação ao resultado primário ocorreu, no entanto, nos governos Dilma/Temer (2015/2018) e Bolsonaro (2019-2022). A recessão econômica de 2015/2016 e o baixo crescimento de 2017/2018, somados às desonerações tributárias ainda existentes, resultaram em um déficit primário em todo o período (2015/2018), levando o Brasil a perder o seu "grau de investimento" das agências de classificação de riscos. O déficit primário médio foi de -1,99% em relação ao PIB. Já o governo Bolsonaro, fustigado pela pandemia da Covid-19, foi praticamente obrigado a aumentar as despesas públicas, em ações como pagamento de auxílio emergencial para as pessoas mais vulneráveis, auxílio financeiro a estados e municípios, repasse de recursos emergenciais para o setor de saúde pública, benefício emergencial para manutenção do emprego e da renda, entre outras despesas. Enfim, diversas medidas contribuíram para que o governo tivesse o maior déficit primário desde 1995: -2,71% do PIB, na média anual.

A quinta variável de análise é a dívida pública mobiliária federal interna (DPMFi). A Tabela 7 apresenta a DPMFi em proporção do PIB no final de cada governo. É facilmente constatado que no final do primeiro governo FHC, a dívida quase dobra em proporção do PIB: de 17,7% para 32,3% entre o final de 1994 e o de 1998, respectivamente. Ao final do segundo governo FHC, a dívida estava em 37,4% do PIB. Ou seja, durante a gestão FHC, a dívida interna deu um salto gigantesco.

Em relação ao último ano do primeiro governo Lula (2006), a dívida continuou aumentando, mas em uma velocidade bem menor: registrou 45,4% do PIB. No entanto, ao fim do segundo governo Lula (2010), a dívida interna se reduziu em proporção do PIB: 41,3%. Assim, enquanto na gestão de governo FHC, a relação dívida/PIB aumentou 19,7 pontos percentuais, no governo Lula, a relação elevou-se apenas 3,9 pontos percentuais.

Já durante o primeiro governo Dilma, a DPMFi se reduziu para um patamar próximo ao final do governo FHC: em 2014, a relação ficou em 37,8%. Tal fato demonstrava que a primeira gestão de Dilma não foi assim tão irresponsável com a dívida pública. Ao contrário, foi o único dos três governos analisados que conseguiu reduzir a dívida durante o primeiro mandato.

Tabela 7 – DPMFi em proporção do PIB (final do ano) – 1994/2022 (%)

Anos	Governos	% do PIB
1994	Governo Itamar Franco	17,7
1998	Primeiro Governo FHC	32,3
2002	Segundo Governo FHC	37,4
2006	Primeiro Governo Lula	45,4

Anos	Governos	% do PIB
2010	Segundo Governo Lula	41,3
2014	Primeiro Governo Dilma	37,8
2018	Governo Dilma/Temer	53,2
2022	Governo Bolsonaro	57,5

Fonte: Ipeadata (2023c) e Banco Central do Brasil (2023b)

No entanto, no período Dilma/Temer, a DMPFi foi elevada para um patamar bem acima dos governos anteriores. No final de 2018, a dívida interna estava em 53,2% do PIB. Coube, porém, ao governo Bolsonaro, o pior resultado nessa área: a dívida interna chegou a 57,5% do PIB. Novamente, é preciso registrar que dado o aumento das despesas públicas em função da Covid-19, o governo Bolsonaro precisou elevar a dívida interna para financiar essas maiores despesas.

4 EXPORTAÇÕES, INVESTIMENTO DIRETO, RESERVAS INTERNACIONAIS E DÍVIDA EXTERNA

Em relação ao setor externo da economia, a sexta variável de análise é a média anual das exportações de bens para cada governo. A Tabela 8 evidencia que a média anual de exportações foi crescente até o primeiro mandato de Dilma. Como sabemos, as exportações são muito sensíveis às taxas de câmbio. No primeiro governo FHC, a média anual de exportações foi de US$ 49,5 bilhões, em um momento de apreciação da moeda brasileira em relação ao dólar, pois a equipe econômica do primeiro governo FHC utilizou a taxa de câmbio como âncora do Plano Real. A depreciação da moeda brasileira com a adoção do câmbio flutuante, em janeiro de 1999, possibilitou uma melhora do saldo exportado nos anos seguintes: a média anual do segundo governo FHC foi de US$ 55,6 bilhões.

Tabela 8 – Média anual das exportações de bens – US$ bilhões – 1995/2022

Períodos	Governos	Média anual
1995/1998	Primeiro Governo FHC	49,5
1999/2002	Segundo Governo FHC	55,6

Períodos	Governos	Média anual
2003/2006	Primeiro Governo Lula	106,4
2007/2010	Segundo Governo Lula	178,5
2011/2014	Primeiro Governo Dilma	240,9
2015/2018	Governo Dilma/Temer	208,0
2019/2022	Governo Bolsonaro	265,2

Fonte: Banco Central do Brasil (2023c)

Porém, foi no primeiro e segundo governos Lula que as exportações deram um grande salto. Beneficiado por nova depreciação do real, em 2002, e pela alta dos preços das *commodities* exportadas pelo país (influenciada pela entrada da China na OMC), a média anual alcançou a marca de US$ 106,4 bilhões, no primeiro governo Lula. No segundo, apesar da crise externa de 2008/2009, as exportações subiram ainda mais: média anual de US$ 178,5 bilhões.

No entanto, foi no primeiro governo Dilma que um novo recorde exportador aconteceu. Na média dos quatro anos (2011 a 2014), obteve US$ 240,9 bilhões em exportações. Já no governo Dilma/Temer, as exportações tiveram queda: totalizaram, na média, US$ 208,0 bilhões ao ano. Nesse quesito das exportações, o governo Bolsonaro se saiu melhor do que todos os governos anteriores: a média anual de exportações nos quatro anos foi de US$ 265,2 bilhões, novo recorde histórico, superando em 10,1% o primeiro governo Dilma. Assim, o melhor desempenho exportador foi do governo Bolsonaro, seguido pelo primeiro de Dilma.

A sétima variável macroeconômica selecionada para as comparações entre governos são os investimentos diretos no país. Essa variável mostra novamente o sucesso do primeiro governo Dilma. Entende-se por investimentos diretos no país os investimentos produtivos de empresas estrangeiras realizados no Brasil, seja na forma de construção de novas empresas ou na compra de empresas já existentes. Não se trata dos chamados "investimentos especulativos", aplicações financeiras de estrangeiros em títulos e ações no país. Como pode ser visto na Tabela 9, os investimentos estrangeiros dão um salto entre o primeiro e o segundo governo de FHC: de uma média anual de US$ 15,8 bilhões, no primeiro governo, para uma média de US$ 25,3 bilhões, no segundo. Tratou-se da privatização do setor de telecomunicações que atraiu muito capital externo.

Tabela 9 – Média anual dos investimentos diretos no país – US$ bilhões – 1995/2022

Períodos	Governos	Média anual
1995/1998	Primeiro Governo FHC	15,8
1999/2002	Segundo Governo FHC	25,3
2003/2006	Primeiro Governo Lula	15,8
2007/2010	Segundo Governo Lula	52,3
2011/2014	Primeiro Governo Dilma	89,5
2015/2018	Governo Dilma/Temer	71,5
2019/2022	Governo Bolsonaro	61,2

Fonte: Banco Central do Brasil (2023c)

Já no primeiro governo Lula, o valor dos investimentos estrangeiros teve queda: média anual de US$ 15,8 bilhões. Esse fato era motivado pelo medo que cercava o governo Lula nos primeiros anos, pois o presidente era oriundo do movimento sindical e de um partido de esquerda. Porém, na segunda gestão de Lula, o medo se dissipou. O crescimento da economia brasileira no período atraiu grandes investidores externos, cuja média anual em investimentos diretos somou US$ 52,3 bilhões. No entanto, mais uma vez, o primeiro governo Dilma vai superar os governos anteriores. A média anual de investimentos estrangeiros diretos na primeira gestão Dilma foi de US$ 89,5 bilhões. Tamanho volume de capital externo ingressante no país demonstrava a confiança dos investidores internacionais no governo e na própria economia brasileira. No ano de 2011, ocorreu o recorde histórico de investimentos diretos no Brasil: US$ 102,4 bilhões, valor até hoje (2022) não superado. Em relação ao governo Dilma/Temer, de baixo crescimento da economia, os investimentos diretos tiveram uma queda na sua média quadrienal: US$ 71,5 bilhões.

No último ano do mandato de Temer (2018), os investimentos diretos no país somaram a quantia de US$ 78,2 bilhões. No primeiro ano do governo Bolsonaro, o montante reduziu-se em US$ 10 bilhões, mas, com a pandemia, o valor caiu pela metade (US$ 37,8 bilhões, em 2020). No último ano do governo (2022), o investimento direto somou US$ 91,5 bilhões, o melhor resultado em quatro anos. Na média quadrienal, os investimentos diretos no país durante a gestão de Bolsonaro somaram US$ 61,2 bilhões, valor inferior aos dois governos anteriores. Assim, em termos de investimentos diretos, o primeiro governo Dilma foi o melhor do período analisado, seguido do governo Dilma/Temer. A gestão Bolsonaro foi a terceira nesse quesito.

O oitavo indicador para analisar os governos é o saldo das reservas internacionais. A falta de reservas em moeda estrangeira levou muitas vezes o Brasil a crises econômicas, com queda da renda e aumento do desemprego, como o ocorrido no início dos anos 1980. Mais recentemente, o baixo nível de reservas nos anos de 1998 e 2002, fez com que o governo FHC recorresse ao FMI para conseguir empréstimos para fechar as contas externas: no final de 1998, o empréstimo foi de US$ 41,5 bilhões e, em 2002, outros US$ 30 bilhões. Ou seja, o governo FHC "quebrou" o Brasil duas vezes.

Como pode ser observado pela Tabela 10, o saldo das reservas internacionais no final do mandato de Itamar era de US$ 38,8 bilhões. No final do governo FHC (2002), as reservas estavam em um patamar um pouco inferior ao do governo Itamar, mas já contando com os empréstimos do FMI.

Tabela 10 – Reservas internacionais (final do ano) – US$ bilhões – 1994/2022

Anos	Governos	Saldo das reservas
1994	Governo Itamar Franco	38,8
1998	Primeiro Governo FHC	44,6
2002	Segundo Governo FHC	37,8
2006	Primeiro Governo Lula	85,8
2010	Segundo Governo Lula	288,6
2014	Primeiro Governo Dilma	363,6
2018	Governo Dilma/Temer	374,7
2022	Governo Bolsonaro	324,7

Fonte: Ipeadata (2023d)

O governo Lula, por sua vez, mais que dobrou o volume de reservas internacionais, em relação ao segundo governo FHC, no final de seu primeiro mandato (2006): US$ 85,8 bilhões. Já no seu segundo governo, a presidência de Lula terminou o ano de 2010 com reservas de US$ 288,6 bilhões. Tal volume de recursos externos permitiu que o país enfrentasse a crise internacional de 2008/2009 sem sobressaltos, além de pagar os empréstimos do FMI (tomados em 1998 e 2002). Com as reservas superando a dívida externa bruta, o Brasil se tornou um credor internacional a partir de 2007.

No primeiro mandato de Dilma, o recorde de reservas do governo Lula foi quebrado: US$ 363,6 bilhões, no final de 2014. Mas foi no final do governo Dilma/Temer que se acumulou mais reservas internacionais: US$ 374,7 bilhões (2018). Já no governo Bolsonaro tivermos uma queda do volume das reservas internacionais. O saldo continuava alto, mas retrocedeu: no último ano do governo Dilma/Temer (2018), o saldo das reservas era de US$ 374,7 bilhões, enquanto no último ano do governo Bolsonaro (2022), o saldo caiu para US$ 324,7 bilhões, uma diminuição de 13,3%. Assim, nesse quesito importante de solvência externa do país, o período Dilma/Temer foi o melhor, seguido do primeiro governo Dilma. O governo Bolsonaro ficou em terceiro lugar no saldo das reservas internacionais.

Por fim, o nono e último indicador macroeconômico da análise é a dívida externa líquida. A forma de se obter este indicador é descontar do saldo da dívida externa bruta o valor das reservas internacionais, os haveres dos bancos comerciais e os créditos brasileiros no exterior. Em uma linguagem menos formal, a dívida externa líquida desconta da dívida de um devedor (dívida externa bruta) os recursos que este tem em caixa (reservas, haveres dos bancos e créditos no exterior).

A Tabela 11 mostra o saldo da dívida externa líquida no último ano de cada governo. Notamos, de imediato, que a dívida líquida no último ano do primeiro governo FHC (1998) era de US$ 182,2 bilhões, um aumento de 106,6% em relação ao último ano do governo Itamar (1994), quando este indicador foi de US$ 88,2 bilhões. No entanto, no final do segundo governo FHC, a dívida externa líquida se reduziu para US$ 165 bilhões. O motivo para tal redução, que parece à primeira vista positiva, foi a crise brasileira de 1999, que restringiu os empréstimos externos ao país.

Tabela 11 – Dívida externa líquida (final do ano) – US$ bilhões – 1994/2022

Anos	Governos	US$ Bilhões
1994	Governo Itamar Franco	88,2
1998	Primeiro Governo FHC	182,2
2002	Segundo Governo FHC	165,0

Anos	Governos	US$ Bilhões
2006	Primeiro Governo Lula	74,8
2010	Segundo Governo Lula	-50,6
2014	Primeiro Governo Dilma	-45,7
2018	Governo Dilma/Temer	-67,4
2022	Governo Bolsonaro	-27,5

Fonte: Banco Central do Brasil (2023d)

Já no último ano do primeiro mandato de Lula (2006), o valor da dívida líquida era bem menor: US$ 74,8 bilhões. A grande novidade ocorreu no último ano do segundo governo Lula (2010): a dívida líquida torna-se negativa em US$ 50,6 bilhões. O que isso significa? Simplesmente, era o seguinte: utilizando os recursos que possuía em moeda estrangeira, o país pagaria tudo o que devia ao exterior e ainda ficaria em caixa com US$ 50,6 bilhões. O Brasil deixava de ser um devedor externo para se tornar um credor internacional. No ano de 2010, as reservas internacionais eram de US$ 288,6 bilhões, enquanto os haveres dos bancos e créditos no exterior chegavam a US$ 19 bilhões, que, somados, totalizavam US$ 307,6 bilhões, valor superior à dívida externa bruta de US$ 256,9 bilhões. O primeiro ano em que o Brasil passou a ter uma dívida externa líquida negativa foi em 2007.

No último ano do primeiro mandato de Dilma (2014), a dívida externa líquida estava quase no mesmo patamar do segundo governo Lula: US$ -45,7 bilhões. Deve-se salientar, porém, que a dívida líquida negativa chegou ao volume de US$ 90,4 bilhões, no final de 2013, e decresceu no ano seguinte. O fato positivo é que, sob a presidência de Dilma Rousseff, esse indicador continuou negativo e no mesmo volume deixado pelo presidente Lula. Já no período Dilma/Temer, a dívida externa líquida aumentou seu saldo negativo (US$ -67,4 bilhões). Assim, tal resultado negativo foi um legado que os governos Dilma e Dilma/Temer receberam do governo Lula e que souberam preservar, sendo, portanto, outro ponto positivo desses governos.

No entanto, no governo Bolsonaro, a situação piorou relativamente. A dívida externa líquida continuava sendo negativa, porém o seu saldo negativo se reduziu bastante: enquanto no final do governo Dilma/Temer

(2018), a dívida negativa era de US$ 67,4 bilhões, no final do governo Bolsonaro (2022), a dívida negativa caiu para apenas US$ 27,5 bilhões, uma diminuição de 59,2%. Dessa forma, no quesito dívida externa líquida, o melhor desempenho ocorreu no governo Dilma/Temer. Em seguida, vem o segundo governo Lula e o primeiro governo Dilma. Na quarta posição, aparece o governo Bolsonaro.

CONSIDERAÇÕES FINAIS

Diante da análise das nove variáveis macroeconômicas anteriores, podemos retirar algumas conclusões. O segundo governo Lula foi o melhor em termos de crescimento da economia e baixa taxa de inflação. Já no primeiro mandato, Lula obteve o melhor resultado na questão do superávit primário. O primeiro governo Dilma, por sua vez, foi o melhor em se tratando de baixo desemprego, queda da relação DMPFi/PIB e maior volume de investimentos diretos no país. O governo Dilma/Temer teve a maior dívida externa liquida negativa e o maior volume de reservas internacionais do período analisado.

Por fim, o governo Bolsonaro, nos nove quesitos analisados, foi o melhor em apenas um: exportações de bens. Em relação à menor taxa de inflação, a gestão Bolsonaro foi o terceiro melhor (empatado com o primeiro governo Dilma). Também obteve o terceiro melhor resultado no volume das reservas internacionais e nos investimentos diretos no país. Nos outros cinco quesitos, o governo Bolsonaro teve o pior desempenho: obteve a maior taxa de desemprego pela Pnad Contínua, o pior déficit primário do governo central, a maior relação DPMFi/PIB e a menor dívida externa liquida negativa. Em termos de crescimento econômico, foi o segundo pior do período, superado apenas pelo governo Dilma/Temer.

Assim, podemos concluir que o governo Bolsonaro foi o pior em termos de desempenho macroeconômicos desde a implantação do Plano Real (1994). Mesmo quando comparado ao governo Dilma/Temer (2015/2018), até então o pior do período, a gestão de Bolsonaro perde em sete quesitos: taxa de desocupação, inflação, déficit primário, relação DPMFi/PIB, dívida externa líquida negativa, reservas internacionais e investimentos diretos no país. O governo Bolsonaro só foi melhor que o de Dilma/Temer em dois quesitos: crescimento do PIB e exportações de bens.

REFERÊNCIAS

BANCO CENTRAL DO BRASIL. **Estatísticas** – Séries temporais (SGS) – NFSP sem desvalorização cambial – Fluxo acumulado no ano – Resultado primário – Total – Governo Federal e Banco Central (Tabela 4782). Brasília, 2023a. Disponível em: https://www3.bcb.gov.br/sgspub/consultarvalores/consultarValoresSeries.do?method=getPagina. Acesso em: 14 jun. 2023.

BANCO CENTRAL DO BRASIL. **Estatísticas** – Séries temporais (SGS) – Produto interno bruto em R$ correntes (Tabela 1207). Brasília, 2023b. Disponível em: https://www3.bcb.gov.br/sgspub/consultarvalores/consultarValoresSeries.do?method=consultarValores. Acesso em: 14 jun. 2023.

BANCO CENTRAL DO BRASIL. **Estatísticas** – Tabelas especiais – Setor externo – Balanço de pagamentos – Séries históricas – BPM6. Brasília, 2023c. Disponível em: https://www.bcb.gov.br/estatisticas/tabelasespeciais. Acesso em: 17 jun. 2023.

BANCO CENTRAL DO BRASIL. **Estatísticas** - Séries temporais (SGS) - dívida externa líquida (Tabela 3685). Brasília, 2023d. Disponível em: https://www3.bcb.gov.br/sgspub/consultarvalores/consultarValoresSeries.do?method=getPagina. Acesso em: 16 jun. 2023.

IBGE. **Estatísticas** – Econômicas – Contas nacionais – SCNT – Sistema de Contas Nacionais Trimestrais – Tabelas – Tabelas Completas – Taxa acumulada ao longo do ano. Rio de Janeiro, 2023a. Disponível em: https://www.ibge.gov.br/estatisticas/economicas/contas-nacionais/9300-contas-nacionais-trimestrais.html?=&t=resultados. Acesso em: 18 maio 2023.

IBGE. **Estatísticas** – Sociais – Trabalho – PNAD Contínua – Séries históricas. Rio de Janeiro, 2023b. Disponível em: https://www.ibge.gov.br/estatisticas/sociais/trabalho/17270-pnad-continua.html?=&t=series-historicas. Acesso em: 12 jun. 2023.

IBGE. **Estatísticas** – Econômicas – Preços e custos – IPCA – Séries históricas – Tabela completa de séries históricas. Rio de Janeiro, 2023c. Disponível em: https://www.ibge.gov.br/estatisticas/economicas/precos-e-custos/9256-indice-nacional-de-precos-ao-consumidor-amplo.html?=&t=series-historicas. Acesso em: 26 mar. 2023.

IPEADATA. **Taxa de desemprego (período de referência de 30 dias), das pessoas de 10 anos ou mais, por Regiões Metropolitanas.** Rio de Janeiro, 2023a. 2023.

IPEADATA. **Taxa de desemprego aberto nas RMs (referência: semana).** Rio de Janeiro, 2023b. Disponível em: http://www.ipeadata.gov.br/Default.aspx. Acesso em: 16 jun. 2023.

IPEADATA. **Dívida mobiliária interna federal** – fora do BC – posição em carteira – fim de período. Rio de Janeiro, 2023c. Disponível em: http://www.ipeadata.gov.br/Default.aspx. Acesso em: 15 jun. 2023.

IPEADATA. **Reservas internacionais** – estoque. Rio de Janeiro, 2023d. Disponível em: http://www.ipeadata.gov.br/Default.aspx. Acesso em: 16 jun. 2023.

KEYNES, John Maynard. **A teoria geral do emprego, do juro e da moeda.** São Paulo: Nova Cultural, 1985.

SILBER, Simão Davi. A fragilidade econômica e financeira na pandemia do Sars-Covid-19. **Estudos Avançados**, São Paulo, v. 34, n. 100, 2020.

SMITH, Adam. **A riqueza das nações**: investigação sobre sua natureza e suas causas. São Paulo: Nova Cultural, 1996.

WORLD BANK. **Unemployment rate.** Washington, 2023a. Disponível em: https://data.worldbank.org/indicator/SL.UEM.TOTL.NE.ZS. Acesso em: 9 set. 2023.

WORLD BANK. **Inflation, consumer prices**. Washington, 2023b. Disponível em: https://data.worldbank.org/indicator/FP.CPI.TOTL.ZG). Acesso em: 10 set. 2023.

SOBRE OS AUTORES

Adriano Renzi

É graduado em Ciências Econômicas (Unesp-Araraquara), mestre em Desenvolvimento Econômico (UFPR-Curitiba), doutor em Desenvolvimento Regional e Agronegócios (Unioeste-Toledo), com pós-doutorado em Ciências Econômicas (UEM – Maringá). Atualmente é professor do curso de Ciências Econômicas da Universidade Federal da Grande Dourados (UFGD) e pesquisa métodos e instrumentos para aferir o processo de desenvolvimento humano das regiões.

Orcid: 0000-0002-4336-5304

Alexandre Florindo Alves

Engenheiro agrônomo (UFV). Mestre e doutor em Economia (ESALQ-USP). Professor do Programa de Pós-Graduação em Ciências Econômicas e do Programa de Mestrado Profissional em Agroecologia, Professor Associado do Departamento de Economia e Tutor do PET Economia da Universidade Estadual de Maringá. Atua principalmente em Economia do Agronegócio, Análise de Cadeias Produtivas, Desenvolvimento Econômico e Regional.

Orcid: 0000-0003-4640-6543

Ana Cristina Lima Couto

Graduada em Ciências Econômicas pela Universidade Federal da Bahia (UFBA), mestre em Economia pela UFBA e doutora em Economia pela Universidade Estadual de Maringá (UEM). Professora associada do Departamento de Economia e do Programa de Pós-Graduação em Ciências Econômicas da Universidade Estadual de Maringá (UEM).

Orcid: 0000-0002-8401-5909

Arthur Gualberto Bacelar da Cruz Urpia

Doutor em Economia pelo Programa de Pós-Graduação em Economia do Instituto de Economia da Universidade Federal do Rio de Janeiro – PPGE – IE/UFRJ (2015). É professor adjunto do Departamento de Economia da UEM (DCO-UEM) e professor do Programa de Pós-Graduação em Ciências Econômicas da Universidade Estadual de Maringá (PCE-UEM). É parecerista de periódicos e atua como avaliador ad hoc de órgãos de pesquisa, como a Fundação Araucária.

Orcid: 0000-0002-5273-6373

Carlândia Brito Santos Fernandes

Doutora em Economia do Desenvolvimento pela FEA- USP e foi *visiting scholar* na Columbia University (EUA). Professora do Departamento de Economia da Universidade Estadual de Maringá (UEM).

Orcid: 0000-0001-9041-5979

Carlos Alberto Gonçalves Junior

Doutor em Economia (Universidade Estadual do Oeste do Paraná).

Email: carlosalbertojr@hotmail.com

Orcid: 0000-0002-6787-6117

Cássia Kely Favoretto

Doutora em Economia Aplicada pela Universidade Federal do Rio Grande do Sul (UFRGS). Docente do Programa de Pós-graduação em Ciências Econômicas (PCE) e do Departamento de Economia, Universidade Estadual de Maringá (UEM). Bolsista de Produtividade em Pesquisa do CNPq.

Orcid: 0000-0002-4120-0901

Ednaldo Michellon

Professor da Universidade Estadual de Maringá (Departamento de Agronomia – DAG/UEM e Programa de Pós-Graduação em Ciências Econômicas – PCE/UEM). Engenheiro Agrônomo com mestrado e doutorado em Ciências Econômicas. É o Coordenador Estadual do Programa Paraná Mais Orgânico, do PMO/UEM e também membro do Comitê Gestor do PMO. Coordenador do Centro de Referência em Agricultura Urbana e Periurbana (CerAUP/UEM) na Região Metropolitana de Maringá e do Projeto de Extensão Rural da UEM. Membro Investigador do Grupo Internacional "Cooperativismo, Desarrollo Rural y Emprendimientos Solidarios en la Unión Europea y Latinoamérica" (CODRESUEL) da Universidad de Alicante, Espanha.

Orcid: 0000-0003-3376-9003

Elisangela Araujo

Doutora em Economia pela Universidade Federal do Rio Grande do Sul (PPGE/UFRGS), com doutorado-sanduíche na Universidade de Illinois (USA). É professora associada do Departamento de Economia (DCO/UEM) e do Programa de Pós-graduação em Economia (PCE/UEM) da Universidade Estadual de Maringá (UEM). É avaliadora de cursos de graduação do Banco de Avaliadores do SINAES (CGACGIES-DAES/INEP) e coeditora do periódico *A Economia em Revista*, do Departamento de Economia da UEM.

Orcid: 0000-0001-7456-1693

Emerson Guzzi Zuan Esteves

Doutor em Economia Aplicada (Universidade Estadual de Londrina).

Email: emerson.esteves@uel.br

Orcid: 0000-0003-0194-8998

Emílio Carlos Soverano Impissa

Doutorando em Ciências Econômicas na Universidade Estadual de Maringá (UEM/Paraná/Brasil), mestre em Economia pela Universidade Católica de Moçambique (UCM) e licenciado em Economia pela Universidade Eduardo Mondlane (UEM/Moçambique). É docente da Universidade Licungo – Moçambique. Tem interesse em pesquisas nos seguintes temas: Planificação Econômica, Economia Regional e Urbana, Economia Rural e dos Recursos Naturais, e Economia Institucional.

Orcid: 0000-0002-1126-0591

Giácomo Balbinotto Neto

Doutor em Economia pela Universidade de São Paulo (USP). Docente do Programa em Economia Aplicada da Universidade Federal do Rio Grande do Sul (UFRGS) e pesquisador IATS/UFRGS.

Orcid: 0000-0001-8289-1932

Gilberto Joaquim Fraga

Doutor em Economia Aplicada pela Universidade de São Paulo. Foi pesquisador visitante na University of Illinois-UIUC (2015/16). É professor associado do Departamento de Economia e Diretor do Centro de Ciências Sociais Aplicadas da Universidade Estadual de Maringá (UEM).

E-mail: gjfraga@uem.br

Orcid: 0000-0002-6320-3847

Joaquim Miguel Couto

Professor associado do Departamento de Economia da Universidade Estadual de Maringá. Atua nas áreas de Economia Brasileira, Macroeconomia e História do Pensamento Econômico.

Orcid: 0000-0003-3263-0341

Joilson Giorno

Professor sênior do Programa de Pós-Graduação em Ciências Econômicas da Universidade Estadual de Maringá.

Orcid: 0000-0003-4733-7455

José Luiz Parré

Professor Titular do Departamento de Economia da Universidade Estadual de Maringá (UEM) e do Programa de Pós-graduação em Economia (PCE/UEM). Tem experiência na área de Economia, com ênfase em Economia Agrária, atuando principalmente nos seguintes temas: diversificação agrícola, programas de incentivo, desenvolvimento rural, economia paranaense e econometria espacial.

Orcid: 0000-0002-1569-8224

Julyerme Matheus Tonin

Professor de Economia e membro do Programa de Pós-graduação em Ciências Econômicas na Universidade Estadual de Maringá. Bacharel em Ciências Econômicas (UEM), mestre em Economia Aplicada (UFV) e doutor em Economia Aplicada (ESALQ/USP) com bolsa CAPES — doutorado-sanduíche na Universidade de Évora/Portugal. Na UEM, atua na área de programas e projetos, como Presidente do Comitê de Núcleos e Programas (CNP) e como Assessor na Coordenadoria de Serviço e Desenvolvimento Regional (CSD) e foi encarregado de projetos internacionais no Escritório de Cooperação Internacional (ECI/UEM). Coordena o Grupo de Pesquisa Gestão de Risco na Comercialização de Commodities (CNPq).

Orcid: 0000-0002-1176-8977

Lorena Regina de Oliveira

Doutoranda em Desenvolvimento Regional e do Agronegócio pela Universidade Estadual do Oeste do Paraná.

Email: lorena.regina.oli@hotmail.com

Orcid: 0000-0002-6351-7782

Luiza Carolina de Morais

Economista pela Universidade Federal do Paraná, mestre em Economia pelo Programa de Pós-graduação em Economia da Universidade Estadual de Maringá (UEM). Atua no segmento de Inteligência de Mercado na Scanntech.

E-mail: luizacarolinademorais@gmail.com

Orcid: 0000-0002-4299-9268

Marcos Roberto Vasconcelos

Doutor em Teoria Econômica pelo Instituto de Economia da Universidade de Campinas (IE/Unicamp), graduado em Economia pela Universidade Federal do Paraná, docente do Departamento de Economia e atual coordenador do Programa de Pós-Graduação em Ciências Econômicas da Universidade Estadual de Maringá. Foi gestor das vice-presidências de Controle e Risco e de Gestão de Recursos de Terceiros da Caixa Econômica Federal.

Orcid: 0000-0003-1476-4899

Maria de Fátima Garcia

Professora associada do Departamento de Economia da Universidade Estadual de Maringá. Tem experiencia na área de Economia, com ênfase em Teoria Econômica, atuando principalmente nos seguintes temas: mercado de trabalho, capitalismo contemporâneo, economia brasileira e desenvolvimento econômico.

Orcid: 0000-0002-3259-2392

Maria Helena Ambrosio Dias

Professora sênior do Programa de Pós-Graduação em Ciências Econômicas da Universidade Estadual de Maringá.

Orcid: 0000-0002-9070-7389

Marina Silva da Cunha

Professora titular do Departamento de Economia e do Programa de Pós-Graduação em Ciências Econômicas da Universidade Estadual de Maringá, realizou a graduação em Ciências Econômicas na Universidade Estadual de Londrina, o doutorado em economia aplicada na ESALQ/USP e o pós-doutorado em economia do trabalho na UNB, atua na área de métodos quantitativos, desenvolvimento econômico, economia social e do trabalho. Bolsista produtividade em pesquisa do CNPq.

Orcid: 0000-0001-9122-3944

Matheus Felipe Ziermann Vieira

Pós-graduando em MBA em Gestão e Desempenho Empresarial na Universidade Estadual de Maringá (UEM/2024). Mestre em Teoria Econômica pela Universidade Estadual de Maringá (UEM/2022). Gerente Executivo no Conselho de Desenvolvimento Econômico de Maringá. Membro do Núcleo de Economistas de Maringá. Tem experiência com data science e inteligência de mercado.

Orcid: 0000-0003-0946-2431

Matheus Vanzela

Doutorando em Agronegócios pela UFGD-Dourados, mestre e licenciado em Matemática pela Unesp-São José do Rio Preto. Atuo como Professor EBTT do Instituto Federal de Mato Grosso do Sul, Campus Nova Andradina. Tenho projetos voltados à modelagem de matemática de problemas aplicados a diversos setores industriais e avaliação da ecoeficiência no setor de couros.

Orcid: 0000-0003-4782-9951

Mauricio Vaz Lobo Bittencourt

Doutor em Desenvolvimento Econômico e Comércio Internacional pela The Ohio State University. Realizou pós-doutorado na The Ohio State University (2013/14). Foi Secretário Executivo (Presidente) da Associação de Centros de Pós-Graduação em Economia (ANPEC) no período 2016-2018. Foi professor visitante na Newcastle University, Grã-Bretanha (2023/24). É professor Titular no Departamento de Economia da Universidade Federal do Paraná (UFPR), Pesquisador do CNPq e coordenador do Núcleo de Economia Internacional e Desenvolvimento Econômico (NEIDE/UFPR).

Orcid: 0000-0002-6503-2965

Moisés Cardoso Martins

Mestre em Ciências Econômicas pelo Programa de Pós-Graduação em Ciências Econômicas da Universidade Estadual de Maringá.

Orcid: 0000-0002-5424-441X

Murilo Florentino Andriato

Graduado em Economia e mestre em Teoria Econômica pelo Programa de Pós-graduação em Economia (PCE/UEM) da Universidade Estadual de Maringá (UEM/2023).

Orcid: 0000-0001-7066-8194

Paloma Carpena de Assis

Doutora em Economia pela Universidade Estadual de Maringá (UEM). Superintendente da Agência Maringaense de Regulação.

Orcid: 0000-0003-2057-1815

Patrícia Pompermayer Sesso

Doutora em Genética, Recursos Genéticos Instituto de Desenvolvimento Rural do Paraná. Email: papomper2004@yahoo.com.br

Orcid: 0000-0001-5451-5470

Ricardo Luís Lopes

Doutor em Economia, Universidade Estadual de Maringá.

Email: rllopes@uem.br

Orcid: 0000-0002-2089-772X

Rodrigo Monteiro da Silva

Doutor e mestre em Teoria Econômica (UEM), bacharel em Ciências Econômicas, Historiador, docente no Departamento de Ciências Econômicas da Universidade Estadual do Paraná, *campus* de Campo Mourão. Atua principalmente nas áreas de empreendedorismo, gestão pública, cooperativismo, avaliação de políticas públicas e economia agrícola.

Orcid: 0000-0003-1651-456X

Samuel Alex Coelho Campos

Professor de Economia e membro do programa de mestrado profissional em Rede Nacional para Núcleos de Inovação Tecnológica — Profinit na Universidade Federal Fluminense (UFF) — campus dos Goytacazes. Bacharel em Ciências Econômicas e Ciências Contábeis (UNICSUL), bacharel em Gestão de Agronegócio (UFV), mestre em Economia Aplicada (UFV) e doutor em Economia Aplicada (ESALQ/USP).

Orcid: 0000-0001-7171-7349

Thiago Zanoni Branco

Mestre em Gestão do Conhecimento nas Organizações pela Universidade Unicesumar e professor e coordenador de curso da União de Ensino Superior do Vale do Ivaí (Unesvi).

Orcid: 0000-0001-6867-6398

Umberto Antonio Sesso Filho

Doutor em Economia Aplicada pela Universidade Estadual de Londrina.

Email: umasesso@uel.br

Orcid: 0000-0003-4691-7343

Valter Duro Garcia

Doutor em Medicina – Nefrologia pela Universidade de São Paulo (USP). Médico Nefrologista no Complexo Hospitalar Irmandade Santa Casa de Misericórdia de Porto Alegre.

Orcid: 0000-0002-7394-1501

Vivian Garrido Moreira

Doutora em Economia do Desenvolvimento pela FEA-USP e foi *visiting scholar* na University of London (UK). Pesquisadora de pós-doutorado do Programa de Pós-graduação em Economia da Universidade Federal de Santa Catarina.

E-mail: vivian_garrido@yahoo.com.br

Orcid: 0000-0002-3326-4737

Yogo Kubiak Canquerino

Doutorando em Desenvolvimento Regional e Agronegócio pela Universidade Estadual do Oeste do Paraná.

Email: yogoykc@hotmail.com

Orcid: 0000-0003-4796-5160